Theaterbauwissen

Objekte,
Medien und
Diskurse
zwischen Kaiserreich
und Kaltem Krieg

Herausgegeben von:
Jan Lazardzig
Bri Newesely
Kerstin Wittmann-Englert
Franziska Ritter
Halvard Schommartz
Marie-Charlott Schube

jovis

Einleitung

Theaterbauwissen im Spiegel der Sammlungsgeschichte

Jan Lazardzig, Bri Newesely, Kerstin Wittmann-Englert

Von Johann Wolfgang von Goethe ist eine Ursprungserzählung des Theaterbaus überliefert. Anlässlich seines Besuchs des römischen Amphitheaters in Verona am 16. September 1786 notierte er in sein Tagebuch:

> Wenn irgend etwas Schauwürdiges auf flacher Erde vorgeht und alles zuläuft, suchen die Hintersten auf alle mögliche Weise sich über die Vordersten zu erheben: man tritt auf die Bänke, rollt Fässer herbei, fährt mit Wagen heran, legt Bretter hinüber und herüber, besetzt einen benachbarten Hügel, und es bildet sich in Geschwindigkeit ein Krater.[1]

Sollte sich das Schauereignis wiederholen, so fuhr Goethe fort, sei es „die Aufgabe des Architekten", die spontane Konstruktion „durch Kunst" in eine permanente zu überführen.[2] Durch das auf diese Weise entstehende Amphitheater würde nicht nur das ungezügelte Schauen in geregelte Bahnen gelenkt, vielmehr wäre ein hochwirksames Instrument der Bildung und Verfeinerung der Sitten geschaffen. Beachtung schenkt man Goethes theaterreformatorischer Baufantasie zu Lebzeiten kaum. Erst in den 1920er Jahren besinnt man sich auf seine Einlassungen und wertet sie baugeschichtlich auf.[3] In der Zeit des Nationalso-

1 Goethe, *Italienische Reise*, S. 42.
2 Ebd.
3 Vgl. etwa Weichberger 1928.

zialismus dienen sie dann als Beleg für den Theaterbau als gleichsam organische Manifestation eines Volkskörpers.[4]

Es kommt wohl einer Grundsatzentscheidung gleich, wie man heute mit solchen Aneignungen, Umdeutungen und Funktionalisierungen von Wissensbeständen umgeht. Im Unterschied zu etablierten Ansätzen aus Architektur- und Kunstgeschichte sowie der Theaterwissenschaft, die vor allem bau- und funktionsgeschichtliche Zusammenhänge in den Mittelpunkt stellen, adressiert der vorliegende Band Theaterbau erstmals auf breiter Basis aus epistemischer Perspektive und legt den Fokus auf die Produktion, Sammlung und Verbreitung von Theaterbauwissen.[5] Die Relevanz und Anschlussfähigkeit eines solchen Ansatzes liegt darin begründet, dass Theaterbauwissen – gerade auch für den von uns behandelten Zeitraum – hinsichtlich politischer und ideologischer Implikationen der Formierung und Repräsentation von Gesellschaft besonders aufschlussreich erscheint. Theaterbauwissen verstehen wir zunächst ganz allgemein als ein Wissen *über* oder *von* Theaterbau. Dieses Wissen, so der Ausgangspunkt unserer Überlegungen, ist nicht unabhängig zu denken von den Objekten, Medien und Diskursen, in denen es aggregiert, artikuliert oder distribuiert wird. In Objekten (beispielsweise Modellen) materialisiert sich eine spezifische Konzeption oder Vorstellung von Theaterbau; durch Medien (etwa Abbildungen und Bücher) zirkuliert Theaterbauwissen, es kann reproduziert, verbreitet und rezipiert werden; und in Diskursen schließlich erscheint Wissen prozessual, in Verhandlung begriffen. Aber auch Objekte und Medien sind nicht statisch, sondern in Bewegung, werden umgeschichtet, transformiert und re-funktionalisiert. Sie sind darüber hinaus stets verbunden mit spezifischen Praktiken, Kenntnissen und Fertigkeiten, die Einfluss nehmen auf die Art und Weise, wie etwas gewusst wird beziehungsweise gewusst werden kann. All dies geschieht schließlich nicht im luftleeren Raum: Theaterbauwissen ist „situiertes Wissen“,[6] es verfügt über einen sozialen, institutionellen oder auch infrastrukturellen Kontext.

Für das DFG-Forschungsprojekt „Theaterbauwissen“, dessen Ergebnisse dieser Band vorstellt, ist eine solche Situiertheit von Wissen gleich in doppeltem Sinn gegeben: Zum einen durch die Perspektive auf Theaterbau als ein „epistemisches Objekt“,[7] als ein Gegenstand also, auf den sich ein je spezifisches Wissens- oder Erkenntnisbegehren richtet. Zum anderen durch den Sammlungszusammenhang selbst, in

4 Gabler 1935, S. 14.

5 Das DFG-Projekt „Theaterbauwissen – Kontinuitäten und Brüche im Spiegel der Theaterbausammlung der TU Berlin“ (2020–2025) ist eine Kollaboration der Technischen Universität Berlin (Kunst- und Architekturgeschichte, Kerstin Wittmann-Englert, Franziska Ritter), der Berliner Hochschule für Technik (Theater- und Veranstaltungstechnik, Bri Newesely, Halvard Schommartz) und der Freien Universität Berlin (Theaterwissenschaft, Jan Lazardzig, Marie-Charlott Schube). Für einen Forschungsüberblick zum Thema Theaterbau vgl. Lazardzig 2023.

6 Deuber-Mankowsky/Holzhey 2013.

7 Abel 2008.

dem die Materialien und Medien stehen. Ein zentraler Untersuchungsgegenstand des Projekts ist die sogenannte *Theaterbausammlung* im Architekturmuseum der Technischen Universität Berlin. Sie stellt einen wohl weltweit einzigartigen theaterbaulichen und bühnentechnischen Objekt- und Wissenszusammenhang dar und umfasst heute Materialien von den 1920er bis 1980er Jahren zu über 500 Theaterbauten in Deutschland, Österreich, Frankreich, Slowenien, Polen, Tschechien und Russland. In drei Hauptbestandsschichten mit insgesamt über 5000 Objekten dokumentiert die Sammlung die theaterbaulichen Neuerungen der 1920er und 1930er Jahre, zeigt die Neu- und Umbaumaßnahmen in der Zeit des Nationalsozialismus und gibt umfassend Einblick in die architektonischen Planungen der westdeutschen Nachkriegsmoderne. Zugleich gibt sie Aufschluss über die Standardisierung und Institutionalisierung von Theaterbauwissen im Laufe des 20. Jahrhunderts.

Sammlungen sind „meta-epistemische Objekte",[8] sie legen also nicht nur Zeugnis ab von einem bestimmten Wissens- und Erkenntnisbegehren, sondern dokumentieren zugleich Ordnungs- und Systematisierungsanstrengungen. Eine zentrale Bestandsschicht der *Theaterbausammlung* der TU Berlin entstammt einem Dokumentationsprojekt, das Albert Speer 1939 in seiner Funktion als „Generalbauinspektor für die Reichshauptstadt Berlin" (GBI) in Auftrag gab: Geplant war ein umfassendes Handbuch mit dem Titel „Das Deutsche Theater". Bis 1943 wurden an die 375 Theaterbauten im Deutschen Reich fotografiert und mithilfe eines Fragebogens erfasst. Mit der Durchführung dieses Publikationsprojekts beauftragte Speer den in Berlin ansässigen Bauforscher Theodor von Lüpke (1873–1961) sowie ein Team aus Architekten, Bauzeichnern und einer Kunsthistorikerin. Die Arbeit am Handbuch wurde 1944 kurz vor Fertigstellung eingestellt, das Werk blieb unveröffentlicht.

Kerstin Wittmann-Englert geht in ihrem Beitrag der Entstehungsgeschichte des Handbuchs nach und verfolgt die Frage, auf welche Weise ein historischer Baubestand mit Mitteln der Dokumentation zum Ausdruck völkischer Konzeptionen wurde. Unter den für das Handbuch beauftragten Fotografen finden sich etliche namhafte Architekturfotografen der Moderne wie Arthur Köster, Max Missmann, Emil Leitner, Bruno Kerschner, Karl-Hugo Schmölz oder die Österreicher Martin Gerlach und Julius Scherb. Der überlieferte Fotobestand belegt eine standardisierte Erfassungsmethode. *Franziska Ritter* analysiert in ihrem Beitrag die fotografische Konstruktion des „Deutschen Theaters". Ebenfalls von den NS-Fotobeständen ausgehend fragt *Rolf Sachsse* grundsätzlich nach Theaterbau als Gegenstand der Architekturfotografie. Wie wird Theater als Architektur fotografiert? Welches fotografische Wissen findet dabei Anwendung?

Eine weitere Bestandsschicht der *Theaterbausammlung* ist der Nachlass des Bühnentechnikers und Hochschullehrers Friedrich Kranich (1880–1964). Kranich ist Verfasser eines umfangreichen

8 Abel 2014, S. 109–111.

Pionierwerks über die Bühnentechnik der Gegenwart und gilt heute als ein Begründer der modernen Bühnentechnik. *Halvard Schommartz* untersucht in seinem Beitrag, inwiefern bei Kranich Theaterbauwissen im Zeichen des Taylorismus eine umfassende Transformation durchläuft. Theaterarchitektur wird als Betriebswissen, das heißt als Wissen von möglichst effizienten Routinehandlungen neu gedacht. Ebenfalls einem bühnentechnischen Wissensbestand widmet sich *Hannah Eßler* in ihrem Beitrag über den Nachlass der berühmten Bühnentechnikerfamilie Brandt, der in den Theaterhistorischen Sammlungen der FU Berlin liegt. Die Protagonisten der Sammlung, Carl Brandt (1828–1881) und sein Halbbruder Fritz Brandt (1846–1927), entwickelten zahlreiche bühnentechnische Neuerungen und wirkten als Lehrer auf Generationen von Bühnentechniker:innen ein – unter ihnen auch Friedrich Kranich. Eßler fragt nach der epistemischen Funktion der etwa eintausend Sammlungsobjekte, darunter technische Zeichnungen, annotierte Pausen, Bühnenpläne und Entwürfe. Welchem Zweck diente die Sammlung? Wie wurde sie für die Entwicklung neuer Techniken eingesetzt?

Eine dritte Bestandsschicht der *Theaterbausammlung* bilden umfangreiche Planungsunterlagen aus der Zeit des westdeutschen Wiederaufbaus und Neubaus, darunter der Nachlass Gerhard Graubners (1899–1970) mit Schriftdokumenten, umfassendem Planmaterial sowie Fotografien (etwa 1500 Objekte) seiner Theaterbauten. Von Graubner – einem der profiliertesten und produktivsten Theaterarchitekten der Bundesrepublik – stammen unter anderem die für die nachkriegsmoderne Theaterbaukunst beispielhaften Schauspielhäuser in Bochum und Wuppertal sowie die Rekonstruktion des Nationaltheaters in München. *Marie-Charlott Schube* untersucht in ihrem Beitrag die vielfältigen Wechselbeziehungen zwischen der Bau- und Lehrtätigkeit Graubners. Sie fragt insbesondere nach den ideologischen Implikationen im Theaterbauwissen der westdeutschen Nachkriegszeit. Auf diskrete Verfahren der Normierung und Standardisierung im Rahmen des 1949 durch die Sowjetunion gegründeten Rates für gegenseitige Wirtschaftshilfe (RGW) blickt *Ksenia Litvinenko* in ihrem Beitrag. Im Mittelpunkt steht die Frage nach dem Technologietransfer für Theater- und Kulturhausbauten. Litvinenko analysiert die Entstehung eines zwölfsprachigen „RGW-Wörterbuchs der Baufachbegriffe“, das Übersetzungen erleichtern und die Integration unterschiedlicher sozialistischer Baukulturen ermöglichen sollte. Auch *Frank Schmitz* geht in seinem Beitrag Fragen des Wissenstransfers nach, wenn er Theaterbau als Medium der Selbstdarstellung der Bundesrepublik im Kontext internationaler Ausstellungen beleuchtet. Welches Bild der Bundesrepublik wurde durch den Theaterbau vermittelt? Auf welche Weise wurde theaterbauliches Wissen genutzt, um Demokratie und Modernität zu inszenieren?

Gleichsam als eine Klammer für den ersten Teil dieses Bandes fungieren die Beiträge von *Jan Lazardzig* und *Bri Newesely*, die sich auf je unterschiedliche Weise der Theaterbaulandschaft im deutschsprachigen Raum zuwenden. Lazardzig widmet sich in seinem Aufsatz signifikanten Transformationen des Theaterbauwissens im Kaiserreich.

Zwischen 1880 und 1914 entstand ein Gros der heute noch vorhandenen Theaterinfrastruktur. Ökonomische, bauliche und feuerpolizeiliche Faktoren gewannen bei der Neuausrichtung auf ein Massenpublikum epistemische Valenz. In ihrem den Aufsatzteil schließenden Beitrag befragt Newesely mythische Verklärungen der deutschen Theaterlandschaft. In komparatistischer Perspektive werden dabei gängige Vorstellungen einer (vermeintlich) einzigartigen Dichte und Fülle dekonstruiert.

Der zweite Teil dieses Buches (er wird noch einmal gesondert eingeleitet, siehe S. 169) ist schließlich einzelnen Objekten der *Theaterbausammlung* der TU Berlin gewidmet. In einundzwanzig Einzelanalysen werden, stets ausgehend von der Materialität und Medialität der Objekte, epistemische Aspekte in den Blick genommen. Ebenfalls aus dem Bestand der *Theaterbausammlung* stammt die Fotografie auf dem Cover dieses Buches. Es handelt sich um eine Aufnahme des Zuschauerraums des zwischen 1936 und 1938 errichteten „Gautheaters Westmark" in Saarbrücken (Architekt: Paul Baumgarten) durch den Fotografen Emil Leitner für das Handbuch „Das Deutsche Theater". Der Blick fällt durch die „Führerloge" schräg auf das Bühnenportal. Das auf Pappe aufgebrachte, mit Bleistiftmarkierungen für den Druck vorbereitete Foto legt somit gleich auf mehrfache Weise Zeugnis ab von der Aneignung und ideologischen Überformung tradierter Theaterbauformen im Nationalsozialismus. Eine entsprechende Aufmerksamkeit für die politischen Implikationen epistemischer Verschiebungen und Transformationen im Theaterbauwissen des 19. und 20. Jahrhunderts steht im Mittelpunkt dieses Buches.

Literatur

Abel, Günter: „Epistemische Objekte – was sind sie und was macht sie so wertvoll? Programmatische Thesen im Blick auf eine zeitgemäße Epistemologie". In: Hingst, Kai-Michael/Liatsi, Maria (Hg.): *Pragmata. Festschrift für Klaus Oehler zum 80. Geburtstag.* Tübingen 2008, S. 285–298

Abel, Günter: „Sammlungen als epistemische Objekte und Manifestationen von Ordnungen des Wissens". In: Hassler, Uta/Meyer, Torsten (Hg.): *Kategorien des Wissens.* Zürich 2014, S. 109–132

Deuber-Mankowsky, Astrid/Holzhey, Christoph F. E.: „Einleitung. Denken mit Canguilhem und Haraway". In: Dies. (Hg.): *Situiertes Wissen und regionale Epistemologie. Zur Aktualität Georges Canguilhems und Donna J. Haraways.* Wien/Berlin 2013, S. 7–34

Gabler, Werner: *Der Zuschauerraum des Theaters* (= Theatergeschichtliche Forschungen 44). Leipzig 1935

Goethe, Johann Wolfgang: *Italienische Reise.* Frankfurt a. M. 2009

Lazardzig, Jan: „Theaterarchitektur". In: Thurner, Christina/Hochholdinger-Reiterer, Beate (Hg.): *Theater und Tanz. Handbuch für Wissenschaft und Studium.* Paderborn 2023, S. 415–427

Weichberger, Alexander: *Goethe und das Komödienhaus in Weimar 1779–1825. Ein Beitrag zur Theaterbaugeschichte* (= Theatergeschichtliche Forschungen 39). Leipzig 1928

F. Schwechten Arch. Abb. 4. Holzstich v. O. Ebel.

Theater in der Ausstellung für Unfallverhütung in Berlin.

Abb. 1 Mustertheater auf der Deutschen Allgemeinen Ausstellung für Unfallverhütung 1889 in Berlin

Masse als Akteur

Transformationen im Theaterbauwissen um 1880

Jan Lazardzig

Bald nach seiner Gründung 1871 setzte im Deutschen Reich eine rege Theaterbautätigkeit ein. Die zahlreichen, im Zeitraum von etwa 1880 bis 1914 entstandenen Theater bilden bis heute das Gros der Theaterinfrastruktur im deutschsprachigen Raum. Zwei bis drei neue Monumentaltheater pro Jahr waren für das Deutsche Reich in dieser Zeit keine Seltenheit. Selbst die zweite große Bauwelle, die durch die Zerstörungen des Zweiten Weltkriegs ausgelöst wurde und von den frühen 1950er bis in die späten 1960er Jahre reichte, blieb quantitativ hinter den gründerzeitlichen Bauvolumina weit zurück. Es überrascht deshalb, dass in der kunst-, architektur- und theatergeschichtlichen Forschung diese Bautätigkeit – und die mit ihr einhergehenden gravierenden sozialen, politischen und ästhetischen Transformationen – bislang kaum zusammenhängend betrachtet und analysiert wurde.[1] Zumal der Impuls für die Theaterbautätigkeit – die Öffnung für neue Publikumsschichten, das Unterhaltungsbedürfnis von Arbeiter:innen und Angestellten sowie ein neu erwachtes kulturelles Distinktionsbedürfnis der Bourgeoisie angesichts eines rapiden sozialen und kulturellen Wandels – bereits für die Zeitgenoss:innen ein vieldiskutiertes Thema war.[2] Besonders drastisch zeigte sich der Wandel in der neuen Reichshauptstadt Berlin, deren Einwohnerzahl sich zwischen 1850 und 1900 von 440.000 auf

1 Vgl. aus funktionstypologischer Perspektive Zielske 1971. Aus Sicht der Metropolenforschung für Wien und Berlin vgl. vor allem Linhardt 2006, 2008, 2017.

2 Vgl. Watzka/Marx 2009.

2.420.000 mehr als verfünffacht hatte.[3] Landflucht, Urbanisierung und Industrialisierung führten zu einem Boom städtischer Vergnügungs- und Unterhaltungskultur. Auf der Grundlage der neu eingeführten Gewerbefreiheit (1869 im Norddeutschen Bund, 1871 im Reich) konnte neben den Hoftheatern bald eine Vielzahl von Privattheatern entstehen. Wie eine Bugwelle der sich anbahnenden privaten Bauunternehmungen schossen zunächst die sogenannten Spezialitätenbühnen aus dem Boden, die in der Regel auf Saaleinbauten in vorhandenem Gebäudebestand zurückgriffen und Gesangs- und Varietédarbietungen aller Art boten. Zusammen mit den zahlreichen Etablissements, die Bar- und Restaurationsbetrieb mit einer Bühne verbanden, trugen sie zu einer Proliferation theatraler Gattungen bei, darunter Pantomimen, allegorische Apotheosen, *Tableaux vivants*, Ausstattungs-, Spektakel- oder Schaustücke, Bilderfolgen und optische Medien.[4] Die ideologisch aufgeladene Unterscheidung von Kultur- und Geschäftstheater, von Kunstanspruch und Traditionsbewusstsein auf der einen und Reizbefriedigung auf der anderen Seite, war in dieser Zeit Gegenstand zahlreicher Polemiken und Streitschriften, eines regelrechten Kulturkampfes. Das Theater sei ein Geschäft geworden, Schillers „moralische Anstalt" zu einem Spekulationsobjekt, zu einem Börsenphänomen verkommen, so lautete eine häufig geführte Klage in der Gründerzeit.[5]

Wird im Folgenden der Frage nach der Transformation des Theaterbauwissens im Zuge des gründerzeitlichen Theaterbaubooms nachgegangen, verbindet sich damit der Versuch, gesellschaftliche, ökonomische, bauliche (und baupolizeiliche) sowie nicht zuletzt auch ästhetische Entwicklungen in einen epistemischen Zusammenhang zu stellen. Dabei greifen unterschiedliche Entwicklungen ineinander, die in aller Knappheit benannt seien: Erstens ging mit der Einführung der Gewerbefreiheit ein Wandel der Kapitalisierung des Theaterbaus als privates Unternehmen (Bauherrenmodell) einher. Damit vollzog sich eine Abkehr von der Ökonomie der Hoftheater, in der Regel aber unter Beibehaltung höfischer Repräsentationsformeln (Ranglogentheater).[6] Die Bauplatzwahl im städtischen Kontext erfolgte nun allerdings wesentlich unter marktwirtschaftlichen Gesichtspunkten. In Berlin kam es in der Folge zu Agglomerationen von Theatern in Ausgeh- und Theatervierteln. Mit der Anpassung an den städtischen Raum und der Gewinnung neuer Publikumsschichten verband sich zweitens eine Veränderung im Erscheinungsbild der Theaterbauten. Das Tempel-Modell

3 Vgl. Marx 2007, S. 89.

4 Vgl. Balme 2006.

5 Vgl. etwa Pauli 1887.

6 Der Niedergang der Hoftheater (1850–1914) koinzidiert mit dem Aufstieg der Privat- und Geschäftstheater. Vgl. Daniel 1995, S. 357–445. Aktiengesellschaften zur Errichtung von Privattheatern gab es freilich bereits vor der Einführung der Gewerbefreiheit – in Berlin seit dem ersten Drittel des 19. Jahrhunderts (Königstädtisches Theater 1824, Friedrich-Wilhelm-Städtisches Theater 1850, Kroll'sches Etablissement 1852 und Victoria Theater 1859) –, die Genehmigung hing aber ab vom Plazet des Hofes.

als tradierte Architekturformel des öffentlichen Theaterbaus, sichtbar im Berliner Schauspielhaus von Karl Friedrich Schinkel oder im Nationaltheater in München (Karl von Fischer, Leo von Klenze), verlor an Dominanz.[7] Die Erscheinungsformen der Theater diversifizierten sich im Zuge einer eklektischen Fassaden- und Baukörpergestaltung im Sinne des Historismus. Zugleich und scheinbar gegenläufig ist eine Konventionalisierung und Standardisierung der Saallösungen im Innern der Theater feststellbar.[8] Das Modell des ein- bis dreirangigen Logentheaters (nach französischem Modell blickoffen und bühnenzugewandt) bei hufeisenförmiger Anlage, moderat ansteigendem Zuschauerraum, definiertem Bühnenportal und geringer Bühnenraumtiefe dominierte. Die wenigen Ausnahmen (nach dem Wagner-Semper-Modell etwa das Festspielhaus Bayreuth, das Prinzregententheater in München oder auch das Festspielhaus in Worms) bestätigen die Regel. Ein Grund hierfür ist nicht zuletzt in der Serialisierung und Industrialisierung des Theaterbaus zu sehen, dessen Realisierung in der Hand spezialisierter Architekten und Architekturbüros lag.[9] Entscheidend ist dabei schließlich drittens eine verbindliche feuer- und baupolizeiliche Regelung des

---

7 Zum Tempel-Modell vgl. Matthes 1995, S. 78.

8 Carl Moritz etwa monierte 1904 „in der Grundanlage“ eine gewisse „Versteinerung“ und störte sich an der „oft reichlich schematischen Ausarbeitung der Bauprogramme“. Vgl. Sarrazin/Schultze 1904, S. 486.

9 Zuvorderst sind zu nennen Ferdinand Fellner (1847–1916) und Hermann Helmer (1849–1919), deren Tätigkeit sich über ganz Mittel- und Südosteuropa erstreckte, unter ihren über vierzig Opern- und Theaterbauten die Stadttheater in Odessa (1884–1887) und Graz (1898/99), aber auch die Komische Oper in Berlin (1891/92) und das Schauspielhaus in Hamburg (1899/1900) sowie die Stadttheater in Augsburg (1876/77), Gießen (1906/07) und Fürth (1901/02); der produktivste deutsche Theaterarchitekt, der preußische Stadtbaurat Heinrich Seeling (1852–1932), der u. a. das Opernhaus in Charlottenburg, das Neue Theater am Schiffbauerdamm (1892), das Schauspiel in Frankfurt (1902), das Grillo-Theater in Essen (1892) und die Stadttheater in Rostock (1894/95) und Gera (1901/02) entwarf; der Architekt Bernhard Sehring (1855–1941), der die Stadttheater in Bielefeld (1901–1903) und Cottbus (1907/08) sowie das Theater des Westens konzipierte; der Reformer Max Littmann (1862–1931), der zunächst das Hofbräuhaus baute, dann das egalisierende Raumkonzept des Bayreuther Festspielhauses ins Münchner Prinzregententheater (1900/01) übertrug, bevor er schließlich den Bau des Berliner Schiller-Theaters (1906), des Weimarer Hoftheaters (1906/07) und des Königlichen Hoftheaters in Stuttgart (1909–1912) besorgte; der Architekt Martin Dülfer (1859–1942), dessen Theaterbauentwürfe häufig prämiert, aber kaum ausgeführt wurden, von ihm zeugen die Stadttheater in Lübeck (1907/08) und Duisburg (1911/12) sowie das Nationaltheater in Sofia (1926/27); sein nicht minder wettbewerbserfahrener Schüler Carl Moritz (1863–1944), der das Kölner Opernhaus (1900–1902) sowie das Opernhaus in Barmen (1904/05) baute; und schließlich Oskar Kaufmann (1873–1956), ein Schüler Sehrings, u. a. Architekt des Berliner Hebbel-Theaters (1905), der Volksbühne am Rosa-Luxemburg-Platz (1914), des Theaters am Kurfürstendamm (1920/21) der Kroll-Oper (1920–1929), des Renaissance Theaters (Umbau 1926), der vor den Nazis nach Palästina fliehen konnte und dort u. a für die junge Stadt Tel Aviv das Habimah Theater (ab 1933) baute.

Abb. 2 Lessing-Theater (Berlin) von Hermann von der Hude und Julius Hennicke, erbaut 1887

Abb. 3 Neues Theater (heute: Theater am Schiffbauerdamm) von Heinrich Seeling, erbaut 1892

Abb. 4 Theater unter den Linden (heute: Komische Oper) von Ferdinand Fellner und Hermann Helmer, erbaut 1892

Theaterbaus im Sinne eines qualitativ neuartigen Präventionsregimes. Markant ist hier die Polizeiverordnung von 1889/91, die in Preußen und im Reich als Folge der opferreichen Theaterbrände in Nizza und Wien 1881 ins Werk gesetzt wurde. Verkehrswege innerhalb und außerhalb des Hauses wurden nun Gegenstand von verbindlichen Regulierungen. Umläufe, Treppen, Türen und Geländer waren ebenso Objekte der feuerpolizeilichen Aufmerksamkeit wie der Außenbereich, der unter dem Gesichtspunkt der Unfallsicherheit und des Brandschutzes sowie der Brandbekämpfung neu definiert wurde.

Greifbar werden die hier nur sehr verkürzt wiedergegebenen Entwicklungen in der Neuauflage des traditionsreichen baugeschichtlichen Handbuchs *Berlin und seine Bauten* (1896). Das dem Theater- und Zirkusbau gewidmete Kapitel zählt für Berlin drei königliche Theater, vierzehn Privattheater, sieben größere „Specialitätenbühnen" und zwei wissenschaftliche Theater (darunter die Urania) auf.[10] Vier Theaterbauten werden als neuartig und modern („ein völliger Umschwung auf dem Gebiete des Theaterbaues"[11]) hervorgehoben und ausführlicher gewürdigt: das Lessing-Theater (Hude und Hennike, erbaut 1887), das Neue Theater (heute: Theater am Schiffbauerdamm) von Heinrich Seeling, erbaut 1892, das Theater unter den Linden (heute: Komische Oper) von Ferdinand Fellner und Hermann Helmer, erbaut ebenfalls 1892, sowie das Theater des Westens von Bernhard Sehring (erbaut 1895/1896) (Abb. 2–4). Diese Privattheater, die im Abstand von nicht einmal zehn Jahren erbaut worden waren, zeichneten sich zunächst durch die Unterschiedlichkeit ihrer Erscheinungsform aus. Sie alle standen bereits in Einklang mit den neuen polizeilichen Brandschutzregeln: breite Korridore, feuerfeste Materialien, wenig Holz und vor allem ausreichend Fluchtwege. Sie waren das Ergebnis einer tiefgreifenden Transformation des Theaterbauwissens, die unter dem Eindruck der Theaterbrände eingesetzt hatte.

Panik als epistemische Kategorie

In den deutschsprachigen Theaterbautheorien des späten 18. und frühen 19. Jahrhunderts wurde das Publikum vor allem als wahrnehmende, als empfangende Entität adressiert. Es ging den Verfassern, darunter so klingende Namen wie Carl Ferdinand Langhans, Friedrich Weinbrenner und Karl Friedrich Schinkel, um die ideale akustische und optische Einrichtung der Auditorien, um ideale Bedingungen der Sichtbarkeit für alle und, noch entscheidender, der allgemeinen Hörbarkeit des gesprochenen oder gesungenen Wortes.[12] Die Architekten stellten

10 Appelius/Rönnebeck 1896. Die Liste ist nicht vollständig, verdeutlicht aber, welche Bauten als ausreichend repräsentativ wahrgenommen wurden. Vgl. für eine ausführlichere Auflistung der Berliner Theater in dieser Zeit Lindemann 1897, S. 4 f.

11 Appelius/Rönnebeck 1896, S. 488.

12 Vgl. Meyer 1998.

sich damit einerseits in den Dienst der Erziehungsfunktion der Bühne, wie sie von den Theaterreformern der Aufklärung gefordert worden war. Andererseits gaben sie bürgerlich-egalitären Vorstellungen einen proto-politischen Raum. Auf dieser Basis konnte der Theaterbau im Vormärz zu einem Ort bürgerlicher Vergesellschaftung im Zeitalter spätabsolutistischer Herrschaft überhöht werden.[13] Das Publikumsverhalten im Innern wurde bis dato nicht als bauliche, sondern vor allem als eine erzieherische, eine disziplinarische Aufgabe begriffen.[14] Dies änderte sich massiv im letzten Drittel des 19. Jahrhunderts unter dem Eindruck zahlreicher und opferreicher Theaterbrände.[15] Über den Theaterbrand fanden Überlegungen zur *crowd control*, zum Szenario des Unglücks- und Katastrophenfalls erstmals auf breiter Basis Eingang in den theaterbaulichen Diskurs.

Nur wenige Jahre nach dem Erlass der Gewerbefreiheit erschien 1878 in Hamburg eine systematische Studie zum Thema Theaterbrände.[16] Der Verfasser August Fölsch (1824–1893), ein Ingenieur mit Faible für die Bühnenkunst, bot auf breiter empirischer Basis – die 523 von ihm weltweit dokumentierten Brände reichen bis in die römische Antike zurück – eine Analyse des Brandgeschehens, um Vorschläge zur Prävention sowie zur effektiven Bekämpfung von Bränden zu unterbreiten. Diese umfassen die Verwendung feuerfester Materialien, das Anbringen von Blitzableitern, die Verbesserung des Überwachungs- und Meldewesens, die standardmäßig einzubauende Draht-Curtine (eine frühe Version des eisernen Vorhangs), die sachgemäße Lagerung von Kulissen und Kostümen sowie die Festlegung verbindlicher feuerpolizeilicher Regeln für den Theaterbau.[17] Ein Zentralproblem macht Fölsch im unkalkulierbaren, irrationalen Verhalten des Publikums im Brandfall oder bei „blindem", das heißt falschem Feuerlärm aus. Auf massenpsychologische Erklärungen zum Thema Panik konnte er zu diesem Zeitpunkt noch nicht zurückgreifen, derartige Studien sollte es erst ab den 1920er Jahren geben.[18] Der Autor unterbreitet allerdings eine reiche Kasuistik panischen Verhaltens (oftmals mit tödlichem Ausgang). Die bauliche Lösung liege in der guten Erreichbarkeit und Durchlässigkeit

---

13 Vgl. Matthes 1995, Lange 1985.

14 Zum Themenfeld der Theatergesetze vgl. Dewenter/Jakob 2018. Bauliche Regelungen, die die Bewegung des Publikums im Theater adressierten, wurden – wenn überhaupt – für den Außenbereich des Theaters getroffen, vor allem für die stets mit Gefahren verbundene Anfahrt und Abfahrt von Kutschen.

15 Vgl. Buck 2000.

16 Fölsch 1878.

17 Ebd., S. 156–158. Die Einrichtung elektrischer Beleuchtung ist bei Fölsch noch nicht in den Forderungskatalog aufgenommen. Diese sollte erst wenige Jahre später, 1883, Einzug in die Theater finden. Vgl. Otto 2020 S. XIV u. ö.

18 Theoretiker der Masse wie Gustave Le Bon (*Psychologie des Foules*, 1895) und Gabriel Tarde (*Les lois de l'imitation*, 1890) schrieben nicht zum Phänomen der Panik. Erst bei Elias Canetti lassen sich in den 1920er Jahren am Beispiel der Feuersbrunst massenpsychologische Überlegungen zur Panik finden. Vgl. Gamper 2007.

der Ausgänge. Es dürfe nicht zu einem „Stau des Menschenstromes" kommen. Alle Türen müssten „unbedingt nach aussen schlagen".[19] Insbesondere für das Rang- und Galeriepublikum müssten Notausgänge gebaut werden, die direkt ins Freie führten. Das wohl wirksamste Instrument zur Vermeidung von Panik im Brandfall bleibe aber, so Fölschs Fazit, das Vorbild eines besonnen agierenden Fürsten.[20]

Fölschs Studie fand zunächst wenig Beachtung. Noch immer wurden Theaterbrände als Begleiterscheinung des Theaterbetriebs mehr oder weniger erduldet. Dies änderte sich schlagartig im Jahr 1881:[21] Die hohen Opferzahlen der Brände in Nizza (circa 200 Tote) und schließlich in Wien (384 Tote)[22] ließen das Problem der Theaterbrände endgültig zum Politikum werden. Insbesondere der Ringtheaterbrand in Wien – hier war es zu einer schier unglaublich anmutenden Verkettung menschlichen und technischen Versagens gekommen – beschäftigte die Presse europaweit und mündete in einen vielbeachteten Prozess.[23] Eine Verschärfung der feuer- und baupolizeilichen Vorschriften, wie sie in Frankreich und England bereits in Kraft war, wurde im Nachgang des Katastrophenjahres auch für Österreich-Ungarn und das Deutsche Reich umgesetzt.[24] Eine Reihe von Spezialstudien attestierte dem Phänomen der Panik eine zentrale Bedeutung bei der Brandbekämpfung.[25] Statistische Erhebungen zur Letalität von Bränden fanden nach 1881 Eingang in die Theaterbauliteratur.[26] Der Brand- und Katastrophenfall wurde somit zu einer epistemischen Grundlage theaterbaulicher Planungen.

Wie sehr Theaterbrände das Imaginäre der Zeit erfassten, verdeutlichen auch Beispiele aus Malerei und Literatur. Das Gemälde „Ein Theaterbrand" (1883) des für seine orientalistischen Motive bekannten österreichischen Malers und Graphikers Rudolph Ernst stellt die aus dem Theater herausstürzende Menschenmasse in den Mittelpunkt. (Abb. 5) Während in der Vergangenheit oftmals das brennende Theater als öffentliches Schauspiel im Stadtraum die Ikonografie des Theaterbrandes bestimmt hatte, ist bei Ernst die Panik das eigentliche Schauereignis.[27]

19 Fölsch 1878, S. 188.
20 Ebd., S. 216.
21 Der baupolizeiliche Einschnitt, der sich mit den Bränden 1881 vollzog, bezog sich auf Versammlungsräume generell. Vgl. Büsing 1894, S. 117–137.
22 Die Opferzahlen variieren je nach Quelle beträchtlich. Semper 1904 spricht beispielsweise von „ca. 100" für Nizza und „ca. 450" für Wien (S. 404). Ich orientiere mich für Wien an den Angaben bei Fockt 1882. Für Nizza greife ich auf die in den zeitgenössischen Berichten am häufigsten genannte Zahl zurück.
23 Die umfangreiche zeitgenössische Literatur zum Brand ist dokumentiert bei Otto 2020, S. 42, Anm. 106. Die Ikonografie des Brandes wurde geprägt durch Fockt 1882.
24 Vgl. „Polizei-Verordnung" 1889.
25 Bilardone 1887 und 1888.
26 Vgl. den ersten Band von Sachs/Woodrow 1896–1898.
27 Zur tradierten Ikonografie des Theaterbrandes vgl. Buck 2000.

Abb. 5 „Ein Theaterbrand“ (1883) von Rudolph Ernst, abgedruckt in der *Neuen Illustrirten Zeitung* (Wien 1885)

Die Geburt der Panik aus dem Theaterbrand beschreibt auch Robert Walser in seiner frühen Prosaschrift „Theaterbrand“ (1908). Die Zeit der Erzählung wird im ironisch gefärbten Grundton in eine als „unzivilisiert“ ausgewiesene Vergangenheit verlegt. Der kurze Text ist von einer vorherrschenden Bewegungsfigur gekennzeichnet, nämlich der Flucht aus dem brennenden Theaterinnern nach draußen in den Stadtraum. Der hochdramatische Brandbericht ironisiert nicht nur die Fortschrittsgläubigkeit der Gegenwart, sondern auch die narratologische Figur des allwissenden Erzählers, der hier aus der Binnenperspektive des Infernos immer unglaublicher erscheinende Mitteilungen macht. Die sich buchstäblich überstürzenden Ereignisse münden in eine Evokation grausamster Bilder, die, unter Bezugnahme auf das theatrale Setting, schließlich groteske Formen annehmen:

> Man muß nicht glauben, daß es zu den damaligen Zeiten eiserne Schutzvorhänge, Rolladen oder derartiges gab. Nein, jenes Geschlecht hatte für solche oder ähnliche Dinge kein Verständnis. Und nun das neue Tier, das eben aufstund: der panische Schrecken! Jetzt, Mensch, verzweifle an den Künsten deiner Kultur. Es gab jetzt einige ganz Kopflose, Verstürmte und Verzweifelte, die sich, da sie keine Rettung mehr sahen, von der Galerie mit dem unsinnigen Kopf voran in die Tiefe des Theaterraumes stürzten, auf Leute, die dort unten stehen und warten mußten, herab, auf Frauen herab, die verzweiflungsvoll und herzenzerreißend schrien, auf Knaben, die zum erstenmal in ihrem Leben ins Theater gehen durften. Das Verderben nahm ebenso grauenhafte wie geradezu lächerliche Gebärden an. Zwei oder drei Menschen wurden durch den Ton der grausigen Angstschreie vorzeitig getötet. Der Tod verzerrte sein Gesicht sowohl zu den komischsten als auch zu den traurigsten Fratzen.[28]

Nicht nur die Flammen bringen bei Walser den Tod, es sind die in Panik ausgestoßenen Schreie, die, schneller noch als die Flammen, tödlich zu wirken vermögen. Der Tod selbst kann auf diese Weise im Antlitz der Getöteten maskenhaft Gestalt annehmen. Walser greift hier – verkehrungslogisch – den im 19. Jahrhundert populären Topos auf, dass im Augenblick des Todes alle zivilisatorischen Masken fallen, um gleichsam den wahren Menschen erkennen zu lassen.[29] So findet der Tod in der Masse bei Walser keinen individuellen, sondern einen maskenhaft grotesken Ausdruck.

---

28 Walser 2021, S. 46. Schilderungen von Theaterbränden finden sich außerdem im Rahmen von Biografien. Vgl. etwa Sontag 1894 mit einem Kapitel über „Theaterbrände und Theaterbauten“ oder Betz 1894 mit dem Kapitel „Der Theaterbrand in Karlsruhe“.

29 Vgl. Regener 2016.

Verkehrswege: Sicherheit und Bequemlichkeit

In der Fach- und Handbuchliteratur des Bauens wurde der Ringtheaterbrand als Beginn einer neuen Zeitrechnung für den Theaterbau gehandelt.[30] „Wir stehen heute in unseren Anforderungen, namentlich in der Rücksicht auf Leben und Gesundheit, auf einem wesentlich anderen Standpunkt", so begründet der produktivste deutsche Theaterarchitekt, der preußische Stadtbaurat Heinrich Seeling (1852–1932), die Überarbeitung des von ihm verantworteten Kapitels „Theater" für die *Baukunde des Architekten*.[31] Seeling unterteilt die in seinem Beitrag behandelten Theateranlagen und -entwürfe in jene vor und jene nach dem Ringtheaterbrand. Nicht nur bei Seeling, sondern auch bei Manfred Semper, der das seinerzeit umfangreichste deutschsprachige Handbuch zum Theaterbau verfasste, stehen die neuen Theater unter dem Leitgedanken der Sicherheit, der Sorge um das Menschenleben.[32] Vom Standort des Gebäudes über die Anlage des Wegesystems, die Beleuchtung, die Sicherheits- und Feuerlöschtechnik, die Materialbeschaffenheit bis hin zur Unterweisung des technischen Personals – alles wurde von nun an unter dem Gesichtspunkt des Feuers und der Panik überprüft, bewertet und verändert. Aus Ingenieursperspektive gab es eine Reihe von technischen Lösungen, die es schnell umzusetzen galt: vom eisernen Vorhang, Rauchgasanlagen, flammenresistenten Bühnensystemen bis hin zur Elektrifizierung der Theater.[33]

Mit der Sorge um das Leben war in der Handbuchliteratur zum Theaterbau zugleich ein Versprechen für ein „post-katastrophales Theater"[34] ausgesprochen: das Theater als Ort des leiblichen Wohlergehens. Dies erscheint heute so selbstverständlich, dass wir geneigt sind, es zu übersehen. Doch seinerzeit war es ohne Zweifel neu. So finden sich zahlreiche Hinweise zu einer neuen „Bequemlichkeit".[35] Der Theaterbesuch konnte – trotz Massenandrang – als angenehm und

---

30 Einen ersten Niederschlag findet das neue Sicherheitsdispositiv bereits bei Klasen 1887, S. 1009–1119. Das Handbuch bietet Architekt:innen eine rasche Orientierung in der Geschichte des Bautyps, den funktionstypischen Eigenheiten und Herausforderungen, rezente Baulösungen aus dem deutschsprachigen Raum werden diskutiert. Ausführlich werden auch die Verkehrswege des Theaters behandelt. Zum Hand- und Lehrbuch als epistemischem Genre für die Architektur vgl. Rammer 2015.

31 Seeling 1900.

32 Semper 1904, S. 404–411.

33 Am bekanntesten war das eiserne Bühnensystem der Asphaleia-Gesellschaft, vgl. den Aufsatz von Halvard Schommartz im vorliegenden Band.

34 Otto 2020, S. 41.

35 In einem Vortrag des Architekten Carl Moritz über „Die Entwicklung des modernen Theaterbaues" auf einer Verbandsversammlung deutscher Architekten und Ingenieure in Düsseldorf 1904 heißt es entsprechend, dass für die jüngste Generation der Theater die „Erzielung größtmöglicher Sicherheit der Theaterbesucher in Verbindung mit vernünftiger Verkehrsführung und Bequemlichkeit" stehe. Vgl. Sarrazin/Schultze 1904, S. 485.

genussreich erlebt werden. So lobte etwa der Maler Ludwig Bartning (1876–1956) in einem dem modernen Theaterbau gewidmeten Aufsatz 1902 die „Bequemlichkeit der Garderoben, Zugänge, Sitze, die Vortrefflichkeit der Ventilation, Heizung, Beleuchtung" der neuen Theater. „Alles erscheint so einfach und selbstverständlich, daß man sich wundert, wie man so lange, um kleinlicher Raumsparerei willen, das verwickelte System von Treppen, Gängen, Winkeln u.s.w. der alten Theater hat ertragen können."[36]

In den deutschsprachigen Schriften zum Theaterbau zwischen 1700 und 1850 hatten Fragen der sozialen und politischen Ordnung, der Ästhetik und der optimalen Empfangsbereitschaft des Publikums im Mittelpunkt gestanden. Die Architektur war in den theoretischen Konzeptionen und Entwürfen auf die physische Stillstellung des Publikums zum Zweck des Schauens und Hörens, der Verinnerlichung, der affektiven Rührung und allein geistigen Bewegung ausgerichtet gewesen. Fragen der Feuersicherheit waren allenfalls hinsichtlich des Standortes des Theaters im städtischen Kontext, nicht aber mit Blick auf die Unversehrtheit des Theaterpublikums berührt worden. Nun hatten sich die Parameter verschoben, es ging – zugespitzt formuliert – um die Antizipation der größtmöglichen Bedrohung des Lebens, die Ermöglichung der raschen Bewegung großer Menschenmengen ins Freie; es ging

Abb. 6 Mustertheater auf der Deutschen Allgemeinen Ausstellung für Unfallverhütung 1889 in Berlin

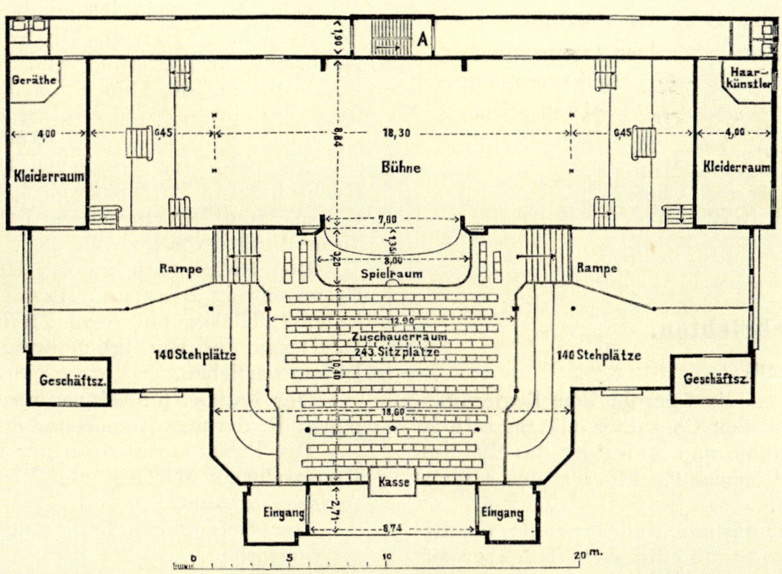

Abb. 3. Grundrifs.
Theater in der Ausstellung für Unfallverhütung in Berlin.

36 Bartning 1902.

um das Verlassen und nicht um das Verweilen. Damit war die bauliche Aufmerksamkeit von der Optik und Akustik auf die Lenkung von Menschenströmen übergegangen, hatte sich den Treppen, Gängen, Umläufen, Foyers und Vestibülen zugewandt. Dem Saal kam in dieser Hinsicht vor allem die Funktion zu, ein schnelles Entweichen zu ermöglichen.

Als 1889 in Berlin in der Nähe des Anhalter Bahnhofs die Deutsche Allgemeine Ausstellung für Unfallverhütung stattfand, wurde dort auch für einige Monate ein Mustertheater errichtet (unter Verwendung eines vormaligen Dioramengebäudes, was die Breite des Grundrisses erklärt) (Abb. 1 und Abb. 6).[37] Der umfassend elektrifizierte, mit feuerfesten Materialien und eisernem Vorhang ausgestattete Bau war, was den Transfer betraf, gleichsam auf das Wesentliche reduziert: Der Eintritt erfolgte über die zentrale Kassenhalle, die seitlichen Ausgänge sollten das rasche Entweichen sicherstellen. Die Stühle waren hochklappbar („zur Schaffung freier Durchgänge und somit zur möglichst schnellen Entleerung des Theaterraumes"), die Türen öffneten sich nach Vorstellungsende automatisch nach außen. Die Einrichtung dieses Theaters zur Unfallverhütung, das in keines der Handbücher zum Theaterbau Eingang fand, stand für einen entscheidenden Wechsel in der Episteme des Theaterbaus.

Masse als Akteur (Resümee)

Welche Bedeutung kommt den hier skizzierten Transformationen im Theaterbauwissen zu? Welche Folgen praktischer, epistemologischer und epistemischer Art lassen sich beschreiben? Hierzu abschließend drei Beobachtungen: (I.) Prägend für die bauliche Gestalt und die räumliche Disposition der Monumentaltheater im Zeitraum von 1880 bis 1914 ist die *Masse* als neuartiger Akteur. Diese wird auf mindestens drei Ebenen (ökonomisch, architektonisch und epistemologisch) virulent: Der Aufstieg der Geschäftstheater (und der Niedergang der Hoftheater) im Zeichen der Gewerbefreiheit, die Zunahme (und Neubewertung) der Theaterbrände, deren baupolizeiliche Folgen, die technischen Innovationen auf dem Gebiet der Feuerabwehr und der Prävention sowie deren Legitimierung und Nobilitierung in Handbuch- und Lehrbuchliteratur sind eng miteinander verwoben. Ökonomie und Sicherheit sind die Kräfte, die das ständisch geprägte Theater mit seinen separaten Foyers und Zugangsmöglichkeiten schleifen. Prävention bedeutet nicht nur Sorge um das Leben, sondern auch Sorge um den Verlust von Kapital.[38] Das neue Präventionsdispositiv dient der Erhaltung von Leben *und* Kapital. (II.) Das Verhältnis von Kunst und Theaterbau

---

37 Sarrazin/Hofsfeld 1889, S. 248 f. Bereits die Deutsche Hygieneausstellung in Berlin 1883 hatte einen Wettbewerb ausgeschrieben, um ein unter feuerpolizeilichen Vorgaben ideales Theater entwerfen zu lassen.

38 Dies formuliert etwa Semper 1904 sehr klar, wenn er neben dem Verlust von Menschenleben den ökonomischen Schaden der Theaterbrände betont.

ist in dem beschriebenen Zeitraum ambivalent. Zum einen befördert die Gewerbefreiheit ab 1870 eine bislang ungekannte Proliferation neuer Theaterformen für neue Publikumsschichten; mehr Menschen als je zuvor können ins Theater gehen. Zum anderen bleibt das überkommene Verständnis von „Theater" im ästhetischen, künstlerischen und kulturellen Sinn in den neuen Lehr- und Handbüchern unangetastet. Avancierte Bauten wie etwa die Festspielhäuser in Bayreuth und Hellerau oder das Große Schauspielhaus in Berlin finden hier keinen Eingang. (III.) Das neue Präventions- und Sicherheitsdispositiv ist demgegenüber unmittelbar geschichtsmächtig. In den Handbüchern zum Theaterbau wird in der Folge des Ringtheaterbrandes in Wien zwischen Bauten nach neuer und alter Bauweise unterschieden. Eine Fülle von Attributen (neu, modern, bequem, sicher und weitere) markiert den epistemischen Wandel. Das Jahr 1880 erscheint entsprechend als das Ende einer Epoche im Theaterbau. Die Veränderungen weisen dabei nicht nur in die Zukunft, sondern tragen dazu bei, dass der alte Gebäudebestand (nicht zuletzt aus legitimatorischen Gründen) nach neuem Maßstab bewertet wird. Dazu passt, dass eine (erste) kunstwissenschaftliche Historisierung der Bauaufgabe Theater auf dem Höhepunkt der Theaterbautätigkeit einsetzt.[39]

39 Vgl. den ersten von ursprünglich zwei geplanten Bänden von Hammitzsch 1906.

Literatur

Appelius, O./Rönnebeck, R.: „Theater und Circus-Gebäude". In: Architekten-Verein zu Berlin (Hg.): *Berlin und seine Bauten.* Bd. II. *Öffentliche Bauten.* Berlin 1896, S. 485–515

Balme, Christopher: „Die Bühne des 19. Jahrhunderts. Zur Entstehung eines Massenmediums". In: Mennemeier, Franz Norbert/ Reitz, Bernhard (Hg.): *Amüsement und Schrecken.* Tübingen 2006, S. 11–28

Bartning, Ludwig: „Theaterbau". In: *Der Kunstwart.* Nr. 15.2/1902, S. 147–149

Betz, Emil: *Aus den Erlebnissen und Erinnerungen eines alten Offiziers.* Karlsruhe 1894

Bilardone, Franz: *Zum Brand der ‚Komischen Oper' in Paris. Wie schützt man die älteren Theatergebäude am besten gegen Feuergefahr – wie beugt man in ihnen möglichst einer Panik vor? Wie baut die Neuzeit?* Hagenau i. Elsaß 1887

Bilardone, Franz: *Der Theaterbrand zu Exeter. Nachtrag zu ‚Wie schützt man die älteren Theatergebäude am besten gegen Feuergefahr – wie beugt man in ihnen möglichst einer Panik vor? Wie baut die Neuzeit?* Hagenau i. Elsaß 1888

Buck, Elmar: *Thalia in Flammen. Theaterbrände in Geschichte und Gegenwart.* Köln 2000

Büsing, Friedrich Wilhelm: „Die Sicherheit in Theatern und in grösseren Versammlungs-Räumen". In: Weyl, Theodor (Hg.): *Handbuch der Hygiene.* Bd. 6.2. Berlin 1894, S. 117–137

Daniel, Ute: *Hoftheater. Zur Geschichte des Theaters und der Höfe im 18. und 19. Jahrhundert.* Stuttgart 1995

Dewenter, Bastian/Jakob, Hans-Joachim (Hg.): *Theatergeschichte als Disziplinierungsgeschichte? Zur Theorie und Geschichte der Theatergesetze des 18. und 19. Jahrhunderts.* Heidelberg 2018

Fockt, Carl Theodor: *Brand des Ringtheaters in Wien am 8. December 1881. Eine wahrheitsgetreue Schilderung der Katastrophe, nach authentischen Quellen bearbeitet.* 5., verm. Aufl. Wien 1882

Fölsch, August: *Theaterbrände und die zur Verhütung derselben erforderlichen Schutz-Massregeln. Mit einem Verzeichnisse von 523 abgebrannten Theatern und vier Tafeln.* Hamburg 1878

Gamper, Michael: *Masse lesen, Masse schreiben. Eine Diskurs- und Imaginationsgeschichte der Menschenmenge 1765–1930.* München 2007

Hammitzsch, Martin: *Der moderne Theaterbau. 1. Teil: Der höfische Theaterbau. Der Anfang der modernen Theaterbaukunst, ihre Entwicklung und Betätigung zur Zeit der Renaissance, des Barock und des Rokoko.* Berlin 1906

Klasen, Ludwig (Hg.): *Gebäude für Kunst und Wissenschaft. Handbuch für Baubehörden, Bauherren, Architekten, Ingenieure, Baumeister, Bauunternehmer, Bauhandwerker und technische Lehranstalten* (= Grundriss-Vorbilder von Gebäuden aller Art X). Leipzig 1887

Lange, Hans: *Vom Tribunal zum Tempel. Zur Architektur und Geschichte. Hoftheater zwischen Vormärz und Restauration.* Marburg 1985

Lindemann, Paul: *Die Theaterstadt Berlin. Eine kritische Rundschau. Mit einem Geleitwort von Maximilian Harden.* Berlin 1897

Linhardt, Marion: *Residenzstadt und Metropole. Zu einer kulturellen Topographie des Wiener Unterhaltungstheaters (1858–1918).* Tübingen 2006

Linhardt, Marion: „Schau-Ereignisse der Großstadt. Theaterwissenschaftliche Überlegungen zur räumlichen Ordnung Berlins in der Kaiserzeit". In: *Internationales Archiv für Sozialgeschichte der deutschen Literatur.* Nr. 33.1/2008, S. 26–47

Linhardt, Marion: „Berlin als Raum für Theater". In: *LiTheS. Zeitschrift für Literatur- und Theatersoziologie.* Nr. 10/2017, S. 41–121

Marx, Peter W.: „‚Berlin ist ja so groß!' Die Erfindung der Großstadt". In: Bauer, Matthias (Hg.): *Berlin. Medien- und Kulturgeschichte einer Hauptstadt im 20. Jahrhundert.* Tübingen 2007, S. 88–105

Matthes, Isabel: *„Der Allgemeinen Vereinigung Gewidmet." Öffentlicher Theaterbau in Deutschland zwischen Aufklärung und Vormärz.* Tübingen 1995

Meyer, Jochen: *Theaterbautheorien zwischen Kunst und Wissenschaft. Die Diskussion über Theaterbau im deutschsprachigen Raum in der ersten Hälfte des 19. Jahrhunderts.* Zürich 1998

Otto, Ulf: *Das Theater der Elektrizität. Technologie und Spektakel im ausgehenden 19. Jahrhundert.* Berlin 2020

Pauli, Karl: *Die Befreiung der Deutschen Bühne vom Drucke der Geldspekulation.* Berlin 1887

„Polizei-Verordnung betreffend die bauliche Anlage und die innere Einrichtung von Theatern, Circusgebäuden und öffentlichen Versammlungsräumen". In: *Centralblatt der Bauverwaltung.* Nr. 48/30.11.1889, S. 447–465

Rammer, Gerhard: „Was und wie lernen wir aus

alten wissenschaftlichen Lehrbüchern? Wissenschaftshistorische Überlegungen zum Genre". In: Hassler, Uta (Hg.): *Der Lehrbuchdiskurs über das Bauen*. Zürich 2015, S. 26–37

Regener, Susanne: „Tod und Maske". In: Benkel, Thorsten (Hg.): *Die Zukunft des Todes: Heterotopien des Lebensendes*. Bielefeld 2016, S. 237–260

Sachs, Edwin O./Woodrow, Ernest A. E.: *Modern Opera Houses and Theatres. […] With Descriptive Text, a Treatise on Theatre Planning and Construction, and Supplements on Stage Machinery, Theatre Fires, and Protective Legislation*. 3 Bde. London 1896–1898

Sarrazin, Otto/Hofsfeld, Oskar: „Die Ausstellung für Unfallverhütung in Berlin. Teil III". In: *Centralblatt der Bauverwaltung*. Nr. 29/1889, S. 248–249

Sarrazin, Otto/Schultze, Friedrich: „Die Entwicklung des modernen Theaterbaues. Nach dem Vortrage des Regierungs-Baumeisters Moritz […]". In: *Zentralblatt der Bauverwaltung*. Nr. 77/24.9.1904, S. 477–479 u. Nr. 79/28.9.1904, S. 485–486

Seeling, Heinrich: „Theater". In: *Baukunde des Architekten. Unter Mitwirkung von Fachmännern der verschiedenen Einzelgebiete bearbeitet von den Herausgebern der Deutschen Bauzeitung und des Deutschen Baukalenders.* Bd. 2.3., 2. Aufl. Berlin 1900, S. 11–70

Semper, Manfred: *Theater* (= Handbuch *für Architektur*. 4. Teil: *Gebäude für Erziehung, Wissenschaft und Kunst*). Stuttgart 1904

Sontag, Carl: *Schimpfereien*. Berlin 1894

Walser, Robert: „Theaterbrand". In: Ders: *Geschichten*. Zürich/Frankfurt a. M. 2021, S. 41–48

Watzka, Stefanie/Marx, Peter W. (Hg.): *Berlin auf dem Weg zur Theaterhauptstadt. Theaterstreitschriften zwischen 1869 und 1914*. Tübingen 2009

Zielske, Harald: *Deutsche Theaterbauten bis zum Zweiten Weltkrieg. Typologisch-historische Dokumentation einer Baugattung (= Schriften der Gesellschaft für Theatergeschichte 65).* Berlin 1971

Bildnachweis

1 Sarrazin, Otto/Hofsfeld, Oskar: „Die Ausstellung für Unfallverhütung in Berlin. Teil III". In: *Centralblatt der Bauverwaltung*. Nr. 29/1889, S. 249

2 Appelius, O./Rönnebeck, R.: „Theater und Circus-Gebäude". In: Architekten-Verein zu Berlin (Hg.): *Berlin und seine Bauten*. Bd. II. *Öffentliche Bauten*. Berlin 1896, S. 501

3 Ebd., S. 502

4 Ebd., S. 508

5 *Neue Illustrirte Zeitung*. Nr. 33/1885, S. 521

6 Sarrazin, Otto/Hofsfeld, Oskar: „Die Ausstellung für Unfallverhütung in Berlin. Teil III". In: *Centralblatt der Bauverwaltung*. 29/1889, S. 248

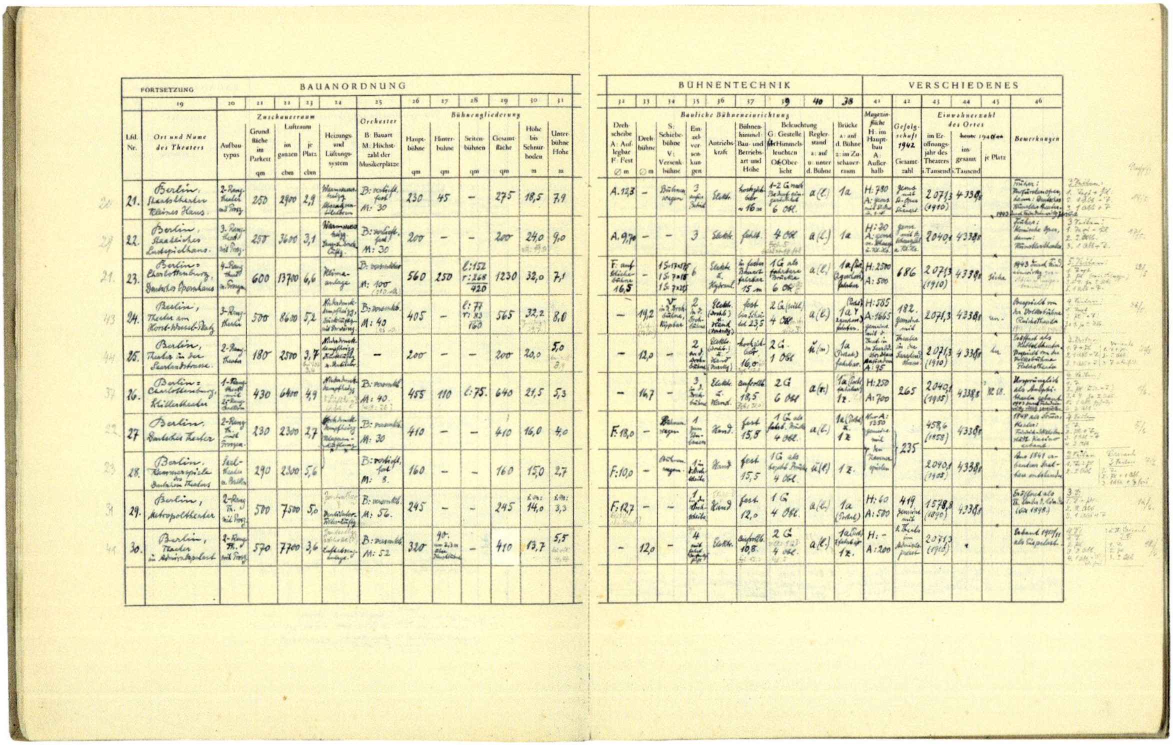

Abb. 1 Anhangband zum Handbuch
„Das Deutsche Theater“, geführt von Theodor von Lüpke

Handbuchwissen

Absicht und Anspruch des Handbuchprojekts „Das Deutsche Theater“

Kerstin Wittmann-Englert

Wissen ist Macht, wie schon der englische Philosoph Francis Bacon Ende des 16. Jahrhunderts feststellte. Am Beispiel eines Handbuchprojekts von Albert Speer wird im Folgenden gefragt, inwieweit Wissen als Mittel der Macht gebraucht oder auch missbraucht werden kann. Speer plante als „Generalbauinspektor der Reichshauptstadt“ (GBI) ab 1939 im Auftrag des „Führers“ und unter Mitwirkung des Präsidenten der „Reichstheaterkammer“ Ludwig Körner (1938–1942 im Amt) und des „Reichsbühnenbildners“ Benno von Arent die Herausgabe des Handbuchs „Das Deutsche Theater“.[1]

Das Buch selbst wurde nicht fertiggestellt, doch die mit diesem Projekt in Zusammenhang stehenden Archivalien erlauben uns gleichwohl, ein recht genaues Bild von dem Geplanten zu zeichnen. Erhalten hat sich eine große Zahl von Fragebögen, die Aufschluss darüber geben, welche Art von Wissen systematisch zusammengetragen wurde.[2] Außerdem existieren Fotografien, Planmaterial und sogar Layoutvorlagen[3] nebst schriftlichen Erläuterungen, die erkennen lassen, dass die Planungen zu diesem Buchprojekt bereits fortgeschritten waren. Ein „Handbuch“ sollte es werden, als „Standardwerk“[4] wurde es bezeichnet.

---

1 Brief von Albert Speer an Reinhard Heydrich vom 31. Juli 1941, Bundesarchiv (BArch R4606/616).

2 Vgl. meine Objektbeschreibung im vorliegenden Band.

3 Vgl. den Aufsatz von Franziska Ritter im vorliegenden Band.

4 Schreiben des Regierungsbaumeisters Heinrich Wolff vom 17. Oktober 1940, Bundesarchiv (BArch R4604/615).

Betrachtet wird dieses Projekt hier im Hinblick auf die Art des akkumulierten Wissens und der Intentionen, die sich mit diesem Publikationsprojekt verbanden. Anders formuliert: Worin bestand die Spezifik dieses Handbuchs und woraus wird ersichtlich, dass es sich um ein politisches Projekt handelte?

Gesammeltes Wissen

Das geplante Handbuch sollte nach Albert Speer „vornehmlich dem Architekten und dem Theaterfachmann Unterlage für die Planung der zukünftigen großen Bauten sein und einen vollständigen Überblick über den Stand des deutschen Theaterwesens geben".[5] Das heißt, nicht der (architektur-)historische Überblick, sondern der praktische Nutzen stand im Fokus, wie auch der retrospektive Blick des Projektleiters Theodor von Lüpke[6] bestätigt: „[D]ieses erstmalige Handbuch [würde] eine besondere Bedeutung, auch über die deutschen Grenzen hinaus und nicht nur für Architekten, sondern mindestens ebenso für Intendanten, Bühnentechniker und überhaupt für das gesamte Theaterwesen besitzen."[7] Er betonte im selben Schreiben den gleichermaßen theatergeschichtlichen und bühnentechnischen Wert. Insgesamt 375[8] Theater sollten nach von Lüpke in zwei Bänden vorgestellt werden: Für den ersten Band wurde eine Auswahl von rund 200 Theatern getroffen, die entweder bau- oder bühnengeschichtlich, bühnentechnisch oder auch kulturell oder künstlerisch von Interesse schienen.[9] Die übrigen rund 175 Theaterbauten qualifizierte von Lüpke als „von nur mehr örtlicher, aber immerhin auch noch erwähnenswerter Bedeutung".[10] Ein über den Krieg hinaus von Theodor von Lüpke geführter Anhangband[11] (Abb. 1) diente ihm als tabellarisch organisierte Synopse des gesammelten Wissens. Unter der Rubrik „Baudaten" finden sich Angaben zu Ort, Name und Spielgebiet des jeweiligen Theaters, zu Platzzahl, Baujahr sowie Eigentümer, Bauherr, Architekt und Baukosten. Die Platzzahl ist insofern hervorzuheben, als sich mit ihr zwei Zeitspannen verbinden: Man könnte sie unterscheiden in Vergangenheits- und Gegenwartswissen, denn von Lüpke differenzierte zwischen der jeweiligen Erbauungs- oder Eröffnungszeit sowie dem Jahr 1942, also der für die damaligen Planungen relevanten Sitzplatzzahl. Das Gegenwartswissen besteht aus konkreten Angaben

---

5 Brief von Albert Speer an Reinhard Heydrich vom 31. Juli 1941, um Zugang zu geheimem Planmaterial zu Theatern in Nürnberg, München und Bayreuth zu erhalten, Bundesarchiv (BArch R4606/616).

6 Zu Theodor von Lüpke s. unten S. 32

7 Schreiben von Theodor von Lüpke an die Abwicklungsstelle des „Generalbauinspektors für die Reichshauptstadt" vom 12. Mai 1946, S. 1 f., Bundesarchiv (BArch R3-ANH.-40).

8 Ebd., Blatt 1, S. 2.

9 Ebd., Blatt 2, S. 1.

10 Ebd.

11 Vgl. die Objektbeschreibung von Peter Jammerthal im vorliegenden Band.

zu jüngeren und jüngsten Umgestaltungen und Erweiterungen (Bauteil, Bauherr, Architekt und Umbaukosten).

Theodor von Lüpke plante mit dem Handbuch eine Einordnung des jeweiligen Baus sowohl zeitlich als auch funktional und stadträumlich. Darüber hinaus wurden statistische Angaben zu Technik, Raumvolumen und bühnentechnischen Anlagen gegeben sowie zum Verhältnis von Einwohner- und Platzzahl, sprich: Angebot und Nachfrage. Das Angebot, so wird aus den Informationen zu Umbauten und Erweiterungen deutlich, erscheint hier als eine Variable, die auf Nachfrage hin zu korrigieren war, auch mit Neubauten. Diese These wird durch eine Äußerung des Architekten Paul Baumgarten aus dem Jahr 1939 gestützt: „Heute gehört das Theater dem Volk."[12] Darüber hinaus eröffnet sie den Raum zu einem größeren Themenfeld, das die Planung des „Führers" für eine grundlegende Umgestaltung der Theaterlandschaft einschließt: „Wir haben einen sehr empfindlichen Mangel an Theatergebäuden! Wohl ist seit den siebziger Jahren viel gebaut worden, aber das Theater ist ganz außer Verhältnis zur Volkszahl gekommen!"[13] Dazu im letzten Abschnitt weiteres.

Gewertetes Wissen

Mit der Frage nach dem Inhalt des Handbuchs „Das Deutsche Theater" verbindet sich der Blick auf denjenigen, der es bearbeitete und das Wissen zusammentrug: Für diese „wissenschaftliche und künstlerische Nebentätigkeit" wurde Theodor von Lüpke „als Ruhestandsbeamter mit Sonderaufgaben des Generalbauinspektors für die Reichshauptstadt" beschäftigt.[14] Einem Schreiben des Regierungsbaumeisters Heinrich Wolff vom 17. Oktober 1940 zufolge wurde das Projekt ursprünglich auf ein Jahr terminiert, „so dass die Vorlage des druckreifen Manuskripts Anfang September 1941 zu erwarten ist".[15] Ein ambitionierter Plan, der nicht eingehalten wurde, man möchte fast sagen: werden konnte angesichts des Projektumfangs und auch der Akribie des Bearbeiters, die allein aus dem umfassenden Faktenwissen der bereits erwähnten Fragebögen spricht, von denen einer im zweiten Teil des Buches als Objekt beschrieben wird.

---

12 Baumgarten 1939, o. P.

13 Adolf Hitler, zit. nach Jochmann 2000, S. 284.

14 Schreiben von Karl Maria Hettlage vom 2. November 1942. Theodor von Lüpke wurde dabei nicht als Angestellter geführt, Bundesarchiv (BArch R3/ANH. 40).

15 Schreiben des Regierungsbaumeisters Heinrich Wolff vom 17. Oktober 1940, Bundesarchiv (BArch R4604/615). Theodor von Lüpke informiert uns selbst darüber, dass er während des „totalen Krieges [...] von seinem Wohnsitz Bückeburg aus das Werk, vor allem in seinem weit vorgeschrittenen, die rund 200 wichtigsten Theater umfassenden ersten Teil, möglichst bis zur Druckreife" weiter bearbeitete. (Theaterhistorische Sammlungen der FU Berlin, Autographensammlung, Mappe Kranich, Friedrich/Theodor von Lüpke, o. Nr.).

Nach Abschluss eines Architekturstudiums war Theodor von Lüpke ab 1902 in der Königlich-Preußischen Meßbildanstalt Berlin tätig und arbeitete für Albrecht Meydenbauer, der die Grundlagen der Photogrammetrie entwickelte.[16] Eingesetzt wurde dieses Verfahren fotografischer Exaktheit unter anderem in der praktischen Denkmalpflege zur Dokumentation des kulturellen Erbes. Als Nachfolger von Meydenbauer führte von Lüpke die Meßbildanstalt weiter und hatte auch in der Nachfolgeinstitution „Staatliche Bildstelle Berlin“ die Leitung inne. Zu den Aufgaben des Direktors dieser Institution gehörte unter anderem die Teilnahme an den Aufsichtsratssitzungen des Deutschen Kunstverlags. Dieser war 1921 gegründet worden, ausgestattet mit einem verlagseigenen Buchladen, in dem die Erzeugnisse der Staatlichen Bildstelle vertrieben wurden.[17] Die biografische Verflechtung von Lüpkes mit dem Deutschen Kunstverlag ist insofern bemerkenswert, als der Verlag ab 1928 das von Georg Dehio herausgegebene *Handbuch der deutschen Kunstdenkmäler* veröffentlichte. Ob auch das geplante Handbuch „Das Deutsche Theater“ im Deutschen Kunstverlag erscheinen sollte, ist quellenmäßig nicht zu belegen. Doch festzuhalten ist, dass Theodor von Lüpke durch die Meßbildanstalt/Bildstelle über Wissen und Erfahrung in systematischer Objekterfassung verfügte und über die Teilnahme an den Aufsichtsratssitzungen des Verlags genauere Kenntnis des Handbuchs von Georg Dehio gehabt haben dürfte.

Der „Dehio“ ist bis heute ein Klassiker.[18] Er gehört zu einigen ausgewählten Publikationsprojekten, die hier im Vergleich zum Handbuch „Das Deutsche Theater“ betrachtet werden, um dessen Besonderheiten zu verdeutlichen. Der Kunsthistoriker und Denkmalpfleger Georg Dehio plante ab 1900 ein mehrbändiges Werk, dessen Handlichkeit ihm erklärtes Anliegen war: „Es handelt sich um ein Handbuch. Dasselbe soll brauchbar sein sowohl als Reisehandbuch wie als Nachschlagebuch am Schreibtisch. [...] Nicht Vollständigkeit, sondern gesichtete Auswahl war das Ziel.“[19]

Ein Vergleich von Dehios und von Lüpkes Handbüchern weist Unterschiede auf, die unter anderem die Wertung der Objekte betreffen. Theodor von Lüpke hielt sich, was die Bauwerke anbelangt, mit jeglichem Kommentar zurück. Seine Bestandsaufnahme gleicht einem sachlichen Inventar, bedacht auf Vollständigkeit mit Zahlen und Fakten, während Dehio eigene Anschauungen mitteilte, wie hier am Markgräflichen Opernhaus in Bayreuth exemplifiziert: „Die Flüchtigkeit der Ausführung bei der schwachen Beleuchtung damaliger Zeit nicht störend.

---

16 Vgl. Meyer 1985 und Anmerkung 23 im Aufsatz „Das Bild des Theaters“ von Franziska Ritter im vorliegenden Band.

17 Vgl. Deutscher Kunstverlag: „‚... ein Unternehmen ganz eigenartigen Gepräges‘. 100 Jahre Deutscher Kunstverlag“. https://geschichte.deutscherkunstverlag.de/ (letzter Zugriff: 06.05.2025).

18 Das *Handbuch der Deutschen Kunstdenkmäler* wurde 1905–1928 im Ernst Wasmuth Verlag und wird seither im Deutschen Kunstverlag herausgegeben.

19 Dehio 1943, Vorwort S. V.

[...] Die Seltenheit der Erhaltung von Theatern aus dem 18. Jh. verleiht dem Bayreuther erhöhten Wert.“[20] Ähnlichkeit ist dagegen in der Vorgehensweise gegeben: „Die Organisation der Arbeit“, so Dehio, „denke ich mir so, daß ein erfahrener älterer Gelehrter als Redakteur an die Spitze tritt, während zwei oder drei jüngere die Auszüge vorbereiten und, wo es nöthig ist, an Ort und Stelle korrigieren“.[21] Er selbst war letztlich der „ältere Gelehrte“, der eigene Inaugenscheinnahmen jeweils mit dem Zusatz „[D.]“ versah.[22] Auch von Lüpke war zuweilen selbst vor Ort[23] und wurde im Übrigen zwischen Ende November 1940 und April 1943 von einem Mitarbeiterstab aus „bis zu 12 Köpfen“ unterstützt, von denen zwei von ihm namentlich genannt wurden: „die Herren Eisenmann und Dange“.[24]

Als zweites Handbuchprojekt des frühen 20. Jahrhunderts sei Manfred Sempers Buch *Theater* betrachtet, das 1904 in der Reihe *Handbuch der Architektur* veröffentlicht wurde. Es repräsentiert, so Roland Jaeger 2006, „den enzyklopädischen Anspruch der systematischen Darstellung des gesamten Bauwesens in seinen theoretischen, historischen, konstruktiven und typologischen Aspekten“.[25] Jaeger bezeichnet das *Handbuch der Architektur* als „maßgebliches Standardwerk der bauhistorischen und -technischen Literatur“.[26] Schon das Wort „Literatur“ weist den Weg zur Unterscheidung: Von Lüpke legte keine Entwicklungsgeschichte vor, beschrieb nicht Wirkung und Wahrnehmung der Häuser, sondern trug Fakten zusammen. Ob es ein den Kontext des Handbuchs erläuterndes Vorwort geben sollte, ist nicht überliefert.

Zwei weitere Veröffentlichungen seien vergleichend in den Blick genommen, die beide aus dem Jahr 1926 datieren: *Das Gesicht des Deutschen Theaters* von Willy Springer sowie *Theater und Lichtspielhäuser* von Paul Zucker. Springer legte einen kleinformatigeren Bildband vor, mit einem zweiseitigen Vorwort und einer Liste „sämtlicher Theater des Deutschen Sprachgebietes“. Auch er ergänzte, ebenso wie im GBI-Handbuchprojekt geschehen, die Angaben des Bühnenjahrbuchs: Nach Springer bot jenes den „Charakter“, also Fakten, jedoch nicht das „Gesicht“ der Häuser, also den äußeren Eindruck. Je zwei Fotografien pro Seite zeigen in Springers Buch Außenansichten, wobei zuweilen der Baumbestand die Ansichten verstellt. Die Gegenüberstellung der Ansichten des Stadttheaters Bochum bei Springer (Abb. 2) und im geplanten Werk von Lüpke (Abb. 3) spricht für sich: Willy

20 Ebd., S. 42.
21 Dehio 1943, S. 83.
22 Ebd., Vorwort, S. VI.
23 Vgl. das Schreiben von Theodor von Lüpke an die Verwaltung des Landestheaters in Linz vom 25. Juli 1941: „Ich hatte mir in Übereinstimmung mit dem mich freundlichst geleitenden Bühnensachverständigen Herrn vermerkt [...]“, Bundesarchiv (BArch R4606-616).
24 Theodor von Lüpke, handschriftlich: „Mein beruflicher Lebenslauf“, April 1951. Brandenburgisches Landesamt für Denkmalpflege und Archäologisches Landesmuseum, Messbildarchiv, MBA-SG-0001.
25 Jaeger 2006, S. 343.
26 Ebd., S. 343.

Abb. 2 Stadttheater Bochum, dargestellt in *Das Gesicht des Deutschen Theaters* von Willy Springer (1926)

Abb. 3 Im Vergleich eine Ansicht, die für das Handbuch „Das Deutsche Theater" vorgesehen war, fotografiert ca. 1942 von Fritz Köhler

Springer präsentierte das Theatergebäude in seinem Umfeld, zu dem die stadträumliche Situation mit Menschen oder auch die Vegetation als Ausdruck des Temporären zählt, während von Lüpke die Bauwerke soweit als möglich isoliert abbildete, sie dokumentierte.

Gesichter sind individuelle Physiognomien: Entsprechend vielfältig sind nicht nur die Bauten selbst, sondern auch die Blickwinkel in den Fotografien von Springers Veröffentlichung. Im Gegensatz dazu systematisierte von Lüpke: nicht nur die statistischen Daten, sondern auch die Perspektiven der Fotografien. Er sandte den Fotografen bei der Beauftragung schriftlich formulierte Richtlinien zu. Leider ist es bislang nicht gelungen, ein Exemplar dieser Richtlinien ausfindig zu machen. Doch dem erhaltenen Fotomaterial, den Erläuterungen in der Korrespondenz und den Layoutvorlagen zufolge wurden von den Fotografen Frontal- und Übereck-Perspektiven angefordert. Folglich strebte Theodor von Lüpke danach, die physiognomische Vielfalt soweit als möglich mittels Perspektiven, Retuschen und der Wahl der engeren Bildausschnitte zu homogenisieren.[27]

Ebenfalls aus dem Jahr 1926 stammt das Buch *Theater und Lichtspielhäuser* von Paul Zucker. Darin bietet sich uns eine kommentierte Auswahl von Theatern und Kinos aus dem 20. Jahrhundert dar, die der Autor in Grundrissen, Schnitten und Fotografien vorstellt. Zucker konzentrierte sich dabei nicht allein auf nach seinem Urteil gelungene Architekturen, sondern bezog auch solche Häuser mit ein, die er aufgrund der Technik, nicht aber architektonisch würdigte, wie die Städtische Oper Berlin-Charlottenburg des Architekten Heinrich Seeling aus dem Jahr 1912:

> Architektonisch von außergewöhnlicher Nüchternheit, die auch durch den späteren Versuch, den Raum durch Farben etwas wärmer zu gestalten, nicht behoben worden ist. Trotz schärfster Ablehnung der Architektur, sowohl der Raumgestaltung wie der Einzelformen, der Veröffentlichung wert durch die außergewöhnlich geschickte technische Anlage der Bühne.[28]

Diese ist im weiteren Textverlauf detailliert von Zucker beschrieben. Auffällig bei der von ihm vorgenommenen Auswahl ist auch die Einbeziehung der Moderne – etwa des Stadttheaters in Jena von Walter Gropius oder auch zweier Häuser von Auguste und Gustave Perret in Paris. Zuckers Buch wurde „Max Reinhardt zugeeignet" – und damit einer bedeutenden Persönlichkeit des Theaterwesens, mit deren Darstellung im Handbuch „Das Deutsche Theater" sichtlich gerungen wurde. Dazu mehr im letzten Abschnitt zur politischen Kontextualisierung des Projekts.

Zuvor aber noch ein Blick auf die letzte hier im Vergleich mit dem Handbuchprojekt betrachtete Publikation: *Theaterbauten und*

27 Vgl. den Aufsatz von Franziska Ritter im vorliegenden Band.
28 Zucker 1926, S. 122.

Abb. 4 Außenansicht des ehemaligen Gautheaters Westmark in Saarbrücken, fotografiert 1938 von Karl-Hugo Schmölz

Feierstätten aus dem Jahr 1939 – eine Veröffentlichung, die vom Preußischen Finanzministerium in einer Buchreihe des *Zentralblattes der Bauverwaltung* herausgegeben wurde. Zu Beginn erklärt die Schriftleitung, auch mit Verweis auf die bereits im *Zentralblatt der Bauverwaltung* veröffentlichten Theatergebäude: „Die gezeigten Bauten geben einen Querschnitt durch die ungemein lebendige Bautätigkeit auf dem Gebiete des Theaterbaus seit der Machtübernahme und lassen die vielfältigen und starken Kräfte erkennen, die sich allerorts um eine kraftvolle Erneuerung deutschen Kulturlebens mühen.“[29] Das Vorwort stammt von Paul Baumgarten, dem Architekten der Theaterneubauten in Saarbrücken und Augsburg sowie etlicher Umbauten in Berlin und auch Weimar. Er hob den wachsenden Bedarf seiner Zeit an Theaterneubauten hervor, den er mit Nachfrage, Wirtschaftlichkeit, technischer Modernisierung und zeitgemäßer Formensprache begründete.[30]

Betrachtet man die Abbildungen in *Theaterbauten und Feierstätten* genauer, so finden sich darunter auch solche, die heute zum Bestand der *Theaterbausammlung* der Technischen Universität Berlin gehören. Das gilt unter anderem für zwei Aufnahmen des ehemaligen Gautheaters Westmark in Saarbrücken:[31] ein Blick aus der sogenannten „Führerloge“ von Emil Leitner und eine Außenaufnahme von Karl-Hugo Schmölz (Abb. 4), deren Beschriftungen erkennen lassen, dass diese Fotografie auch für das Handbuchprojekt vorgesehen war.

Es handelt sich keinesfalls um Ausnahmen, denn auch andere Fotografien, insbesondere der damaligen Theaterneubauten, sind vorab veröffentlicht worden, vor allem in der Zeitschrift *Die Kunst im Deutschen Reich*, womit zugleich das Vorbild für das Theater-Handbuch genannt ist: „Für die äußere Gesamtgestaltung und Aufmachung (Buchformat, Satzspiegel, Drucktypen, Strichätzung und Autotypie für die Abbildungen) war die Zeitschrift ‚Die Kunst im deutschen Reich‘ als vorbildlich gedacht“, wie Theodor von Lüpke es formulierte.[32]

Die vergleichende Betrachtung lässt erkennen: Der Begriff „Handbuch“ weist eine Unschärfe auf, die eine klare Einordnung des hier vorgestellten Projekts, trotz der vom Herausgeber Albert Speer vorgenommenen Benennung als ein solches, erschwert. Zweifellos handelt es sich – im Sinne des schwedischen Kunsthistorikers Dan Karlholms Handbuch-Definition: „a handbook [...] does not survey a pre-existing field [...]; it makes that field“[33] – um ein in der Art vorbildloses Unternehmen. Doch das akkumulierte, statistische Wissen, alphabetisch nach

---

29 *Theaterbauten und Feierstätten* 1939: Einführung der Schriftverwaltung, o. P.

30 Ebd.

31 Ebd., S. 4 und S. 10, im Vergleich mit den Aufnahmen der *Theaterbausammlung* der TU Berlin im Architekturmuseum der TU Berlin, Inv. Nr. TBS 252,13 (Karl-Hugo Schmölz) und TBS 252,24 (Emil Leitner).

32 Schreiben von Theodor von Lüpke an die Abwicklungsstelle des „Generalbauinspektors für die Reichshauptstadt“ vom 12. Mai 1946, S. 2, Bundesarchiv (BArch R3-ANH.-40).

33 Karlholm 2004, S. 64.

Orten geordnet, lässt eher an ein Theaterbau-Inventar im Sinne einer Bestandsaufnahme des Ist-Zustands als an eine Architekturgeschichte des Theaterbaus im Deutschen Reich denken. Diese Feststellung führt mich zum dritten und letzten Punkt, mit dem sich der Blick über Theodor von Lüpke und sein Team hinaus auf den politisch-historischen Kontext weitet.

Machtvolles Wissen

Welche Absichten verbanden sich mit dem als recht großformatigem Bildband geplanten Handbuch „Das Deutsche Theater“? Wem konnte dieses Werk dienlich sein – und in welcher Weise? Und lassen sich diese Fragen allein aus den erhaltenen Dokumenten, die hier bereits zitiert wurden, zufriedenstellend beantworten? Speer und von Lüpke benannten Adressat:innen: Architekt:innen, Theaterfachleute und Bühnentechniker:innen.

Angestoßen durch die Forschungen der Historiker Wolfram Pyta[34] zu Adolf Hitler und Jörg Osterloh[35] über die nationalsozialistische Kulturpolitik 1920–1945 sei hier im letzten Abschnitt der These nachgegangen, dass das Theaterbau-Handbuch im Kern ein politisches Projekt war. Diese Lesart ergibt sich aus der Gegenüberstellung von Ist-Zustand, also dem von Theodor von Lüpke gesammelten Wissen, und einem Wunsch-Zustand in Gestalt von Hitlers umfassenden Planungen zum Umbau der Theaterlandschaft.[36] Wolfram Pyta wies auf die Notizen Heinrich Heims hin, der als Adjudant Martin Bormanns, dem Sekretär des „Führers“, und durch seine seit 1920 bestehende Bekanntschaft mit Adolf Hitler an dessen nächtlichen „Teegesprächen“ teilnahm. Die Gespräche selbst durften nach Willen des „Führers“ nicht protokolliert werden,[37] doch Heim fertigte Erinnerungsprotokolle an.[38] Darin findet sich auch die oben bereits zitierte Äußerung Hitlers über den Theatermangel in Deutschland. Pointiert analysiert Wolfram Pyta die Bedeutung der Architektur und des Theaters im Speziellen für den „Führer“. Er hebt die „spezifische Rhetorizität der Architektur“ hervor und konstatiert: „Insofern war die Entscheidung Hitlers für die Architektur kein politisch unschuldiger Akt, sondern ein Vorgriff auf die Aktivierung eines schlummernden politischen Potentials.“ Hitler begriff sich als „Baumeister“, entwarf selbst Theaterbauten und Opernhäuser und besaß,

---

34 Pyta 2015.

35 Osterloh 2020.

36 Wolfram Pyta sei herzlich für den anregenden Austausch zum Thema gedankt, der mir die hier aufgestellte These ermöglicht hat.

37 Vgl. Pyta 2015, S. 33: „Hitler äußerte sich bei den ‚Teegesprächen‘ so offen, weil er keinen Bruch der Vertraulichkeiten befürchtete: Denn in dieser wie in anderen vergleichbaren Runden galt seine strikte Order, dass sich kein Teilnehmer Notizen machen dürfe.“

38 Heims Aufzeichnungen wurden von Werner Jochmann kommentiert, vgl. Jochmann 1980.

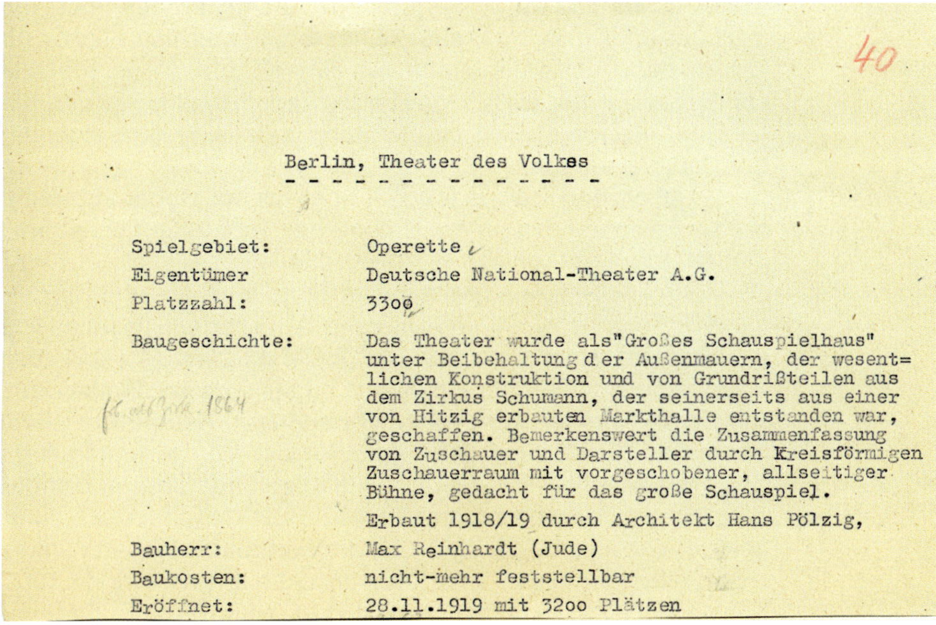

40

Berlin, Theater des Volkes

Spielgebiet: Operette
Eigentümer Deutsche National-Theater A.G.
Platzzahl: 3300
Baugeschichte: Das Theater wurde als "Großes Schauspielhaus" unter Beibehaltung der Außenmauern, der wesentlichen Konstruktion und von Grundrißteilen aus dem Zirkus Schumann, der seinerseits aus einer von Hitzig erbauten Markthalle entstanden war, geschaffen. Bemerkenswert die Zusammenfassung von Zuschauer und Darsteller durch kreisförmigen Zuschauerraum mit vorgeschobener, allseitiger Bühne, gedacht für das große Schauspiel.
Erbaut 1918/19 durch Architekt Hans Pölzig,
Bauherr: Max Reinhardt (Jude)
Baukosten: nicht mehr feststellbar
Eröffnet: 28.11.1919 mit 3200 Plätzen

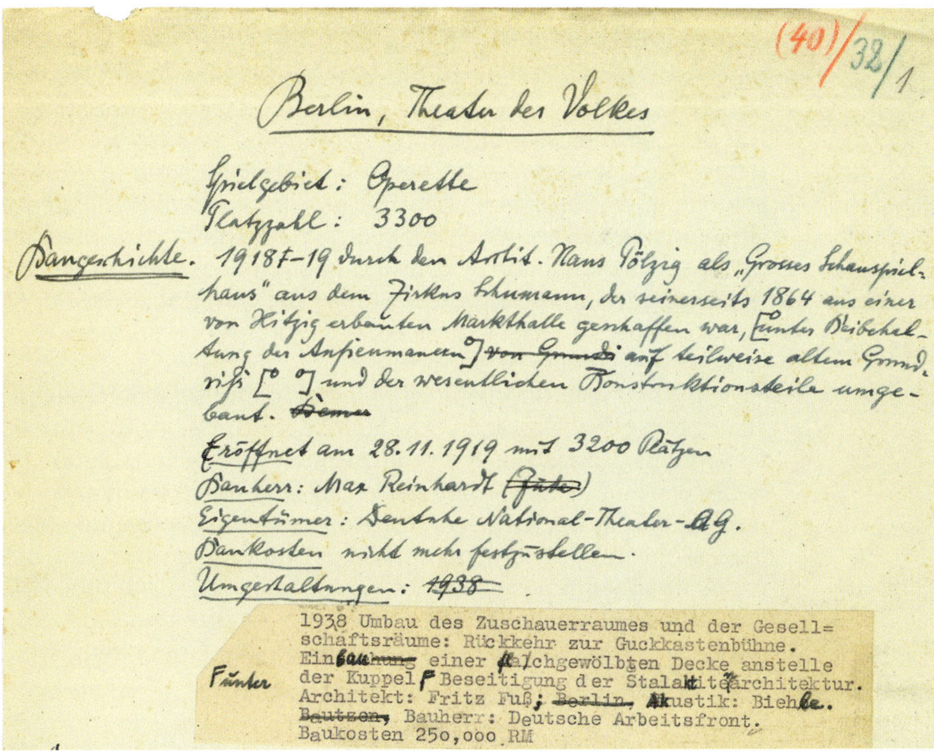

(40)/32/1

Berlin, Theater des Volkes

Spielgebiet: Operette
Platzzahl: 3300
Baugeschichte. 1918–19 durch den Archit. Hans Pölzig als „Grosses Schauspielhaus" aus dem Zirkus Schumann, der seinerseits 1864 aus einer von Hitzig erbauten Markthalle geschaffen war, [unter Beibehaltung der Außenmauern] ~~von Grund~~ auf teilweise altem Grundriß [°] und der wesentlichen Konstruktionsteile umgebaut. ~~Bemer~~
Eröffnet am 28.11.1919 mit 3200 Plätzen
Bauherr: Max Reinhardt ~~(Jude)~~
Eigentümer: Deutsche National-Theater-AG.
Baukosten nicht mehr festzustellen.
Umgestaltungen: ~~1938~~

1938 Umbau des Zuschauerraumes und der Gesellschaftsräume: Rückkehr zur Guckkastenbühne. Einbau einer flachgewölbten Decke anstelle der Kuppel, Beseitigung der Stalaktitarchitektur. Architekt: Fritz Fuß; ~~Berlin,~~ Akustik: Biehle. ~~Bautzen,~~ Bauherr: Deutsche Arbeitsfront. Baukosten 250,000 RM

Abb. 5 Auszug einer maschinenschriftlichen Abschrift des Fragebogens „Berlin, Theater des Volkes", 1941

Abb. 6 Im Vergleich die handschriftliche Fassung des gleichen Fragebogens mit einer wesentlichen Streichung, 1941

wie es scheint, Manfred Sempers bereits genanntes Buch zum Theater.[39] Das erklärt, warum Hitler keiner architekturhistorischen Kommentierung des Theaterbaubestandes durch Theodor von Lüpke bedurfte, sondern allein der visuell mit zahlreichen Illustrationen und Planzeichnungen unterlegten Bestandsaufnahme als Grundlage eigener Planungen und Wertungen.

Doch der Kreis lässt sich noch weiter ziehen, betrachtet man Hitlers Streben nach einem Umbau der Theaterlandschaft im Kontext der von Jörg Osterloh analysierten nationalsozialistischen Kulturpolitik. Die Fragebögen sowie die damit verbundenen Ab- und Durchschriften bilden dafür eine wichtige Grundlage. Auf einigen von ihnen findet sich, in Klammern gesetzt, der Verweis „Jude“, so zum Beispiel in den Unterlagen zum Großen Schauspielhaus hinter dem Namen seines Bauherren – dem Theaterregisseur Max Reinhardt. Bei diesem wurde sichtbar mit der Zuweisung gerungen, wie die hier gezeigten Ausschnitte zweier Abschriften aus dem Konvolut des Theaterbau-Handbuchs verdeutlichen: zweimal mit dem Verweis, von denen jedoch einer durchgestrichen wurde (Abb. 5 und 6). Das erinnert an die Debatte um sowie die Angriffe auf den Juden Max Reinhardt, die Jörg Osterloh kritisch nachzeichnet: „Dass die Nationalsozialisten mit ihren Angriffen einen Nerv trafen, machten die Proteste gegen die von der Stadt München anvisierte Verpflichtung des jüdischen Berliner Starregisseurs Max Reinhardt als Leiter geplanter Theaterfestspiele im April 1929 deutlich.“[40] Diese Proteste standen zwar nicht im direkten Zusammenhang mit dem Handbuchprojekt Theodor von Lüpkes, gleichwohl mögen sie in dessen Ringen um die Kennzeichnung Reinhardts als „Jude“ nachklingen. Vor allem aber weiten sie den Blick darauf, dass auch eine in sich sachliche Bestandsaufnahme wie die hier vorgestellte nicht loszulösen ist von der nationalsozialistischen Forderung nach „Ausschaltung der Juden aus dem Kulturleben“ oder, wie ebenfalls bei Osterloh zu lesen, der „Ausschaltung der Juden aus einer zutiefst bürgerlichen Sphäre“,[41] zu der die Theaterwelt zweifellos gehört.

Auch die überlieferten Layoutvorschläge belegen, dass das Handbuch „Das Deutsche Theater“ selbst in seiner gedruckten Fassung nicht auf den in Klammern gesetzten Zusatz „Jude“ verzichtet hätte, wie im Fall des Architekten Oskar Kaufmanns (u.a. Komödie und Volksbühne in Berlin) gezeigt.[42] Theodor von Lüpkes für sich genommen sachliche Bestandsaufnahme des deutschen Theaterbaus verliert in diesem Zusammenhang ihren „unschuldigen“ Charakter: Mit der für die geplante Publikation vorgesehenen Kennzeichnung bediente von Lüpke öffentlich die fanatische Forderung der Nationalsozialisten nach einer „Entjudung“ der Kultur in Deutschland.

---

39 Pyta 2015, S. 87 und S. 681, Anm. 39.
40 Osterloh 2020, S. 566.
41 Ebd., S. 20.
42 Architekturmuseum der TU Berlin, Inv. Nrn. TBS 000,07 / TBS 000,08.

Zur Spezifik des Handbuchs

Das hier untersuchte Handbuch „Das Deutsche Theater“ stellt in der Reihe der Veröffentlichungen des „Generalbauinspektors“ eine Ausnahme dar.[43] Gestalterisch mit der Zeitschrift *Die Kunst im Deutschen Reich* vergleichbar, ist es textlich, wie bereits verschiedentlich hervorgehoben, auf statistisches Wissen reduziert. Damit unterscheidet es sich von den zu jener Zeit bekannten Handbüchern, von denen zwei hier vorgestellt wurden. Die handskizzierten Layoutvorlagen weisen ein Buch mit kontinuierlichem Text-Bild-Wechsel, ein bis maximal zwei großformatigen Abbildungen pro Seite sowie ebenfalls großformatigen Grundrissen und Plänen aus. Längere, erläuternde Bildunterschriften waren der Seitengliederung zufolge nicht vorgesehen. Diese Dokumentation des Ist-Zustands der deutschen Theaterlandschaft lässt durch Hinweise wie jenen auf den zerstörten Apollosaal der Staatsoper Berlin (Abb. 7) sogar Kriegsverluste erkennen. Gleichwohl ist sie ihrer Funktion nach nicht mit dem „Führerauftrag Monumentalmalerei“ vergleichbar: einer Fotokampagne der Jahre 1943–1945, in der auf etwa 40.000 Farbdiapositiven historisch und künstlerisch wertvolle Wand- und Deckenmalereien des 9. bis 20. Jahrhunderts in

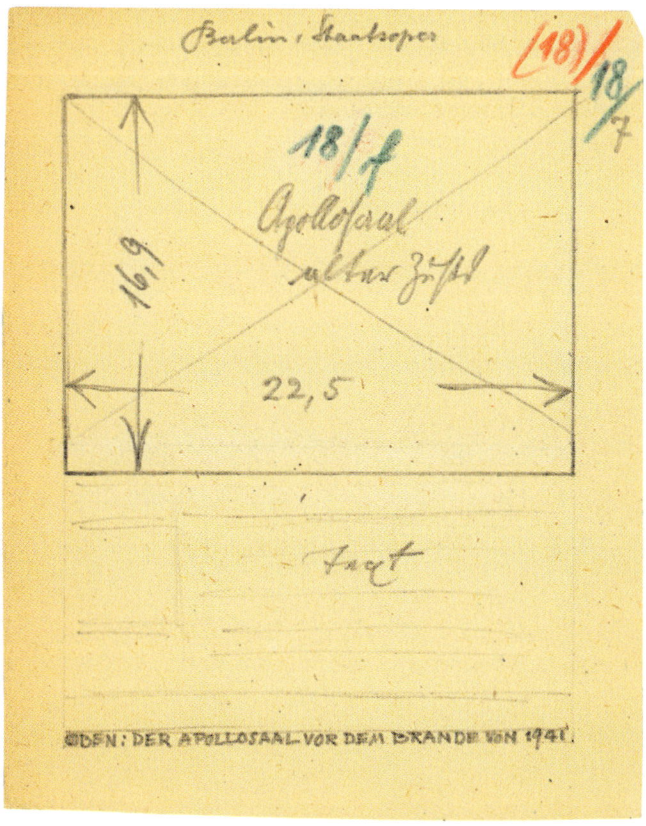

Abb. 7 Seite 7 der Layoutvorlage zur Staatsoper Berlin aus dem Handbuch „Das Deutsche Theater“, ca. 1941

43 Vgl. zur GBI-Publizistik Deschan 2016; Sigel 2023, S. 51.

Bauwerken abgelichtet wurden, die durch die Luftangriffe der Alliierten auf Deutschland gefährdet waren.[44] Der Titel zeigt, dass auch jener Auftrag von Adolf Hitler erteilt worden war. Doch Ziel der Kampagne war allein die fotografische Bestandsaufnahme.

Das Handbuch „Das Deutsche Theater" scheint tatsächlich ein ganz spezifisches Wissen zu vermitteln. Es war nur einer Gattung gewidmet: dem Theaterbau, der dem „Führer" als „passionierte[m] Theaterarchitekt[en]"[45] ein besonderes Anliegen war. „Beim Theaterbau war Hitler in seinem Element, weil sich seine raumkünstlerischen Interessen perfekt in die Ästhetisierung des Politischen einfügten", wie Wolfram Pyta es pointiert formulierte.[46]

Im Handbuch „Das Deutsche Theater" ging es um weit mehr als um einen atmosphärisch, technisch und künstlerisch überzeugenden Raum und Bau. Es ging um die Repräsentation völkischer Herrschaft mit den Mitteln der Dokumentation und weniger um eine auf Vollständigkeit abzielende Akkumulation von Bauwissen. Auf der Basis des erhaltenen Archivmaterials, das heute zum überwiegenden Teil dem Architekturmuseum der Technischen Universität gehört, lassen sich Theodor von Lüpkes Anstrengungen beim Zusammentragen der Informationen nachvollziehen. Präzise und schnörkellos in den Fakten, bietet es weiten Interpretationsspielraum – nicht nur für interpretierende Zeitgenoss:innen, sondern auch für heute Forschende. Nicht allein die Analyse der Gattung „Handbuch" macht dieses Werk so interessant für die Forschung, sondern auch das im Handbuch zutage tretende komplexe Verhältnis von Wissen und Macht.

44 Fuhrmeister 2006, Vorwort.
45 So lautet der Titel von Kapitel 3 in Pyta 2015, S. 81–97.
46 Ebd., S. 94.

Literatur

Baumgarten, Paul: „Neuzeitlicher Theaterbau". In: *Theaterbauten und Feierstätten*. Bd. 2 der Buchreihe des *Zentralblattes der Bauverwaltung*, hg. im Preußischen Finanzministerium. Berlin 1939

Deschan, André: *Im Schatten von Albert Speer. Der Architekt Rudolf Wolters*. Berlin 2016

Fuhrmeister, Christian (Hg.): *„Führerauftrag Monumentalmalerei". Eine Fotokampagne 1943–1945*. Köln/Weimar 2006

Jaeger, Roland: „Monumentales Standardwerk: Das ‚Handbuch der Architektur' (1880–1943). Verlagsgeschichte und Bibliographie". In: *Aus dem Antiquariat*. NF 4, Nr. 5/2006

Jochmann, Werner: *Adolf Hitler. Monologe im Führerhauptquartier 1941–1944*. Hamburg 1980

Karlholm, Dan: *Art of Illusion. The Representation of Art History in Nineteenth-century Germany and Beyond*. Bern/Berlin/Brüssel u. a. 2004

Osterloh, Jörg: *„Ausschaltung der Juden und des jüdischen Geistes". Nationalsozialistische Kulturpolitik 1920–1945*. Frankfurt a. M./New York 2020

Pyta, Wolfram: *Hitler. Der Künstler als Politiker und Feldherr. Eine Herrschaftsanalyse*. München 2015

Sigel, Paul: „Nationale und internationale Präsentation von Bauten und Projekten". In: *Macht, Raum, Gewalt. Planen und Bauen im Nationalsozialismus*. Bd. I: *Voraussetzungen, Institutionen, Wirkungen*. Hg. von der Unabhängigen Historikerkommission Planen und Bauen im Nationalsozialismus. Berlin 2023, S. 45–117

Zucker, Paul: *Theater und Lichtspielhäuser*. Berlin 1926

Bildnachweis

1 Theaterhistorische Sammlungen der FU Berlin, Autographensammlung, Mappe Kranich, Friedrich / Theodor von Lüpke

2 Springer, Willy: *Das Gesicht des Deutschen Theaters*. Oldenburg 1926, S. 36

3 Architekturmuseum der TU Berlin, Inv. Nr. TBS 062,11

4 Architekturmuseum der TU Berlin, Inv. Nr. TBS 252,20, Fotograf: Karl-Hugo Schmölz, Copyright: Maurice Cox

5 Architekturmuseum der TU Berlin, Inv. Nr. TBS 042,08

6 Architekturmuseum der TU Berlin, Inv. Nr. TBS 040444

7 Architekturmuseum der TU Berlin, Inv. Nr. TBS 044, 40

Abb. 1 Zuschauerraum des Grenzlandtheaters Zittau um 1941, Fotografie aus dem Konvolut des GBI-Handbuchs „Das Deutsche Theater“, Fotograf: Walter Wolff

Das Bild des Theaters

Zur fotografischen Konstruktion im Handbuch „Das Deutsche Theater“

Franziska Ritter

In der Nacht vom 3. auf den 4. März 1932 brennt das Zittauer Theater, eines der ersten bürgerlichen Theater Deutschlands, nach 130-jähriger Existenz bis auf die Grundmauern nieder. Dieser tragische Umstand und die besondere Lage werden Anlass sein, den ersten Theaterneubau der Nationalsozialist:innen – das Grenzlandtheater Zittau – zu errichten. Denn Zittau steht „als Grenzstadt auf äußerstem Vorposten für das Deutschtum und wenn es bewußt mitarbeiten will an der Erhaltung, am Ausbau und an der Vertiefung deutscher Kunst, dann darf und kann es nicht verzichten auf die geistigste Kulturanstalt: das Theater“.[1] So formuliert Friedrich Hansing 1932 in der *Bühnentechnischen Rundschau* einen frühen Beleg dafür, wie die Idee der Grenzlandtheater schon vor der Machtübernahme der Nationalsozialist:innen zur Wirkung kommt. In den Folgejahren werden über 20 Grenzlandtheater an strategischen Punkten nahe der Reichsgrenzen neu errichtet (etwa Saarbrücken) oder nach mehr oder weniger intensiven Umbaumaßnahmen zu solchen umbenannt (unter anderem Bautzen, Ratibor).

Zu dem 1936 eröffneten Neubau des Zittauer Grenzlandtheaters – einem „Bollwerk deutscher Kultur“[2] – befinden sich im überlieferten Konvolut des Handbuchs „Das Deutsche Theater“ des „Generalbauinspektors für die Reichshauptstadt“ (GBI) Albert Speer einige

---

1 Hansing 1932, S. 13.
2 *Zittauer Neue Nachrichten*, 26./27. September 1936, zit. nach Tomlow 2015.

fotografische Aufnahmen[3] des Architekturfotografen Walter Wolff[4]. Die Innenraumfotografie des Zittauer Zuschauerraums (Abb.1) soll hier stellvertretend als Auftakt für die über 1500 überlieferten Foto-Objekte betrachtet werden, die der GBI und sein Projektleiter Theodor von Lüpke im Namen des „Führers" unter der Prämisse einer standardisierten Erfassung[5] in Auftrag gaben.

Auf den ersten Blick liefern die Architekturfotografien der Sammlung – gemeinsam mit den textlichen Angaben und dem Planmaterial – ein umfassendes Zeugnis über den Status quo der etwa 375[6] Theaterbauten um 1940 im gesamten Deutschen Reich. Bei genauerer Betrachtung lässt sich jedoch fragen, welche Auskunft zur Stellung des Theaters im Nationalsozialismus sie geben und wie Theater als Staatsaufgabe repräsentiert wurde. Der Raumforscher Jürgen Hasse betont 2017 in seinem Aufsatz „Das Haus im Bild" eines der erkenntnistheoretischen Dilemmata der Architekturfotografie in der „Spannung zwischen Präsentation und Repräsentation, zwischen dem, was das Bild zu sehen gibt, und dem, was es bedeutet".[7] Denn bereits etymologisch verweist das Dokumentarische (lat. *docere*) auf eine vorherrschende Ambivalenz, die zwischen dem Versprechen einer authentischen, direkten Wirklichkeitswiedergabe auf der einen und einer oft nur schwer greifbaren Mitteilungs- oder Zeigeabsicht auf der anderen Seite changiert.[8] Das fotografische Bild – in der vermeintlichen Unbestechlichkeit seiner technischen Herstellung – suggeriert eine Authentizität, die sowohl machtpolitische als auch epistemologische Fragen in den Fokus rückt.

Vor dem Hintergrund, dass das „kollektive Wissen einer Gesellschaft über signifikante Bauten einer Zeit sowie aktuell herrschende Architekturstile sich fast ausschließlich auf Bilder bezieht",[9] nehmen das Publikationsvorhaben „Das Deutsche Theater" und insbesondere seine Fotografien eine wichtige Rolle ein. Auch wenn die Publikation des Buches kriegsbedingt nicht mehr zustande kam und die Arbeit am Projekt 1943 eingestellt wurde, ist es eines der wenigen groß angelegten Dokumentationsprojekte, die flächendeckend eine bestimmte Baugattung in den Blick nehmen.

---

3 Überliefert sind zwei Außenaufnahmen, eine Innenaufnahme des Zuschauerraums sowie zusätzlich ein Modellfoto. Modellfotos gehörten nicht zu den eingeforderten Aufnahmen für die Publikation – es ist das einzige in der überlieferten Sammlung.

4 Über den Fotografen ist wenig bekannt. Atelier in Görlitz, Elisabethstraße 10/11, 1936 Übernahme des Ateliers Dietz, gestorben 1980.

5 Vgl. den Aufsatz von Kerstin Wittmann-Englert im vorliegenden Band.

6 Schreiben von Theodor von Lüpke an die Abwicklungsstelle des „Generalbauinspektors für die Reichshauptstadt" vom 12. Mai 1946, S. 1 f., Bundesarchiv (BArch R3-ANH.-40). Material zu 317 Theatern ist überliefert und in der Sammlung des Architekturmuseums der TU Berlin digital abrufbar unter: https://architekturmuseum.ub.tu-berlin.de/index.php?p=610.

7 Hasse 2017, S. 348.

8 Balke 2014, S. 10–17.

9 Hasse 2017, S. 348.

Im Folgenden soll anhand ausgewählter Theaterbau-Fotografien und einem Rekonstruktionsversuch des geplanten Handbuchs der dokumentarische Charakter der Bilder eruiert werden. Zwei weitere, aber anders intendierte NS-Dokumentationsprojekte – die Fotokampagne „Führerauftrag Monumentalmalerei" und der „Auftrag Speer" als umfangreicher Fotoauftrag der Staatlichen Bildstelle Berlin – werden in Bezug gesetzt, um der Frage nachzugehen, welches Bild des deutschen Theaters mit den Fotografien vermittelt werden sollte oder, schärfer formuliert, welches Bild des deutschen Theaters mit dieser Publikation konstruiert werden sollte.[10]

Theaterbau im Nationalsozialismus

Um diese Fragen beantworten zu können, werfen wir vorab einen kurzen Blick auf die Theaterbautätigkeit der Nationalsozialist:innen. Adolf Hitlers Machtergreifung am 30. Januar 1933 hatte sofortige und unmittelbare Auswirkungen: Architektur wurde (kultur-)politisch eine besondere Rolle zugewiesen und vom NS-Regime in spezifischer Weise für kulturellen Ausdruck und Profilierung genutzt. Die hierbei tragende Rolle des Theaters wurde bei einer Besichtigung des Theaters in Augsburg von Adolf Hitler, selbst bekennender Opernliebhaber und verhinderter Architekt, folgendermaßen beschrieben: „[D]as Theater ist der Maßstab für die Kultur einer Stadt und eines Landes."[11] Bei der Wiedereröffnung des Theaters in Nürnberg 1935 las man im Vorwort die vollmundigen Ausführungen Hitlers, Theater habe im Nationalsozialismus „der Erhaltung der im Wesen unseres Volkstums lebenden Ewigkeitswerte zu dienen".[12]

Trotz des ehrgeizigen Bauprogramms der Nationalsozialist:innen schien die Bauaufgabe Theater von Weitem betrachtet zunächst von geringerer Bedeutung. Die Gründe dafür sind nachvollziehbar, war doch durch die große Theaterbauwelle Ende des 19. Jahrhunderts der Bedarf an Theaterneubauten gedeckt.[13] Die Bereitschaft der neuen Machthaber, die Theatersubventionen zum Teil drastisch zu erhöhen und damit publikumswirksam den Spartrend der letzten Weimarer Jahre aufzuhalten,[14] war ein entscheidender Faktor, den Zuspruch im Volk zu erhöhen. So wurden Zusammenlegungen von Theatern rückgängig gemacht (etwa Bochum-Duisburg, Münster-Osnabrück) und Häuser wieder in kommunale Kontrolle überführt (z. B. Hagen). Wie der Reichsminister Joseph Goebbels sich das „neue deutsche Theater" vorstellte, machte er in seiner wegweisenden Rede „Das deutsche Theater und

10 Dieser Aufsatz ist im Rahmen der Promotion „Das Bild des deutschen Theaters" von Franziska Ritter im DFG-Projekt „Theaterbauwissen" entstanden.

11 Zit. nach Daiber 1995, S. 255.

12 Plank 1935, S. 8.

13 Vgl. den Aufsatz von Jan Lazardzig im vorliegenden Band.

14 Vgl. Heinrich 2012.

seine Aufgaben“ vor den deutschen Bühnenleitern im Mai 1933 deutlich: Das „Wesentliche der jetzt siegreich in den Staat einmarschierenden Bewegung“ sei es,

> dass das Individuum entthront erscheine und dass an die Stelle der Vergottung der Einzelperson die Vergottung des Volkes trete. [...] Die deutsche Kunst der nächsten Jahrzehnte wird heroisch, wird stählern romantisch, wird sentimentalitätslos, sachlich, wird national mit großem Pathos, sie wird gemeinsam verpflichtend und bindend sein – oder sie wird nicht sein.[15]

Nimmt man die zahlreichen Umbauten der existierenden Theaterbauten in den Blick, wird die Tragweite des NS-Einflusses auf die bauliche Theatersubstanz deutlich: Laut Bühnenjahrbuch sind allein im Jahr 1939 mindestens 52 Theater umgebaut worden. Vorrangig betrifft dies den Ausbau und die Modernisierung des technischen Betriebs, die Priorität lag aber vor allem in der formalen Umgestaltung von Fassaden, Foyers und Zuschauerräumen sowie auf dem Einbau von „Führerlogen“. Kaum ein deutsches Theater blieb also von der architektonischen Beschlagnahmung durch das NS-System und dessen Baukunst verschont.

Der Architekt Paul Baumgarten, einer der gefragtesten Architekten im Deutschen Reich, prognostiziert 1939 in überzeugter Haltung im Vorwort zur Publikation *Theaterbauten und Feierstätten,* dass sich „dem Architekten und dem Bühnentechniker [...] auf viele Jahre hinaus ein weites Arbeitsgebiet [bietet]. [...] Die nationalsozialistische Revolution bedeutet den Beginn eines Zeitalters auch für das deutsche Theater“.[16] Auf fotografisch reich illustrierten 200 Seiten präsentiert die Veröffentlichung des *Zentralblatts der Bauverwaltung* „einen Querschnitt durch die ungemein lebendige Bautätigkeit auf dem Gebiete des Theaterbaus seit der Machtübernahme“. Baumgarten feiert darin „die vielfältigen und starken Kräfte [...], die sich allerorts um eine kraftvolle Erneuerung deutschen Kulturlebens mühen. [...] Neue Theater wurden errichtet; zahlreiche weitere werden noch folgen.“[17] Die wenigen großen Neubauten der Theater in Saarbrücken und Dessau (1938), aber auch die Kammerspiele Freiburg im Breisgau (1936) und das bereits oben erwähnte Grenzlandtheater in Zittau (1934) zeigen, welche architektonischen Gestaltungsprämissen[18] für die Repräsentationsaufgabe Theater umgesetzt wurden: Monumentalität und neoklassizistische Elemente, klare, symmetrische Linien und eine reduzierte Ornamentik. Die Fassaden waren oft von einer asketischen Strenge geprägt, die Ehrfurcht und Unterwerfung hervorrufen sollte. In der Abkehr von der Moderne

---

15 *Völkischer Beobachter,* Norddeutsche Ausgabe, Zweites Beiblatt/130. Ausgabe, 10.5.1933.
16 *Zentralblatt der Bauverwaltung* 1939, Vorwort.
17 Ebd.
18 Vgl. Teut 1967.

griffen die Architekt:innen auf historisierende Elemente zurück, die an klassische Vorbilder angelehnt waren.[19]

Wenden wir den Blick auf die Fotografien und Veröffentlichungen dieser Zeit, fällt auf, dass erstaunlicherweise das Zittauer Theater weder in der Veröffentlichung des *Zentralblatts der Bauverwaltung* Erwähnung findet noch in Gerdy Troosts 1938 erschienenem Architektur-Bildband *Das Bauen im Neuen Reich,* der, aufwendig gestaltet und mit zahlreichen Fotografien, nahezu alle bis dahin realisierten oder projektierten Bauvorhaben des „Dritten Reichs" zeigt. Besprochen wurde der Zittauer Neubau in der Tagespresse und erstaunlicherweise nur in ausgewählten Fachzeitschriften wie der *Bühnentechnischen Rundschau* – keine Erwähnung findet er im *Zentralblatt der Bauverwaltung* oder in der *Kunst im Deutschen Reich.* Daher sei hier zum Vergleich eine Postkarte, eines der gängigsten Medien zur Architekturvermittlung, als vergleichendes Objekt herangezogen. Als Massenmedium haben Postkarten die Kraft, sowohl Erinnerungswerte zu schaffen als auch positive Leitbilder in die Welt zu schicken. Öffentliche Theatergebäude waren allseits beliebte Motive.[20]

Die Postkarte mit der Ansicht des Zittauer Theaters im Jahr 1941 (Abb. 2) zeigt ein lebendiges Treiben festlich gekleideter Menschen auf den Gehwegen vor dem Theater; im Vordergrund eine große Parkanlage, der breite Parkweg führt auf das Gebäude zu, ein Großteil des Bildes ist durch Baumbewuchs eingenommen. Interessanterweise gelingt es

Abb. 2 Postkarte des Grenzlandtheaters Zittau um 1939

Abb. 3 Außenansicht des Grenzlandtheaters Zittau um 1941, Fotografie von Walter Wolff aus dem Konvolut des GBI-Handbuchprojekts „Das Deutsche Theater"

19 Vgl. Bartetzko 2012.
20 Zum Thema Architekturvermittlung und Postkarten vgl. auch Sachsse 1984; Sachsse 2014; Baumann/Sachsse 2004. Zur Fotografie während des Nationalsozialismus vgl. Sachsse 2003.

dem Fotografen durch eine geschickte Standortwahl, die Herrschaftssymbolik an der Fassade – die beiden Adler mit Swastika rechts und links – mit dem Baumbewuchs zu verdecken. Hier wird das Theater im Kontext der Stadtgesellschaft dargestellt, ohne jeden machtpolitischen Anspruch. Es wird zur Kulisse des bunten Treibens, blass und flach bleibt es im Hintergrund, harmlos reiht es sich ein.

Die für den GBI vom Fotografen Walter Wolff neu angefertigte Außenaufnahme des Theaterbaus in Zittau (Abb. 3) wiederum offenbart eine völlig andere Inszenierung desselben Gebäudes. Die Aufnahme ist über Eck und somit schräg zum Gebäude positioniert, um den Baukörper in seinem ganzen Volumen möglichst freigestellt und unverdeckt zu zeigen. Die Silhouette ist gut ablesbar, und der markante Bühnenturm wird sichtbar, der das Gebäude eindeutig als Theater erkennen lässt. Das Bild ist menschenleer und frei von Autos, wodurch die Architektur ungestört in den Vordergrund rückt. Die Kamerahöhe liegt leicht über Augenhöhe, möglicherweise durch den Einsatz eines Stativs oder einer Leiter. Durch das etwas abschüssige Gelände wiederum entsteht eine Untersicht, die das Gebäude herrschaftlich erscheinen lässt und stark „überhöht". Aufgenommen an einem leicht bewölkten Sommernachmittag aus südöstlicher Richtung, unterstreicht das starke Sonnenlicht mit seinem klaren Schattenwurf die Plastizität des Gebäudekörpers, lässt die Vorbauten dunkel und kontrastreich erscheinen und die organischen Auffahrten hervortreten. Dadurch entsteht eine ausgeprägte Reliefwirkung, die durch den Kontrast zwischen hellen Fassadenflächen und dunklen, verschatteten Volumina der Vorbauten und Anbauten zusätzlich betont wird. Störende Verkehrsschilder, Fahnenmasten und Antennen sind in dieser Fotografie bereits durch Retuschen für den Abdruck getilgt worden.

Diese Art der Darstellung entspricht dem gewünschten Bild, das dieser Theaterbau vermitteln sollte: „Klarheit in der architektonischen Linienführung war dem Schöpfer der Pläne oberster Grundsatz, Zweckmäßigkeit ihr strengstes Leitmotiv. Aus beiden entwickelte sich die Schönheit des Ganzen."[21] Der Fotograf Walter Wolff, der im Auftrag des GBI auch vier weitere Theater in Bad Warmbrunn, Bautzen, Tetschen und Bunzlau dokumentierte, hielt sich in der Darstellungsform eng an die Vorgaben für das Publikationsvorhaben (siehe unten).

101 Architekturfotograf:innen im Dienst des GBI

Warum die Wahl auf den Görlitzer Fotografen Walter Wolff fiel, der neben seiner Tätigkeit als Architekturfotograf auch als Theaterfotograf arbeitete, ist nicht mehr nachvollziehbar. Auch wie die Auswahl der Fotografen für die anderen 374 Theater für das Handbuch erfolgte, lässt sich nicht mit Sicherheit nachweisen. Aber die lange Liste der Beteiligten zeigt das Who's who der Architekturfotografie des 20. Jahrhunderts,

21 *Bühnentechnische Rundschau,* Nr. 4/1936, S. 11.

darunter etliche Namhafte wie Arthur Köster, Emil Leitner, Max Missmann, Bruno Kerschner, Karl-Hugo Schmölz[22] und der Österreicher Martin Gerlach – allesamt Fotografen, die in den 20er und 30er Jahren das Bild des „Neuen Bauens" maßgeblich geprägt hatten und nun im Dienst des GBI tätig waren.

Insgesamt zählt die statistische Auswertung (der Autorin) 101 projektbeteiligte Fotograf:innen, darunter zwei Frauen: Anne Winterer und Ellen Rörig. Der Fotograf Arthur Köster führt die Liste mit insgesamt 41 fotografierten Theatergebäuden an und nahm dafür mit seinen Assistenten auch weite Reisen auf sich, von Berlin nach Frankfurt am Main, von Schweinfurt nach Breslau. Dass das 1940 begonnene, zunächst auf ein Jahr angelegte Dokumentationsprojekt mit zeitweilig 12 Mitarbeitenden im Büro des GBI-Projektleiters Theodor von Lüpke bis ins Jahr 1943 verlängert wurde, ist angesichts des Projektvolumens und der Herausforderungen auch aufgrund des fortschreitenden Kriegsgeschehens und der damit einhergehenden Materialknappheit nachvollziehbar.

Es ist davon auszugehen, dass von Lüpke durch seine Tätigkeit als Regierungsbaumeister, als Architekturfotograf mit langjähriger Messbilderfahrung unter Albrecht Meydenbauer[23] und vor allem durch seine Funktion als ehemaliger Direktor der Staatlichen Bildstelle Berlin[24] (1938 pensioniert) über ein großes Netzwerk in der Architekturfotografieszene verfügte. In vielen Fällen wurden ortsansässige Architekturfotograf:innen angefragt, in den an die Theater versandten Fragebögen[25] wurde explizit nach vorhandenen „Herstellern samt Anschrift vorhandener, nicht ausleihbarer Lichtbilder" gefragt (Frage 19) und ob „einwandfreie Aufnahmen der Hauptansichten des Theaters auch bei voller Belaubung umgebender Grünanlagen möglich [seien]" (Frage 20). Nur in einigen Fällen wurden die Lichtbildstellen oder die entsprechenden Landesbildstellen (Sachsen, Hessen-Nassau, Augsburg, Frankfurt am Main) nach vorhandenem Bildmaterial gefragt, das vorrangig zum Abgleich und nicht zum Abdruck eingeholt wurde. Die Staatliche Bildstelle Berlin lieferte zum Beispiel die Aufnahmen für die Theater in Berlin, Potsdam, München und Rheinsberg. In Summe sind im heutigen

---

22 Vgl. den Aufsatz von Rolf Sachsse im vorliegenden Band.

23 Albrecht Meydenbauer (1834–1921) gilt als Erfinder des Messbildverfahrens, der eigentlichen Grundlage für die Fotogrammetrie – ein Fernerkundungs- und Vermessungsverfahren, das die berührungslose Ausmessung von Objekten und deren Rekonstruktion aus Fotografien ermöglicht. Von Lüpke begleitete Meydenbauer als Messbildfotograf unter anderem während der Aksum-Expedition und fertigte 1902 messbildnerische Aufnahmen der Hagia Sophia und der deutschen Ausgrabungen in Baalbeck (Syrien) an. Er ist einer der Mitgründer der Deutschen Gesellschaft für Photogrammetrie.

24 Meydenbauer gründete und leitete 1885 die Messbild-Anstalt für Denkmal-Aufnahmen, meist unter dem Namen Königlich Preussische Messbild-Anstalt bekannt, später dann Staatliche Bildstelle Berlin. 1909 trat er in den Ruhestand, sein Nachfolger wurde Theodor von Lüpke.

25 Siehe dazu auch Abbildung und Objektbeschreibung Fragebogen von Kerstin Wittmann-Englert in diesem Buch.

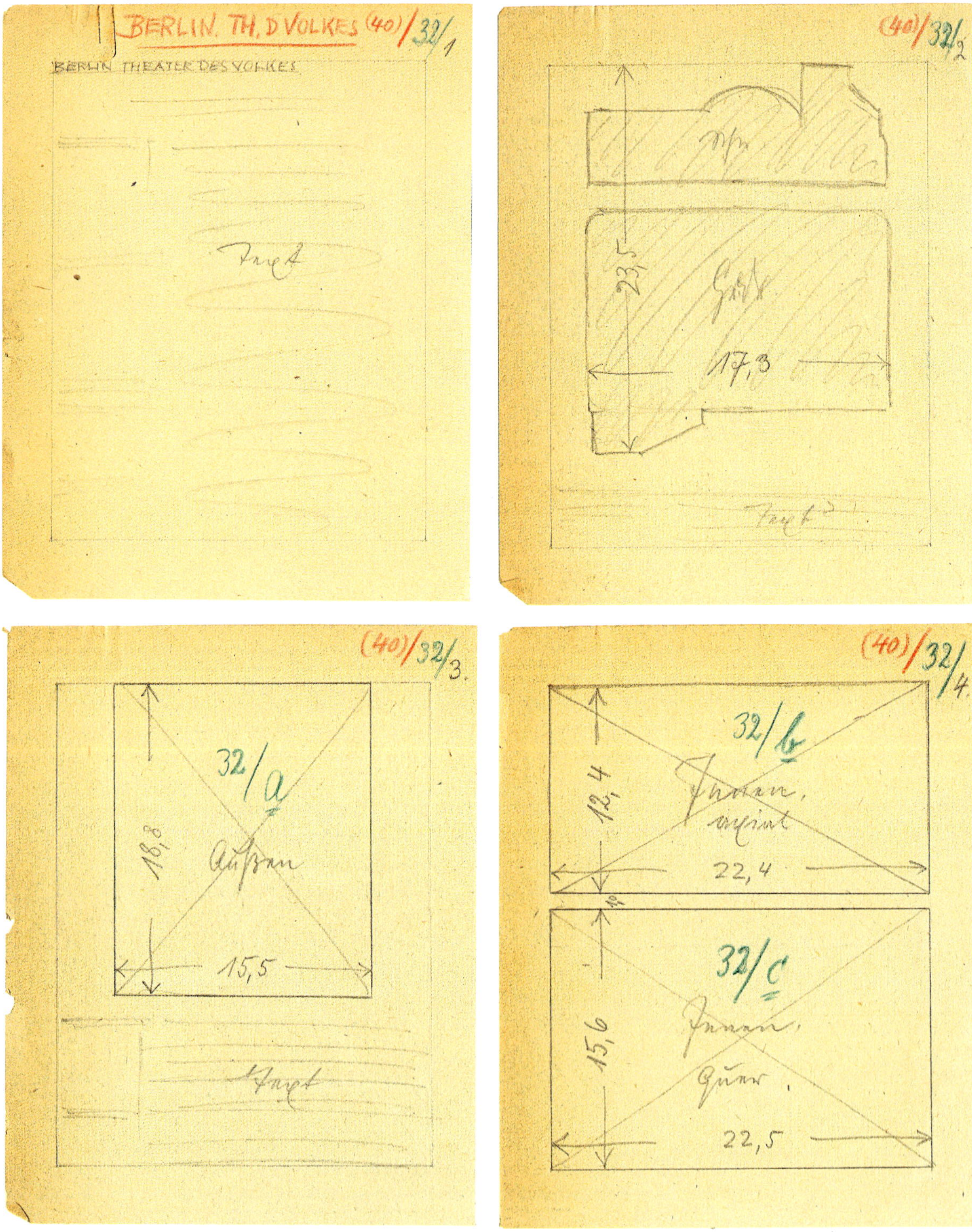

Abb. 4 Layoutskizzen von Theodor von Lüpke für die Publikation „Das Deutsche Theater“ am Beispiel Großes Schauspielhaus Berlin (ca. 1941)

Konvolut des Handbuchs annähernd 1500 Schwarz-Weiß-Abzüge und circa 220 Negative auf Filmfolie oder Glasplatte überliefert.

Gestaltungsprinzipien des Handbuchs

In Bezug auf die Machart und Gestaltung des Handbuchs wird schnell ersichtlich, welchen großen Anteil die Fotografien haben sollten. Somit reiht sich das Buch ein in eine Vielzahl üppig illustrierter Architekturpublikationen der NS-Zeit. Denn fast alle großen Bauprojekte der Nationalsozialist:innen – seien es das „Reichssportfeld", die „Reichskanzlei" oder die Autobahnen – wurden in meist großformatigen Büchern[26] oder der ab 1937 erschienenen Zeitschrift *Die Kunst im Dritten Reich*[27] ausführlich in Wort und Bild vorgestellt. Letztgenannte Zeitschrift, ebenso unter der Herausgeberschaft des GBI Albert Speer, galt als „vorbildlich"[28] für die Handbuchpublikation in Sachen Format, Satzspiegel, Drucktyp, Strichätzung und Autotypie.

Anhand dieser Zeitschrift und verschiedener überlieferter Quellen zum Handbuch – wie dem Anhangband aus den Theaterwissenschaftlichen Sammlungen der FU Berlin, den Probe-Druckfahnen (ebd.), den Layoutskizzen in der *Theaterbausammlung* im Architekturmuseum der TU Berlin und den zur Drucklegung ausgewählten Fotografien (ebd.) – wurde von mir ein Rekonstruktionsversuch unternommen (Abb. 7), der zwar ein Annäherungsversuch bleibt, jedoch eine deutliche Vorstellung der geplanten Publikation ermöglicht und sowohl Ähnlichkeiten als auch Unterschiede zu den oben genannten Publikationen sichtbar macht: In der Regel wird jedes Theater mit mindestens zwei Seiten, im Mittel drei bis fünf Seiten, präsentiert; Ausnahmen bilden die repräsentativen Theatergebäude wie etwa die Staatsoper Berlin mit 12 Seiten.

Zu 101 Theatern sind die Layoutskizzen, die Theodor von Lüpke auf den Millimeter genau anfertigte, überliefert (Abb. 4). Auftakt für jede Theaterdarstellung bildet ein mindestens halb- bis maximal ganzseitiger statistikartiger Schriftteil, darunter oder auf der nächsten Seite finden sich ein Grundriss durch das Bühnengeschoss und ein Längsschnitt durch die Mitte des Saals, sodass im Zusammenspiel das zentrale Verhältnis von Zuschauerraum und Bühne gut ablesbar wird.

Es folgen die Foto-Abbildungen im Format von circa 20 × 15 Zentimeter, meist zwei querformatige Abbildungen übereinander auf einer

26 Vgl. Heiting 2012.

27 Die *Kunst im Dritten Reich* lief ab September 1939 unter dem Titel *Die Kunst im Deutschen Reich*. Sie war im Oktober 1938 um den Teil „Baukunst" erweitert worden (Ausgabe B). Ganze Sondernummern beschäftigten sich mit den großen Bauprojekten.

28 „Für die äußere Gesamtgestaltung und Aufmachung (Buchformat, Satzspiegel, Drucktypen, Strichätzung und Autotypie für die Abbildungen) war die Zeitschrift ‚Die Kunst im deutschen Reich' als vorbildlich gedacht." Schreiben von Theodor von Lüpke an die Abwicklungsstelle des Generalbauinspektors für die Reichshauptstadt vom 12. Mai 1946, S. 2. (BA/R3-ANH.-40).

Abb. 5 Bühneneingang Großes Schauspielhaus Berlin (ca. 1941), vor der Retusche

Abb. 6 Bühneneingang Großes Schauspielhaus Berlin (ca. 1941), nach der Retusche

Seite, in den meisten Fällen ohne jegliche Beschriftung. Bestechend ist der sehr klare und reduzierte Satzspiegel, der Randabstand ist innen wie außen gleich. Die Breite und Höhe der Bilder sowie der Bildausschnitt sind exakt festgelegt (siehe auch Abb. 6). Die Fotografien sind dementsprechend für den Druck vorbereitet, auf Karton aufgezogen. Eindrucksvoll kann man im direkten Vergleich der beiden Abzüge der Fotografie des Bühneneingangs des Großen Schauspielhauses (Abb. 5 und 6) die Handwerkskunst der Retuscheure im Büro von Lüpkes erkennen. Die Retusche lässt Schatten, Fahnenmasten und störende Elemente an der Fassade und auf dem Gehweg verschwinden, sogar Fensteröffnungen werden regelrecht übermalt – sauber und herausgeputzt, majestätisch und glattgebügelt erstrahlt zentralperspektivisch die Rückseite des renommierten Poelzig-Baus nach dem Umbau[29] durch Fritz Fuß (1938) und der Umbenennung mit dem weit sichtbaren Schriftzug „Theater des Volkes, Kraft durch Freude".

29 Vgl. die Objektbeschreibung von Eva Maria Froschauer im vorliegenden Band.

An dem Rekonstruktionsversuch (siehe Abb. 7) wird die standardisierte Erfassungsmethode sichtbar, bei der jedes Theater mit zwei Außenaufnahmen des Baukörpers (frontal und seitlich) sowie zwei bis drei Innenraumaufnahmen des Zuschauerraums, des Proszeniums und der Bühne (axial und frontal) dokumentiert wurde. Diese inhaltliche Kongruenz der Abbildungen lässt auf detaillierte, als Schriftquelle bislang nicht vorliegende Richtlinien schließen, die Vorgaben zu Kamerastandort, Bildausschnitt, Format und Bildkomposition enthalten haben sollten.

Abb. 7 Rekonstruktionsversuch der Publikation „Das Deutsche Theater" am Beispiel des Theaters in Bernburg, Franziska Ritter (2024)

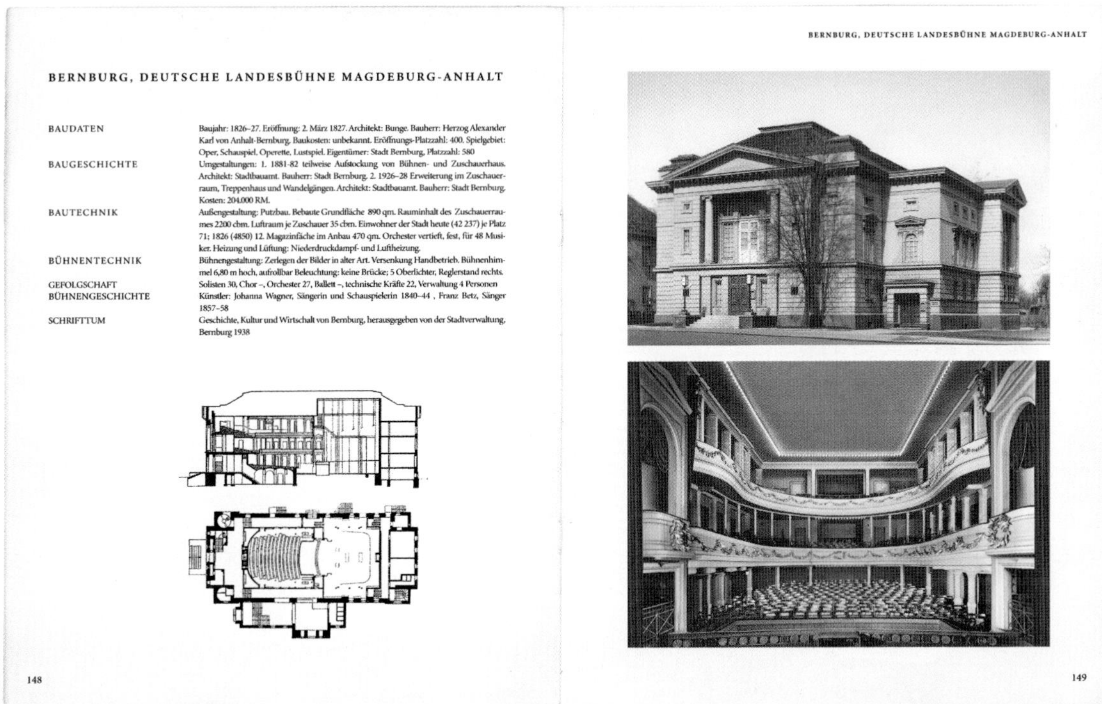

Die Arbeitsweise entspricht den zu der Zeit gängigen Vorgaben für die Arbeit von Architekturfotograf:innen[30]. In seinem selbstverfassten Lebenslauf tritt der hohe Anspruch von Lüpkes an die Fotografien hervor:

> Meine Verantwortlichkeit für die Aufnahmeleistungen der Bildstelle betrachtete ich als so weitgehend, daß über die allgemeine Aufstellung der jährlichen Arbeitspläne hinaus der Standpunkt für jede einzelne Aufnahme [...] von mir persönlich genau festgelegt war und vom Fotografen eingehalten werden

30 Siehe dazu Artikel und Objektbeschreibung von Rolf Sachsse in diesem Buch.

> musste. Die für den Gesamteindruck, die Klarheit und damit Auswertbarkeit der Aufnahmegegenstände ebenfalls wichtige Beleuchtung war [...] nach ebenfalls festgelegten, allgemeinen Grundsätzen abzupassen, deren verständnisvolle Anwendung in jedem Einzelfalle jedoch dem Geschick und Einfühlungsvermögen des ausführenden Fotografen ebenso wie die weitere fototechnische Behandlung der Aufnahme allein verantwortlich überlassen bleiben musste.[31]

Inszenierung der Macht

Einer dieser versierten Architekturfotograf:innen, dem man dieses Vertrauen entgegenbringen konnte, war der Berliner Emil Leitner (1887–1953), spezialisiert auf Architektur- und Kunstfotografie, später auch auf Industrie- und Reklameaufnahmen. Leitners Fotografien von Paul Baumgartens Umbau zur Eröffnung des Berliner Schillertheaters wurden im Dezember 1938 umfassend in der Zeitschrift *Kunst im Deutschen Reich* vorgestellt,[32] darin eine Bildstrecke mit einem

Abb. 8 Blick auf den Zuschauerraum und die „Führerloge" des Grenzlandtheaters Saarbrücken um 1941, Fotograf: Emil Leitner. Veröffentlicht in: *Kunst im Deutschen Reich* 12/1938

31 Theodor von Lüpke, handschriftlich: „Mein beruflicher Lebenslauf", April 1951. Brandenburgisches Landesamt für Denkmalpflege und Archäologisches Landesmuseum, Messbildarchiv, MBA-SG-0001.

32 1939 in ähnlicher Form im *Zentralblatt der Bauverwaltung* (vereinigt mit der *Zeitschrift für Bauwesen* seit 1931, Heft 10).

Abb. 9 Blick aus der „Führerloge“ in den Zuschauerraum des Grenzlandtheaters Saarbrücken um 1941, Fotograf: Emil Leitner

Vorher-Nachher-Vergleich der Eingangsfront, zwei Foyerfotos und einem Foto des Zuschauerraums (Abb. 8), das die wesentlichen Elemente des Umbaus gekonnt in Szene setzt: Die dunkle Untersicht des Rangs am linken Bildrand führt den Blick schwungvoll auf die zentral im oberen Rang thronende „Führerloge". Die leeren, gleichförmigen Sitzreihen im Parterre stehen im Kontrast zur modern und hell erleuchteten Kassettendecke – ein beliebtes architektonisches Motiv, wie es bei allen Baumgarten-Umbauten im Berliner Opernhaus, in Saarbrücken und im Foyer in Augsburg zu finden ist.

Für das GBI-Handbuch wählte von Lüpke einen anderen, bisher unveröffentlichten Blickwinkel Leitners auf den Zuschauerraum (Abb. 9). Als Standort für die Aufnahme nutzte Leitner die neu eingebaute „Führerloge" und begab sich somit ins Zentrum der Macht, inszenierte den Blick des Herrschers. Das Haus wurde am 15.11.1938 in Anwesenheit Adolf Hitlers eröffnet (viele „Führerlogen" wurden zwar eingebaut, jedoch nie von diesem genutzt).[33] Der Blick schweift über die mondän geschwungene Rangbrüstung über die linke Seite des Zuschauerraums, die Stuhlreihen treten, gekonnt durch Licht modelliert, plastisch hervor. Eine ausgefeilte Lichtregie lässt den dunklen Zuschauerraum und die hellen Wände mit der wie von selbst leuchtenden Kassettendecke, die über den Proszeniumsbereich auf die Bühne überleitet, in den Dialog treten. Fast zur Hälfte wird das Bild durch den schweren Vorhang mit seinen Bordüren diagonal geteilt und stärkt – ähnlich wie bei einem Repoussoir-Motiv[34] – die Loge als eigenständigen Raum im Raum, zieht die Betrachtenden ins Bild und symbolisiert dadurch indirekt die stete Anwesenheit der Macht, ohne dass der „Führer" selbst präsent sein muss. Das Bild wirkt durch diese Details durchaus traditioneller als der moderne Umbau Baumgartens auf den anderen Fotografien, aber auch repräsentativer.

Betrachtet man dieses Bild im Gesamtkontext der Gestaltung des GBI-Handbuchs, nimmt es eine Sonderrolle ein. Es ist eines von wenigen großformatigen Motiven im Hochformat, die eine ganze Buchseite füllen und somit einen Akzent und Haltepunkt im sonst sehr gleichförmig-sachlichen Layout markieren[35] – anders als in der Veröffentlichung der *Kunst im Deutschen Reich.*

Zwischen Bestandsaufnahme und Repräsentation

Um zu der Frage zurückzukehren, welche Rolle und Funktion die Fotografien im Handbuch übernehmen, sollen hier zwei zeitlich ähnliche, aber inhaltlich und intentional anders situierte Projekte als Reflektionsfläche dienen: Angesichts der zunehmenden Zerstörungen

33 Vgl. die Objektbeschreibung von Christiane Salge im vorliegenden Band.

34 Als Repoussoir werden in der Malerei ein großer Gegenstand oder eine Figur im Vordergrund des Bildes bezeichnet, die der Steigerung des Tiefeneindrucks dienen.

35 Weitere ganzseitige Abbildungen: Staatsoper Berlin, Festspielhaus Bayreuth, Staatsoper Dresden.

im Zweiten Weltkrieg erging 1943 ein „Führerauftrag“[36] zur Dokumentation von Freskenzyklen und Wanddekorationen in Kirchen, Klöstern, Schlössern und anderen historischen Baudenkmälern im gesamten „Großdeutschen Reich“. Ziel war es, diese einzigartigen Zeugnisse der Wand- und Deckenmalerei für die Nachwelt zu bewahren, bevor sie den Bombenangriffen der Alliierten zum Opfer fallen könnten. In den Jahren 1943 bis 1945 entstand so ein umfangreiches Archiv mit rund 40.000 Farbdiapositiven von wandfesten Kunstwerken und Ausstattungen aus 480 bedeutenden Baudenkmälern. Die Fotograf:innen dokumentierten in akribischer Kleinarbeit Freskenzyklen, Stuckarbeiten, Tafelbilder und andere Wandverzierungen aus verschiedenen Epochen. Der „ambivalente Charakter“ des Projekts ist ähnlich wie beim Theaterhandbuch spürbar: Neben der rein dokumentarischen Absicht dürfte der „Führerauftrag“ auch der Propagandainszenierung des NS-Regimes gedient haben, das sich auf diese Weise als Bewahrer der deutschen Kulturschätze darstellen konnte.

Zwar kam es nicht mehr dazu, doch war auch hier eine Veröffentlichung in Buchform geplant, wie in den (in diesem Fall überlieferten) mehrseitigen Richtlinien für die Fotograf:innen dokumentiert ist:

> Hinsichtlich aller Farbaufnahmen, die im unmittelbaren oder mittelbaren Zusammenhang mit dem Führerauftrag gemacht worden sind, geht das ausschließliche Recht zur Vervielfältigung, Verbreitung und Vorführung auf das Reich über. Wenn das Reich von der Sammlung der Farbaufnahmen in einem eigenen Sammelwerk Gebrauch macht oder diese durch Dritte ausführen läßt, wird in Aussicht gestellt, daß die zur Mitwirkung herangezogenen Lichtbildner besonders darin genannt werden.[37]

Der „Auftrag Speer“[38] war ein umfangreicher Fotoauftrag, den der GBI zwischen 1938 und 1943 an die Staatliche Bildstelle Berlin vergab, kurz nachdem von Lüpke in den Ruhestand gegangen war. Dabei wurden rund 1750 Glasplattennegative von Modellen, Plänen und Unterlagen zu zahlreichen Bauvorhaben des „Dritten Reichs“ angefertigt. Neben Speers megalomanen Plänen für die Umgestaltung Berlins zur „Welthauptstadt Germania“ wurden auch andere Projekte wie Industrieanlagen, Kasernen und Repräsentativbauten dokumentiert – ein damals für die Öffentlichkeit gesperrter Bestand. Darunter befanden sich auch einige Theaterplanungen. Die Aufnahmen dienten der Dokumentation und Präsentation der ambitionierten Baupläne des NS-Regimes. Sie sollten die vermeintliche Größe und Macht des „Tausendjährigen Reichs“ verkörpern.

---

36 Vgl. Fuhrmeister 2006.

37 Aus den „Richtlinien für die Ausführung des Führerauftrages für Farbaufnahmen von Decken- und Wandmalereien in historischen Baudenkmälern Grossdeutschlands“ (Punkt V), 2.12.1943.

38 Vgl. Steudtner 2023.

Demonstration kultureller Macht, visuelle Schulung und konstruierte Wirklichkeit

Betrachtet man nun die Fotografien und das Handbuchprojekt „Das Deutsche Theater“ im Kontext der beiden anderen NS-Dokumentationsprojekte, wird deutlich, dass es offenbar mehrere Funktionen erfüllen sollte. Vorrangig die Fotografien dienten der Konstruktion einer einheitlichen visuellen Identität des Deutschen Theaters. Durch die standardisierte fotografische Erfassung wurde eine scheinbar objektive Darstellung geschaffen, die jedoch eine ideologisch geprägte Sichtweise vermittelt. Die Fotografien fungierten als Akt der Beglaubigung und Selbstvergewisserung.

Anders als bei rein wissenschaftlichen Dokumentationsprojekten stand hier nicht das Erkenntnisinteresse im Vordergrund. Vielmehr wurde das deutsche Theater als ideologisches Konstrukt präsentiert, das nicht zur Diskussion stand. Die umfangreiche Sammlung diente der Demonstration kultureller Macht und der visuellen Schulung des Volkes im Sinne der NS-Ideologie.

Mit diesem Publikationsvorhaben konnte das deutsche Theater in einen historischen Kontext eingeordnet und gleichzeitig vereinheitlicht werden. Die Einschreibung in die Theatergeschichte suggeriert hier eine Kontinuität, die die NS-Kulturpolitik legitimieren sollte. Die Vielfalt der Theaterlandschaft wurde zu einem homogenen Bild des deutschen Theaters geglättet.

Der vorliegende Beitrag vertritt die These, dass mit der Produktion des Buches die kriegsbedingt beeinträchtigte Theaterbautätigkeit der Nationalsozialist:innen kaschiert und überzeichnet werden sollte. Die geplante Publikation kann somit als eine Art „immaterielle Bautätigkeit“ verstanden werden, die zur visuellen Konstruktion eines idealisierten Deutschen Theaters beitragen sollte.

Zusammenfassend lässt sich sagen, dass das Handbuchprojekt weit über eine reine Dokumentation hinausging. Es war ein komplexes Instrument zur ideologischen Formung, kulturellen Machtdemonstration und visuellen Konstruktion eines nationalsozialistischen Theaterideals.

Obwohl die Arbeit am Handbuch „Das Deutsche Theater“ offiziell 1943 eingestellt worden war, dokumentierte Theodor von Lüpke die Kriegsschäden im Anhangband akribisch und schrieb die Geschichte des deutschen Theaterbaus ohne Beauftragung fort. Kaum ein Theater war von alliierten Luftangriffen verschont geblieben, viele waren restlos zerstört.[39] Für das Theater in Zittau verlief das Ende des Zweiten Weltkriegs relativ glimpflich und der Fall des „Dritten Reiches“ wird mit der Entfernung der beiden Hoheitszeichen besiegelt.[40] Ab dem 1. Juni 1945

---

39 Vgl. auch den Anhangband des GBI-Handbuchs „Das Deutsche Theater“ (Quelle: FU Berlin, Theaterhistorische Sammlungen), darin eine detaillierte, aber unvollständige handschriftliche Erfassung der Theater-Zerstörungen durch Theodor von Lüpke.

40 Vgl. Tomlow, S. 69 f.

wird der Theaterbetrieb wieder aufgenommen – erneut als eines der ersten Theater in Deutschland.

Literatur

Annuß, Evelyn: *Volksschule des Theaters: Nationalsozialistische Massenspiele*. Paderborn 2018

Balke, Friedrich/Fahle, Oliver: „Dokument und Dokumentarisches. Einleitung in den Schwerpunkt". In: *Zeitschrift für Medienwissenschaft*. Nr. 11/2014, Jg. 6, S. 10–12

Bartetzko, Dieter: *Illusionen in Stein: Stimmungsarchitektur im Nationalsozialismus*. Berlin 2012

Baumann, Kirsten/Sachsse, Rolf: *moderne grüsse: Fotografierte Architektur auf Ansichtskarten 1919–1939*. Stuttgart 2004

Daiber, Hans: *Schaufenster der Diktatur: Theater im Machtbereich Hitlers*. Stuttgart 1995

Eichberg, Henning/Dultz, Michael/Gadberry, Glen/Ruehle, Guenther: *Massenspiele. NS-Thingspiel, Arbeiterweihespiel und olympisches Zeremoniell*. Stuttgart 1977

Fuhrmeister, Christian/Klingen, Stephan u. a. (Hg.): *„Führerauftrag Monumentalmalerei". Eine Fotokampagne 1943–1945*. Köln/Weimar 2006

Goebbels, Joseph: „Das deutsche Theater und seine Aufgaben". Rede vor den deutschen Bühnenleitern. Mai 1933

Hansing, Friedrich: „Zu dem Projekt eines neuen Theaters in Zittau". In: *Bühnentechnische Rundschau*. Nr. 1/1932, S. 13–14

Hasse, Jürgen: „Das Haus im Bild. Die Rolle der Architekturfotografie in der Architekturtheorie". In: Feldhusen, Sebastian/Poerschke, Ute (Hg.): *Theorie der Architektur: zeitgenössische Positionen*. Berlin/Basel 2017, S. 339–358

Heiting, Manfred/Jaeger, Roland*: Autopsie: deutschsprachige Fotobücher 1918 bis 1945*. Göttingen 2012

Heinrich, Anselm (2012): „Brüche und Kontinuitäten. Theater im ‚Dritten Reich' und in der Bundesrepublik". https://zeitgeschichte-online.de/themen/bruche-und-kontinuitaten (letzter Zugriff: 29.11.2024)

Sachsse, Rolf: *Photographie als Medium der Architekturinterpretation: Studien zur Geschichte der deutschen Architekturphotographie im 20. Jahrhundert*. München 1984

Sachsse, Rolf: *Die Erziehung zum Wegsehen: Fotografie im NS-Staat*. Dresden 2003

Sachsse, Rolf: *Bild und Bau: Zur Nutzung technischer Medien beim Entwerfen von Architektur*. Basel 2014

Steudtner, Katharina/Hiller von Gaertringen, Katrin/Hiller von Gaertringen, Hans Georg/Brandenburgisches Landesamt für Denkmalpflege und Archäologisches Landesmuseum/Lukas Verlag für Kunst- und Geistesgeschichte: *Der „Auftrag Speer" der Staatlichen Bildstelle Berlin: zur wissenschaftlichen Erschließung eines fotografischen Bestandes im Messbildarchiv des Brandenburgischen Landesamtes für Denkmalpflege und Archäologischen Landesmuseums*. Berlin 2022

Tomlow, Jos/Spitzner-Schmieder, Sabine: *Das Grenzlandtheater in Zittau 1934–1936*. Zittau/Görlitz 2015

Teut, Anna: *Architektur im Dritten Reich 1933–1945*. Berlin/Boston 1967

Troost, Gerdy: *Das Bauen im Neuen Reich*. Bd. 1. Berlin 1938

Zentralblatt der Bauverwaltung: *Theaterbauten und Feierstätten*. Berlin 1939

Bildnachweis

1 Architekturmuseum der TU Berlin, Inv. Nr. TBS 314,11. Fotograf: Walter Wolff

2 Postkarte Grenzlandtheater Zittau, Privatbesitz, Fotograf:in unbekannt

3 Architekturmuseum der TU Berlin, Inv. Nr. TBS 314,08. Fotograf: Walter Wolff

4 Architekturmuseum der TU Berlin, Inv. Nr. TBS 042,09. Theodor von Lüpke

5 Architekturmuseum der TU Berlin, Inv. Nr. TBS 042,14. Fotograf: Arthur Köster, Copyright: VG Bild-Kunst, Bonn 2025

6 Architekturmuseum der TU Berlin, Inv. Nr. TBS 042,11. Fotograf Arthur Köster, Copyright: VG Bild-Kunst, Bonn 2025

7 Rekonstruktion: Franziska Ritter, Fotos: Max Missmann, Architekturmuseum der TU Berlin, Inv. Nr. TBS 056,10 und 056,11

8 Fotograf: Emil Leitner, aus: *Kunst im deutschen Reich*, Ausgabe B, 12/1938

9 Architekturmuseum der TU Berlin, Inv. Nr. TBS 038,24. Fotograf: Emil Leitner

Abb. 1 Karl Friedrich Schinkel, Entwurf eines Schauspielhauses, 1819–1826, Blick von der Bühne aus in den Zuschauerraum

Theaterbau als Gegenstand der Architekturfotografie

Rolf Sachsse

Eine Kindheits- wie eine Jugenderinnerung mögen die Beziehung des Autors zum Gegenstand des Textes beleuchten: Zwischen dem Richtfest am 24. Juni 1958 und der feierlichen Eröffnung der Bonner Beethovenhalle am 8. September 1959 ist der Bonner Fotograf Gerhard Sachsse häufig zu Bauzustandsaufnahmen auf der Baustelle unterwegs und muss oft genug Keller- oder noch nicht ausgebaute Innenräume fotografieren.[1] Die dafür benötigten Lampen müssen aufgrund der Bodenbeschaffenheit in der Hand gehalten und während der Belichtung bewegt werden, um eine möglichst schattenfreie Ausleuchtung zu erhalten. Da derlei Lampen mit langen Kabeln an Generatoren und Steckdosen angeschlossen werden, erhalten der jüngste Lehrling und der zehnjährige Sohn des Fotografen die Aufgabe, diese schwarzen Kabel während der Belichtung ununterbrochen seitlich zu bewegen, damit sie nicht auf dem Bild sichtbar werden können. Der Fotografensohn war ich, und der Begriff des „Wanderlichts" ist seitdem als fotografische Praxis fest in meiner Bildbetrachtung großer Innenräume gespeichert.

1 Schmidt 1964, S. 323 f.

Eine entgegengesetzte Praxis erlebte ich zehn Jahre später als Lehrling und Mitarbeiter beim Fotografen Karl-Hugo Schmölz[2] in Köln: Innenräume, ganz gleich welcher Größe, werden mit Dutzenden von Lampen und Scheinwerfern ausgeleuchtet; wenn sich Menschen darin aufhalten, sind es ebenso viele Blitz-Anlagen mit großen Kondensatorgehäusen. Jede Ecke, jeder Winkel eines Raums erhält eine eigene Beleuchtung, die selbstverständlich grundsätzlich als Verlängerung eines vorhandenen oder imaginierten Raumlichts inszeniert und in Details stark akzentuiert wird.[3] Der so betriebene Aufwand wächst mit der Größe des Raums; die relativ geringe Lichtausbeute damaliger Lampen und Blitze sorgt für einen immensen Stromverbrauch: Zwanzig Kilowatt sind für eine Interieur-Fotografie dieser Art völlig normal.

Der Entwurf und Bau von Theatern, Opernhäusern und Konzertsälen ist eine ungemein komplexe Aufgabe mit akustischen, bühnentechnischen und auch repräsentativen Anforderungen. Insofern passt die Beauftragung für ein Register sämtlicher Vertreter dieses Bautyps im deutschsprachigen Raum zum Aufgabengebiet der „Generalbauinspektion für die Reichshauptstadt", die „wie ein großes unabhängiges Forschungsinstitut" wirken sollte und laut § 3 des Erlasses zur Gründung vom 30.1.1937 „sich von allen Dienststellen des Reichs [...] die erforderlichen Auskünfte über Bauvorhaben geben lassen" konnte.[4] Das unter ihrem Leiter Albert Speer geplante Handbuch „Das Deutsche Theater" ist demnach als Corpus-Werk sämtlicher bisher gefundener Lösungen des Themas Theaterbau anzusehen; entsprechend sind die Vorgaben zur architektonischen Aufnahme des einzelnen Baus und zur Darstellung im geplanten Buch gestaltet.[5] Diese Vorgaben wurden in Richtlinien zusammengefasst und beinhalten selbstverständlich alle Medien, die in jener Zeit für derartige Bauaufnahmen zur Verfügung standen: Grundriss, Längsschnitt sowie eine umfassende fotografische Dokumentation des Äußeren und Inneren. Die beispielsweise für das Stadttheater in Augsburg überlieferte Skizze eines Seitenspiegels mit Standangaben für die fotografischen Illustrationen (Abb. 2) entspricht exakt den Vorgaben älterer Corpus-Werke, wie es sie vor allem für die mittelalterliche und frühneuzeitliche Baukunst Italiens oder Frankreichs gibt[6].

Für die fotografischen Aufnahmen hieß dies, dass sie auf Vergleichbarkeit hin anzulegen waren. Bei der Bildbeschaffung war man

2 Karl-Hugo Schmölz (1917–1986) nutzte den doppelten Vornamen erst seit etwa 1947, vorher firmierte er meist unter Hugo Schmölz oder Hugo Schmölz jun. Um ihn von seinem Vater Hugo Schmölz (1879–1938) unterscheiden zu können, von dem sich ebenfalls Aufnahmen in der *Theaterbausammlung* der TU Berlin befinden, wird hier die neuere Form des Vornamens benutzt. Zur Datierung der Arbeiten in der Fotowerkstatt Schmölz: Alle Aufnahmen vor Juni 1937 sind von Hugo Schmölz sr., alle nach August 1937 von Karl-Hugo Schmölz.

3 Vgl. Giebelhausen 1964.

4 Durth 1986, S. 135.

5 Zur Buch- und Designgeschichte des Handbuchs vgl. Sachsse 2016.

6 Architekturmuseum TU Berlin, TBS 008,10.

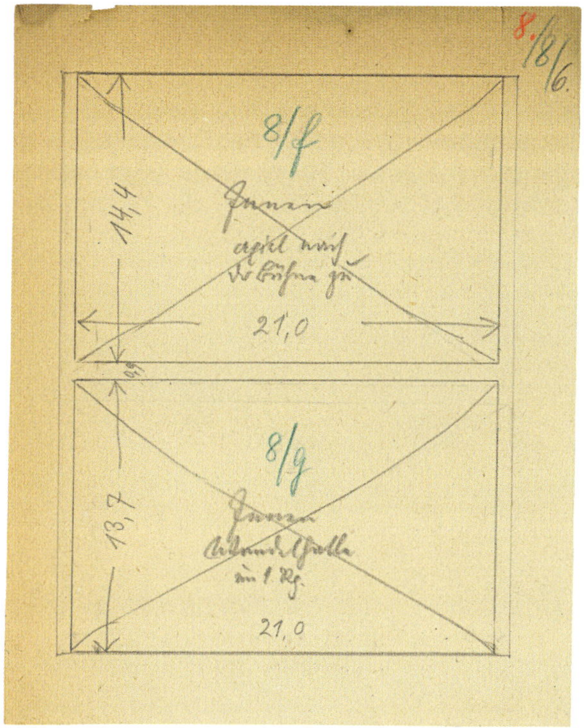

Abb. 2 Layoutvorlage zum Stadttheater Augsburg aus dem Handbuch „Das Deutsche Theater"

sich sicher, dass die Fotograf:innen der späten 1930er Jahre selbst wussten, wie die Blickrichtungen und formalen Gestaltungen der Bilder anzulegen seien, weil es sich hierbei um bereits seit zwei Generationen überliefertes Handwerkerwissen handelte. Höchstens im Nachgang einer unzureichenden Lieferung wird die Frage einer Neuaufnahme oder visuellen Ergänzung aufgekommen sein. Dieses handwerkliche Wissen hatte eine ältere Grundlage: Die Medienkonkurrenz von zeichnerischer Ansicht (die als Druckgrafik publiziert wurde) und fotografischer Sicht (die auch in verschiedenen Druckverfahren angeboten wurde) war ein beherrschendes Thema der Bauaufnahmen vor allem historischer Objekte in den 1860er Jahren.[7] Mit dem Aufkommen der fotogrammetrischen Messbildaufnahme nach 1885 wurde diese Konkurrenz zugunsten eines neuen Arbeitsprozesses aufgehoben: Für bereits vorhandene Bauten erfolgte nun die zeichnerische Ausgestaltung von Grund- und Aufriss sowie Längsschnitt nach einer fotografischen Erfassung.[8] In den 1920er Jahren erhielt der Grundriss als Basis aller Raumpläne in der Organisation von Bauvolumina ein erneutes Primat in der Rezeption von Architektur, doch für die Darstellung von Theaterräumen stellte sich diese Betrachtung schnell als unzureichend heraus; hier bedurfte es einer illustrativen Inszenierung.[9]

7 Vgl. Niehr 2005.
8 Vgl. Meydenbauer 1912.
9 Vgl. Risselada 1988.

Wie sakrale Bauten sind Theater- und Opern-Interieurs erst einmal Überwältigungsräume, und werden so in der Fotografie auch dargestellt.[10] Üblich sind der meist formal streng angelegte Blick zur Bühne aus der Mittelloge oder aus dem ersten Rang sowie die Sicht auf den Zuschauerraum entweder von der Bühne oder von einem der seitlichen Eingänge her. Alle vier Perspektiven vermitteln im Bild, wie klein der betrachtende Mensch gegenüber der Grandezza des gesamten

Abb. 3 Staatsoper Wien von Süden, Fotograf: Martin Gerlach (1942)

Abb. 4 Staatsoper Wien von Südosten, Fotograf: Martin Gerlach (1942)

10 Vgl. Höfer 2006 und Sachsse 2010.

Innenraums ist. Dieser Effekt wird umso stärker, je gleichmäßiger das Proszenium samt Bühnenvorhang oder aber der Zuschauerraum samt Rängen oder Logen ausgeleuchtet sind – und er war bereits vor der Erfindung der Fotografie bekannt. Karl Friedrich Schinkel hatte dies in seiner Zeichnung des Bühnenraums seines Schauspielhauses 1821 in exakt dieser Form angelegt und dazu die Strichführung in äußerster Präzision vollkommen schattenlos gehalten; die Vorwegnahme des Eindrucks einer Überwältigung funktioniert bereits hier rein medial[11] (Abb. 1). Aus dieser Darstellungsform speiste sich ein Stereotyp, das ungefragt in die Fotografie übernommen wurde und Voraussetzung der in Briefen mehrfach erwähnten, aber bislang nicht überlieferten „Richtlinien" der Auftragsvergabe für das Handbuch „Das Deutsche Theater" gewesen sein dürfte. Eigentlich musste keine:r der Fotograf:innen bei diesem Dokumentationsauftrag auf die beschriebenen Sichten hingewiesen werden, da sie immanent vorausgesetzt werden konnten. Da Schinkel zudem die Hefte mit seinen Entwurfszeichnungen in nahezu dem gleichen Ablauf konzipiert hatte wie die Vorgaben zur *Theaterbausammlung*, ergab sich der Darstellungszwang für die Fotograf:innen wie von selbst – ohne dass sie die Schinkel'schen Entwürfe je gesehen hätten.

Eine Fotografie zeigt in jedem Fall mehr Volumen als eine Umrisszeichnung in der Art des frühen 19. Jahrhunderts. Genau hier beginnen die handwerklichen Übungen der Fotograf:innen – sie machen sich den Blick aus einer idealen Publikumsperspektive zu eigen und inszenieren die dokumentarische Aufnahme als Darstellung eines räumlichen Erlebnisses. Ohne zusätzliche Beleuchtung präsentiert sich der Zuschauerraum eines Theaters als eine Folge von Balkonbrüstungen ohne dahinter liegenden Raum und umgekehrt ein Bühnenraum als breite Balustrade mit einem ins Dunkle verschwindenden Hintergrund oder einem jeden Blick verschließenden Bühnenvorhang. Dasselbe gilt für die Außenansichten eines Theaters oder Opernhauses: Sie müssen repräsentativ genug sein, um den kommenden Zuschauer:innen unter den vorbeifahrenden, -reitenden oder -gehenden Menschen einen Anreiz zu bieten, sich als Publikum selbst zu feiern, am Fest einer Schauspiel- oder Musikaufführung teilzuhaben.[12] Die meisten Häuser dieser Art sind an großen Plätzen angelegt worden, also werden sie entsprechend monumental in Szene gesetzt. Martin Gerlach und seine Fotografen etwa haben die Wiener Staatsoper aus mittlerer Höhe frontal bei mildem Sonnenlicht aufgenommen, um die große Loggia mit ihrer stark skulpturalen und reliefierten Dekoration betonen zu können (Abb. 3). Die seitliche Ansicht, bei der der eigentliche Bühnenbau deutlich hervorgehoben wird, ist sogar bei strahlendem Sonnenlicht mit starken Schlagschatten dargestellt worden – eine Fotografierweise, die sonst der klassischen Moderne vorbehalten war, hier aber der Erhöhung einer dramatischen Erscheinung diente[13] (Abb. 4).

---

11 Vgl. Schinkel/Berger 1826, Abb. 1–3.
12 Vgl. Quecke 1991, S. 25–27.
13 Vgl. Sachsse 1997, S. 119–121.

Abb. 5 Opernhaus Köln, Foyer, ca. 1941

Für den Innenraum übernehmen die Fotograf:innen stellvertretend den Blick der Theater- und Opernbesucher:innen. Deren Besuch dieser Häuser folgt einer spezifischen Choreografie, die sich als Habitus aus feudalen Kontexten ins Bürgertum übertragen hat: Durch den möglichst großen und geschmückten Eingang tritt man, an der Kasse vorbei und nach Ablegen der Garderobe, in ein Foyer, das auf das grandiose Erlebnis einstimmt. Dieses kann ebenerdig oder auf Höhe der Eingänge in den Zuschauerraum liegen – für die Fotografien spielt dies keine Rolle; sie sollen als Bilder den Erlebnisraum simulieren. Das Bild des Foyers, das Karl-Hugo Schmölz von der Wandelhalle des Kölner Opernhauses nach dessen Neugestaltung 1937/38 angefertigt hat, zeigt daher den nüchternen Raum in einer ausgefeilten Lichtregie (Abb. 5). Kein Scheinwerfer ist zu sehen und doch ist eine ganze Reihe davon eingesetzt; sie stehen hinter den Säulen der rechten Seite des gebogenen Raums und werden von links ebenfalls durch einen kaum sichtbaren Durchgang hindurch benutzt, um das eher schwache Licht der seitlichen Wandlampen zu verlängern und verstärken. Die auf der linken Seite sich anschließenden Räume auf der gleichen Höhe wie im oberen Rang sind noch einmal durch eigene Lampen beleuchtet. Auf diese Weise entstehen rechts und links im Bild hoch differenzierte

Abb. 6 Neues Stadttheater Salzburg, seitlicher Blick in den Zuschauerraum mit Proszenium und Bühnenvorhang, ca. 1941

Abb. 7 Opernhaus Köln, Blick von der Bühne aus in den Zuschauerraum, ca. 1941

Raumdarstellungen – die allerdings die Öde des Hauptraums, nachdem er seiner Ausmalung beraubt worden ist, nur noch stärker betonen.

Einer solchen Choreografie zufolge, die die Fotografien in ihrer Abfolge simulieren, sind die Besucher:innen dann im eigentlichen Zuschauerraum angekommen, sitzen im Parterre oder in einem der Ränge und schauen auf die Bühne. Aus diesem Blick ergeben sich zwei Sichtweisen, die im vorgesehenen Handbuch zumeist vertreten sind: der stringent axiale Blick aus einem mittleren Rang, möglichst aus der „Fürstenloge“ auf die Bühne, meist bei geschlossenem Theatervorhang, oder aber der Blick von einem seitlichen Rang aus auf den gegenüberliegenden Teil des Zuschauerraums sowie auf das Proszenium und einen vorderen Teil der Bühne. Während der erste Blick exakt der suggestiven Zeichnung Karl Friedrich Schinkels entspricht und den Fotograf:innen auch beleuchtungstechnisch keinerlei Mühe macht, weil der Raum vor der Bühne per se hell erleuchtet ist, stellt der zweite Blick doch höhere Anforderungen an die handwerkliche Ausführung (Abb. 6). Bruno Kerschner nimmt das Stadttheater in Salzburg mit einer Sicht vom mittleren Rang rechts auf die Ränge links samt einem kleinen Ausschnitt von Bühnenraum und -vorhang auf; der obere Rang ist hell erleuchtet und jeder Sitz sichtbar, während der erste Rang sowie das Parkett sehr dunkel gehalten sind. Das liegt ganz offensichtlich daran, dass er im Inneren der Ränge keine Beleuchtung installiert hat, während der obere Raum durch eine zusätzliche Lampe erleuchtet ist. Kerschner hat diese Sicht in mehreren Theatern um den Blick über eine seitliche Rangbrüstung hinweg ergänzt, wobei die Rundung dieser Brüstung dem Raum eine Kurvatur nach barocker Manier gibt.

Der Gegenschuss zur Mittelachsen-Aufnahme vom Zuschauerraum aus auf die Bühne ist der Blick der Schauspieler:innen von der Mitte der Bühne in den Raum mit seinem Parkett und den Rängen, soweit vorhanden. Bei dieser Art der fotografischen Aufnahme kommt die eingangs erwähnte Unterscheidung in der Beleuchtung deutlich ins Spiel: Während Karl-Hugo Schmölz etwa in der Kölner Oper metikulös sämtliche Ränge mit kleinen Scheinwerfern ausleuchtete, sodass man dort jeden Stuhl einzeln betrachten kann (Abb. 7), ging Bruno Kerschner mit einer großen Lampe durch das kleine Theater in Braunau am Inn und produzierte auf den Lehnen der Stühle eigenartige Doppelspiegelungen sowie schlierenförmige Schatten auf den stoffbespannten Seitenwänden – das Ergebnis der eingangs geschilderten Praxis des „Wanderlichts“ bei eher nachlässiger oder ungekonnter Ausführung (Abb. 8). Bei anderen Häusern, etwa im Stadttheater Salzburg, leuchtete er auf die gleiche Weise nur die Balkonbrüstungen der Ränge an, mit dem Ergebnis, dass sämtliche Sitze in einer tiefen Schwärze verschwinden – hier hätte er eine Assistenz mit starker Lampe für das Wanderlicht losschicken müssen, was offensichtlich nicht erfolgt ist (Abb. 9). Einen Mittelweg zwischen der aufwendigen Beleuchtungstechnik eines Karl-Hugo Schmölz – die an anderer Stelle in diesem Buch noch einmal

Abb. 8 Theater in Braunau am Inn, Blick von der Bühne aus in den Zuschauerraum, ca. 1941

Abb. 9 Neues Stadttheater Salzburg, Blick von der Bühne aus in den Zuschauerraum, ca. 1941

Abb. 10 Markgräfliches Opernhaus Bayreuth, Blick von der Bühne aus in den Zuschauerraum, ca. 1941

Abb. 11 Festspielhaus Bayreuth, Blick von der Bühne aus in den Zuschauerraum, ca. 1941

exemplifiziert wird[14] – und den sehr einfachen Aufnahmemethoden von Bruno Kerschner wählte der eigentlich als Industriefotograf bekannte Emil Leitner[15] bei seinen Bildern aus den Häusern in Bayreuth: Für das markgräfliche Theater mit seiner ausschweifenden Dekoration nutzte er das Licht zweier sehr starker, aber feststehender Lampen, das mit seinen Schatten auch gut ablesbar ist (Abb. 10), während er das wesentlich modernere und von einem Industriearchitekten entworfene Festspielhaus beleuchtete wie eine große Werkshalle: Bei dem Blick über den weiterhin recht dunklen Orchestergraben hinweg wurde ein weiches Licht aus mehreren Lampen hinter den flankierenden Säulen sowie hinter der letzten Sitzreihe hergestellt, das den Raum akzentuiert und dabei doch vollständig ausleuchtet (Abb. 11).

Für die Standard-Motive des Handbuchprojekts „Das Deutsche Theater" – außen frontal, außen von der Seite, innen zweimal axial und ein- oder zweimal von der Seite – hatte sich im ersten Drittel des 20. Jahrhunderts ein formaler Kanon etabliert, der in Fachbüchern und -zeitschriften so weit verbreitet war, dass für die Fotograf:innen allein die Räume benannt werden mussten und sie wussten, wie diese aufzunehmen sind.[16] Damit wären für die Aufnahmen selbst „Richtlinien" eigentlich unnötig gewesen. Einige der Auftragsbriefe durch den Architekten Theodor von Lüpke, der von Speer mit den Vorbereitungsarbeiten für das Handbuch beauftragt worden war, verweisen auf ein technisches Detail, das die Glaubwürdigkeit des Mediums Fotografie betrifft: Man verlangte Abzüge „von der ganzen Platte", verbat sich also Beschnitte und andere Manipulationen – alles nach der Aufnahme selbst.[17] Dazu finden sich im Bestand der *Theaterbausammlung* gelegentlich zusätzliche, wohl nicht extra beauftragte Fotografien, die sich vor allem der jeweiligen Haustechnik widmen. Hier werden Schiebekulissen und Bühnenapparate gezeigt, wobei die Aufnahmen fast durchweg als reine Dokumentationen ohne eigenen Gestaltungswillen erscheinen, oft nur ungenügend beleuchtet und mit geringer Tiefenschärfe. Dennoch stellen auch diese Bilder einen wichtigen Teil des Fundus dar, denn vieles von dem, was da zu sehen ist, kann heute nur noch rekonstruiert werden, weil es materiell nicht mehr vorhanden ist.

Insofern repräsentiert die *Theaterbausammlung* der TU Berlin von ihrem fotografischen Bestand her die gesamte Bandbreite der professionellen Architekturfotografie am Ende der 1930er Jahre – von den Arbeiten einfacher und nur minimal ausgestatteter Berufshandwerker:innen, für die hier Bruno Kerschner beispielhaft steht, bis zu den ausgefuchsten Könner:innen des Fachs wie Arthur Köster, Emil Leitner oder Vater und Sohn Schmölz, die oftmals mit großem Aufwand, mehreren Assistent:innen und viel Licht operierten. Was für die

---

14 Vgl. meine Objektbeschreibung im vorliegenden Band.
15 Vgl. Schaal/Schaller 2001.
16 Vgl. Schmidt 1902 und Jaeger 1998.
17 Brief Theodor von Lüpkes an den Hoffotografen Louis Held, Weimar, vom 25. Juni 1941 (BA_R4606-616).

ins Verzeichnis aufgenommenen Theater gilt – vom ländlich geprägten Kleinstadttheater bis zur großen Bühne in den Metropolen –, ist ebenso für die fotografischen Arbeiten gültig.

Literatur

Durth, Werner: *Deutsche Architekten. Biographische Verflechtungen 1900–1970*. Braunschweig/Wiesbaden 1986, S. 133–135

Giebelhausen, Joachim: *Architekturfotografie*. München 1964, S. 97–109

Höfer, Candida: *Opéra de Paris*. München 2006

Jaeger, Roland: *Neue Werkkunst, Architektenmonographien der Zwanziger Jahre. Mit einer Basis-Bibliographie deutschsprachiger Architekturpublikationen 1918–1933*. Berlin 1998

Meydenbauer, Albrecht: *Handbuch der Messbildkunst, in Anwendung auf Baudenkmäler- und Reiseaufnahmen*. Halle a. S. 1912

Niehr, Klaus: „Kat.-Nr. 37. Jean-Baptiste-Antoine Lassus, Monographie de la cathédrale de Chartres, Paris: Imprimerie impériale 1867". In: Krause, Katharina u. a. (Hg.): *Bilderlust und Lesefrüchte. Das illustrierte Kunstbuch von 1750 bis 1920*. Leipzig 2005, S. 213–216

Quecke, Ursula: „Aspekte des oberitalienischen Theaterbaus vom 16.–19. Jahrhundert". In: Albrecht, Siegfried u. a. (Hg.): *Teatro. Eine Reise zu den oberitalienischen Theatern des 16.–19. Jahrhunderts*. Marburg 1991, S. 14–27

Risselada, Max (Hg.): *Raumplan versus Plan libre. Adolf Loos & Le Corbusier 1919–1930*. New York 1988

Sachsse, Rolf: *Bild und Bau. Zur Nutzung technischer Medien beim Entwerfen von Architektur*. Braunschweig/Wiesbaden 1997, S. 119–121

Sachsse, Rolf: „Grand Opera Through The Grand Lens". In: Ertuğ, Ahmet: *Palaces of Music. Opera Houses of Europe*. Istanbul 2010, S. 52–65

Sachsse, Rolf: „Bilderblock und Tafelteil. Zum Verhältnis von Bild und Text in kunstwissenschaftlichen Großpublikationen vor 1933". In: Kappel, Kai u. a. (Hg.): *Atlanten des Wissens. Adolph Goldschmidts Corpuswerke 1914 bis heute*. München/Berlin 2016, S. 32–43

Schaal, Dirk/Schaller, Jo (Hg.): *Elektrizität in historischen Photographien von Emil Leitner und Hans Finsler 1920–1930*. Halle a. S. 2001

Schinkel und Berger (Hg.): *Sammlung architectonischer Entwürfe von Schinkel enthaltend theils Werke welche ausgeführt sind, theils Gegenstände deren Ausführung beabsichtigt wurde*. Zweites Heft, erste Folge. Berlin 1826, Abb. 1–3

Schmidt, Franz (Hg.): *Bonn 1956–1964, Verwaltungsbericht*. Stadt Bonn 1964, S. 323–324

Schmidt, Hans: *Die Architektur-Photographie, unter besonderer Berücksichtigung der Plastik und des Kunstgewerbes* (= Photographische Bibliothek 14). Berlin 1902

Bildnachweis

1 Copyright: Kupferstichkabinett. Staatliche Museen zu Berlin

2 Architekturmuseum der TU Berlin, Inv. Nr. TBS 008,10

3 Architekturmuseum der TU Berlin, Inv. Nr. TBS 307,10. Fotograf: Martin Gerlach

4 Architekturmuseum der TU Berlin, Inv. Nr. TBS 307,11. Fotograf: Martin Gerlach

5 Architekturmuseum der TU Berlin, Inv. Nr. TBS 170,13. Fotograf: Karl-Hugo Schmölz, Copyright: Maurice Cox

6 Architekturmuseum der TU Berlin, Inv. Nr. TBS 254,11. Fotograf: Bruno Kerschner

7 Architekturmuseum der TU Berlin, Inv. Nr. TBS 170,15. Fotograf: Karl-Hugo Schmölz, Copyright: Maurice Cox

8 Architekturmuseum der TU Berlin, Inv. Nr. TBS 066,07. Fotograf: Bruno Kerschner

9 Architekturmuseum der TU Berlin, Inv. Nr. TBS 254,09. Fotograf: Bruno Kerschner

10 Architekturmuseum der TU Berlin, Inv. Nr. TBS 055,10. Fotograf: Emil Leitner

11 Architekturmuseum der TU Berlin, Inv. Nr. TBS 054,15. Fotograf: Emil Leitner

Abb. 1 Zwischen kulturellem Erbe und Rationalisierung: Die Baustelle des Umbaus der Staatsoper Unter den Linden in einer Kaltnadelradierung von Paul Herrmann

Architekturen des Betriebs

Die Rationalisierung von Theaterbauwissen in der Weimarer Republik

Halvard Schommartz

Ab den 1920er Jahren plädierte der durch sein Lehrbuch *Bühnentechnik der Gegenwart* international bekannte Bühnentechniker Friedrich Kranich (1880–1964) vehement für ein Verständnis des Theaterbaus als Architektur des Betriebs. „Wann wird endlich einmal damit aufgeräumt werden“, schreibt der technische Leiter der Städtischen Bühnen Hannover und des Bayreuther Festspielhauses,

> bei Zweckbauten immer wieder der äußeren Fassade den Vorzug zu geben vor der praktischen Gliederung des Grundrisses? Es ist ein Verbrechen an dem Geist moderner Wirtschaft, notwendige Räume auf Kosten architektonischer Schönheit künstlich zu verkleinern, statt zu vergrößern.[1]

Die bis heute als Standardwerk rezipierte Publikation ist Kristallationspunkt eines in der Weimarer Republik entstehenden theatertechnischen Betriebswissens. Kranich proklamierte eine zentrale Trias von Kunst, Verwaltung und Technik, der gemäß die Theater „*von innen nach außen* und nicht umgekehrt“[2] gebaut werden müssten, um dem Theater in einer technischen Kultur[3] allgemein und dem bühnentechnischen

1 Kranich 1929, S. 70.
2 Ebd., S. 8.
3 Bekannte Dokumente dieser verbreiteten Auffassung: bspw. Feldhaus 1928 und Popp 1929.

Fortschritt im Besonderen gerecht zu werden.[4] Diese von zahlreichen Akteur:innen der Bühnentechnik vertretene Auffassung von Architektur als gebaute Ordnung des Betriebs[5] berührte in der Weimarer Republik zunehmend das epistemische Fundament des Theaterbaus als Architektur einer festlichen Geselligkeit.

Entwürfe von Theaterbauten, die rationalen Betriebsansprüchen gerecht geworden wären, kamen jedoch zu spät, um bei Neubauten berücksichtigt zu werden: Nach einer regelrechten Bauwelle um 1900 war die Theaterbausubstanz bis zum Ende des Kaiserreichs mit wenigen Ausnahmen konsolidiert. Was den Verfechter:innen einer an den betrieblichen Prozessen orientierten Theaterarchitektur blieb, waren die Kritik am Bestand und das Engagement für Umbauten (Abb. 1).[6] Aus ihrer Sicht geriet der bühnentechnische Apparat, der die Verwendung einer hohen Zahl plastischer Bühnenbilder im Repertoirebetrieb zu gewährleisten hatte, zunehmend mit den baulichen Verhältnissen der älteren, auf gemalte Kulissen ausgerichteten Bühnen in Konflikt. Ausgehend von den konfligierenden Zeitlichkeiten von kaiserzeitlichem Bau und „neuzeitliche[r] [...] Arbeitsweise“[7] möchte dieser Beitrag eine Wissensdynamik fokussieren, die sich als Rationalisierung des Theaterbauwissens fassen lässt.

Der erste Abschnitt umreißt die historischen Bedingungen einer Rationalisierung des Theaterbauwissens. Anschließend wird diese am Beispiel von Kranichs Lehrbuch einerseits und öffentlichen Theaterbetriebsführungen andererseits dargestellt. Schließlich möchte ich nach den Theater- und Kulturauffassungen eines solchen Theaterbauwissens fragen, das die Theaterarchitektur als Produktionsbedingung der Kunst aufwertet, als Medium gesellschaftlicher Selbstrepräsentation hingegen abwertet.

Theaterarchitektur und Betrieb zwischen Kaiserreich und Weimarer Republik

Die Kulturwissenschaftlerin Susanne Jany diagnostiziert eine „Institutionalisierung zweckmäßigen Bauens um 1880“ und schlägt

4 Der Geschichte und der Geschichtsmächtigkeit des Betriebswissens im Theater widmet sich der Verfasser in seiner Dissertation. Besondere Aufmerksamkeit erfährt in diesem Zuge das vermeintlich „Arbeitslose der Technik“ (vgl. Hörl 2013) wie der (Theater-)Kunst.

5 Verhältnisse von Architektur und Ordnen wurden untersucht im Forschungsprojekt „Architekturen des Ordnens. Praktiken und Diskurse zwischen Entwerfen und Wissen“ (2020–2024) der Goethe-Universität Frankfurt und Technischen Universität Darmstadt.

6 Die Debatte über den Umbau der Staatsoper Unter den Linden in Berlin von 1926 bis 1928 ist ein Paradebeispiel für die Aushandlung kultureller Leistungsfähigkeit zwischen den Polen technisch-funktionaler Optimierung und denkmalschützerisch gewährleistetem Traditionserhalt.

7 Kranich 1929, S. 45.

dafür den Begriff „Prozessarchitekturen" vor.[8] Als „Medien der Betriebsorganisation", so der Untertitel ihrer Untersuchung, würden die Architekturen zunehmend über ihr Vermögen zur Steuerung von Verkehrs- und Kommunikationsverhältnissen sowie Betriebsabläufen verstanden werden. Eine zentrale Stellung nimmt in Janys Argumentation das rasch zum baukundlichen Referenzwerk avancierte *Handbuch der Architektur* (1880–1943) ein. In diesem Buch sieht sie ihr Argument in Bezug auf prozessorientierte Bauten, wie Postämter, Bahnhöfe, Krankenhäuser, aber auch Hotels, Banken und Arbeitsämter, in einschlägiger Weise bestätigt.

Das *Handbuch* beinhaltet auch einen umfangreichen Abschnitt über „Theater" (1904) von Manfred Semper.[9] Von Jany unbeachtet, scheint Semper ebenfalls prozessarchitektonischen Wissensbeständen Rechnung zu tragen. So gilt sein vordringliches Interesse der architektonischen Schnittstelle von Stadtraum und Theatersaal und der entsprechenden Koordination des Publikumsstroms. Die Gestaltung dieser Passage ist sogar die Grundlage für eine trotz Bedenken von ihm vorgenommene Typologisierung von Theaterbauten.[10] Semper steht in dieser Hinsicht unter dem Eindruck der zahlreichen Theaterkatastrophen des ausgehenden 19. Jahrhunderts, die das Theaterbauwissen nachhaltig transformierten.[11] Die Architektur sollte nun Evakuierungsprozesse befördern, während die Ursache der Theaterkatastrophen, so die einhellige Meinung, im theatertechnischen Apparat zu suchen sei.

Die leitenden Theatertechniker reagierten darauf mit dem Argument, dass unzweckmäßige Bauten die Störung des einwandfreien Betriebsablaufs provozierten. Der eigentliche Grund für die Katastrophen sei nicht die Maschinerie, sondern die Architektur. Um ihrer Sichtweise Ausdruck zu verleihen und die unübersehbare „Unordnung der Dinge"[12] im Theaterbetrieb zu einer drängenden kulturellen Angelegenheit zu machen, griffen die Ingenieure des Theaters auf virulente Tropen zurück.

Ein paradigmatisches Beispiel hierfür ist ein Memorandum der „Gesellschaft zur Herstellung zeitgemässer Theater ‚Asphaleia'", das unmittelbar auf den Wiener Ringtheaterbrand (1881) reagierte. In der kurzen Schrift stellt die Gesellschaft, bestehend aus dem Ingenieur Robert Gwinner, dem Architekten Franz Roth, dessen Schwiegervater, dem Hoftheatermaler Johann Kautsky und dem Ingenieur Karl Dengg, dessen Maschinenfabrik die zu Rüstungsmagnaten aufgestiegenen Brüder von Franz Roth erworben hatten,[13] das Asphaleia-System als sichere Theateranlage vor. Ein ausschließlich aus Eisen konstruiertes Bühnenhaus mit hydraulisch angetriebenen Podien zur Bewegung von

---

8 Jany 2019, S. 33.
9 Gefolgt von einem Abschnitt über „Zirkus- und Hippodromgebäude" (1904) von Eduard Schmitt, wobei sich dieser überwiegend an Semper orientiert. Ich danke Hannah Eßler für den Hinweis.
10 Semper 1904, S. 100 f.
11 Vgl. den Aufsatz von Jan Lazardzig im vorliegenden Band.
12 Vgl. Kassung 2009.
13 Vgl. Baumann 1988, S. 178.

Bühnenelementen, um nur die bekanntesten Eigenschaften zu nennen, sollte die Feuergefahr bannen. Argumentativ wurde das System dem zum „Bettlerkittel"[14] ruinierten Theater der Zeit opponiert. Bisher hätte man sich stets nur damit begnügt, einzelne technische Probleme flickenhaft auszubessern, anstatt systematisch „dem Ganzen ein neues Gewand zu geben".[15] Mit dem Appell, dass „auch von dem Königgrätz des Theaters eine neue Aera der Reformen für dasselbe ausgehen"[16] sollte, wird der Brand mit der Niederlage Österreichs und Sachsens in der Entscheidungsschlacht des Deutschen Kriegs gleichgesetzt. Nur ein neues, ingenieurwissenschaftlich durchgeplantes Bühnenhaus könne einen zeitgemäßen kulturellen Wiederaufbau leisten und die konventionellen, im doppelten Sinne unsicheren Theaterarchitekturen überwinden. Das Asphaleia-System fungierte vor diesem Hintergrund regelrecht als „Diskursbündel", das in der Theatertechnikgeschichte immer wieder als Beweis der gesellschaftlichen Bedeutung bühnentechnischer Innovationen herangezogen wurde.

So lässt sich festhalten, dass prozessarchitektonisches Wissen zum Ende des 19. Jahrhunderts mindestens in zwei Ausprägungen in Bezug auf den Theaterbau auszumachen ist: Während Theatertechniker und Bühneningenieure ein prozessarchitektonisches Versagen der Theaterarchitekturen in Bezug auf die technische Praxis konstatierten, fokussierte Semper in seinem Handbucheintrag die prozessarchitektonische Schnittstelle von Stadt- und Theaterraum.[17] In beiden Fällen stand das öffentliche und kulturelle *Funktionieren* des Theaterbaus – als Risiko und als Passage – im Vordergrund.

Auf dieses in Handbüchern, Memoranden und Presse verschieden betonte Wissen griffen die Fachdiskurse der Weimarer Republik zurück. Angesichts der weitreichenden Transformationen nach dem Ersten Weltkrieg waren das Theater und seine Architektur erneut Schauplatz kultureller Aushandlungsprozesse. Wie nach dem Deutschen Krieg in Österreich-Ungarn sollte das kulturelle Selbstverständnis die Kriegsniederlage kompensieren.

Der Fachverband der Bühnentechniker, der seit der Gründung der Republik im Wesentlichen Beschäftigte des öffentlichen Theaters vertrat, war besonders erpicht, den Beitrag der Berufsgruppe zur „deutschen Nationalkultur" zu betonen. Der Rückgriff auf das geschilderte

---

14 Asphaleia-Schrift, S. 7.

15 Ebd., S. 6.

16 Ebd., S. 30.

17 Semper schenkt der Bühnentechnik, auch dem Asphaleia-System, durchaus ausführlich Beachtung und lässt die Expertisen von Maschinendirektor Karl Lautenschläger (München), dem Kgl. technischen Oberinspektor Fritz Brand (Berlin) und dem Ingenieur Philippi (Teilhaber der Maschinenfabrik Wiesbaden), „welche teils durch wertvolle Aufklärungen und Angaben, teils durch die Erlaubnis der Benutzung interessanten Materials die Arbeit in dankenswertester Weise gefördert haben", in seinen Text einfließen (vgl. Semper 1904, S. 4). Gleichwohl bleibt das Bühnenhaus bei Semper ein in einem eigenen Textabschnitt isolierter Gebäudetrakt.

Theaterbauwissen war dafür in zweifacher Hinsicht hilfreich: Zum einen stand die architektonische Funktion der ehemaligen, in öffentliche Verwaltung übernommenen Hof- und Gründerzeittheater zur Debatte, zum anderen konnte an eine Konjunktur technokratischer Ideen angeschlossen werden. So ließ sich Technikwissen grundlegend mit dem gesellschaftlichen Begehren verknüpfen, einer als dynamisch erfahrenen, globalisierten Lebenswelt durch Social Engineering im Sinne einer „geordneten Moderne" (wieder) Herr zu werden.[18] Das Theaterbauwissen der Weimarer Republik wurde unter diesem Eindruck zunehmend rationalisiert und der Theaterbau avancierte zu einer Betriebsarchitektur.

Theaterbauwissen im Büro: Die *Bühnentechnik der Gegenwart* (1929/1933)

Im Diskurs über die Bühnentechnik nimmt die *Bühnentechnik der Gegenwart* eine besondere Stellung ein. Bis in die jüngere Zeit bezeichnen sie Praktiker als „Bibel"[19] der Bühnentechnik, bereits damals galt sie als „Standardbuch"[20]. Dabei muss die Publikation zu gleichen Teilen als Dokumentation virulenter Wissensbestände wie als diskursive Reorganisation bühnentechnischen Wissens gelesen werden.

Abb. 202. Ansicht des Gebäudes der Abbildung 198; Entwurf Fr. Homann-Hannover

Abb. 2 Im Stil sachlicher Industriearchitektur sollte mit Kranichs „Idealanlage" auch äußerlich der Betriebscharakter des zeitgemäßen Theaters anschaulich werden.

Grundlegend für das Buch ist das Primat der wirtschaftlichen Rationalität, gemäß der der Theaterbau als – noch verkannte – Betriebsarchitektur aufgefasst wird:

18 Vgl. Hinnenthal 1927; Luks 2012; van Laak 2012. Im architektonischen Berufsfeld wurde der Bauingenieur zum „Idealised Role Model of the Interwar Period", vgl. May 2022, S. 7. Wortwörtlich Herr der Lage sollte der „Mann der Tat" werden, den Tanja Paulitz wissenssoziologisch als wirksame Ausprägung der Ingenieursfigur untersuchte: Paulitz 2012.

19 Wichmann 2009, S. 19.

20 Bodensiek 1929, S. 359.

> Vorkehrungen für Bequemlichkeit der Zuschauer und Darsteller sind getroffen, Verkehrssicherheit und Feuerfestigkeit eingehend berücksichtigt; nur das Arbeitsfeld der Bühnentechnik gleicht dem auf der Landkarte für Wüstenbezeichnung üblichen weißen Flecken.[21]

Hier hallt das prozessarchitektonische Verständnis Sempers nach. Das Zitat bezieht sich auf den von Manfred Sempers Vater, Gottfried Semper, entworfenen Grundriss des Wiener Burgtheaters. Der Plan ist die erste Abbildung im Buch und illustriert als technikferne Kontrastfolie die aufgeworfene bühnentechnische Grundproblematik: Gottfried Sempers Theaterbauten, die im Handbucheintrag seines ihm theoretisch verpflichteten Sohnes noch vorbildhaften Charakter genossen,[22] stehen nun für eine Architektur, die die betrieblichen Prozesse übergeht. Der Blick von Kranich richtet sich, geschärft durch die deutsche Rezeption des *Scientific Management* von Frederick W. Taylor[23] und den Aufschwung der Arbeitswissenschaft, auf die epistemisch und konstruktiv unerschlossene „Wüste" der Bühne als funktionales Zentrum des Theaterbaus.[24] Das Bühnenhaus stellt sich als eine komplexe Infrastruktur mit speziellen logistischen Herausforderungen dar, deren Praxis das gesamte Theatergebäude affiziert:

> Wann endlich wird ferner der Denkmalschutz sinngemäß nicht als Hemmschuh jeder modernen Entwicklung nur dem Wortlaut nach angewandt werden, damit die dringend notwendigen Erweiterungen alter Theater in Länge, Breite und vor allem Höhe möglich sind? In denselben Häusern, die früher für bescheidene Anforderungen ausreichten, werden heute *vervielfachte* Leistungen mit den gleichen Mitteln gefordert. Jede als notwendig erkannte Ausdehnung aber wird durch die gesetzlich verlangte Erhaltung der Gebäude verhindert.[25]

Geprägt von Inflation und neuer Medienkonkurrenz wie Hörfunk und Kino, hatte insbesondere der öffentlich finanzierte Repertoirebetrieb Raum, Zeit, Material und Arbeit ungleich rationaler zu disponieren. Die Forderung nach „vervielfachten Leistungen" bedeutete für den technischen Betrieb, mehr großvolumige Bühnenbildteile zu bauen, zu

---

21 Kranich 1929, S. 3.
22 Einschlägig für G. Sempers Theorie: Semper 1860/1863.
23 Taylors Grundsatz „Vergeude keine Energie!" prägt die Einleitung der *Bühnentechnik der Gegenwart*, Bd. 1, S. 4. Bedeutend für die (positive) deutsche Taylorrezeption wurde Rudolf Roesler, der Taylors *Scientific Management* (1910) erstmals mit dem Titel *Die Grundsätze wissenschaftlicher Betriebsführung* (1912) in das Deutsche übersetzte. Zur Rezeption Taylors allg. vgl. bspw. König 2009.
24 Kranichs Ausdrucksweise erinnert an die Kolonialtechnik, die auch in der Weimarer Republik für Fortschritt und „Kultivierung" stand. Vgl. dazu beispielsweise Beese 2021.
25 Kranich 1929, S. 70.

bewegen und zu lagern. Zudem musste von der Tonübertragung bis zur Filmprojektion ein größeres medientechnisches Repertoire bedient werden.

Angesichts dieser Herausforderungen mündet Kranichs zweibändige Publikation in den Entwurf einer technischen Idealanlage, die Kranich rückwirkend als *benchmark* setzt (Abb. 2). So liefert Kranich die Lösung der von ihm ausgerufenen Aufgabe, „nicht nur gute *Bühnen*-, sondern ideale *Theater*formen zu finden, aus denen alle Abteilungen des Gesamtbetriebes gleichen Nutzen ziehen",[26] zum Abschluss seines Buches gleich selbst.

Während sein Idealtheater eines von zahlreichen ambitionierten Architekturprojekten aus der Feder bühnentechnischer Vorstände blieb, wurde das in der *Bühnentechnik der Gegenwart* ausgebreitete rationalisierte Theaterbauwissen breit rezipiert. Zwar stellte dieses Wissen einen berufsständischen Konsens dar, der auch in der *Bühnentechnischen Rundschau*, dem Organ des einzigen Verbands deutscher Bühnentechniker,[27] gut dokumentiert ist. Doch das Buch machte die bühnentechnische Rationalität und ihren „Einfluß auf die Gestaltung der Theaterarchitekturen",[28] wie es ein Vortragstitel Kranichs parallel zur Veröffentlichung des zweiten Bandes fasste, anhand griffiger Lehrsätze deutlich. Das entsprechende Theaterbauwissen wurde für unterschiedliche Berufsgruppen handhabbar. Zum „Standardbuch" avancierte Kranichs Werk in der „Scene", dem Verbandsorgan der Vereinigung künstlerischer Bühnenvorstände, die die Interessen von Intendant:innen, Regisseur:innen und Bühnenbildner:innen vertrat.[29] Von besonderem Wert erschien es allerdings für Theaterarchitekt:innen:

> [Die] aus der Praxis geschöpften Angaben, zusammen mit einer systematischen Darstellung der szenischen Hilfsmittel jeder Art und die daraus gezogenen baulichen Forderungen, Folgerungen und Verbesserungsvorschläge sind unentbehrliche Voraussetzung für eine aus dem Theaterbetrieb funktionell entwickelte und rationell durchgeführte bauliche Gestaltung.[30]

Vom Dramaturg bis zum Architekten zeigten sich Rezensenten von der Bedeutung einer Rationalisierung von Theater(bau)wissen überzeugt und betonten den Platz der *Bühnentechnik der Gegenwart* in den Büros der technischen Leitung, der Intendanz und der Architekt:innen.

---

26 Kranich 1933, S. 367.
27 Heute: Deutsche Theatertechnische Gesellschaft.
28 „Die Bühnentechnik und ihr Einfluß auf die Gestaltung der Theatergebäude", Vortrag mit Lichtbildern, 16. und 17. Januar 1933 im Außeninstitut der Technischen Hochschule Hannover.
29 Bodensiek 1929, S. 359–360.
30 *Zentralblatt der Bauverwaltung* 1929, S. 786.

Theaterbauwissen im Betriebsraum: die Technikführungen von Julius Richter

Das Kalkül, architektonische Modernisierungen zugunsten des öffentlich finanzierten technischen Betriebs durchzusetzen, verfolgte auch der Bühnentechniker Julius Richter (1883–1965). Er versuchte, das Theaterpublikum über die Aufgabe und Bedeutung des Betriebs aufzuklären. Richter, der nach seiner Tätigkeit an der bekannten Berliner Piscator-Bühne Maschineriedirektor am Hessischen Landestheater Darmstadt geworden war, etablierte im Jahr 1929 Betriebsführungen, die von Oktober bis April sonntäglich von 10 bis 13 Uhr angeboten wurden. „Viele[n] Theaterbesucher[n] und Freunde[n] des Theaters und auch Fernstehenden", schreibt Richter in seiner Autobiografie, „wurde ein Einblick in die Arbeit des Theaters gewährt und somit auch die Achtung und das Interesse für die dem Theaterbesucher unsichtbar bleibende Arbeit des Theaterbetriebes geweckt und anerkannt."[31]

In einem von Richter wiedergegebenen Zeitungsartikel wird die Führung chronologisch geschildert. Eine Zahl von „ungefähr 80 Personen", ist dort zu lesen, hätten an der Führung teilgenommen. Von der Bühnenaufteilung über die Magazine, in denen „die Bauten zu 30 Opern sofort greifbar" seien, bis zum „Herz des technischen Betriebes, [der] Druckzentrale" für die „lautlos und still" bewegte Hydraulik, wurde die gesamte Betriebsarchitektur des Theaters durchschritten.[32]

Zum Abschluss der Führung erläuterte Richter die „technische Entstehung eines Bühnenstückes"[33] und reklamierte damit eine weitgehende Organisationshoheit über diesen Prozess für sich.[34] Der Zeitungsartikel thematisiert in diesem Zusammenhang auch das Verhältnis von Betrieb und Architektur. Richter scheint den Rundgang als Leiter „diese[r] wunderbaren Organisation des ganzen Betriebes"[35] mit einer überzeugenden Perspektive auf die besichtigte Architektur beschlossen zu haben:

> Die Arbeit eines Theaters ist nicht mit der irgendeines Industrieunternehmens zu vergleichen. Hier giebt es keine Arbeit am laufenden Band, hier muß dauernd Neues gestaltet werden. [...] Dieses in Theaterhäusern zu schaffen, die für Ansprüche vergangener Zeiten gebaut wurden, verlangt das höchste Können,

---

31 Richter 1954, Abschn. 7, S. 4.
32 Alle Zitate ebd., S. 5.
33 Ebd., S. 6.
34 Die Organisationskompetenz hat Richter später auch mit dem Artikel „Organisation im technischen Betrieb des Theaters" in der *Bühnentechnischen Rundschau* (5/1931, S. 5–7) unter Beweis zu stellen versucht. Dort schildert er vom Bühnenplan bis zur Personalkontrolle ausgiebig die von ihm im Hessischen Landestheater eingeführten Rationalisierungsmaßnahmen.
35 Richter 1954, Abschn. 7, S. 6.

> sowohl von der Leitung, den Darstellern, wie dem geringsten des technischen Hilfspersonals.[36]

Vor dem Hintergrund stattlicher finanzieller Zuwendungen durch die öffentliche Hand war es naheliegend, die von diesen Geldern beschafften und betriebenen Maschinerien einem breiten Publikum zugänglich zu machen. Die bühnentechnischen Vorstände, die wie Julius Richter Führungen leiteten, konnten sich als eifrige „unbekannte Hand"[37] der Theaterkunst inszenieren, indem sie in den beeindruckenden Dimensionen der Betriebsräume und Werkstätten effektvoll die grundlegende Notwendigkeit ihrer berufsständischen Praxis untermauerten. Sie konnten sich schon durch den Zeigeakt, der Enthüllung eines als anästhetische Kehrseite des Theaters tradierten Betriebsraums, einer faszinierten Wertschätzung sicher sein.

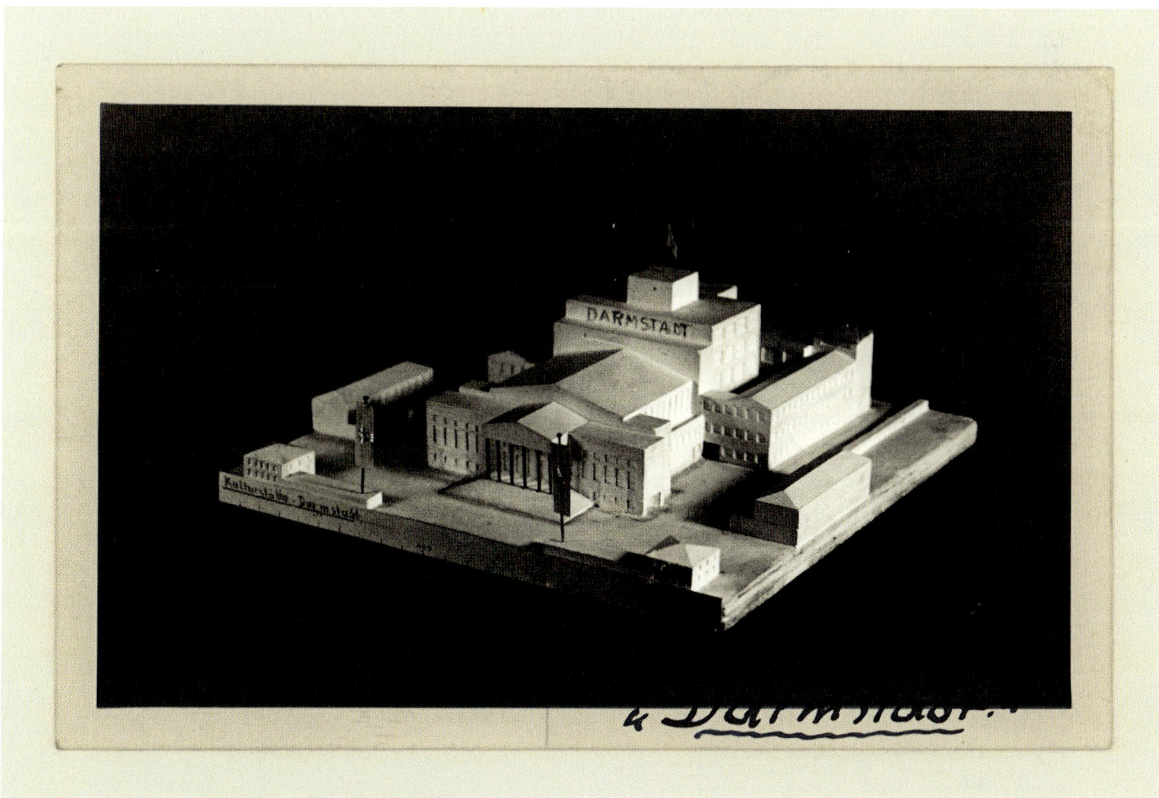

Abb. 3 Die Kulturstätte Darmstadt (1932), hier die Fotografie eines Modells, stellte für Richter eine aus der Reorganisation des Betriebs abgeleitete Idealarchitektur dar.

36 Richter 1954, Abschn. 7, S. 6. Fehler im Original.
37 Ebd.

Schließlich hatten „aber auch für das technische Personal diese Führungen eine erzieherische Wirkung".[38] Es musste seine bislang verborgene Tätigkeit den kontrollierenden Blicken einer neuen Öffentlichkeit aussetzen, der sich das Theater nun im eigenen Erleben als Betriebsarchitektur zeigte. Auf die Akzentuierung dieser Betriebsarchitektur schien die abschließende „Darstellung über die technische Entstehung eines Bühnenstückes, und von der technischen Leitung"[39] hinauszulaufen. Die Besonderheit des Theaterbetriebs erforderte mindestens den Umbau der Theaterhäuser, „die für Ansprüche vergangener Zeiten gebaut wurden",[40] idealerweise aber Neubauten, die von den Betriebsprozessen ausgehend konstruiert werden sollten. Wie Kranich hatte auch Richter für die rechte Zeit elaborierte Pläne eines rationalisierten Idealprojekts in der Schublade oder als Modell zur Hand (Abb. 3).

Betriebsarchitektur: Theaterbauwissen unter den Bedingungen des Betriebs

Die *Bühnentechnik der Gegenwart* und die Theatertechnikführungen stehen nur beispielhaft für eine Reihe von Objekten und Praktiken, mithilfe derer in der Weimarer Republik Betriebswissen inszeniert und diskursiv verhandelt wurde. Neben Bühnentechnikern thematisierten auch Intendanten öffentlicher Theater und Ausstellungsmacher den technischen Betrieb.[41] Die Rede zu einer Ausstellungseröffnung im Nationaltheater Mannheim im Jahr 1932 verstärkt den Eindruck eines zunehmend selbstverständlichen Bezugs des technischen Betriebs zur Öffentlichkeit:

> Wir geben Beispiele der verantwortungsvollen Arbeit der Inspizienten, Theatermeister, Beleuchtungsinspektoren und Requisiteure, der Einteilungen des Chors, der Statisterie, der Requisiten anhand der Inspektionsbücher, der Bühnenpläne und Beleuchtungstabellen und wir glauben durch di[e]sen Blick

38 Richter 1954, Abschn. 7, S. 6.
39 Ebd.
40 Ebd.
41 Eine hier aus Platzgründen nicht angemessen zu würdigende Stellung kam dabei der Deutschen Theater-Ausstellung in Magdeburg zu, die mit der technischen Versuchsbühne 1927 erstmals in der Theaterausstellungsgeschichte eine eigenständige Betriebsarchitektur (und kein Ausstellungstheater) exponierte. Paul Alfred Merbach, einer der Kuratoren, bemühte sich seit dem Ende des Zweiten Weltkriegs für die Anerkennung der Theatertechnik als „viertes Moment des ‚Theaters'", neben Architektur, Literatur und Schauspielkunst. Vgl. P. A. Merbach 1920, S. 271.

> hinter die Kulissen, durch das Vorstellen derer, die man nicht im Rampenlicht sieht, das Verständnis für unsere Gesamtarbeit zu fördern.[42]

Unter dem Begriff der Rationalisierung wurde die Verwendung der hohen Subventionen gegenüber der Öffentlichkeit gerechtfertigt und die Position der technischen Vorstände im institutionellen Gefüge des Theaters gestärkt. Die Bühnentechniker profilierten sich als Betriebsingenieure, die allein die rationale Umwandlung der Zuwendungen in künstlerische und letztlich kulturelle Qualität zu verantworten in der Lage waren.

Spätestens Ende der 1920er Jahre, unter dem Druck der krisenhaften Weltwirtschaft, gelang es der Berufsgruppe, ihr Rationalisierungswissen zum tragfähigen Argument für die Mitgestaltung des Theaterbaus auszubauen und zu popularisieren. Die konventionellen Theaterhäuser, nun Monumente eines veralteten, aristokratischen Anspruchs an das Theater, sowie ein unzweckmäßiger Denkmalschutz gerierten zum „Hemmschuh“[43] der technischen und künstlerischen Leistungsfähigkeit. „Je reibungsloser, unauffälliger und billiger“ die Verwaltung und die Technik arbeiteten, schreibt Kranich in der *Bühnentechnik der Gegenwart*, „um so höhere Anforderungen kann die Bühnenkunst an sie stellen und um so vollendeter werden ihre Werke sein“.[44] Kulturleistungen, so letztlich der betriebsarchitektonisch gewendete Subtext, der mit der zusätzlichen Aufforderung Kranichs, „nicht nur gute *Bühnen-*, sondern ideale *Theater*formen zu finden“,[45] einhergeht, würden nicht mehr durch die konventionelle Theaterarchitektur, sondern durch rationalisierte Betriebsarchitekturen zeitgemäß repräsentiert. Es galt, gewissermaßen schon kunstimmanent, auf der Höhe der Zeit zu bleiben: Ein Theater, „das ‚Spiegel und abgekürzte Chronik der Zeit‘ ist, darf, wenn es lebendig bleiben soll, die Gestaltung seiner Wohnstatt nicht dem Fortschritt entziehen“.[46]

So modern die Forderung nach Rationalisierung anmutet, so konservativ waren die zugrunde gelegten Kulturvorstellungen. Mit dem Ideal einer Betriebsarchitektur besannen sich die bühnentechnischen Akteure in paradoxer Weise zurück auf das „Theaterkunstwerk“, dessen illusionäre Lebensfähigkeit sie zu garantieren versprachen. Den Schauspieler:innen als Zentrum der Aufführung sollte eine technisch belebte Umwelt geschaffen sowie durch zeitgemäße technische Mittel das Bestehen überzeitlich-universal gedachter Dramen unabhängig

---

42 Aus der Rede von Intendant Herbert Maisch anlässlich der Eröffnung der Ausstellung „Vom Manuskript zur Premiere“ im Nationaltheater Mannheim im Sommer 1932. Auszug abgedruckt in: *Bühnentechnische Rundschau*, Nr. 4/1932, S. 14.

43 Kranich 1929, S. 70.

44 Kranich 1933, S. 357.

45 Ebd., S. 367.

46 Kranich 1929, S. 71.

von wechselnden inszenatorischen und eben auch architektonischen Moden garantiert werden.[47]

So war mit dem Engagement für die Modernisierung des Betriebs ein ausgeprägtes Klassiker- und Nationaltheaterdenken verbunden. Im Betriebsdiskurs wurde immer wieder eine nationalpädagogische Fortschrittsgeschichte von Goethe über Wagner bis zum öffentlichen Theater mit den Genealogien bedeutender deutscher Bühnentechniker parallelisiert.[48] Aufgabe und Praxis der sogenannten „wackeren Söhne“ von Johann Martin Mieding,[49] Goethes geschätztem Bühnengehilfen, entwickelten sich in dieser Tradition organisch aus den (musik)dramatischen Anforderungen, ohne eine vermittelnde Instanz der Regie oder der Dramaturgie zu benötigen.

Der Effekt des rationalen Betriebswissens auf die Theaterbausubstanz war überschaubar. Die Theaterbauten der 1920er Jahre veränderten im Rahmen moderater Umbauten nur leicht ihr Erscheinungsbild. Auf der Ebene des Diskurses sind die Bühnenmodernisierungen im architektonischen Bestand jedoch umkämpft und ist letztlich ein epistemisches Überschreiben gesellschaftlicher Repräsentationsaufgaben durch Ideen des rationalisierten Betriebs zu beobachten. Die diskreten Wirkungen der hier in groben Strichen vorgestellten Rationalisierung von Theaterbauwissen sind schließlich insbesondere in Bezug auf ihre kulturnormativen Implikationen nicht zu unterschätzen.

---

47 Gewähr für eine solche Auffassung bot einschlägig der von Kranich zitierte Peter Behrens mit seinem Buch *Feste des Lebens und der Kunst: Eine Betrachtung des Theaters als höchsten Kultursymbols* aus dem Jahr 1900.

48 Vgl. auch den Abschnitt „Frühere bedeutende Bühnentechniker“, mit dem Kranich eine entsprechende Genealogie deutscher Theatertechnik in seiner *Bühnentechnik der Gegenwart*, Bd. 1, festschrieb.

49 Vgl. Merbach 1930.

Literatur

Baumann, Carl-Friedrich: *Licht im Theater. Von der Argand-Lampe bis zum Glühlampen-Scheinwerfer*. Wiesbaden 1988

Beese, Sebastian: *Experten der Erschließung. Akteure der deutschen Kolonialtechnik in Afrika und Europa 1890–1943*. Paderborn 2021

Behrens, Peter: *Feste des Lebens und der Kunst: Eine Betrachtung des Theaters als höchsten Kultursymbols*. Leipzig 1900

Bodensiek, Karl Heinz: „Buchbesprechung: Bühnentechnik der Gegenwart". In: *Die Szene*. 1929, Jg. 19, S. 359–360

Feldhaus, Franz Maria: *Kulturgeschichte der Technik: Skizzen*. Berlin 1928

Gesellschaft zur Herstellung zeitgemässer Theater „Asphaleia": *Project einer Theater-Reform*. Leipzig 1882

Hinnenthal, Hans: *Die deutsche Rationalisierungsbewegung und das Reichskuratorium für Wirtschaftlichkeit*. Berlin 1927

Hörl, Erich: „Das Arbeitslose der Technik". In: Leggewie, Claus/Renner, Ursula/Risthaus, Peter (Hg.): *Prometheische Kultur. Wo kommen unsere Energien her?* München 2013, S. 111–136

Jany, Susanne: *Prozessarchitekturen. Medien der Betriebsorganisation (1880–1936)*. Konstanz 2019

Kassung, Christian (Hg.): *Die Unordnung der Dinge. Eine Wissens- und Mediengeschichte des Unfalls*. Bielefeld 2009

König, Wolfgang: „Kontrollierte Arbeit = optimale Arbeit? Frederick Winslow Taylors Programmschrift der Rationalisierungsbewegung". In: *Zeithistorische Forschungen*. Nr. 6/2009, S. 315–319

Kranich, Friedrich: *Bühnentechnik der Gegenwart*. 2 Bde. München/Berlin 1929/1933

van Laak, Dirk: „Technokratie im Europa des 20. Jahrhunderts – eine einflussreiche Hintergrundideologie". In: Raphael, Lutz (Hg.): *Theorien und Experimente der Moderne. Europas Gesellschaften im 20. Jahrhundert*. Köln 2012

Luks, Timo: „Eine Moderne im Normalzustand. Ordnungsdenken und Social Engineering in der ersten Hälfte des 20. Jahrhunderts". In: *Österreichische Zeitschrift für Geschichtswissenschaft*. Nr. 23/2012, S. 15–38

May, Roland (Hg.): *Architects and Engineers. Modes of Cooperation in the Interwar Period, 1919–1939*. Basel 2022

Merbach, Else: „Die deutschen Bühnentechniker. ‚Miedings wackere Söhne'". In: *Deutscher Theaterdienst*. 17. Oktober 1930

Merbach, Paul Alfred: „Die Entwicklung der Bühnentechnik. Ein theatergeschichtlicher Versuch". In: *Braunschweiger G-N-C-Monatsschrift*. Juli–Oktober/1920

o. V.: „Buchbesprechung: Bühnentechnik der Gegenwart". In: *Zentralblatt der Bauverwaltung*. Nr. 48/1929, Jg. 49, S. 786

o. V.: „Theaterausstellung in Mannheim". In: *Bühnentechnische Rundschau*. Nr. 4/1932, S. 14

Paulitz, Tanja: *Mann und Maschine. Eine genealogische Wissenssoziologie des Ingenieurs und der modernen Technikwissenschaften, 1850–1930*. Bielefeld 2012

Popp, Josef: *Die Technik als Kulturproblem*. München 1929

Schmitt, Eduard: „Zirkus- und Hippodromgebäude". In: Ders. (Hg.): *Handbuch für Architektur*. 4. Teil: *Entwerfen, Anlage und Einrichtung der Gebäude*. 6. Halb-Band: *Gebäude für Erziehung, Wissenschaft und Kunst*. 6. Heft. Stuttgart 1904

Semper, Gottfried: *Der Stil in den technischen und tektonischen Künsten, oder Praktische Aesthetik*. 2 Bde. Frankfurt a. M. 1860/1863

Semper, Manfred: „Theater". In: Schmitt, Eduard (Hg.): *Handbuch für Architektur*. 4. Teil: *Entwerfen, Anlage und Einrichtung der Gebäude*. 6. Halb-Band: *Gebäude für Erziehung, Wissenschaft und Kunst*. 5. Heft. Stuttgart 1904.

Wichmann, Klaus: „80 Jahre ‚Bühnentechnik der Gegenwart'". In: *Bühnentechnische Rundschau*. Sonderband/2009, S. 19–23

Richter, Julius: *Autobiografische Mappen*. Typoskript, 1954. Theaterhistorische Sammlungen der Freien Universität Berlin, Nachlass Julius Richter

Bildnachweis

1 Architekturmuseum der TU Berlin, Inv. Nr. 5830

2 Kranich, Friedrich: Bühnentechnik der Gegenwart. Bd. 2. München, Berlin 1933, S. 383

3 Richter, Julius: *Autobiografische Mappen*. Typoskript, 1954. Theaterhistorische Sammlungen der Freien Universität Berlin, Nachlass Julius Richter, Abschn. 7 (Ausschnitt)

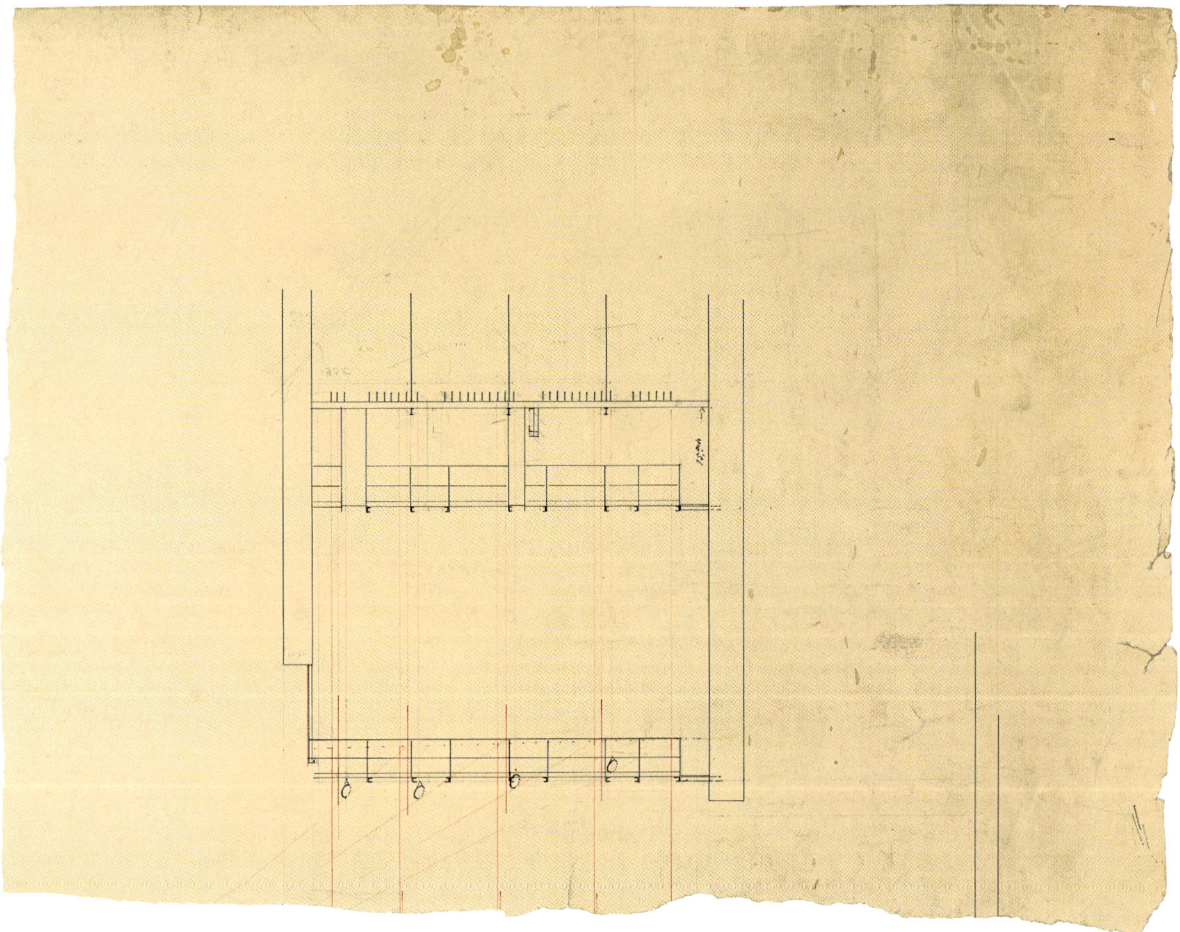

Abb. 1 Was ist zu sehen – was nicht? Fragment eines Längsschnitts des Bühnenhauses eines unbekannten Theaters mit eingezeichneten Sichtlinien

Epistemisches Sperrgut

Wissen in bühnentechnischen Archivbeständen am Beispiel des Nachlasses der Bühnentechnikerfamilie Brandt

Hannah Eßler

Ein guter Teil der Personen und Institutionen, die sich im 20. Jahrhundert als Akteur:innen oder Schauplätze von theaterbaulichem Wissen präsentierten, verfügten über und stützten sich auf eine historische Sammlung. Entwürfe, technische Detailzeichnungen, Modelle, Fachliteratur und frühe Fotografien sind Beispiele für die Vielfalt an Medien in diesen Sammlungen. Einige von ihnen sind heute (in Teilen) erhalten und befinden sich unter anderem an theaterwissenschaftlichen Instituten – oder, wie im Fall der sogenannten *Theaterbausammlung*, an einer Technischen Universität.[1] Die Existenz dieser Sammlungen stellt die besitzenden Institutionen immer wieder vor Fragen: Welcher epistemische Wert wurde – und wird – den Objekten zugesprochen? Wie wurden sie physisch und diskursiv gehandhabt? Weshalb wurden sie aufbewahrt? Und in welchem Verhältnis stehen sie zu dem Sammlungs- oder Forschungsgegenstand Theater beziehungsweise Theaterbau? Einige Schwierigkeiten der Beantwortung dieser Fragen möchte ich am Beispiel des Nachlasses der Bühnentechnikerfamilie Brandt beschreiben.[2]

Die knapp 1000 Objekte, seit 2019 ein Teilbestand der Theaterhistorischen Sammlungen der Freien Universität Berlin, stehen primär mit zwei Personen in Verbindung: Carl Brandt (1828–1881) und Fritz Brandt sr. (1846–1927). Carl Brandt machte sich zunächst als Nachfolger von Maschinenmeister Ignaz Dorn am Hoftheater Darmstadt einen

1 Zur Geschichte der Sammlung vgl. die Einleitung des Objektteils im vorliegenden Band.

2 Dieser ist vollständig digitalisiert und online einsehbar: Theaterhistorische Sammlungen, o. J.

Namen. Seine bühnentechnischen Effekte waren über Darmstadt hinaus gefragt, so von Richard Wagner bei den Uraufführungen von *Der Ring des Nibelungen* 1876 und *Parsifal* 1882.[3] Weniger bekannt, aber von nachhaltender Wirkung waren Brandts zahlreiche Aufträge zur Planung und Ausführung der Bühnenmaschinerie bei Theaterneu- und -umbauten. Dabei erwies er sich als geschickter Unternehmer: Da für die Bedienung seiner Einbauten nur die von ihm ausgebildeten Maschinisten in Betracht kamen, sicherte er seinen Lehrlingen einerseits eine feste Beschäftigung – damals wie heute keine Selbstverständlichkeit im Theaterbetrieb – und baute sich gleichzeitig ein weitverzweigtes Netzwerk und einen soliden Stamm an Kund:innen auf.[4] So erscheint Carl Brandt weniger als Initiator einer „nach Standards durchgeformte[n] industrielle[n] Theatermaschine",[5] zu dem ihn seine Schüler teils stilisierten, sondern als früher Nutznießer marktwirtschaftlicher Kundenbindungsprinzipien wie dem sogenannten *Lock-In-Effekt*.

Zu Carl Brandts Lehrlingen zählte auch sein jüngerer Halbbruder Fritz Brandt sr. Nach ersten Engagements in München, unter anderem für die Privataufführungen und Feste von König Ludwig II., ließ er sich von den Königlichen Schauspielen in Berlin abwerben, wo er über 40 Jahre blieb. Hier war er nicht nur als Bühnentechniker tätig: Er hielt Vorträge, publizierte in diversen Zeitschriften und gründete den Verband Deutscher Bühnen-Ingenieure und Bühnen-Techniker mit. Zeit seines Lebens warb er für eine höhere Anerkennung seines Berufsstandes und plante eine eigene Ausbildungsstätte und eine Publikation zur Geschichte der Bühnentechnik.[6]

Dabei konnte er sich auf eine familieninterne Plansammlung aus dem Zeitraum von etwa 1850 bis 1920 stützen. Bei den hiervon erhaltenen Objekten handelt es sich um Pläne im weitesten wie im engsten Sinne: bemaßte oder maßstabgetreue Pläne von Städten, Gebäuden oder Maschinenteilen, aber auch Skizzen, Kalkulationen und Entwürfe, die auf den Planungsprozess von Bühnenbildern, teils nie realisierte Umbaumaßnahmen oder Bühneneinrichtungen verweisen (Abb. 1). Sie unterscheiden sich hinsichtlich Format, verwendeter Materialien, Herstellungstechnik und Entstehungskontext. Aus ihnen lässt sich einerseits direkt ein Wandel der Reproduktionstechniken und Darstellungskonventionen in der Entstehungszeit der Sammlung ablesen.

---

3 Carl Brandt verstarb im Dezember 1881 kurz vor der Uraufführung des *Parsifal*. Sein Sohn Fritz Brandt jr. übernahm daraufhin die technische Leitung, vgl. Wagner 1882, S. 328.

4 „Was wird und kann aus der neuen Bühne werden, wenn die beiden Herren Brandt dieselbe verlassen haben?" Diese nicht nur rhetorische Frage stellte ein:e anonyme:r Schreiber:in anlässlich des Umbaus der Münchner Hofbühne, vgl. o. V. 1869, S. 240.

5 Otto 2020, S. 99. Als solche kommen eher Fritz Brandt sr. oder dessen Schüler Friedrich Kranich jr. infrage.

6 Beides wurde zu seinen Lebzeiten nicht realisiert, sein Schüler Friedrich Kranich jr. führte jedoch den Publikationsplan weiter und veröffentlichte die zweibändige *Bühnentechnik der Gegenwart*. Das Buchprojekt einer „Bühnentechnik der Vergangenheit" blieb Manuskript.

Andererseits lassen sich indirekt Rückschlüsse auf einen Wandel der Funktion der Zeichnung bei der Arbeit der Bühnentechniker ziehen. Zudem werfen die heterogenen Objekte die Frage nach einer Systematik der Sammlung selbst auf.

Die Rolle der Pläne zu ihrer Entstehungszeit

> Nachmittag ging es dann ans Zeichenbrett, meist beim Meister. [...] [E]r zeichnete die Hauptpläne seiner Bühneneinrichtungen für auswärtige Theater. Ich hatte Detailzeichnungen zu machen, meist natürliche Größe und diese in Farben anzulegen.[7]

In diesem Auszug aus den Erinnerungen von Fritz Brandt sr. an seine Lehrzeit bei Carl Brandt erscheint das Zeichnen von Plänen als fester Bestandteil des Tagesgeschäfts.[8] Zunächst mit kleineren zeichnerischen Aufgaben betraut und streng vom Meister kontrolliert, wurde den Lehrlingen bald mehr Verantwortung übertragen. Aufgrund der ungeheuren Auftragsdichte delegierte Carl Brandt in vielen Fällen die Ausführung, oft auch Teile der Planung, an seine Lehrlinge. Neben Baustellenbesuchen konnte er vermutlich durch die Zeichnungen kontrollieren, ob ein Auftrag in seinem Sinne ausgeführt wurde. Die maßstabgerechten und nach Baumaterial farblich codierten Zeichnungen bildeten auch die Grundlage für Kostenvoranschläge, Materialbestellungen und für die Fertigung – entsprechend wichtig waren die zeichnerische Präzision und das Vertrauen in die messende und zeichnende Person. Davon zeugt auch der handschriftliche Kommentar auf einer Zeichnung des Bühnendachstuhls in Darmstadt (Abb. 2): „Bitte die Maße in roth beachten zu wollen wurden nachgemessen und sodies jetzt die richtigen. Kam daher weil man sich auf die Messgehilfen verließ."

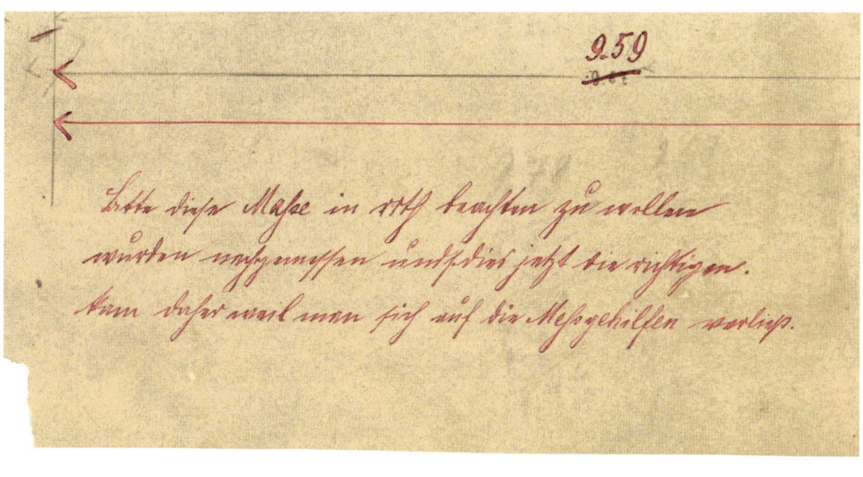

Abb. 2 Handschriftlicher Kommentar auf dem Querschnitt des Bühnendachstuhls des Alten Opernhauses in Darmstadt, ca. 1872

7 Brandt 2021a, S. 57.

8 Zu Beginn seiner Lehre musste jeder Lehrling über mehrere Tage hinweg einen Plan der Spielbühne aufnehmen, vgl. ebd.

Zusätzlich zum Maßstab wurden hier numerische Einzelmaße angegeben. Dies wurde in der Kommunikation mit industriellen Herstellern relevant, die in der zweiten Hälfte des 19. Jahrhunderts die Fertigung von komplexeren Bauteilen aus Metall und elektrotechnische Einbauten übernahmen. Zeitgleich ermöglichten Reproduktionstechniken wie die Cyanotypie, dass nicht mehr die Originalzeichnungen verschickt werden mussten. Nassentwicklungsverfahren verändern jedoch die Maße des Papiers, was eine maßstabgetreue Lesart unmöglich macht.[9] Bemaßte Reproduktionen lösten die farblich kolorierten Handzeichnungen nicht völlig ab – sie zirkulierten dem Planungsprozess entsprechend weiter zwischen Architekturbüro, Behörden, Bauherren, Theaterintendanz und Bühnentechnik. Nicht alle diese Akteur:innen dürften über eine technische Lesekompetenz verfügt haben. Neben dem schlichten Vermitteln von Informationen kam den Plänen deshalb auch eine visuell-ästhetische Überzeugungsfunktion zu. Aufwendig kolorierte detaillierte Bühnenelemente oder Proportionsfiguren veranschaulichten die trockenen Zahlen eines Kostenvoranschlags und bewiesen zeichnerische Raffinesse jenseits der Technik (Abb. 3).[10]

Eine repräsentative Rolle der Pläne deutet sich auch auf einer Fotografie an, die Carl Brandt im Kreis seiner Darmstädter Mitarbeiter zeigt (Abb. 4). Das Personal posiert auf diesem Bild größtenteils in Berufskleidung und mit Arbeitsgerät hantierend. Carl Brandt, prominent mittig platziert, hält in der linken Hand ein zusammengerolltes Blatt, während seine Rechte auf dem vor ihm liegenden Plan oder Schriftstück ruht. Sein Sohn Fritz Brandt jr., sitzend am Tisch, stützt sich ebenso selbstbewusst darauf. Durch diese Selbstinszenierung als „Planer" heben sich beide deutlich von den sie umgebenden ausführenden Kräften ab.

Wer die Pläne in der Hand hielt, war nicht nur im übertragenen Sinne von Bedeutung. Der Architekt Gottfried Semper zeichnete für ein nie realisiertes Wagnertheater in München eine Serie an Entwürfen, die sich Wagner 1871 für die Planung von Bayreuth erbeten hatte und an Carl Brandt senden ließ.[11] Als im selben Jahr in Darmstadt das Hoftheater abbrannte, fasste Brandt eigene Pläne und legte dem Großherzog Sempers Zeichnungen vor – möglicherweise, um Darmstadt als Alternative zum Bayreuther Grünen Hügel in die Diskussion zu bringen.[12] Die Pläne galten jedoch als Eigentum von Ludwig II., worunter offensichtlich nicht nur das physische, sondern auch das geistige Eigentum an

9 Zur Geschichte dieser Reproduktionstechniken und zu ihrer Unterscheidung im Archivkontext gibt es bislang wenig Literatur. Vgl. als Ausnahme Kissel/Vigneau 2009.

10 Zumeist wurden die Pläne durch dreidimensionale Bühnenbildmodelle ergänzt. Diese wurden ob ihrer Sperrigkeit nur selten aufbewahrt.

11 Wagner 2015, S. 95, 97.

12 Ebd., S. 232.

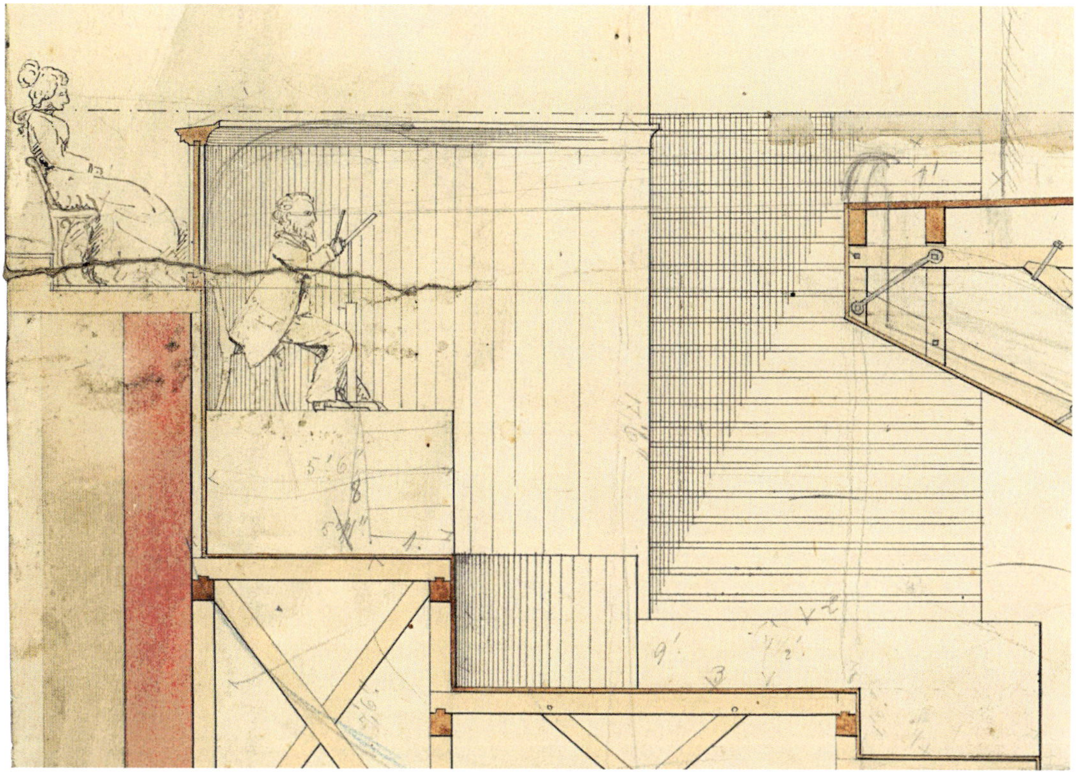

Abb. 3 Portraits von Cosima Wagner und Dirigent Hans Richter als Proportionsfiguren im Bayreuther Orchestergraben, ca. September 1874

Abb. 4 Carl Brandt (rechts des Tischs) mit dem technischen Personal am Hoftheater Darmstadt, 1873

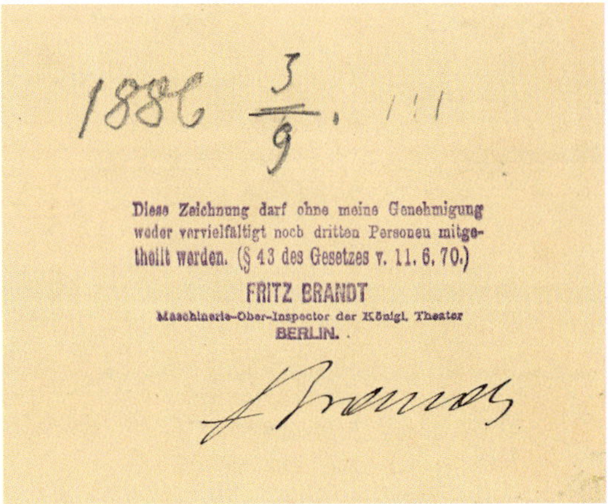

Abb. 5 Kopierschutzstempel von Fritz Brandt sr. auf der Lichtpause einer technischen Detailzeichnung, ca. 1886

den Entwürfen verstanden wurde. Wagner ersuchte Brandt deshalb dringend, die Pläne „wieder aus dem Spiele zu bringen".[13]

Hier überlagern sich im Plan drei Arten von Eigentum: das geistige Eigentum am Entworfenen (Patentrecht), am Entwurf (Urheberrecht) sowie das physische Eigentum am Plan selbst (Eigentumsrecht). Alle drei erfuhren im Laufe des 19. Jahrhunderts einen Wandel: Seit 1877 galt im Deutschen Reich das Reichspatentgesetz.[14] 1870 wurde das Urheberrecht für Literatur, Abbildungen, Kompositionen und Dramen im Norddeutschen Bund erstmals einheitlich geregelt,[15] im Folgejahr auf das Deutsche Reich und im Januar 1876 auf die bildenden Künste ausgeweitet.[16] Nur wenig später meldeten die Gebrüder Brückner (Kulissenmaler), Carl Emil Doepler (Kostümentwürfe) und Carl Brandt urheberrechtliche Ansprüche an den Entwürfen für Wagners *Ring* an, denen jedoch nicht stattgegeben wurde.[17] Eine andere Strategie verfolgte Fritz Brandt sr.: Er versah seine Zeichnungen ab den 1880er Jahren prophylaktisch mit einem Kopierschutzstempel (Abb. 5).

Dieser Stempel schützte die Zeichnung zwar weder *de facto* gegen die Reproduktion durch Pausverfahren, noch garantierte er *de jure*

13 Wagner 2015, S. 237–238, hier S. 238. Wie die Angelegenheit ausging, ist unklar – Semper wartete jedenfalls noch im März des Folgejahres auf die Rücksendung der Pläne, während für Wagner die Angelegenheit erledigt schien. Vgl. Brief von Gottfried Semper an Carl Brandt, 4. März 1872, Universitätsbibliothek Leipzig, Nachlass Wustmann, NL 297/4/Nr. 69; Wagner 2015, S. 241. Die Pläne befinden sich heute – noch oder wieder – in der Sammlung Brandt.

14 Fritz Brandt sr. nutzte dieses auch und patentierte diverse bühnentechnische Vorrichtungen. Zum Patentgesetz vgl. Patentgesetz 1877; DPMA o. J.; differenzierter Lührs 2018, S. 31–175.

15 Gesetz, betreffend das Urheberrecht an Schriftwerken, Abbildungen, musikalischen Kompositionen und dramatischen Werken 1870.

16 Die „Baukunst" wurde hiervon jedoch explizit ausgenommen. Vgl. Gesetz, betreffend das Urheberrecht an Werken der bildenden Künste 1876, hier § 3. Für eine (Vor-)Geschichte des Urheberrechts vgl. Dommann 2014; Long 2001.

17 Dürrer 2021, S. 361.

das geistige Eigentum an dem dort abgebildeten Gegenstand. Aber er setzte ein Verbot einer möglicherweise durch neue Reproduktionsverfahren befeuerten Praxis und erklärte die Zeichnungen dezidiert zum Original. Sowohl Urheberrecht als auch Patentrecht stützten sich dabei auf die gezeichneten Pläne und schützen eine Originalität, die durch die Verbreitung der Reproduktionstechniken infrage gestellt wurde.

Vom Arbeits- zum Sammlungsobjekt

Die skizzierte Vielfalt an Funktionen, die den Plänen zukamen, legt ihre Aufbewahrung nahe. Neben der direkten praktischen Funktion im Planungsprozess konnten sie nach Projektende einen repräsentativen, juristischen oder didaktischen Wert erhalten – um nur einige zu nennen.

Ab wann wird jedoch aus dem schlichten Aufbewahren ein Sammeln, ab wann bildet das Gesammelte anstatt einer losen *Ansammlung* eine gezielte *Sammlung*? Neben Zeichnungen seines Lehrmeisters Ignaz Dorn bewahrte Carl Brandt einen guten Teil der Pläne seiner Bühneneinrichtungen auf – möglicherweise, um einen Baustand zu dokumentieren und dadurch Folgeaufträge leichter ausführen zu können. Manche Pläne hielten auch bestimmte bauliche „Lösungen" für konkrete bühnentechnische Herausforderungen fest, die der Wiederverwendung, aber auch der Unterweisung von Lehrlingen gedient haben dürften.[18] In all diesen Fällen erscheinen die Pläne als Träger eines bestimmten Wissens. Jedoch bleibt vieles im Vagen: Was genau abgebildet ist, wer wie an der Entstehung beteiligt war und zu welchem Zweck ein Plan bewahrt wurde, lässt sich meist nur vermuten. Dies erschwert die archivarische Erfassung der Sammlung.

Fritz Brandt sr. versah knapp die Hälfte der Pläne mit einem violetten Jahresstempel und fügte teils handschriftliche Ortshinweise hinzu.[19] Diese referieren jedoch nicht, wie aus archivarischer Perspektive naheliegend, auf den Entstehungskontext des jeweiligen Planes, sondern verweisen auf den Baustand eines Gebäudes. Eine Sortierung in bauliche Projekte spiegelt sich auch in den Bestandsübersichten, die den Schenkungsvereinbarungen an das Institut für Kulturbauten (1988) sowie an die Freie Universität Berlin (2019) beiliegen.[20] Sämtliche Sor-

18 So ist auf einer Zeichnung der Bühneneinrichtung der Deutschen Oper in Charlottenburg 1911 „1909 Chemnitz" ergänzt, da dasselbe Konstruktionsteil schon bei der Bühneneinrichtung im Stadttheater Chemnitz zwei Jahre zuvor verwendet worden war. Vgl. Theaterhistorische Sammlungen der FU Berlin, Nachlass Brandt, IfT_FaB_402 und 448.

19 Dies lässt sich zumindest aus der Handschrift und der Stempelfarbe schließen, die sich mit derjenigen von Fritz Brandts Kopierschutzstempel (Abb. 4) deckt.

20 Sie sind auf Anfrage in den Theaterhistorischen Sammlungen der FU Berlin einsehbar. Zum Institut für Kulturbauten vgl. die Aufsätze von Ksenia Litvinenko und Marie-Charlott Schube im vorliegenden Band.

tierungsansätze wurden jedoch nicht konsequent durchgeführt: Weder sind die Auflistungen vollständig, noch lässt sich aus den Objektsignaturen der Vorbesitzer:innen eine Ordnung erkennen. Auch sie sind lückenhaft und verzeichnen je nur einen Teil der Sammlungsobjekte.[21] Es ist denkbar, dass Teilbestände des Nachlasses gewinnbringend veräußert wurden oder in Familienbesitz verblieben sind.[22] Der heutige Bestand wäre in dem Fall von geringem persönlichen und monetären Wert und eher Überbleibsel denn systematische Sammlung.

Eine Systematik ist jedoch laut Winfried Klara unabdingbar, damit eine Sammlung „wissenschaftlich einen abgerundeten Organismus“[23] bilden kann. Klara, einer der ersten Studierenden am Berliner Institut für Theaterwissenschaft und Assistent von Max Herrmann,[24] war selbst mit der Systematisierung der Sammlung Louis Schneider betraut. „So leicht erreichbar, so übersichtlich, so genau und erschöpfend bezeichnet, so gut gesichert und geschützt wie nur irgend möglich“[25] sollten die Sammlungsobjekte für die Benutzung bereitliegen, während der systematische Katalog „außer der Standortsangabe alle theatergeschichtlich, kunstgeschichtlich und bibliografisch wünschenswerten Angaben und Ermittlungen“[26] enthalten sollte. Ob dabei, wie bei Klara, die „Aufführungsgesamtheit“[27] das gedankliche Zentrum der Systematisierung bildete, „Theater“ als epistemisches Objekt der in der ersten Hälfte des 20. Jahrhunderts etablierten Theaterwissenschaft, für das die Theatersammlungen materielle Evidenz zu liefern hatten, gesetzt wurde[28] oder ob, wie im Fall des in der sogenannten *Theaterbausammlung* überlieferten Publikationsprojekts „Das Deutsche Theater“, ein Überblick zum nationalsozialistisch verstandenen „deutschen“

---

21 Der Vorbesitzer Gerhard Döring versah am 14. Januar 2011 74 Zeichnungen mit einer Nummer, drei dieser Nummern fehlen jedoch in der heutigen Sammlung. Das Institut für Kulturbauten nummerierte 148 Pläne, jedoch weit weniger konsistent: Einige Objekte tragen dieselben Nummern, manche Nummern sind in Unternummern unterteilt, viele (so Nummern 1–75) fehlen ganz.

22 Die Bayerische Staatsbibliothek kaufte in den 1960er und 1970er Jahren diverse intime Korrespondenzen von Fritz Brandt sr. mit König Ludwig II. (dies lässt sich aus den bei Kalliope angegebenen Akquisitionsnummern schließen). Der Verkauf der Briefe wurde von einer familieninternen Auseinandersetzung begleitet, vgl. CO-LIBRI o. J. In den letzten Jahren tauchten auf dem Online-Marktplatz ZVAB Angebote von Manuskripten aus dem Nachlass der Brandts zu vier- bis fünfstelligen Preisen auf – eines davon veröffentlichte der Käufer im Selbstverlag, vgl. Kuboth 2021.

23 Klara 1936, S. 23.

24 Vgl. Moser 2013, S. 40–42.

25 Klara 1936, S. 7.

26 Ebd., S. 22.

27 Ebd., S. 10.

28 Stefan Corssen sieht in der damals unabdingbaren materiellen Fundierung von Forschung „eines der Grundprobleme der frühen Theaterwissenschaft“: „das vergebliche Bemühen, die Transitorik des theatralen Ereignisses mit Hilfe von materiellen Hinterlassenschaften zu überwinden“ (Corssen 1998, S. 63).

Theaterbau anvisiert wurde – in allen Fällen passen die Pläne aus dem Nachlass Brandt nicht gänzlich ins Bild.

Sie tauchen auch selten in der Fachliteratur auf. Wenn überhaupt, werden Teilbestände des Nachlasses untersucht, nie jedoch die Sammlung als Ganze betrachtet.[29] Selbst Fritz Brandt sr. nutzte das umfassende Planmaterial nicht zur Illustration seiner Vorträge und Publikationen.[30] Und auch sein Schüler Friedrich Kranich jr., der es sich zur Aufgabe gemacht hatte, die „Darstellung der geschichtlichen Entwicklung fort[zu]setzen, für die mein verehrter Lehrer und Fachgenosse Geheimrat Fritz Brandt-Berlin viel gesammelt hatte",[31] verzichtete in seiner einflussreichen *Bühnentechnik der Gegenwart* auf Einbindung von Plänen aus der Sammlung Brandt.[32]

Unhandliche Pläne, unhandliches Wissen

Mit der Frage, wie eine Wissenschaft mit Sammlungsobjekten arbeitet, steht die Theaterwissenschaft nicht allein. Lorraine Daston beschreibt ein „broader archival movement in nineteenth-century science and scholarship".[33] Die Menge und Vielfalt an gesammeltem Material rückt Fragen der Systematisierung der Objekte und des Wissens ins Zentrum. Eine ähnliche Funktion wie Klaras systematischer Katalog der Sammlung Schneider übernehmen dabei Handbücher, die ein „précis of a discipline or field, or ordered inventories of their objects"[34] zu liefern anstreben. Die vielbändigen Reihen, die parallel zur Sammelwut im 19. Jahrhundert die Regalbretter füllten, inspirierten, so vermutet Mathias Grote, Ludwik Fleck 1935 zu seiner Unterscheidung einer

---

29 So untersuchte Baumann (1980) lediglich die Bühnenpläne zum *Ring:* Er druckte eine Skizze des Fafnerwurms nach dessen Abbildung in einem Artikel der *Bühnentechnischen Rundschau*, obwohl sich das Original in der Sammlung Brandt befindet. Vgl. Baumann 1980, S. 197, Abb. 91, 325; Theaterhistorische Sammlungen der FU Berlin, Nachlass Brandt, IfT_FaB_135. Ulf Otto (2020) bezieht sich ebenfalls nur auf einen kleinen Teilbestand der Sammlung, und Herrmann Kaiser, der ausführlich zu Carl Brandt publizierte, wusste vermutlich nichts von ihrer Existenz. Bernhard Paysan (2012/2016) schätzt die Anzahl der Objekte (falsch) auf ca. 600, was für eine allenfalls flüchtige Sichtung spricht.

30 Stattdessen nutzte er neue Medien wie die Fotografie oder griff auf Abbildungen anderer zurück, u. a. aus der *Encyclopédie* von Diderot und d'Alembert. Vgl. Brandt 1899; 1900, S. 139–41, Bild 1, 3–5; Diderot/d'Alembert 1772, 1ière sec., pl. xxiii, 2ième sec., pl. viii, xi, xiii. Zum Kontext der Theatermaschinen-Abbildungen in der *Encyclopédie* vgl. Lazardzig 2022, S. 296–301.

31 Kranich 1929, o. S. (Vorwort).

32 Stattdessen fertigte Kranich eigens Fotografien in den ihm unterstellten Theaterbetrieben an, um seine Lehrsätze didaktisch zu untermauern. Vgl. die Objektbeschreibung der Fotografie der Theaterarbeiter von Halvard Schommartz im vorliegenden Band.

33 Daston 2017, S. 160.

34 Creager/Grote/Leong 2020, S. 3.

Handbuch-, Zeitschriften- und Lehrbuchwissenschaft.[35] Die Handbuchwissenschaft zielt nach Fleck auf ein geschlossenes System des Wissens, das nicht einfach auf Addition beruht, sondern eine didaktische Aufarbeitung und Systematisierung des zunächst über Zeitschriften verbreiteten Wissens vornimmt:[36]

> Der Plan, dem gemäß die Auswahl und Zusammenstellung geschieht, bildet dann die Richtungslinien späterer Forschung: er entscheidet, was als Grundbegriff zu gelten habe, welche Methoden lobenswert heißen, welche Richtungen vielversprechend erscheinen, welchen Forschern ein Rang zukomme und welche einfach der Vergessenheit anheimfallen.[37]

Das „Zur-Hand-Sein" dieses Wissens im Buch geschah auf Kosten der Handlichkeit im engeren Sinne: Weder passten die schweren Großformate gut in die Hand, noch war das in ihnen dargestellte Wissen zur unmittelbar praktischen Anwendung gedacht.[38] Dennoch erweisen sich diese Facetten des Begriffs von Handlichkeit mit Blick auf den Nachlass Brandt als nützlich: Ihnen zufolge charakterisiert den Nachlass primär seine vielschichtige *Unhandlichkeit*.

Zunächst ist er im geläufigen Sinne des Begriffs *physisch* unhandlich: Die vielen Großformate machen das Auslegen und Umsortieren zu einer schwierigen logistischen Aufgabe.[39] Viele Blätter sind verblichen, verschmutzt oder brüchig, sodass jede Sichtung materielle Verluste mit sich bringt. Dadurch erschweren die Objekte die Wandlung vom temporären Arbeits- zum Sammlungsobjekt. Zudem ist der Nachlass auf *epistemischer* Ebene unhandlich: In ihm schlägt sich ein bühnentechnisches und spezialisiertes Wissen nieder, das sich heute schwer entziffern lässt. Dieses Wissen ist kein didaktisch aufbereitetes, sondern kommt lediglich implizit zum Ausdruck. Als situiertes Wissen ist es im Kontext einer Praxis zu verstehen[40] – wobei es heute nicht (mehr) praktisch anwendbar ist. Dabei ist weder der Entstehungskontext der Pläne immer gegeben, noch, welche Funktionen ein Plan zu erfüllen hatte. Dadurch erschweren die Pläne eine Wandlung vom

---

35 Grote 2020, S. 191.

36 Fleck 1980, S. 158.

37 Ebd.

38 Vgl. Creager/Grote/Leong 2020, S. 2–4. Auch das „Zur-Hand-Sein" im Buch ist ein limitiertes. Die Veröffentlichung löst das Wissen zwar aus dem Meister-Schüler-Verhältnis, jedoch nicht aus einem autoritären System der Vermittlung. Auch waren (und sind) Handbücher weder für alle Menschen erschwinglich noch verständlich.

39 Diese wurde durch die Digitalisierung der Sammlung zwar erleichtert, das Digitale birgt aber neue Tücken: So ist es hier kaum möglich, Papiersorten zu vergleichen, Wasserzeichen wurden nicht digitalisiert und die vielen verschiedenen Formate lassen sich zwar aus den Maßangaben erschließen, es fehlt jedoch der direkte optische Vergleich der Pläne.

40 Donna Haraway adressiert dieses Wissen deshalb konsequent im Plural – eine Feinheit, die in der deutschen Übersetzung ihres Essays verloren geht. Vgl. Haraway 1988; 1995.

(Neben-)Produkt einer Praxis zum Anschauungsobjekt oder Exempel dieser Praxis. Zum Dritten (und damit verbunden) ist der Nachlass auf *meta-epistemischer*[41] Ebene unhandlich, insofern er keiner einheitlichen Sammlungslogik zu folgen scheint. Die Versuche, ihn zu ordnen oder zu systematisieren, bleiben allesamt unvollständig oder inkonsistent, was eine wissenschaftliche Erfassung ebenso wie eine Nutzung des Nachlasses in der Forschung erschwert.

Die Unhandlichkeit der Objekte und ihres impliziten Wissens entzieht den Nachlass einem systematisierenden Zugriff. Dies legt die Vermutung nahe, dass er aus der Praxis eines unsystematischen, vor- oder multisystematischen Sammelns hervorgegangen ist. Die Objekte entstanden in einer Zeit, in der sich zentrale gesellschaftliche, rechtliche, technologische und wirtschaftliche Grundlagen einer Systematisierung von (bühnentechnischem) Wissen erst herausbildeten. Sie können damit deren Vorgeschichte illustrieren, enthalten aber ebenso viele lose Enden dieser Prozesse – gescheiterte Versuche, nicht realisierte Projekte und unfertige Skizzen. Diese passen weder ins Handbuchformat, noch fügen sie sich einer systematischen Verzeichnung, wie sie Klara in den 1930er Jahren für die wissenschaftliche Nutzung für unabdingbar hielt. Demnach bilden sie weniger eine *Sammlung* in dem Sinne, dass ihre Zusammenstellung das Resultat einer zielgerichteten oder systematischen Sammeltätigkeit wäre. Sie können vielmehr als *Ansammlung* der Spuren verschiedener und sich wandelnder Praktiken ihrer Handhabung betrachtet werden, von denen das Sammeln selbst eine mögliche Form ist.

Die Beschäftigung mit dem Nachlass Brandt legt einen forschenden Zugang nahe, der anhand der Objekte zunächst unsystematische Fragen aufwirft, anstatt sie nach potenziellen Belegen einer Hypothese zu durchsuchen. Dabei wird die Systematik des Nachlasses – und damit auch die im eigenen Forschen vorgenommene Systematisierung von Wissen – selbst zu einem Gegenstand kritischer Befragung. Beide sind keineswegs politisch neutral, wenn auch auf dem vermeintlich neutralen Gebiet der Technik die epistemischen Vorannahmen und der politische Kontext gerne vergessen (gemacht) werden. Das metaepistemische Potenzial, auf den eigenen epistemischen Entstehungskontext zu verweisen, wird bei handlicheren Sammlungen – im Sinne von zielgerichteten, systematisch angelegten Beständen – wie der sogenannten *Theaterbausammlung* schnell übersehen.[42] Die physischen und epistemischen Objekte und deren (An-)Sammlungen in ihrer vielschichtigen Unhandlichkeit zu behandeln, stellt die Wissenschaften früher wie heute vor eine Herausforderung.

---

41 Vgl. die Einleitung des vorliegenden Bandes.

42 Vgl. hierzu bspw. die Objektbeschreibung von Jan Lazardzig zu Harald Zielske im vorliegenden Band.

Literatur

Baumann, Carl-Friedrich: *Bühnentechnik im Festspielhaus*. München 1980

Brandt, Fritz [sr.]: „Kinderzeit, Jugendzeit, erste Anstellung in München und Wien. 1846 bis 31. Dezember 1871". In: Kuboth, Sebastian: *Fritz Brandt, König Ludwig II. und der Pfauenwagen. Erinnerungen eines Bühnentechnikers 1846 bis 1876*. Pforzheim 2021, S. 33–127

Brandt, Fritz [sr.]: „Schein und Wahrheit im Bühnenbild." In: *Bühne und Welt*. Nr. 7/1899, Jg. 1, S. 320–25

Brandt, Fritz [sr.]: „Über Bühnentechnik und Entwicklung der maschinellen Einrichtungen von den Bühnen der älteren Theater bis zur Neuzeit. Vortrag im ‚Verein Deutscher Maschinen-Ingenieure' am 28. März 1899." In: *Glasers Annalen für Gewerbe und Bauwesen*. Nr. 559–60/1900, Jg. 47, S. 138–141, 153–157

CO-LIBRI (o. J.): „I. ‚KINDERZEIT – JUGENDZEIT, BIS ZUR ERSTEN STELLUNG IN MÜNCHEN, 1846–1871': Typoskripte (a/b, 298 Blätter) von verschiedenen Maschinen (Text wohl identisch) MIT EIGH. ABSCHRIFTEN BRANDTS VON 9 LEIDENSCHAFTLICHEN BRIEFEN LUDWIGS AN IHN und ORIGINAL-MANUSKRIPT DER WICHTIGEN PERIODE AM HOFTHEATER JANUAR 1869 BIS DEZEMBER 1870 (70 Blätter, verschiedene Papiere; enthaltend Begegnung mit Richard Wagner, Uraufführungen von Rheingold und Walküre und intensive Beziehung zu Ludwig II). / II. ‚MÜNCHEN: 1872–1875': 50 Bl. Typoskript, je >30 Zeilen; ‚2. Münchener Periode'. / III. ‚BERLIN: 1 JAHR, JANUAR–DEZEMBER 1876 [inkl.: 1. BAYREUTHER FESTSPIELE AUGUST 1876]': 31 Bl. Typoskript, je >30 Zeilen. – DETAILLIERTE SCHILDERUNG DES BERUFLICHEN WERDEGANGS VON FRIEDRICH BRANDT aus der berühmten Bühnentechniker-Dynastie, VON DEN ANFÄNGEN BIS ENDE 1876; inkl. Begegnungen mit Richard Wagner und zeitweise enger Freundschaft zu König Ludwig II. / IV. Einige thematisch passende Beilagen". https://www.zvab.com/buecher/suchen?cm_sp=snippet-_-srp1-_-title25 (letzter Zugriff: 07.02.2022)

Corssen, Stefan: *Max Herrmann und die Anfänge der Theaterwissenschaft. Mit teilweise unveröffentlichten Materialien*. Tübingen 1998

Creager, Angela N. H./Grote, Mathias/Leong, Elaine: „Learning by the Book: Manuals and Handbooks in the History of Science". In: *BJHS Themes*. Nr. 5/2020, S. 1–13

Daston, Lorraine: „The Immortal Archive: Nineteenth-Century Science Imagines the Future". In: Dies. (Hg.): *Science in the Archives: Pasts, Presents, Futures*. Chicago 2017, S. 159–182

Diderot, Denis/d'Alembert, Jean le Rond (Hg.): „Machines de théatres". In: Dies. (Hg.): *Recueil de planches, sur les sciences, les arts libéraux, les arts méchaniques, avec leur explication*. Bd. 10. Paris 1772, o. S.

Dommann, Monika: *Autoren und Apparate: Die Geschichte des Copyrights im Medienwandel*. Frankfurt a. M. 2014

DPMA (o. J.): „Gründungsjahre: 1877–1890" https://www.dpma.de/dpma/wir_ueber_uns/geschichte/140jahrepatentamtindeutschland/gruendungsjahre1877-1890/index.html (letzter Zugriff: 12.07.2023)

Dürrer, Martin: „Themenkommentar". In: Wagner, Richard: *Sämtliche Briefe. Briefe des Jahres 1875*. Hg. von Martin Dürrer. Wiesbaden 2021, S. 325–392

Fleck, Ludwik: *Entstehung und Entwicklung einer wissenschaftlichen Tatsache. Einführung in die Lehre vom Denkstil und Denkkollektiv*. Frankfurt a. M. 1980

Gesetz, betreffend das Urheberrecht an Schriftwerken, Abbildungen, musikalischen Kompositionen und dramatischen Werken. Fassung vom 11. Juni 1870, Bekanntmachung am 20. Juni 1870. In: *Bundesgesetzblatt des Norddeutschen Bundes*. 19/1870, S. 339–353 (Nr. 506)

Gesetz, betreffend das Urheberrecht an Werken der bildenden Künste. Fassung vom 9. Januar 1876, Bekanntmachung vom 18. Januar 1876. In: *Deutsches Reichsgesetzblatt*. 2/1876, S. 4–8 (Nr. 1110)

Grote, Mathias: „Total Knowledge? Encyclopedic Handbooks in the Twentieth-Century Chemical and Life Sciences". In: *BJHS Themes*. Nr. 5/2020, S. 187–203

Haraway, Donna: „Situated Knowledges: The Science Question in Feminism and the Privilege of Partial Perspective". In: *Feminist Studies*. Nr. 3/1988, Jg. 14, S. 575–599

Haraway, Donna: „Situiertes Wissen: Die Wissenschaftsfrage im Feminismus und das Privileg einer partialen Perspektive". In: Dies.: *Die Neuerfindung der Natur:*

Primaten, Cyborgs und Frauen. Hg. von Carmen Hammer und Immanuel Stieß, übersetzt von Helga Kelle. Frankfurt a. M. 1995, S. 73–97

Hommel, Kurt: *Die Separatvorstellungen vor König Ludwig II. von Bayern. Schauspiel, Oper, Ballett*. München 1963

Izenour, George C: *Theater Technology*. New York 1988

Kissel, Eléonore/Vigneau, Erin: *Architectural Photoreproductions: A Manual for Identification and Care*. 2. Aufl. New Castle 2009

Klara, Winfried: *Vom Aufbau einer Theatersammlung. Grundsätzliches über Theaterbilder, ihre systematische Ordnung und Katalogisierung*. Berlin 1936

Kranich, Friedrich: *Bühnentechnik der Gegenwart*. Bd. 1. München 1929

Kuboth, Sebastian: *Fritz Brandt, König Ludwig II. und der Pfauenwagen. Erinnerungen eines Bühnentechnikers 1846 bis 1876*. Pforzheim 2021

Langer, Arne: *Der Regisseur und die Aufzeichnungspraxis der Opernregie im 19. Jahrhundert*. Frankfurt a. M. 1997

Lazardzig, Jan: „Theatermaschinen als technisches Bild". In: Menke, Bettine/Struck, Wolfgang (Hg.): *Theatermaschinen – Maschinentheater: Von Mechaniken, Machinationen und Spektakeln*. Bielefeld 2022, S. 287–305

Long, Pamela O.: *Openness, Secrecy, Authorship: Technical Arts and the Culture of Knowledge from Antiquity to the Renaissance*. Baltimore 2001

Lührs, Philipp Moritz: „Die Entstehung des Reichspatentgesetzes von 1877 und der Versuch eines europäischen Patentrechts von 1962 im Vergleich". Dissertation, Heinrich-Heine-Universität Düsseldorf 2018

Meffert, Heribert/Pohlkamp, André/Böckermann, Florian: „Wettbewerbsperspektiven des Kundenbeziehungsmanagements im Spannungsfeld wissenschaftlicher Erkenntnisse und praktischer Exzellenz". In: Georgi, Dominik/Hadwich, Karsten (Hg.): *Management von Kundenbeziehungen: Perspektiven – Analysen – Strategien – Instrumente*. Wiesbaden 2010, S. 3–26

Moser, Kerstin: „Des Schauspiels neue Kleider". Dissertation, Universität Wien 2013

o. V.: „Münchner Theaterplaudereien!" In: *Walhalla. Kunst-, Literatur- und Unterhaltungs-Blatt zur Germania*. 21.08.1869, S. 240

Otto, Ulf: *Das Theater der Elektrizität. Technologie und Spektakel im ausgehenden 19. Jahrhundert*. Berlin 2020

Patentgesetz. Fassung vom 25. Mai 1877, Bekanntmachung am 30. Mai 1877, in Kraft getreten am 1. Juli 1877. In: *Deutsches Reichsgesetzblatt*. 23/1877, S. 501–510 (Nr. 1193)

Paysan, Bernhard: „Nachlass der Familie Brandt oder: Ein flüchtiger Blick in die Geschichte der Theatertechnik". In: *Die Vierte Wand*. Nr. 002/2012/2016, S. 4–9

Theaterhistorische Sammlungen (o. J.): „Objektdatenbank". https://sammlungen.theater.fu-berlin.de/objektdatenbank/ (letzter Zugriff: 18.09.2024)

Wagner, Richard: „Das Bühnenweihfestspiel in Bayreuth 1882". In: *Bayreuther Blätter*. Nr. 11–12/1882, Jg. 5, S. 321–329

Wagner, Richard: *Sämtliche Briefe. Briefe des Jahres 1871*. Bd. 23. Hg. von Andreas Mielke. Wiesbaden 2015

Bildnachweis

1 Theaterhistorische Sammlungen der FU Berlin, Nachlass Brandt, IfT_FaB_262

2 Theaterhistorische Sammlungen der FU Berlin, Nachlass Brandt, IfT_FaB_010 (Ausschnitt)

3 Theaterhistorische Sammlungen der FU Berlin, Nachlass Brandt, IfT_FaB_064 (Ausschnitt)

4 Universitäts- und Landesbibliothek Darmstadt, Theatersammlung, M 9/67

5 Theaterhistorische Sammlungen der FU Berlin, Nachlass Brandt, IfT_FaB_899 (Ausschnitt)

Abb. 1 1965 von der deutschen Sektion des Internationalen Theaterinstituts herausgegebene Überblicksdarstellung des bundesrepublikanischen Theaterneu- und Wiederaufbaus

Fortschritt aus Tradition

Gerhard Graubners Theaterbaulehre zwischen Restauration und Kaltem Krieg

Marie-Charlott Schube

1960 veröffentlichte der Theaterwissenschaftler Carl Niessen eine „Stachelschrift", die unter dem programmatischen Titel *„Theaterarchitekten" contra Darsteller und Zuschauer* einen provokanten Kommentar zum nachkriegsmodernen Theaterbau formulierte. Das Pamphlet steht für die vehement geführte Debatte um die Frage nach dem zeitgemäßen Theater unter demokratischen Vorzeichen, die sich am rasch nach 1945 einsetzenden Baugeschehen entzündete. Gegenüber einer verbreiteten Kritik an den restaurativen Tendenzen eines tradierten Wiederaufbaus richtete sich Niessen gerade gegen moderne, „aus Theorien verbaute Theater".[1] Den Grund für solche „Mätzchen der Theaterarchitektur" verortete er in einem Mangel an Kompetenz und einer defizitären Ausbildungssituation.[2] Damit spielte die Polemik nicht zuletzt auf die akademische Architektenausbildung an, die im Wiederaufbau zum wesentlichen Ort der Aktualisierung theaterbaulichen Wissens avancierte.

Als gelungen galt aus Niessens konservativer Sicht das „an sich schöne Bochumer Haus" des Architekten Gerhard Graubner (1899–1970).[3] Mit zahlreichen Neu- und Wiederaufbauten von Theatern und anderen Versammlungsbauten prägte Graubner die westdeutsche Nachkriegsmoderne. Als Hochschullehrer unterrichtete er zugleich ab 1940 auf dem Lehrstuhl für Entwerfen und Gebäudekunde an der

1 Niessen 1960, S. 12. Zur Restaurationskritik vgl. u. a. Blümle/Lazardzig 2012.
2 Ebd.
3 Ebd.

Technischen Hochschule Hannover und engagierte sich für eine Institutionalisierung theaterbaulicher Lehre. Diese realisierte sich 1968 mit der Einrichtung des Instituts für Theaterbau (ITB) an der Technischen Universität Berlin. Beispielhaft war dabei das in der DDR mit Theaterbau und -technik befasste Institut für Kulturbauten (IKB). Graubners Lehre zum Theaterbau war vielfältig durch seine Praxis als Architekt informiert und von öffentlichen Diskursen, auch vermittelt durch Projekte wie den Bau des Bochumer Schauspielhauses, beeinflusst. In ihrem Zentrum stand eine Historisierung der Bauaufgabe Theater, in der sich auch die restaurativen Tendenzen der bundesrepublikanischen Nachkriegsgesellschaft niederschlugen. Dabei kennzeichnete die Theaterbaulehre ein wechselseitiger Austausch, der ideologische Konkurrenzen des Systemwettstreits des Kalten Kriegs in Kunst und Kultur unterlief.

Theaterbaulehre in der Bundesrepublik[4]

Einen Zugang zur Auseinandersetzung mit Theaterbau in der Architekturlehre der Nachkriegszeit bieten Schriften lehrender Architekten, die ihre Konzeptionen und Erfahrungen systematisch aufbereiteten. Neben Publikationen zur Theatertechnik – eine wichtige Auskunftsquelle für die Ausbildungssituation in diesem Bereich ist die von der Deutschen Theatertechnischen Gesellschaft (DTHG) herausgegebene *Bühnentechnische Rundschau* – bilden Darstellungen der Bauaufgabe Theater in Form von Architekturlehr- und Fachbüchern geradezu ein eigenes Genre. Dabei lassen sich Planungshilfen wie Werner Kallmorgens *Was ist ein Kommunaltheater* (1955) oder Graubners *Theaterbau – Aufgabe und Planung* (1968) von stärker theoretisch orientierten Schriften wie Werner Ruhnaus *Versammlungsstätten* (1969), die mit weiteren Konzepten von Theater und seiner Architektur operieren, unterscheiden. (Abb. 2)

In vielen Fällen stellen die Schriften Kodifizierungen von Theaterbaulehren dar, wobei die jeweilige Beschäftigung mit Theaterbau in der Lehre sehr unterschiedliche Formen annahm. Beispielsweise vertrat Ruhnau in den 1970er und 1980er Jahren eine von gesellschaftspolitischen Ansprüchen getragene, interventionistische Lehre: Ein wichtiges Vermittlungsformat für seine Spielraumkonzepte waren

4 Im Kontext identitätspolitischer Konflikte wurde die Verwendung des Akronyms BRD gegenüber der voll ausgeschriebenen Bezeichnung Bundesrepublik Deutschland im Verlauf der 1960er und 1970er Jahre zum Politikum. Der Beitrag orientiert sich am alltäglichen Sprachgebrauch, für den seit den 1950er Jahren auch das Akronym sowie die Kurzbezeichnung üblich sind.

Abb. 2 Werner Ruhnaus 1969 publizierter Band zu Theater- und Versammlungsarchitekturen; auf dem Cover das wiederaufgebaute Nationaltheater München (Gerhard Graubner/Karl Fischer 1963)

Symposien, die selbst mit performativen Elementen spielten.[5] An einer Entgrenzung des Lehr- und Fachdiskurses arbeitete auch der 1964 vom Berliner Bund für Architekten, von der Akademie der Künste sowie der Zeitschrift *Theater heute* initiierte Ideenwettbewerb „Theater für morgen". In Reaktion auf die sich formierende Kritik am monumentalen Theaterbau adressierte die Entwurfsaufgabe explizit eine Generation junger Architekt:innen und Studierender. So sollte der Wettbewerb einen Impuls für die Entwicklung alternativer Konzepte setzen. Die Ergebnisse der regen Beteiligung von Seminargruppen aus der gesamten Bundesrepublik wurden in der Akademie der Künste ausgestellt und im Rahmen von zwei Colloquien diskutiert.[6] Zaghafte Ansätze zu einer interdisziplinären Öffnung und Zusammenarbeit mit der Theaterwissenschaft zeigten sich erst um 1970 an den theaterwissenschaftlichen

5 Neben Vorträgen im universitären Rahmen, z. B. „Über die Anpassungsfähigkeit des zeitgenössischen Theaterbaus" an der Technischen Hochschule Graz, bilden Symposien zu Spiel- und Begegnungsräumen u. a. in Essen 1977/78 und 1991 anlässlich des Festivals „Theater der Welt" sowie Wuppertal 1984 einen Schwerpunkt. Vgl. Baukunstarchiv NRW, Dortmund, Nachlass Werner Ruhnau (unerschlossen).

6 Zum Wettbewerb „Theater für morgen" vgl. u. a. *Theater heute*, Nr. 12/1964, S. 1 f.; 6/1965, S. 1; 11/1966, S. 16–23.

Instituten der Universitäten in Berlin und Köln in Form von Theaterbau-Colloquien[7] – vor allem also dort, wo Nähe bereits physisch durch entsprechende Institute gegeben war.

Zu Gravitationszentren theaterbaulicher Lehre avancierten jedoch die technischen Hochschulen, vor allem traditionsreiche Ausbildungsorte wie Berlin, Hannover und Stuttgart. An der TU Berlin bildeten dabei Ansätze zu einer theater*technischen* Lehre in den frühen 1950er Jahren den Ausgangspunkt.[8] Initiiert wurde diese wesentlich durch Walter Unruh, technischer Direktor und Ingenieur für Bühnentechnik, der ab 1950 im Rahmen eines Lehrauftrags auch unterrichtete. 1959 begründete Unruh zudem ein assoziiertes theatertechnisches Archiv am Institut für Gebäudelehre der Architekturfakultät.[9] Basierend auf diesen Strukturen wurde 1968 mithilfe einer dreijährigen Drittmittelfinanzierung durch die Stiftung Volkswagen-Werk das ITB eingerichtet. Auch nach Auslaufen der Finanzierung vertraten die ehemaligen Instituts-Mitglieder, firmierend als Arbeitsgruppe Versammlungsstätten, noch in den 1970er Jahren ein entsprechendes Lehrangebot im Architektur-Curriculum.[10] In den 1950er Jahren las an der TU Berlin zudem auch Hans Scharoun, 1947 bis 1959 Ordinarius für Städtebau, im Kontext seiner städtebaulichen Vorlesungen sporadisch zum Theaterbau. Bereits seit den 1920er Jahren hatte sich Scharoun intensiv künstlerisch dem Theater gewidmet und seine in Tradition des Neuen Bauens stehenden Visionen in den *Gedanken zum Theaterraum* notiert sowie in Zeichnungen dokumentiert.[11]

An der TH Hannover etablierte sich in den 1940er Jahren innerhalb der Architektur-Abteilung der Fakultät für Bauwesen eine differenzierte Theaterbaulehre, die sich anhand der Vorlesungsverzeichnisse skizzieren lässt. Ergänzend zu Graubners Unterricht las Friedrich Kranich von 1946 bis 1964 im fakultativen Teil des Architekturstudiums allwöchentlich freitags zu „Theaterbau und Bühnentechnik".[12] Ab 1966 übernahm der Theatertechniker Adolf Zotzmann, Mitbegründer eines

---

7 In Köln unterrichtete Ruhnau; vgl. Universität zu Köln, Vorlesungsverzeichnis für das Wintersemester 1970/71, S. 246. In Berlin kooperierte 1969 das theaterwissenschaftliche Institut der Freien Universität mit dem ITB. Zuvor hatte hier Harald Zielske das Thema seiner 1971 erschienenen Abhandlung zur Geschichte des Theaterbaus (vgl. die Objektbeschreibung von Jan Lazardzig zu Zielske im vorliegenden Band) zum Gegenstand der Lehre gemacht; vgl. Freie Universität Berlin, Namens- und Vorlesungsverzeichnis Sommersemester 1969, S. 255 sowie Sommersemester 1968, S. 247.

8 Angaben zur theatertechnischen und -baulichen Lehre an der Technischen Universität Berlin beruhen wesentlich auf der Auswertung der Programme und Vorlesungsverzeichnisse vom Wintersemester 1950/51 bis zum Sommersemester 1975.

9 Vgl. *Bühnentechnische Rundschau,* Nr. 1/1960, S. 17.

10 Zum ITB vgl. auch meine Objektbeschreibung zum Organisationsschema des ITB im vorliegenden Band.

11 Vgl. Bürkle 1986, S. 116–30; Scharoun 1920.

12 Zu Kranich vgl. den Beitrag von Halvard Schommartz im vorliegenden Band.

theatertechnischen Ausbildungsseminars in Recklinghausen und wiederholt Projektbeteiligter bei Graubner, den Lehrauftrag. Zudem bildete die Raum- und Bauakustik einen assoziierten Wissensbereich, dem ein Lehrauftrag mit Vorlesungen und Übungen sowie Labor und kurzzeitig sogar eine Sammlung zugeordnet waren. Die Grundlagen theaterbaulicher Lehre in Hannover reichen indes weiter zurück. Anfang der 1930er Jahre promovierte Werner Gabler mit der von einer „Hoffnung auf das Entstehen eines deutschen Nationaltheaters“ getragenen kunst- und architekturhistorischen Studie *Der Zuschauerraum des Theaters*, die 1977 in der Reihe *Theatergeschichtliche Forschungen* – ohne einordnenden Kommentar – wieder aufgelegt wurde.[13] Eine unmittelbare Vorbereitung der Hannoveraner Theaterbaulehre stellt zudem das Vorhaben der Gründung eines städtischen, an die Architektur-Abteilung der Hochschule angeschlossenen theaterwissenschaftlichen Instituts in den frühen 1940er Jahren dar.[14] So erhielt Kranich den Lehrauftrag an der TH Hannover bereits 1944 als designierter Direktor des Instituts. Trotz des kriegsbedingten Scheiterns markiert die noch unter den Vorzeichen nationalsozialistischer Kulturpolitik projektierte Institutionalisierung, in die auch Graubner involviert war, den strukturellen Ausgangspunkt für die Auffächerung der Lehre nach 1945.[15]

Auch die Technische Hochschule Stuttgart – prägende Ausbildungsstätte in den 1920er Jahren für Graubner – war ein tradierter Ort theaterbaulicher Expertise. Neben ihrem Hauptvertreter Paul Bonatz unterrichtete hier der Bauforscher Ernst Fiechter, der sich intensiv mit der Dokumentation antiker griechischer Theaterarchitektur befasste. Die Ergebnisse seiner Forschungen und Studienreisen veröffentlichte Fiechter in diversen Schriften.[16] In den 1960er Jahren wiederum engagierte sich eine Seminar-Gruppe am Lehrstuhl des Architekten Rolf Gutbrod im Rahmen des Ideenwettbewerbs „Theater für morgen“.[17]

Wie die kursorische Skizze zeigt, konnte die akademische Theaterbaulehre vielerorts an bestehende Ressourcen anschließen. Allerdings erfolgte nach 1945 eine Neuausrichtung durch die Verschiebung von einem primär historiografisch-analytischen Interesse hin zu einem konstruktiven Wissen, das auf die Anwendung im Baugeschehen zielte. Gleichzeitig transformierten Wechselbeziehungen mit öffentlichen Aushandlungsprozessen, vermittelt durch öffnende Formate wie den

13 Gabler 1977 (1935), Vorwort, o. S.

14 Vgl. auch die Objektbeschreibung von Halvard Schommartz zu Kranichs Vorlesungsplan 1944 im vorliegenden Band.

15 Vgl. „Errichtung eines Theaterwissenschaftlichen Instituts“ (Schreiben im Entwurf), Dezernat des Bürgermeisters/Bernhard Rust, Reichsminister für Wissenschaft, Erziehung und Volksbildung, 04.04.1944, Stadtarchiv Hannover (HR. 10, Nr. 1664, S. 66f.) sowie Schreiben im Entwurf an Ministerialrat Miederer, Reichsinstitut für Musikforschung, 04.04.1944, ebd., o. S.

16 Vgl. Fiechter: *Die baugeschichtliche Entwicklung des antiken Theaters* (München 1914) sowie die neunbändige Reihe *Antike griechische Theaterbauten* (Stuttgart 1930–1950).

17 Vgl. Job/Ostertag 1970.

Ideenwettbewerb oder praktizierende Architekturprofessuren, akademische Lehrformen und theaterbauliches Wissen. Auch Graubners Auseinandersetzung mit Theaterbau kennzeichnen Grenzgänge zwischen Hörsaal, Theaterbauausschuss und Rundfunkstudio. Ausgebildet und sozialisiert in der sogenannten Stuttgarter Schule bei Fiechter und Bonatz, war Graubner als freier Architekt auch in NS-Prestigeprojekte wie den Bau des Olympiastadions Berlin und des „Reichssportfelds" sowie die „Reichsgartenschau Stuttgart" involviert. Während seiner Funktion als technischer Leiter der Stadtplanungsgesellschaft für den Umbau der „Gau-Hauptstadt" Düsseldorf von 1939 bis 1942 wurde Graubner als ordentlicher Professor nach Hannover berufen. In den letzten Kriegsjahren bemühte er sich um eine Profilierung mit Blick auf den kommenden Wiederaufbau. So legte er 1944, nach Zerstörung des Hannoveraner Opernhauses, Entwürfe für eine Neugliederung der städtischen Bühnen vor.[18] Die karrieristischen Verflechtungen mit dem NS-Regime führten nach 1945 zu einer kurzzeitigen Entlassung aus dem Hochschuldienst durch die britische Militärregierung, gefolgt von einem öffentlichen Eklat und mehrsemestriger Beurlaubung.[19] 1949 nahm Graubner seine reguläre Lehrtätigkeit wieder auf und begründete ein Büro, das sich auch auf Theater- und Versammlungsbauten spezialisierte. Mit zunehmender Produktivität avancierte er zum Experten und unterrichtete durch Medienauftritte, Vortrags- und Publikationstätigkeit – auch im Kontext von städtischen Theaterbaudebatten – eine bundesrepublikanische Öffentlichkeit.

Theaterbaugeschichte in Hannover

Graubners Bauten wurden wiederholt als exemplarisch für einen „formal-funktionalistischen Wiederaufbaustil" bewertet.[20] Hinsichtlich Ästhetik und Formensprache der Nachkriegsmoderne verschrieben, arrangieren sie tradierte Raum- und Schauordnungen. Das im zeitgenössischen Diskurs weit rezipierte Schauspielhaus Bochum oder auch die Theater in Lünen, Krefeld und Wuppertal boten Kommunen und Theaterbetrieben technisch flexible, wirtschaftliche Lösungen. Gleichzeitig waren sie markante architektonische Gesten, die durch ihre weithin sichtbaren Bühnentürme den urbanen Raum prägten. Den konzeptionellen Kern dieser gebauten Modernität bildete ein bürgerlich-konservatives Verständnis von Theater als dramatischer Kunst

18 Vgl. u. a. Planungsunterlagen im Nachlass Graubner, Architekturmuseum der Technischen Universität Berlin (TBS 720, 01–17; GG 100, 013–034). Zudem war Graubner in die Um- und Wiederaufbauplanungen für Düsseldorf, Hannover und Hamburg involviert; vgl. Durth/Gutschow 1988, S. 414–422, 618 f., 718–723.

19 Ab 1939/40 war Graubner zudem Mitglied der NSDAP (Nr.: 7.243.289); vgl. Jung 2020, S. 100–102, 153; Steffens 2014, S. 31–33.

20 Vgl. Storck 1971, S. 568–594, hier S. 585.

und Hochkultur, dem in der Lehre eine intensive Auseinandersetzung mit der Geschichte der Bauaufgabe gegenüber stand.

In seinem Umgang mit Theaterbaugeschichte folgte Graubner dem Modell einer Entwicklungsgeschichte, die sich an einer – der wissenschaftlich-akademischen Architekturlehre seit der zweiten Hälfte des 19. Jahrhunderts genetisch eingeschriebenen[21] – positivistischen Fortschrittsidee ausrichtete. Scharoun und Ruhnau lehnten sich in Theoriebildung und Lehre dagegen unter anderem eng an das in der Nachkriegszeit populäre Strukturmodell der Aperspektive des Philosophen Jean Gebser, dargelegt im Hauptwerk *Ursprung und Gegenwart* (1949–1953), an. Gebsers Modell menschlicher Bewusstseinsgeschichte gibt dabei ein Ordnungsprinzip sowohl für Scharouns Vorlesungen als auch Ruhnaus *Versammlungsstätten*.[22] Kriterium der Strukturierung dieser Baugeschichten, die weniger das architektonische Artefakt als den Raum zentral stellen, ist der Zusammenhang von Theaterarchitektur und Gesellschaftsstruktur. Von diesen engagierten Ansätzen grenzt sich Graubners Geschichtsschreibung als rationale Methode ab.

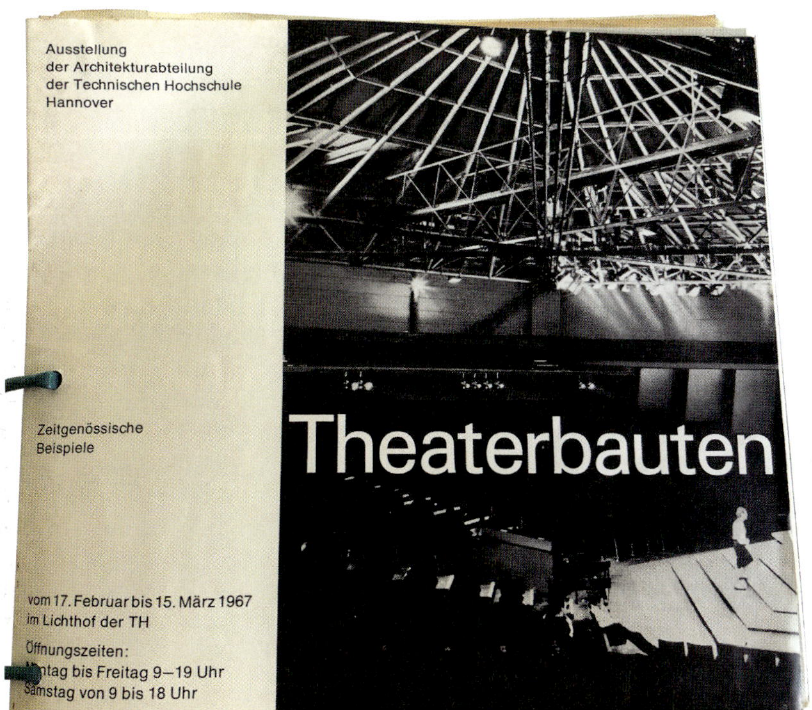

Abb. 3 Begleitheft der schweizer Wanderausstellung „Theaterbauten – Zeitgenössische Beispiele“ für die Schau an der Technischen Hochschule Hannover im Frühjahr 1967

21 Vgl. u. a. Hassler/Rauhut/Meyer 2019, insb. S. 132–137.

22 Vgl. Scharoun, Typoskripte der Vorlesungen „Theater im Wandel der Struktur“, 11.–12.1956 und „Strukturwandel, Wesenheit der Räume“, 05.–06.1958, Akademie der Künste, Berlin, Künstlerarchiv Hans Scharoun (03.02 Vorlesungen, Nr. 4480, Nr. 4486); außerdem Bürkle 1986, S. 128–130.

Abb. 4 Plan von Graubners Theaterbau-Vorlesung an der Technischen Hochschule Hannover im Wintersemester 1966

Im Rahmen von Graubners Lehrverpflichtung, die unter anderem auch Entwurfsunterricht und Vorlesungen in Baustoffkunde umfasste, bildete vor allem die Gebäudekunde-Vorlesung den Ort der Vermittlung theaterbaulichen Wissens. Darüber hinaus waren kleinere Entwurfsaufgaben und spezifische Aspekte wie Verkehrsführung oder Sichtverhältnisse Gegenstand von Seminar- und Forschungsarbeiten.[23] Den gesamten Unterricht durchzogen wiederholte Bezüge auf das Baugeschehen, wobei besonders Graubners eigene Projekte im Fokus standen. So ergänzte er etwa die Schweizer Wanderausstellung „Theaterbauten", die im Frühjahr 1967 an der TH Hannover Station machte, um zwei weitere Teile mit eigenen Bauten sowie studentischen Arbeiten des Wettbewerbs „Theater für morgen".[24] (Abb. 3)

Als Teil des Gebäudekunde-Unterrichts, der sich in drei aufeinander aufbauende Vorlesungen zu verschiedenen öffentlichen Gebäudetypen gliederte, zählte die Theaterbau-Vorlesung zum Pflichtteil des Hannoveraner Architekturstudiums. Ab dem Wintersemester 1954/55 las Graubner in „Gebäudekunde B, III" alternierend zu anderen öffentlichen Bauaufgaben wie Museen, Bibliotheken, Schul- und Sportbauten auch regelmäßig zum Theater. Über die Dauer von circa zwanzig Jahren bildete sich dabei eine bemerkenswert stabile Wissensordnung heraus.[25]

Wie der Plan vom Januar 1966 zeigt, gliederte sich die Vorlesung nach einer thematischen Einführung in die Komplexe „Geschichtliche Entwicklung" und „Funktion und Technik des Theaters". (Abb. 4) In der Historisierung der Bauaufgabe unterschied Graubner weiter zwei Entwicklungslinien: Einerseits jene der „Freilichttheater", deren Ursprung er im archaischen und griechischen Theater verortete und durch den zeittypischen Rekurs auf Epidauros (4. Jahrhundert v. Chr.) als Urszene eines Konnexes von Theater und Demokratie markierte. Andererseits eine Linie der „Theater im geschlossenen Gebäude", deren

23 Vgl. u. a. von Graubner betreute Dissertationen an der Fakultät für Bauwesen der TH Hannover: Hayati Tabanlıoğlu: *Die Bedeutung des Bühnenvorraums für die Entwicklung des heutigen Theaterbaues* (1955); Philipp-Otto Gellinek: *Sichtverhältnisse in Zuschauerräumen von Theatern* (1956); Dogan Tuna: *Verkehrsprobleme in den Zuschauerhäusern von Theatern* (1960).

24 Zu Theaterbau in Ausstellungskontexten vgl. auch den Aufsatz sowie die Objektbeschreibung von Frank Schmitz im vorliegenden Band.

25 Vgl. auch meine Objektbeschreibung zum Typoskript von Graubners Theaterbau-Vorlesung im vorliegenden Band. Zu Stabilisierungseffekten der Verwissenschaftlichung von künstlerischem und Entwurfswissen im Kontext der akademischen Architektenausbildung vgl. z. B. Hassler/Rauhut/Meyer 2019. Spezifisch zu Effekten von Theoriebildung und schriftlicher Kodifizierung von Theaterbauwissen um 1800 vgl. Meyer 1998.

Technische Hochschule Hannover Januar 1966
Lehrstuhl für Entwerfen und Gebäudekunde B
Professor Gerhard Graubner

Vorlesung Gebäudekunde

T h e a t e r , S t a d t - und K o n z e r t h a l l e n

A Theater

1. Einführung in die Probleme des Theaterbaus

2. Geschichtliche Entwicklung

2.1 F r e i l i c h t t h e a t e r

2.11 Archaisches Theater
2.12 Griechisches Theater
2.13 Römisches Theater
2.14 Japanisches No-Theater
2.15 Mittelalterliche Bühnen
2.16 Theater des 16. und 17. Jhdts. in England
1. Vorlesung 2.17 Gartentheater des Barock
2.18 Neuzeitliche Freilichttheater

2.2 Theater im g e s c h l o s s e n e n Gebäude

2.21 Akademietheater d. Renaissance
2.22 Höfische Theater d. Barock
italienische)
französische) Form
deutsche)
2.23 Reformvorschläge d. Klassizismus
2.24 Reformvorschläge d. 19. Jhdts.
2.25 Projekte und Bauten im Übergang v. 19. zum 2o. Jhdt.
2. Vorlesung 2.26 " " " Anfang d. 2o. Jhdts. bis z. 1. Weltkrieg
2.27 " " " der zwanziger Jahre
3. Vorlesung 2.28 " " " nach dem 2. Weltkrieg

3. Funktion und Technik des Theaters

3.1 Zuschauerhaus

3.11 Sicht
3.12 Schall
3.13 Sicherheit (DIN 18600)

3.2 Bühnenhaus

3.21 Bühnenräume
3.22 Nebenräume
4. Vorlesung 3.23 Technische Anlagen

B Stadt- und Konzerthallen, Lichtspieltheater

1. Besondere Belange

2. Beispiele

5. Vorlesung

Abb. 5 Inhaltsverzeichnis sowie Auszug aus dem Beitrag von Sebastian A. Paquet in der Broschüre zum Neubau des Schauspielhauses *Bochum baut 2: Schauspielhaus Bochum 1953*

Ausgangspunkt das Teatro Olimpico (Andrea Palladio/Vincenzo Scamozzi, 1585) als erstes freistehendes Theater und Auftakt neuzeitlicher Theaterarchitektur nach der „Wiederentdeckung" Vitruvs war. Daran anschließend diskutierte der zweite Teil Theater auf der Ebene eines konstruktiven Wissens: Behandelt wurden spezifische Einzelaspekte der Bauaufgabe wie Zuschauer- und Bühnenhaus, die Verbindungszone beider sowie Sichtverhältnisse, Akustik, Verkehrsprobleme. Den Abschluss der Vorlesung bildete ein zweiter Abschnitt „B" mit öffnenden Seitenblicken auf angrenzende Gebäudetypen. Hinter dieser (Re-) Konstruktion von Theaterbaugeschichte stand der Anspruch einer neutralen typologisch-historiografischen Methode: Die Vorlesung ordnete einen heterogenen Korpus von Bauten nach chronologischem Prinzip und adressierte diese unter funktional-technischen Gesichtspunkten. Durch die nivellierende Übersetzung des historisch konkreten Baubestands in abstrakte Daten und Kennzahlen wurde dieser so zum Ausgangspunkt der Ableitung universal gültiger Gesetzmäßigkeiten des Theaterbaus.

Die Wissens- und Geschichtsordnung der Vorlesung ist gleichermaßen durch den Einfluss von Lehrkonventionen wie durch die Wechselwirkungen mit dem Bauen geprägt. Mit der Praxis des öffentlichen Bauens, das komplexe Aushandlungsprozesse zwischen Politik, Öffentlichkeit, Theaterbetrieb und Experten involvierte, ging eine Popularisierung theaterbaulichen Wissens einher.[26] Historisierende Ansätze, entwicklungsgeschichtliche Narrative und die Befragung baulicher Traditionen hatten in der Nachkriegszeit auch im öffentlichen Diskurs Konjunktur.[27] Im Vergleich treten markante Resonanzen zwischen Traditionskonstruktionen im Theaterbaudiskurs und der Geschichtsproduktion in der Lehre hervor, die sich anhand des Schauspielhauses Bochum als frühes, jedoch maßgebendes Theaterbauprojekt umreißen lassen.

Den Wiederaufbau des kriegszerstörten Bochumer Theaters begleitete eine regelrechte Publikationseuphorie im Zeichen der Selbsthistorisierung seitens der Kulturpolitik, des Theaterbetriebs und der Lokalpresse. Zahlreiche Zeitungsartikel spiegeln ein gemeinsames Motiv: die Engführung des Baus mit der Konstruktion einer „Bochumer Tradition". Diese zielte wesentlich auf die Erinnerung an Saladin Schmitt – ab 1938 Träger einer sogenannten „Führer-Professur" – und seine Intendanz von 1919 bis 1949 als Zeit der Pflege eines klassischen Erbes in humanistischer Tradition. Auch die Beiträge des Hefts *Schauspielhaus*

26 Zum öffentlichen Bauen vgl. Heß 2018 sowie spezifisch zum Theaterbau Schmitz 2022, S. 60–92.

27 Vgl. u. a. Lazardzig 2014, S. 33–36.

INHALTSVERZEICHNIS

bochum baut. Heft 2. Schacht-Verlag Bochum

Lichtbilder: Stadtarchiv und Presseamt der Stadt Bochum

Druck und Klischees: Laupenmühlen & Dierichs

Die Reihe wird fortgesetzt. Heft 3: Landgericht

Es erschien bereits Heft 1: Stadtbad

Die Öffentlichkeit als Bauherr

Das alte Bochumer Schauspielhaus besaß unter den Bühnen Deutschlands einen einzigartigen Namen. Die Stadt hat sich an derselben Stelle ein neues Theater erbaut, an der das alte Haus, das den Ruhm Bochums als Theaterstadt begründete, zerstört wurde. Daß sich ein großer Regisseur wie Saladin Schmitt in dieser Stadt in einem solchen Maße entfalten konnte, dankt er nicht zuletzt einer für seine Kunst aufgeschlossenen Öffentlichkeit. Sie ist die Voraussetzung der sich steigernden Wechselwirkung.

So mußte es für den Baumeister ein lockender Anreiz sein, der Stadt ihr neues Schauspielhaus zu erbauen. Die Stadt Bochum hat sich dazu den erfahrenen Architekten Professor Graubner aus Hannover ausgewählt und ihm keine leichte Aufgabe gestellt.

Denn einmal will ein theaterfreudiges Publikum seine alten Vorstellungen, die schließlich zu dem Ansehen der Bühne geführt haben, berücksichtigt sehen; es hängt gleichsam an jedem Stein, der von dem alten Theater noch übriggeblieben ist. Zum anderen aber ist ein solcher Bauherr in allerhöchstem Maße anspruchsvoll und will durch seine Erfahrung und Kennerschaft auch bahnbrechend bleiben für die Zukunft und deshalb im Neuen alle Möglichkeiten der Entfaltung gewahrt wissen.

Der Architekt hat auf die widersprüchlichsten Überlegungen einzugehen. Das setzt bei ihm dieselbe Liebe zum Theater voraus, die er bei seinem Bauherrn findet. Er kann sich der Aufgabe in gar keiner Weise mit irgendeinem Schema nähern.

Zugleich ist natürlich dieses allseitige Interesse an seinen Planungen eine große Hilfe für ihn und ein Ansporn mehr. Er hängt mit seinem Entwurf nicht in der Luft, wie es leicht ist, wenn Tradition und Vorbild, Platzfrage und Baumittel keine Rolle spielen und nur der konventionelle Ehrgeiz besteht, ebenfalls wie andere Städte ein Theater zu haben — eher ein größeres als diese, aber nicht das besondere, eigene.

Die Grundidee

Das neue Bochumer Schauspielhaus ist zu einem Vorbild geworden. Professor Graubner ist den baumeisterlichen Einzelproblemen soweit in die Tiefe nachgegangen, bis sie sich in der Auseinandersetzung mit dem modernen Theater als solchem vom Grund her geklärt haben. Der Organismus ist von der Mitte her gestaltet worden.

Die Mitte des modernen Theaters ist weder der Zuschauerraum für sich noch die Bühne für sich, sondern die Berührungszone der beiden Sphären, die vom Vorhang getrennt werden.

Der mehrfache Verwendungszweck der heutigen Bühnen für Schauspiel und Oper gleicherweise verlangt an dieser Stelle den vertieften Orchesterraum. Der „Orchestergraben", wie man ihn nennt, lag bisher vor dem eisernen Vorhang. Zwar überdeckte man den für das reine Schauspiel störenden Zwischenraum und benutzte die Fläche als Vorderbühne beim Spiel mit. Aber sie mußte von jeder Dekoration freigehalten werden. Der Darsteller stand dort zumeist isoliert in einem „Niemandsland", da das Hauptgeschehen vom Zuschauer abgerückt war.

Die Absicht von dort her, die Mitbeteiligung des Publikums zu steigern, führte nicht selten eher zu einer Zerreißung des Spiels und einem gewissen Unbehagen im Parkett als zur Auflockerung der Grenzen zwischen Bild und Wirklichkeit.

Sucht man sich dieses Gegeneinander zu erklären, so lehrt ein Überblick über die architektonische Entwicklung des Theaters, daß die ins Publikum vorspringende Vorbühne Bestandteil eines der Rahmenbühne entgegengesetzten Theaterprinzips ist.

Die Urform des Theaters stellt die Zuschauerrunde dar, in deren Mitte sich die Darstellung vollzog. Der Darstellungsort rückte zunehmend mehr aus der Mitte heraus, bis sich das entgegengesetzte Prinzip der „vierten Wand" festigte.

Die Prinzipien der Bühne als zentralen Ortes und der Bühne als einseitigen Tiefenraumes sind in der üblichen Vorbühne von heute in sehr unterschiedener Weise vereinigt.

Professor Graubner, der Architekt des Bochumer Schauspielhauses, sann deshalb auf eine Möglichkeit, die Einheit der Bühne wiederherzustellen, ohne auf die Vorteile der beiden Prinzipien zu verzichten. Er hat dieses Problem als die Kernfrage des modernen Theaters betrachtet und die Lösung in der Idee gefunden, den eisernen Vorhang vor dem Orchesterraum anzuordnen.

Von dieser durchdachten Grundidee ging seine Planung aus, und diese Ausbildung in gedanklicher Folgerichtigkeit bestimmte die Gestaltung des Baues vom ersten Anfang an.

In Verbindung mit dem Intendanten des Bochumer Schauspielhauses, Hans Schalla, in Zusammenarbeit mit dem Dozenten für Bühnentechnik an der Technischen Universität Berlin und mit der Bauverwaltung der Stadt, klärte der Architekt die grundsätzlichen Voraussetzungen der Verwirklichung bis er sie überzeugend durchführen konnte.

Weder der zentrale noch der axiale Typ — wie sie Dipl.-Ing. Unruh der begrifflichen Einfachheit halber bezeichnet — haben in ihrer reinen Form als Arena einerseits, als Saaltheater andererseits dem Schauspiel genügt. Jede Zeit hat sich ihre eigene ideale Form gesucht. Die abwechselnde Trennung und Annäherung der extremen Möglichkeiten hielt die Entwicklung in stetem Fluß.

Skizze der Theaterentwicklung

Homer läßt Odysseus zum Lobpreis Nausikas die Worte sprechen: Dreimal selig die Brüder, wie muß deren Herz vor Wonne sich heben, wenn eine solch leuchtende Blüte den Choros betritt. — Wir haben Choros mit Tanzplatz übersetzt und uns eine runde Fläche darunter vorgestellt.

Man weiß, daß die antike Tragödie aus dem religiösen Kult hervorgegangen ist. In der Kreismitte des Rundtheaters stand der Altar.

Das älteste Theater Athens war nach E. Fiechters Darstellung ein runder Tanzplatz im heiligen Bezirk des Dionysos, zwischen dem alten Tempel des Gottes und einer Anhöhe gelegen. Der Zuschauer hatte von seinem erhöhten Standpunkt aus den Tanzplatz vor sich und sah dahinter den Tempel.

Damit wäre die axiale Orientierung der Anlage bereits gegeben. Der Ort der Handlung wich aus der Mitte gegen den Tempel zurück, und die nächste Stufe war der Aufbau der „Skene", einer Art Hütte dem Wort nach, die den Tempel verdeckte.

Der erste Bühnenbau — sei es, daß er zum Aufenthalt der Darsteller, zur Aufbewahrung des Theaterzubehörs oder als ein Halt zur Anlehnung des Spiels, vielleicht zunächst auch nur als erhöhte Stützmauer gegen den tieferliegenden Tempel errichtet wurde — gab von da an der Bühne und dem Zuschauerraum gesonderte Bedeutung.

Der Kreis des Amphitheaters war geöffnet, und die „vierte Wand" war geschaffen.

Theater in Epidauros

Bochum 1953, herausgegeben in der Sonderreihe *Bochum baut* der Lokalzeitung *Bochumer Woche*, greifen diese Fluchtlinien auf und verschränken implizit Bau- und Theatergeschichte. Die relativ kurze lokale Bautradition, die 1908 mit der Errichtung eines Varietétheaters ansetzte, substituiert die im Aufsatz „Die Grundidee und die Gestaltung des neuen Bochumer Schauspielhauses" von Sebastian A. Paquet skizzierte Traditionslinie. (Abb. 5) Analog zur Vorlesungsordnung steht das Bochumer Theater hier am Ende einer Entwicklung, die vom antiken griechischen Theater in Epidauros als Urform über das Teatro Olimpico und die Shakespeare-Bühne verläuft und sich dem Neubau gleichsam diskursiv einschreibt.

Graubners stark historisch-genealogisch ausgerichtete Theaterbaulehre erscheint nicht zuletzt ob dieser Verschränkungen symptomatisch für die gesellschaftliche Restauration der Gründungszeit der Bundesrepublik. Analog zu den modernen Gebäudefassaden verdeckte die im Kern der Lehre stehende Geschichtskonstruktion unmittelbare Kontinuitäten der NS-Zeit – in Form von Wissensbeständen und Akteur:innen, in Hochschulen und im Kommunaltheater – mit Traditionen. Damit lehnte sie sich stark an die diskursiven Strategien der universitären Vergangenheitspolitik an, die sich nach 1945 durch den Rekurs auf Wissenschaft und Technik als unpolitische Konstanten und die Konstruktion positiver Kontinuitäten nationaler Bildungs- und Kulturideale von politischer Verantwortung distanzierte.[28] Theodor W. Adorno, skeptischer Kommentator der vielgestaltigen Kulturbeflissenheit der Nachkriegszeit, deutete diese als Ausdruck einer kompensatorischen Vergangenheitsbewältigung.[29] Derartige Erinnerungspolitik wirkte bis in den Hörsaal und das Bauwissen hinein.

Institutionelle Verflechtungen zwischen BRD und DDR

Mit der wachsenden Bedeutung von Kultur und Architektur als internationale Schauplätze des Systemwettstreits entstanden neben nationalen Organisationen wie der DTHG (BRD 1957)[30] oder dem United States Institute for Theatre Technology (USITT, New York 1960) vielfach auch globale Netzwerke wie das Internationale Theaterinstitut (ITI, 1948) oder die Organisation Internationale des Scénographes, Techniciens et Architectes de Théâtre (OISTAT, 1968). Sie bildeten die Strukturen für Transferprozesse, Wissenszirkulation und Kooperationen entlang der Blockgrenzen sowie darüber hinweg, wobei gerade westdeutscher Theaterbau-Expertise besondere Relevanz zukam.[31] Auch Graubner en-

28 Vgl. Steffens 2014.
29 Vgl. Adorno 1950.
30 Vorläufer war der 1907 gegründete Verband deutscher Bühneningenieure, 1936–1946 Deutsche Bühnentechnische Gesellschaft.
31 Vgl. z. B. Fair 2020, S. 50 f. Zur Wissenszirkulation zwischen sozialistischen Ländern vgl. den Aufsatz von Ksenia Litvinenko im vorliegenden Band.

gagierte sich auf dieser Ebene, unter anderem durch die Beteiligung an der ersten Prager Quadriennale 1967. Da sich die Bundesrepublik nicht mit einem offiziellen Beitrag an der internationalen Ausstellung für Szenografie und Theatertechnik beteiligte, stand Graubners bauliches Œuvre hier stellvertretend zwischen den nationalen Sektionen.[32] Zudem war Graubner an der 1965 von der Deutschen Sektion des ITI herausgegebenen Schrift *Unsere Theaterneubauten nach 1945* beteiligt. (Abb. 1) Der grafisch aufwendige Bildband gibt einen Überblick über das Baugeschehen, den je bilingual verfasste Beiträge zu Theater, Architektur und Technik rahmen. Er war Teil des bundesrepublikanischen Beitrags zu den internationalen Theater-Kongressen in New York, Minneapolis und Montreal 1967.[33] Solche mehrsprachigen Publikationen waren auch

Abb. 6 Ausgaben der in den 1970ern vom IKB herausgegebenen Reihe *Grundlagen für Neubau und Rekonstruktion von Kulturbauten* zur Bauaufgabe des Kulturhauses sowie zum Theater als Rekonstruktionsaufgabe

32 Vgl. den offiziellen Katalog: *PQ 67. Prague Quadrennial of Theatre Design and Architecture 1967*, Red.: Věra Ptáčkova, dr. Vladimír Jindra, S. 326–328.

33 Vgl. auch Schmitz 2020, S. 282 f.

in der DDR ein frequentiertes Medium der Zirkulation und Propagierung von Theaterbau-Konzepten.

Entgegen politischer Frontstellungen war für Graubner auch das IKB ein wichtiger Partner. Mit dem Institut existierte in der DDR bereits ab den frühen 1950er Jahren eine zentrale Organisation für die Produktion, Forschung und Vermittlung theaterbaulichen, -technischen und -betrieblichen Wissens. 1953 war das Institut unter Leitung des Ingenieurs und Bühnentechnikers Kurt Hemmerling aus respektiven Abteilungen für Theater- und Kulturbauten der Bauakademie der DDR hervorgegangen. Ab 1960 firmierte es offiziell als Abteilung des Ministeriums für Kultur und wurde zum kulturpolitischen Instrument sozialistischer Wissens- und Raumproduktion.[34] Korrespondierend zur Bau-Agenda, die neben dem Wiederaufbau des zerstörten Theaterbau-Bestandes vor allem den Neubau von Kulturhäusern fokussierte, entstanden am IKB auch neue Versammlungsbaukonzepte. Die Schriftenreihe *Grundlagen für Neubau und Rekonstruktion von Kulturbauten* reflektiert die damit einhergehende ideologische Überformung theaterbaulicher Wissensbestände unter den Vorzeichen sozialistisch-marxistischer Gesellschafts- und Architekturtheorie. (Abb. 6)

Der Kontakt zwischen Ost und West war wesentlich auch durch persönliche Beziehungen vermittelt. So begründete die Verbindung von Graubner und Klaus Wever – langjähriger Mitarbeiter des IKB sowie früherer Student und Praktikant Graubners, der in den 1960er Jahren nach Übersiedlung in die DDR bei Hemmerling promovierte – einen vielfältigen Austausch in Form von Besichtigungs- und Vortragsreisen sowie Publikationseinladungen. Auch für die Bemühungen um die Gründung eines westdeutschen Instituts war das IKB gleichsam Vor- wie Gegenbild. Als 1967 zeitgleich zu Graubner auch seitens der TU Berlin ein Förderantrag für die Gründung eines Theaterbau-Instituts eingereicht wurde, argumentierte dieser:

> Die Forschung, sowie die Sammlung, Auswertung und Veröffentlichung von Erfahrungen auf diesem Teilgebiet der Architektur blieb in der Bundesrepublik bisher hauptsächlich privater Initiative überlassen, während [...] vom „Institut für die Technologie kultureller Einrichtungen" [...] in Ostberlin Forschungen durchgeführt und laufend Publikationen über den Theaterbau herausgegeben werden [...]. Bedingt durch diese Situation bestehen häufig auch im Ausland unklare Vorstellungen über das Geschehen auf dem Gebiet des Theaterbaues in der Bundesrepublik.[35]

34 Zum IKB vgl. Knoll/Fiedler 2005, S. 47–53.

35 „Programm zum Ausbau des ‚Instituts für Theaterbau' innerhalb der Fakultät für Architektur an der Technischen Universität Berlin", 10.06.1967, S. 1, Bundesarchiv (BArch B 106/33066). Vor 1975 firmierte das IKB als Büro/Institut für die Technologie kultureller Einrichtungen.

Das wissenschaftspolitische Kalkül der Schilderung zielte auf die Konkurrenz- und Wettbewerbsfähigkeit der Bundesrepublik im internationalen Wissens-, Technologie- und Kulturtransfer. Die Gründung des Berliner Instituts 1968 kann insofern als Realisierung einer seit den 1940er Jahren bestehenden Idee der Institutionalisierung theaterbaulicher Lehre unter den Vorzeichen des politischen Klimas des Kalten Kriegs verstanden werden.[36] 1970 fand der theaterbaubezogene Nachlass Graubners Eingang in die Lehrsammlung des ITB. Mit der Aneignung dieser Wissensbestände verband sich eine Theoriebildung, innerhalb derer Graubners traditionelles Verständnis der Bauaufgabe wiederum als Folie für eine „Ideologiekritik des monofunktionalen Theaterbaus seit 1945" diente.[37] Im Kontext des deutsch-deutschen Systemwettstreits – bis zum Ende der Hallstein-Doktrin 1969 wesentlich auch Konflikt um nationale Souveränität und Identität der beiden Teilstaaten – ist Graubners Theaterbaulehre als Ausdruck einer technokratischen Ideologie lesbar. Unter der Oberfläche eines vermeintlich unpolitischen, objektiven Wissens verschränkt sich dabei eine Traditionsreklamation mit einer Innovationsgeschichte von Kultur, Kunst und Technik. Sie verdeckt ebenso die Appropriation eines sozialistischen Theaterbauwissens wie die epistemischen Kontinuitäten des theaterbaulichen Neubeginns der bundesrepublikanischen Demokratie.

---

36 Diesem Zusammenhang geht das Promotionsprojekt im Hintergrund dieses Beitrags nach, das anhand der Lehr- und Bautätigkeit Graubners nach den ideologischen Implikationen der Theaterbaulehre im Kalten Krieg fragt.

37 Pausch 1974.

Literatur

Adorno, Theodor W.: „Auferstehung der Kultur in Deutschland?". In: Ders.: *Kritik. Kleine Schriften zur Gesellschaft*. Hg. v. Rolf Tiedemann. Frankfurt a. M. 1973 (1950), S. 20–33

Blümle, Claudia/Lazardzig, Jan (Hg.): *Ruinierte Öffentlichkeit: zur Politik von Theater, Architektur und Kunst in den 1950er Jahren*. Zürich 2012

Bühnentechnische Rundschau. Nr. 1/1960, Jg. 54

Bürkle, Johann Christoph: *Hans Scharoun und die Moderne: Ideen, Projekte, Theaterbau*. Frankfurt a. M. 1986

Durth, Werner/Gutschow, Niels: *Träume in Trümmern. Planungen zum Wiederaufbau zerstörter Städte im Westen Deutschlands 1940–1950*. Bd. 2. Braunschweig 1988

Fair, Alistair: *Modern Playhouses. An Architectural History of Britain's New Theatres 1945–1985*. Oxford 2020

Gabler, Werner: *Der Zuschauerraum des Theaters*. Nendeln 1977 (1935)

Hassler, Uta/Meyer, Torsten/ Rauhut, Christoph: *Versuch über die polytechnische Bauwissenschaft*. München/Zürich 2019

Heß, Regine (Hg.): *Architektur und Akteure. Praxis und Öffentlichkeit in der Nachkriegsgesellschaft*. Bielefeld 2018

Job, Heinrich/Ostertag, Roland (Hg.): *Theater für morgen*. Stuttgart 1970

Jung, Michael: *Eine neue Zeit. Ein neuer Geist? Eine Untersuchung über die NS-Belastung der nach 1945 an der Technischen Hochschule Hannover tätigen Professoren unter besonderer Berücksichtigung der Rektoren und Senatsmitglieder*. Petersberg 2020

Knoll, Kurt-Werner/Fiedler, Manfred: *Theater: Techniker, Technik, Bau, Ausstattung in der sowjetischen besetzten Zone und in der ehemaligen DDR: 1945 bis 1990*. Stolzenhagen 2005

Lazardzig, Jan: „Aporie der Transparenz. Theaterneubauten der 1950er Jahre". In: Büscher, Barbara/Eitel, Verena Elisabet/ Pilgrim, Beatrix von (Hg.): *Raumverschiebung: Black Box – White Cube*. Hildesheim u. a. 2014, S. 29–42

Meyer, Jochen: *Theaterbautheorien zwischen Kunst und Wissenschaft. Die Diskussion über Theaterbau im deutschsprachigen Raum in der ersten Hälfte des 19. Jahrhunderts*. Zürich/ Berlin 1998

Pausch, Rolf: *Theaterbau in der BRD. Zur Ideologiekritik des monofunktionalen Theaterbaus seit 1945*. Berlin 1974

Scharoun, Hans: „Gedanken zum Theaterbau". In: Magnago Lampugnani, Vittorio (Hg.): *Architekturtheorie 20. Jahrhundert: Positionen, Programme, Manifeste*. Ostfildern-Ruit 2004, S. 82

Schmitz, Frank: *Spiel-Räume der Demokratie. Theaterbau in der Bundesrepublik Deutschland 1949–1975*. Berlin 2022

Steffens, Frauke: „Beschreiben, interpretieren, nutzbar machen. Zum Umgang mit der NS-Vergangenheit an der Technischen Hochschule Hannover in den ersten Nachkriegsjahren". In: Schmiechen-Ackermann, Detlef/Otte, Hans/Brandes, Wolfgang (Hg.): *Hochschulen und Politik in Niedersachsen nach 1945*. Göttingen 2014, S. 19–39

Storck, Gerhard: *Probleme des modernen Bauens und die Theaterarchitektur des 20. Jahrhunderts in Deutschland*. Bonn 1971

Theater heute. Nr. 12/1964, Jg. 5; Nr. 6/1965, Jg. 6; Nr. 11/1966, Jg. 7

Bildnachweis

1 Internationales Theaterinstitut (Hg.): *Unsere Theaterneubauten*. Berlin 1970. Gestaltung/Grafik: Werner Schwenke

2 Ruhnau, Werner: *Versammlungsstätten*. Gütersloh/Düsseldorf 1969. Foto/Grafik: Hans Huber KG

3 Stadtarchiv Hannover, Begleitheft d. Ausstellung „Theaterbauten. Zeitgenössische Beispiele", StadtA H 1.NR.6.04, Nr. 156. Gestaltung/Grafik: Hans Meier

4 Architekturmuseum der TU Berlin, Nachlass Gerhard Graubner, Inv. Nr. GG 511 BN 02. Copyright: Elke Graubner

5 Massenberg, Clemens: *Bochum baut 2: Schauspielhaus Bochum 1953*. Bochum 1953 Abbildungen: Presseamt u. Stadtarchiv Bochum

6 Institut für Kulturbauten der DDR (Hg.): *Rekonstruktion von Theater*. Berlin 1979 u. *Kulturhäuser und Klubs*. Berlin 1975

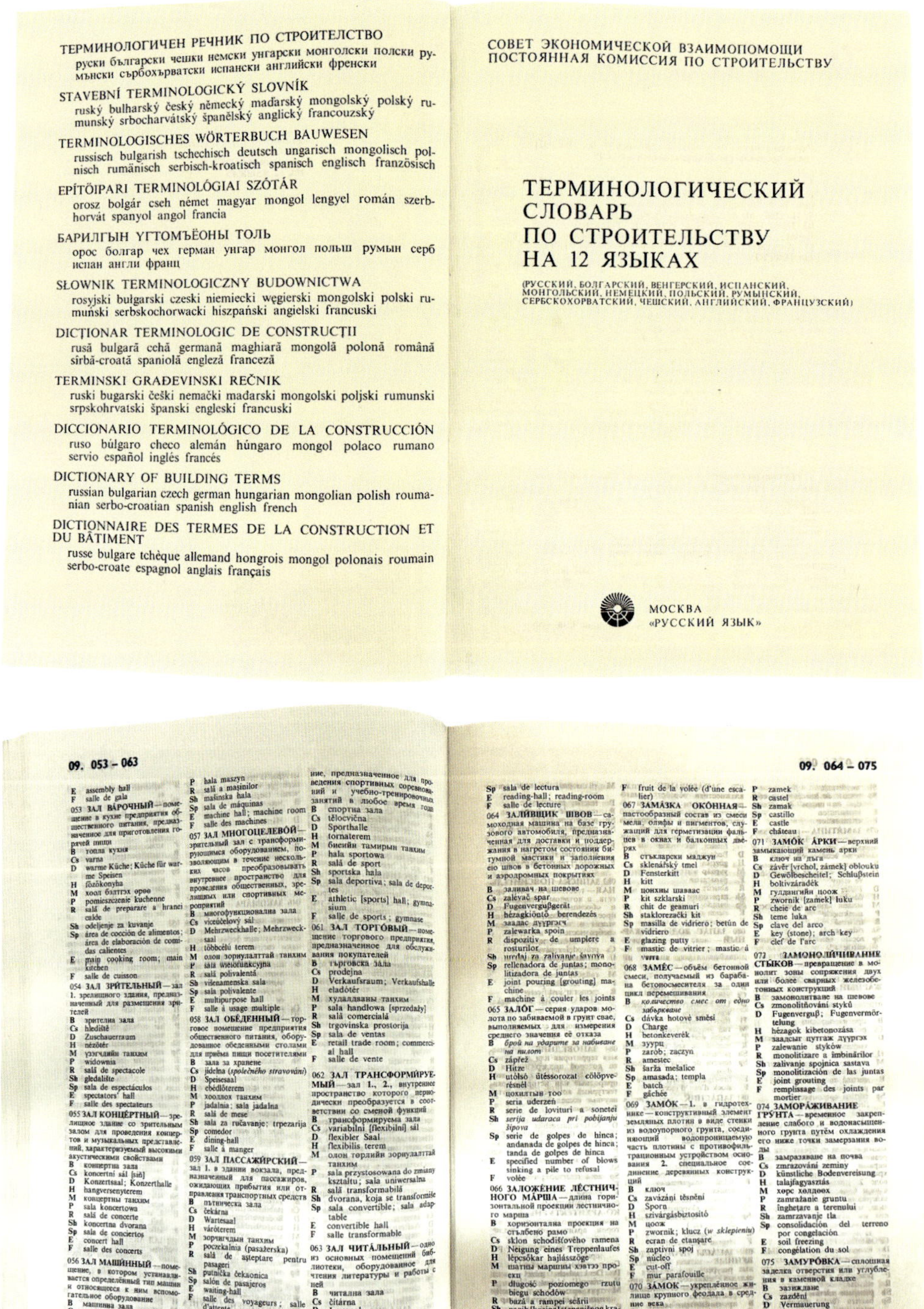
ТЕРМИНОЛОГИЧЕН РЕЧНИК ПО СТРОИТЕЛСТВО
руски български чешки немски унгарски монголски полски румънски сърбохърватски испански английски френски

STAVEBNÍ TERMINOLOGICKÝ SLOVNÍK
ruský bulharský český německý maďarský mongolský polský rumunský srbocharvátský španělský anglický francouzský

TERMINOLOGISCHES WÖRTERBUCH BAUWESEN
russisch bulgarish tschechisch deutsch ungarisch mongolisch polnisch rumänisch serbisch-kroatisch spanisch englisch französisch

EPÍTŐIPARI TERMINOLÓGIAI SZÓTÁR
orosz bolgár cseh német magyar mongol lengyel román szerbhorvát spanyol angol francia

БАРИЛГЫН УГТОМЪЁОНЫ ТОЛЬ
орос болгар чех герман унгар монгол польш румын серб испан англи франц

SŁOWNIK TERMINOLOGICZNY BUDOWNICTWA
rosyjski bułgarski czeski niemiecki węgierski mongolski polski rumuński serbskochorwacki hiszpański angielski francuski

DICȚIONAR TERMINOLOGIC DE CONSTRUCȚII
rusă bulgară cehă germană maghiară mongolă polonă română sîrbă-croată spaniolă engleză franceză

TERMINSKI GRAĐEVINSKI REČNIK
ruski bugarski češki nemački madarski mongolski poljski rumunski srpskohrvatski španski engleski francuski

DICCIONARIO TERMINOLÓGICO DE LA CONSTRUCCIÓN
ruso búlgaro checo alemán húngaro mongol polaco rumano servio español inglés francés

DICTIONARY OF BUILDING TERMS
russian bulgarian czech german hungarian mongolian polish roumanian serbo-croatian spanish english french

DICTIONNAIRE DES TERMES DE LA CONSTRUCTION ET DU BÂTIMENT
russe bulgare tchèque allemand hongrois mongol polonais roumain serbo-croate espagnol anglais français

СОВЕТ ЭКОНОМИЧЕСКОЙ ВЗАИМОПОМОЩИ
ПОСТОЯННАЯ КОМИССИЯ ПО СТРОИТЕЛЬСТВУ

ТЕРМИНОЛОГИЧЕСКИЙ СЛОВАРЬ ПО СТРОИТЕЛЬСТВУ НА 12 ЯЗЫКАХ

(РУССКИЙ, БОЛГАРСКИЙ, ВЕНГЕРСКИЙ, ИСПАНСКИЙ, МОНГОЛЬСКИЙ, НЕМЕЦКИЙ, ПОЛЬСКИЙ, РУМЫНСКИЙ, СЕРБСКОХОРВАТСКИЙ, ЧЕШСКИЙ, АНГЛИЙСКИЙ, ФРАНЦУЗСКИЙ)

МОСКВА
«РУССКИЙ ЯЗЫК»

09. 053 – 063

09. 064 – 075

122

123

Abb. 1 Terminologische Koordinierung. Titelblatt und Wörterbuchseite mit den Einträgen „Zuschauerhalle“ und „Mehrzweckhalle“

Vokabeln lernen

Zur Zirkulation von Theaterbauwissen unter den Mitgliedsstaaten des Rates für gegenseitige Wirtschaftshilfe (RGW)

Ksenia Litvinenko

1977 kam eine Delegation des Instituts für Kulturbauten der DDR (IKB) von einer Dienstreise aus der Sowjetunion zurück. Die Mitarbeiter:innen des Instituts, die auf die Planung von Kulturbauten sowie Bauten für die Darstellenden Künste spezialisiert waren, hatten neu gebaute sowie renovierte Theaterbaukomplexe besichtigt (darunter das Moskauer Kunsttheater), Kulturhäuser für die neu errichteten Wohnviertel im damaligen Leningrad (heute: St. Petersburg) besucht und Ideen zur Zukunft der Theaterbauplanung unter den Bedingungen der sozialistischen Bauwirtschaft ausgetauscht.[1] Der Besuch der deutschen Kolleg:innen war vom Moskauer Institut Giproteatr mitorganisiert worden, das wie das IKB eine vom Staat geförderte Organisation für Planung und Forschung war, dem Kulturministerium zugeordnet und auf die Entwicklung von Bauten für verschiedene kulturelle Einrichtungen spezialisiert. Nach ihrer Rückkehr nach Berlin legten die Teilnehmer:innen einen Bericht über den Reiseverlauf und die Treffen mit ihren Partnerorganisationen vor. Sie brachten zudem Sammlungen sowjetischer Baunormen, Broschüren über die Planung von Konzerthallen und Arbeiterclubs sowie Ausstellungskataloge, wissenschaftlich-technische Informationen zu verschiedenen Aspekten der Theaterbauplanung und die jüngsten Veröffentlichungen von Theaterarchitekt:innen und -theoretiker:innen mit.[2] Bald darauf erfolgte

1 Vgl. BArch, DR 1/21520 12159 (Dienstanweisung und Direktive für Überseereisen in die UdSSR vom 19.–24.9.1977).

2 Vgl. BArch, DR 1/21520 (Informationsmaterial von Giproteatr und anderen Institutionen).

ein Gegenbesuch der sowjetischen Fachleute für Theaterbauplanung und Bühnentechnik, die vergleichbare Gebäude und Institutionen besichtigten und zahlreiche Veröffentlichungen des IKB und Bauhandbücher mitnahmen.[3] Solche gegenseitigen Dienstbesuche der Angestellten der staatssozialistischen Institute für Theaterbau sowie die Zirkulation von Fachtexten erfolgten spätestens ab 1966 regelmäßig[4] – anfangs innerhalb von bilateralen Vereinbarungen zwischen den Planungsinstituten für Kultur und Darstellende Künste und später im Rahmen multilateraler Abkommen zur Zusammenarbeit, die beim Rat für gegenseitige Wirtschaftshilfe (RGW) angesiedelt waren. Ab 1977 entstand eine temporäre Arbeitsgruppe zur Planung von Kulturbauten.[5]

Der RGW wurde 1949 auf Initiative der Sowjetunion gegründet und war eine internationale Organisation, die die multilateralen wirtschaftlichen Beziehungen sowie die Zuordnung von Handel und Ressourcen unter den sozialistischen Staaten als Gegengewicht zu kapitalistischen Wirtschaftssystemen und Institutionen, wie zum Beispiel der Organisation für europäische wirtschaftliche Zusammenarbeit (gegründet 1948), fördern und koordinieren sollte. Ziel war es, internationale Zusammenarbeit und Wissenstransfer in verschiedenen Bereichen, auch der Konstruktions- und Bautechnologie, zu ermöglichen. Es sollte eine Infrastruktur geschaffen werden für verstärkte Zusammenarbeit und Integration, nationale Spezialisierung (über den Weg der Arbeitsteilung) sowie gegenseitige technische Hilfe unter den Mitgliedsstaaten.[6] Was aber war die Motivation für die Internationalisierung des Wissensaustausches in Bezug auf Theaterbauplanung und Bühnentechnik? Wie wurden die Bedingungen und Mittel für diese Kooperation von den beteiligten Parteien formuliert, verhandelt und unterstützt? Und welche besonderen Fachkenntnisse wurden innerhalb des sogenannten Ostblocks mit seiner Planwirtschaft ausgetauscht?

Wissenschafts-, Technologie- und Fachhistoriker:innen haben bereits in verschiedenen Zusammenhängen die außerordentliche Bedeutung von Regeln und Vorschriften für den systemübergreifenden Wettbewerb in der Zwischenkriegszeit und während des globalen Kalten Kriegs aufgezeigt. In Studien wurde die strategische Bedeutung von „unsichtbaren" Vorschriften und Expertenwissen für staatlich

3 Vgl. RGALI, f. 2329, op. 42, d. 248 (Berichte über internationale, innersowjetische und explorative Feldforschungen für 1979) S. 39–46.

4 Vgl. BArch, DR 1/14590 (Bericht zur Zusammenarbeit mit dem Giproteatr Moskau vom 12.–16.07.1966).

5 Vgl. o. V.: „Erste Tagung des Büros der zeitweiligen Arbeitsgruppe der sozialistischen Länder ‚Projektierung von Kultureinrichtungen'". In: *Bauten der Kultur*, Nr. 4/1978, S. 2–5.

6 Zu den RGW-Gründungsmitgliedern gehörten die Sowjetunion, Bulgarien, die Tschechoslowakei, Ungarn, Polen und Rumänien. Später kamen die DDR, die Mongolei, Kuba und Vietnam dazu. Vgl. Stanek 2020, S. 8, 18, 21–22, 171.

geförderte Großprojekte[7] in den Vordergrund gerückt und gezeigt, dass technisches Wissen und Artefakte keineswegs neutral waren, sondern im Rahmen spezifischer politischer und wirtschaftlicher Bedingungen produziert wurden.[8] Auch die architektonische Expertise hatte ihren Status als technokratische Praxis während des Kalten Kriegs gefestigt, als die gebaute Umwelt zu einem wesentlichen Raum für Regierungspraxis und systemübergreifenden Wettbewerb wurde.[9] Die Bedeutung des Austauschs von wissenschaftlich-technischer Fachliteratur zwischen den sozialistischen Ländern wurde bereits in der Geschichte der sozialistischen Koordinierung im Bereich des Bauwesens aufgezeigt. Wie Elidor Mëhilli dargelegt hat, handelte es sich dabei um ein besonders wichtiges Ritual, das auf die Durchsetzung des Prinzips der sozialistischen Freundschaft abzielte: Die Zirkulation von technischen Objekten, und nicht notwendigerweise deren Zweck, war bereits ein wesentliches Element, um die Legitimität und Wirksamkeit der Zusammenarbeit innerhalb des RGW zu beweisen.[10] In jüngster Zeit haben Wissenschaftler:innen die Rolle eines solchen Austauschs über die Symbolik hinaus untersucht und sind der Frage nachgegangen, wie Blaupausen und graue Literatur (Baunormen und Stadtplanungsstandards) die Zusammenarbeit zwischen mehr und weniger industrialisierten staatssozialistischen Ländern und Regionen erleichterten oder zu Reibungen führten.[11]

Ausgehend von dieser Forschung beleuchtet der vorliegende Beitrag die sich verändernden bilateralen und multilateralen Bedingungen der Zusammenarbeit, unter denen Theaterbauwissen in den RGW-Ländern zirkulierte. Außerdem werden die konkreten Anliegen, Praktiken, Akteur:innen und Medien benannt, die an der internationalen sozialistischen Zusammenarbeit im Bereich Theaterarchitektur und -technologie beteiligt waren. Da Wissen nicht im luftleeren Raum zirkuliert, werden hierbei auch die ideologischen und epistemischen Implikationen thematisiert, die die Verhandlungen über die Bedingungen der internationalen Zusammenarbeit begleiteten. Im Zentrum steht hier die Ausarbeitung eines *Terminologischen Wörterbuchs Bauwesen*[12] – ein Buch, das in transnationaler Kooperation entstand, um Übersetzungen zu erleichtern und die Integration verschiedener sozialistischer Baukulturen zu fördern.

---

7 Zu den Ursprüngen des sogenannten „technokratischen Internationalismus" in Europa und im Besonderen der Institutionalisierung internationaler Organisationen, Standards und Leittechniken in den Bereichen der Transport- und Stahlindustrie vgl. Kaiser/Schot 2018.

8 Zur Entwicklung des Bauingenieurwesens, der Bodenwissenschaft sowie der russischen und sowjetischen Kolonialisierung von Sibirien vgl. Chu 2020; zur Beziehung von Geopolitik und Wissenschaftsentwicklung im Kalten Krieg vgl. Oreskes/Krige 2014.

9 Vgl. Brown 2013; Castillo 2010; Molnár 2013; Kalinovsky 2018.

10 Vgl. Mëhilli 2017, S. 135.

11 Vgl. Bernhardt/Butter/Motylinska 2023; Litvinenko 2024; Stanek 2020; Schwenkel 2020.

12 Rat für gegenseitige Wirtschaftshilfe 1986.

Die Forderungen nach Flexibilität und Multifunktionalität

Nach dem Zweiten Weltkrieg erhielt der Bauingenieur und Fachplaner für Theaterbau Professor Kurt Hemmerling einige wichtige Aufträge zum Wiederaufbau zerstörter Theaterbauten. Nachdem er die Gesamtbauleitung für den Wiederaufbau des Deutschen Nationaltheaters in Weimar (1947–1949) und die Bauleitung für den Wiederaufbau des Opernhauses Chemnitz (1948–1951) sowie das Landestheater Halle (1949–1951) abgeschlossen hatte, reflektierte Hemmerling diese Erfahrungen in einer Reihe von Aufsätzen:[13] „Der neue Zuschauerraum ist nicht mehr Selbstzweck, sondern Mittel zum Zweck", notierte er und beschrieb eine Verlagerung von ablenkenden Ornamenten und räumlicher Strenge hin zu einer eher funktionalen und flexiblen Bühnengestaltung im Weimarer Projekt. Um modernen Regietechniken besser zu entsprechen und die Aufmerksamkeit des Publikums auf das Bühnengeschehen zu fokussieren, führte Hemmerling das variable Vorhangsystem ein und hob die räumliche Trennung zwischen Proszenium und Zuschauerraum auf. Solche Planungslösungen erforderten den Einbau maßgeschneiderter elektrischer und mechanischer Bühnentechnik, die die DDR-eigene Industrie oft nicht liefern konnte. Bei den meisten Projekten verwendete Hemmerlings Team westliche Komponenten von Firmen wie Siemens und AEG.[14] Der neu gegründeten sozialistischen Wirtschaft der DDR, so die Schlussfolgerung von Hemmerling, fehle die notwendige materielle Grundlage, um das wachsende Netzwerk von Theaterbauten auszustatten. Dieser Mangel hatte auch eine politische Seite, da er den zunehmenden Wettbewerb mit den kapitalistischen Ländern um den höheren Lebensstandard betraf. Als schließlich das Büro für Technologie unter der Leitung von Hemmerling gegründet wurde (seit 1975 IKB), spielte die spezialisierte Industrie für Theaterausstattung weiterhin eine wichtige Rolle. (Abb. 2)

Zum Ende der 1960er Jahre hatte die Arbeit der sozialistischen Institutionen, die auf Theaterbauplanung spezialisiert waren, neue Bedeutung erlangt. Flexibilität und Multifunktionalität erschienen als Patentrezepte, um eine vermeintlich breitere kulturelle Teilhabe zu gewährleisten und eine größere Bandbreite spontan entstehender „kultureller Bedürfnisse" und Formen kreativen Ausdrucks zu ermöglichen.[15] Bauprojekte wie die Stadthalle im damaligen Karl-Marx-Stadt (1974 fertiggestellt, heute Chemnitz) wurden mit einem Fokus auf die Förderung individueller kreativer Entfaltung geplant. So konnte der Große Saal der

---

13 Vgl. IRS Erkner, Wiss. Samml., C90(1) „Der Wiederaufbau des Deutschen Nationaltheaters Weimar"; „Aufstellung meiner Leistungen in der DDR, Weimar, den 20. August 1951"; „Zur Frage der Produktion von Bühnenbeleuchtungsanlagen und Bühnenleuchtger.ten für Theater, Kulturräume und Feierstätten in der DDR".

14 Die Firmen Döhring und Hagedorn in Berlin als Teil der VEB Leuchtenbau waren die einzigen, die solch spezialisierte Ausstattung in der DDR produzieren konnten. Vgl. ebd.

15 Bittner 2023, S. 121–123.

8. *Kraftantriebe der Bühnenmaschinerie*

Neben der neuzeitlichen Hydraulikanlage für den Antrieb der großen Podien der Bühne sowie eines Teils der Prospektzüge werden auch zahlreiche elektromotorische Antriebe verwendet.

Der eiserne Vorhang, die Wickelhorizonte, die Seitenbühnenvorhänge, die Horizontdoublierung, die Schallmatte hinter dem Hauptvorhang, die Maschinen für Wind und Donner sind mit elektrischen Einzelantrieben versehen.

Der große teilbare Hauptvorhang wird über ein eigenes Leonardaggregat mit feinstufig regelbarer Geschwindigkeit gefahren. Ein weiteres Leonardaggregat kann wahlweise für die Drehscheibe, den Drehscheibenwagen, die Tischversenkung oder den Antrieb der Wagen in den beiden Seitenbühnen verwendet werden.

In ihrer Gesamtheit sind diese Anschlußpunkte so bemessen, daß auf der Bühne und im Zuschauerraum die für farbige Film- und Fernsehaufnahmen erforderliche Beleuchtungsstärke von rd. 6000 Lux an allen erforderlichen Stellen erreicht werden kann.

10. *Anschlüsse für Xenon-Projektionslampen*

Da in der Bühnenbeleuchtung das dem Sonnenspektrum ähnliche Xenonlicht in unseren Tagen eine immer stärkere Rolle zu spielen beginnt, wurden auch für die auf diesem Gebiet laufenden Neuentwicklungen in Zusammenarbeit mit dem VEB Berliner Glühlampen-Werk und der Akademie der Wissenschaften alle Möglichkeiten für einen Einsatz dieser Lichtquellen vorgesehen.

Während des Baues fanden ständig Versuche statt, um den jeweiligen Stand dieser Entwicklungen auf der Bühne zu er-

Bild 5. Blick in die Verteilung der Bühnenbeleuchtung. Im Vordergrund Stelltransformatoren mit den Drahtseilzügen

Bild 6. Die akustische Zentrale

Die Antriebe werden von den seitlich hinter dem Bühnenportal in einer Höhe von 2,5 m über dem Bühnenboden gelegenen Maschinistenstand gesteuert.

9. *Anlagen für die DEFA*

Da die Staatsoper entsprechend ihrer Bedeutung häufig zu Staatsakten im Mittelpunkt des öffentlichen Interesses steht, wurde für die DEFA, wie übrigens auch für den Rundfunk und das Fernsehen, eine eigene umfangreiche Anlage eingebaut.

Ein eigenes Kabelnetz ermöglicht den Anschluß von fahrbaren Gleichstromaggregaten an einer im früheren Prinzessinnenpalais vorgesehenen Übergabestelle. Hier wird ein Dreileiternetz mit bis zu 1000 A belastbaren Außenleitern eingespeist.

Eine eigene Verteilung befindet sich auf der Decke des Zuschauerraumes, in dem das Gestühl auf dem Vorderteil der Ränge abnehmbar ist, um erforderlichenfalls große Bogenlampenscheinwerfer dort aufzustellen. Außerdem sind noch Anschlußstellen auf den Podesten seitlich hinter dem Bühnenportal angebracht.

proben. Insbesondere ist hier an den Einsatz lichtstarker Xenon-Projektionslampen gedacht.

11. *Einbau eines Bühnenstellwerks mit magnetischen Verstärkern*

Für einen kleinen Teil der Bühnenbeleuchtung wurde über dem Hauptstellwerksstand ein zweiter, kleinerer Stand zur Erprobung eines in der Deutschen Demokratischen Republik neu entwickelten elektrisch gesteuerten Stellwerks vorgesehen. Das Stellwerk selbst ähnelt dem bisherigen mechanischen in Größe und Aufbau. An Stelle der Seilverbindungen zu den Stelltransformatoren treten einige Steuerleitungen geringen Querschnitts.

Die Steuerwiderstände sind im Stellwerk eingebaut und führen der der Scheinwerferlampe vorgeschalteten Drossel einen veränderlichen Gleichstrom zu. Durch ein Übermagnetisieren dieser Drossel wird eine Veränderung ihres Wechselstromwiderstandes bewirkt.

Die Lampe im Stromkreis wird so mit einer geringen Steuerstromstärke, die etwa 2 bis 5% des Lampenstromes beträgt, in ihrer Helligkeit zwischen beliebigen Grenzen verändert.

Abb. 2 Die Bühnenbeleuchtungsanlage (links) und die Akustikzentrale (rechts) nach der Fertigstellung des Wiederaufbaus der Berliner Staatsoper im Jahr 1955

Stadthalle innerhalb von Stunden umgebaut werden, sodass dort verschiedene Arten von Veranstaltungen stattfinden konnten – vom Experimentiertheater bis zur Ballettvorstellung, vom einfachen Vortrag bis zum Kongress.[16] Die vorgebliche Demokratisierung der Kulturinstitutionen bedeutete in technischer Hinsicht, dass Theater und Kulturzentren sich zunehmend auf Technik verließen – mit Steuerungsanlagen, teuren Lösungen für Licht und Akustik sowie mechanisierten Anlagen für die Ober- und Untermaschinerie. Diese wurden in zumeist geringer Anzahl von einigen wenigen Fachfirmen in den kapitalistischen Ländern hergestellt. Die ungarische Firma Tungsram beispielsweise musste Mikro-Stromkreisläufe und Kassetten mit Magnetbändern aus den USA, Antriebsmechanismen für Bänder aus Westdeutschland und Halbleiter und digitale Anzeigen aus Japan importieren, um die Steuerungsanlagen der Bühnenbeleuchtung für das Hilton Hotel in Budapest oder für die Stadien der Olympischen Spiele 1980 in Moskau herzustellen.[17] Die Währungen der sozialistischen Länder waren nicht konvertierbar, wodurch solche Importe zu einer deutlichen Erhöhung der Budgets führten. Dies wiederum erhöhte den Druck auf die Institute, die innerhalb der Planwirtschaften mit steigenden Währungsschulden im Ausland arbeiteten.[18]

Weitere Schauplätze des Systemwettstreits waren internationale Ausstellungen, Architekturwettbewerbe und Symposien. Die Prager Quadriennale (PQ), die im Herbst 1967 erstmals stattfand, entwickelte sich zur weltweit zentralen Veranstaltung für die Ausstellung von Bühnen- und Kostümbild sowie Theaterarchitektur.[19] Organisiert wurde sie durch das in Prag beheimatete Internationale Theaterinstitut. Es aktivierte seine internationalen Beziehungen, um zu erreichen, dass die Teilnahme nicht auf die sozialistischen Länder begrenzt blieb. Infolgedessen stellten auch die kapitalistischen sowie die blockfreien Staaten auf der PQ aus. Unter den teilnehmenden Ländern wurde der Preis für die beste Landesausstellung, die Goldene Triga, ausgelobt. In den einzelnen Kategorien, darunter auch Architektur, wurden Gold-, Silber- und Bronzemedaillen vergeben. Die Leiterin der Abteilung für Auslandsbeziehungen am Institut und Mitorganisatorin der PQ, Jarmila Gabrielová, vertrat die Auffassung, dass die tschechoslowakische Regierung die Ausstellung unterstützte, „weil solche Veranstaltungen Prags internationalen kulturellen Stand auch innerhalb der westeuropäischen Länder stärken würde".[20] In politischer Hinsicht war die PQ für die Tschechoslowakei die Chance, einen alternativen Weg zur internationalen Integration im Kulturbereich einzuschlagen und auf diese Weise die direkte sowjetische Kontrolle zu umgehen. 1968, ein Jahr nach

16 Vgl. Rubinow 1976.
17 Vgl. RGALI, f. 2329, op. 43 d. 232 (Technischer Bericht des Giproteatr zu einer Geschäftsreise in die Volksrepublik Ungarn 1977, S. 14).
18 Vgl. Stanek 2020, S. 171.
19 Seit 1967 hat die PQ bis heute alle vier Jahre stattgefunden. Zur Geschichte der PQ vgl. Gabrielová 2007.
20 Gabrielová 2007, S. 16.

Abb. 3 Eröffnungsfeier der Prager Quadriennale (PQ) 1971 im Foyerbereich des Brüsseler Pavillons. In der ersten Reihe: Zdenek Trhlík, Kulturminister der Tschechoslowakei; Vladimír Ludvík, stellvertretender Außenminister der Tschechoslowakei; Rosamond Gilder, Vorsitzende des Internationalen Theaterinstituts (USA), neben dem Dolmetscher sitzend. Ganz rechts steht Dr. Eva Soukupová, Direktorin des Theaterinstituts und der PQ 71.

Einweihung der PQ, wurde die Internationale Organisation für Bühnenbildner, Theaterarchitekten und Theatertechniker (OISTAT) ebenfalls in Prag gegründet. Das Symposium des Verbandes begleitete die PQ und ermöglichte auch den Theaterarchitekt:innen, ihre Ideen vorzustellen und zukünftige Wege der Theaterbauplanung und Bühnentechnik zu diskutieren. Dies hatte zur Folge, dass die PQ und OISTAT zu Bühnen für den systemübergreifenden Austausch von Fachwissen wurden – ganz anders als der RGW. (Abb. 3)

Vor diesem Hintergrund bemühten sich die Kulturministerien der sozialistischen Länder und die damit verbundenen Planungsinstitute darum, die Wettbewerbsfähigkeit bei der Innovation sozialistischer Theaterausstattung und bei Dienstleistungen auf dem globalen Markt sowie der kulturellen Versorgung innerhalb des Blocks zu verbessern. Wie der Vertreter des Forschungsinstituts des Bulgarischen Kulturministeriums A. Mitov notierte, wurde erwartet, dass jede spezialisierte

Theaterausstattung, die von sozialistischen Partnern entwickelt worden war, auch von den RGW-Ländern genutzt werden konnte.[21] Dieses Ziel erforderte allerdings eine bessere Synchronisation der verschiedenen staatssozialistischen Projekte und eine Koordination im Bereich von Architektur, Elektronik und Maschinerie.

Die Etablierung von bilateralem Wissensaustausch

Um gemeinsame Lösungen für die Theaterbauplanung und die Produktion spezieller Ausstattung zu erarbeiten, begannen die staatssozialistischen Planungsinstitute in den 1960er und 1970er Jahren mit der Etablierung bilateraler Abkommen zur Zusammenarbeit. Bis 1978 hatte das IKB beispielsweise separate Kooperationsabkommen mit Planungsinstituten in Moskau, Prag, Bratislava, Havanna, Warschau und Budapest abgeschlossen und bereitete Abkommen mit Organisationen in Hanoi und Bukarest vor.[22] Dazu gehörten der Austausch von Informationen und wissenschaftlichen Forschungsergebnissen sowie die „gegenseitige Hilfe bei der Arbeit an konkreten Objekten", ferner Ausbildungskurse (nur für vietnamesische und kubanische Kolleg:innen), der Austausch von Ausstellungen, gemeinsame Exkursionen und andere Aktivitäten.[23] Jede Planungsorganisation, die an diesem Austausch teilnahm, hatte besondere Spezialisierungen und entsprechende Ziele. Zum Beispiel war die Tschechoslowakei im Bereich Szenografie und Multimedia-Lösungen als weltweit führend anerkannt, nachdem Josef Svoboda seine Installation für den nationalen Pavillon auf der Weltausstellung EXPO 58 in Brüssel präsentiert hatte.[24] Die Prager Beamt:innen hatten außerdem den Vorschlag des Szenografischen Instituts von Miroslav Kouřil zur „Modernisierung" des gesamten „Theaternetzes" des Landes durch den Umbau bestehender Gebäude erörtert. [25] Die DDR hingegen setzte auf den Bau flexibler und multifunktionaler Kulturpaläste, die Kultur als Kommunikationsform definieren sollten.[26] Die Sowjetunion wiederum hatte das offizielle Ziel, im Rahmen des 8. Fünfjahresplans (1966–1970) etwa siebzig neue, aber preiswerte Theater zu bauen und eine nationale Industrie für die Herstellung von Theaterausstattungen zu entwickeln.[27] Schließlich betonten die vietnamesischen Akteur:innen die Bedeutung der Annäherung an die osteuropäischen Partner, um Erfahrungen und Ressourcen für den Wiederaufbau des

---

21 Vgl. Mitov 1985, S. 2.
22 Vgl. BArch, DR 1/14616 (Stellungnahme zur Arbeitsweise, zu den Arbeitsergebnissen und zur Effektivität des Instituts für Kulturbauten, S. 7).
23 Ebd., S. 8, 10.
24 Vgl. Crowley 2012; Freeze 2012.
25 Vgl. Lukáčová 2016.
26 Vgl. Cupers 2015, S. 474.
27 Vgl. Shchepetov 1966; Kaplenko 1976.

Abb. 4 Auszüge aus einem Bericht über eine Auslandsreise, den das Giproteatr-Institut dem Kulturministerium der UdSSR nach einer Exkursion in die Tschechoslowakei im Jahr 1979 vorlegte. In dem Bericht werden ein mobiler Aufzug und die Technologie zur Lagerung von Theaterdekorationen im Lager des Theater- und Kulissenkombinats Bratislava hervorgehoben.

„Netzes kultureller Einrichtungen im ganzen Land“ zu erhalten, von denen die meisten während des Kriegs zerstört worden waren.[28]

Um die Koordination der verschiedenen Ziele in den jeweiligen Ländern zu erleichtern, wurden Exkursionen mit gegenseitigen Besuchen für Partnerorganisationen von dem jeweils einladenden Land organisiert und finanziert. Von besonderem Interesse war bei diesen Reisen immer der Austausch von Baunormen. Normen oder Planungsstandards hatten eine herausragende Stellung innerhalb der staatssozialistischen Bauwirtschaften. Sie sollten die Qualität und wirtschaftliche Kontrolle sicherstellen, indem sie architektonische, technische und ökonomische Messgrößen für kulturelle Einrichtungen auf nationaler Ebene lieferten. Es gab Normen und Standards ganz unterschiedlicher Art – angefangen mit Verordnungen für die Stadtplanung, die die Verteilung der Kulturgebäude berücksichtigte, bis hin zur technischen Ausstattung. Bei der Einrichtung von multilateralen Kooperationen dienten Baunormen auch als Mittel zum Vergleich der verschiedenen Baukulturen der sozialistischen Länder (Abb. 4).

Multilateraler Wissensaustausch: Das *Terminologische Wörterbuch Bauwesen* des RGW in zwölf Sprachen

Bis 1976 war aus gegenseitigen Besuchen ein multilaterales Projekt hervorgegangen: die temporäre RGW-Arbeitsgruppe der sozialistischen Länder für die Planung von kulturellen Einrichtungen. Die Gruppe zielte darauf ab, die Zusammenarbeit im Bereich der baulichen und technischen Normen und Vorschriften zu fördern, eine Übersicht über die Exportmöglichkeiten von Theaterausrüstungen in jedem Land zu erstellen (durch die Verbreitung von Normen, Produktspezifikationen, Katalogen und Broschüren) und Koproduktionsprojekte für ausgewählte Theaterausrüstungen im Rahmen der RGW-weiten Arbeitsteilung zu starten (Abb. 5).[29] Aufgrund der Spezifik der Theaterausrüstung und der geringen tatsächlichen Produktionsmengen versuchten nur wenige sozialistische Staaten selbst eine Massenproduktion aufzubauen. Stattdessen stellten sich die Vertreter:innen vor, dass es möglich wäre, den allgemeinen „Bedarf an einzelnen Arten von Ausrüstungen, Maschinen und Materialien aller sozialistischen Länder“ zu prognostizieren und „die Massenproduktion jedes Artikels in einem jeweiligen Land

28 o. V.: „Erste Tagung des Büros der zeitweiligen Arbeitsgruppe der sozialistischen Länder ‚Projektierung von Kultureinrichtungen‘“. In: *Bauten der Kultur*, Nr. 4/1978, S. 2.

29 Vgl. RGALI, f.2329, op. 43, d. 226 (Brief an die Teilnehmer des achten Treffens der Kulturminister der Sozialistischen Ländern in Ulaanbaatat am 7. September 1976, zur weiteren Arbeitsrichtung, um die materielle und technische Basis der kulturellen Einrichtungen zu stärken, S. 65–67).

Abb. 5 Archäologie der staatssozialistischen Fachliteratur. Empfehlungen zum Wiederaufbau von Theatern des Berliner Instituts für Kulturbauten, gefunden im Privatarchiv von Dalibor Štys, ehemaliger Mitarbeiter der Projekt- und Ingenieursorganisation des tschechoslowakischen Kulturministeriums in Prag, Juni 2019

zu organisieren, wobei der Bedarf aller kulturellen Organisationen [...] in der sozialistischen Gemeinschaft berücksichtigt wird".[30]

Auf sowjetische Initiative hin wurde die Arbeitsgruppe im Büro des IKB in Berlin angesiedelt und traf sich zweimal im Jahr in den Büros der teilnehmenden Organisationen oder Kulturministerien. Treffen verschiedener Untergruppen fanden in Havanna, Moskau, Warschau, Ulan Bator, Karl-Marx-Stadt und anderen Städten statt. Um die multilaterale Kooperation arbeitsfähig zu machen, nahmen die Institute an einem RGW-weiten Projekt zur Klassifizierung teil, das die Standardisierung und Vermittlung eines gemeinsamen Vokabulars von Theaterbaubegriffen in den Sprachen der RGW-Länder zum Ziel hatte. Die Kooperation erfolgte unter dem Patronat der Kulturministerien der teilnehmenden Länder, aber die Begriffe selbst sowie der Inhalt der Kooperation wurden von den Fachleuten der Planungsinstitute festgelegt. Die Zusammenstellung solchen Planungsvokabulars wurde als ein Weg zur Verbesserung der internationalen sozialistischen Kooperation bei der Planung und Standardisierung im Kulturbereich erklärt.[31]

Das Verfahren sowie die Erstellung eines Wörterbuchs waren auf der Sitzung der Arbeitsgruppe 1981 in Bratislava beschlossen worden. Die Bearbeitung des Fachvokabulars erfolgte ebenfalls arbeitsteilig: Jedem Land wurde eine bestimmte Gruppe von Begriffen zugeteilt, die dann von den jeweils anderen vorgeprüft wurde. Zum Beispiel

30 Ebd., S. 67.
31 Vgl. BArch, DR 1/21520 (Dienstanweisung für Überseereisen für 1977).

erhielt die DDR die Aufgabe, Begriffe für die Untermaschinerie zu sammeln und festzulegen, die UdSSR war für die Obermaschinerie, Polen für Bühnenbeleuchtung, die Tschechoslowakei für Leuchten, Bulgarien für Tonanlagen und Ungarn für Elektroakustik zuständig.[32] Die Sowjetunion hatte die Zusammenarbeit zwar initiiert, aber ihre Vertreter:innen hatten keine führende Stellung als Expert:innen, und die sowjetischen Beiträge zu den Terminologien wurden oft von anderen Teilnehmenden korrigiert.[33]

Das Wörterbuch richtete sich an Fachleute, die Kulturbauten planten. (Abb. 1) Die erste Entwurfsausgabe des Wörterbuchs wurde im Jahr 1982 erstellt und umfasste 700 Wörter. Sie basierte hauptsächlich auf den tschechoslowakischen Baunormen und dem russischsprachigen Wörterbuch der Theaterbegriffe, das vom Institut Giproteatr für die Kommunikation mit Theaterfachleuten in der Sowjetunion verwendet wurde. Beide Quellen wurden auch von tschechoslowakischen Planungsinstituten ausgewertet und systematisiert. Danach wurde die Entwurfsfassung an die Sowjetunion und die DDR zur Erarbeitung der Versionen in deutscher und russischer Sprache geschickt. Ursprünglich war geplant, dass die übrigen Länder unter Verwendung der bestehenden Bauvorschriften und Lexika ihre eigenen Versionen erstellen sollten. Diese Methode erwies sich aber als problematisch, da nicht alle Länder gültige Bauvorschriften oder Lexika hatten, um die komplexe Theaterausstattung zu definieren, und viele hatten Mühe, Synonyme für die komplexeren Begriffe zu finden.[34] Die endgültige Begriffsauswahl wurde in eine neue Ausgabe des *Terminologischen Wörterbuchs Bauwesen* in zwölf Sprachen übernommen.[35]

Das Wörterbuch sollte soziale und politische, aber auch linguistische Probleme lösen. Bei der Beschreibung der Ziele der Arbeitsgruppe schrieb der sowjetische Forscher und Kunsthistoriker V. Listowsky:

> [D]iese Tätigkeit kann nicht einfach als Suche nach einer Form verstanden werden, die die Übersetzung für das Studium der Fachliteratur und der Projektdokumentation erleichtert – Übersetzer können dies leicht bewältigen. Der sozialistische Charakter der nationalen Kulturen, die Einheitlichkeit der Funktionen der Kultur in den Ländern der sozialistischen Gemeinschaft, erlaubt es uns, den Spezialisten eine neue Aufgabe zu stellen. Erstens in Bezug auf den Inhalt und die Funktionalität: Durch die

---

32 Vgl. RGALI, f. 2329 op. 43, d. 239 (Arbeitspapiere zum Treffen der Interim-Arbeitsgruppen der sozialistischen Länder zur Planung kultureller Einrichtung, 5.–7. Juli 1978. Auf Russisch und Deutsch. Treffen zur Kooperation und Herstellung von Theaterausstattung und -material, S. 1–4).

33 Vgl. RGALI, f. 2329, op. 43, d. 271 (Brief an den Direktor des Giproteatr-Instituts V. M. Vinogradow vom Leiter der Wissenschafts-, Technik- und Produktionsabteilung des Kulturministeriums der Sowjetunion A. I. Sviridochkin, 1980).

34 Vgl. ebd.

35 Vgl. ebd.

> schrittweise Vereinheitlichung der Terminologie soll eine einzige Plattform für die sozialistische Kultur entwickelt werden. [...] Eine einheitliche Terminologie kann nicht künstlich geschaffen werden. Ihre Bildung sollte den realen Prozess der Integration der Länder der sozialistischen Gemeinschaft widerspiegeln.[36]

Obwohl die Ergebnisse einer solchen koordinierten Zusammenarbeit noch weiter untersucht werden sollten, lässt sich bereits zeigen, dass einige der Koproduktionspläne verwirklicht wurden. Die Lichtregler der sowjetischen und ungarischen Unternehmen Souzteaprom und Tungsram (Lichtregler aus Ungarn und sowjetischer Stromversorger) wurden in Koproduktion hergestellt und im neuen Schauspielhaus in Vilnius, Sowjetlitauen, installiert. In Zusammenarbeit mit der Firma Tesla (Újezd, Tschechoslowakei) wurden Lichtregler für die Theater in Tjumen und Barnaul (UdSSR) hergestellt. Und zwischen 1978 und 1980 wurde berichtet, dass allgemein der Import von Theaterausstattung aus kapitalistischen Ländern deutlich zurückgegangen sei.[37]

Die Prinzipien des „realen Integrationsprozesses in einer sozialistischen Gemeinschaft", die mit dem Wörterbuch realisiert werden sollten, funktionierten für Länder ohne Theaterindustrien jedoch ganz anders. Reibungen bei der Gestaltung des Wörterbuchs legten zudem Ungleichheiten offen, insbesondere für Beteiligte aus der Mongolei (trat der RGW 1962 bei), Kuba (volles Mitglied seit 1972) und Vietnam (volles Mitglied seit 1978), die sich an den Aktivitäten der Arbeitsgruppe beteiligt, aber nicht direkt zur Definition der abzustimmenden Fachbegriffe beigetragen hatten. Während das Wörterbuch also den stärker industrialisierten Ländern als Koordinationswerkzeug für verschiedene, aber kompatible Baukulturen diente, führte es in Ländern ohne spezialisierte Theaterausstattung eher zu einem Import von Fachbegriffen und Normen anderer osteuropäischer Partner.[38] So wurden etwa die theaterbaulichen Fachbegriffe „rechnerische Kapazität", „flexibler Saal", „Schnür- und Rollenboden" und „akustischer Komfort" ins Mongolische übersetzt,[39] obgleich es nur eine einzige Mehrzweckhalle in der Mongolei gab, für welche die Begriffe tatsächlich Bedeutung erlangten. Sie war vom Institut Giproteatr geplant und 1978 nach den sowjetischen Baunormen und Standards für Technik, Sanitär und Sicherheit gebaut worden.

36 Listovsky 1983, S. 29.

37 Vgl. RGALI, f. 2329 op. 43, d. 295 (Hinweis auf die Ergebnisse der wissenschaftlich-technischen Zusammenarbeit im Rahmen der zeitweiligen Arbeitsgruppen der sozialistischen Länder in den Jahren 1978–1981, S. 5).

38 Für ähnliche Beobachtungen vgl. Stanek 2019.

39 Vgl. Rat für gegenseitige Wirtschaftshilfe 1986, S. 62, 122, 168, 171.

Schluss

Von der Produktion von Steuerungsanlagen für die Bühnenbeleuchtung bis hin zum Bau von monumentalen Theaterkomplexen war die Theaterbauplanung nach dem Zweiten Weltkrieg von nationaler Kulturpolitik und dem globalen Kalten Krieg geprägt. In den 1960er Jahren wuchs die Nachfrage nach flexibleren und multifunktionalen Kulturgebäuden, angetrieben durch verstärkte Investitionen in kulturelle Einrichtungen auf beiden Seiten des „Eisernen Vorhangs" sowie den anhaltenden Wettbewerb mit kapitalistischen Ländern um einen höheren Lebensstandard. Sozialistische Länder versuchten, diese und andere Herausforderungen anzugehen und bilaterale und multilaterale Rahmenwerke zum Austausch in Theaterbauplanung und Bühnentechnik zu entwickeln.

In der Anfangsphase internationaler Kooperation hatten die staatssozialistischen Planungsinstitute wie das ostdeutsche Institut für Kulturbauten, das sowjetische Giproteatr-Institut sowie die Planungs- und Konstruktionsabteilung des Kulturministeriums der Tschechoslowakei bilaterale Abkommen geschlossen. 1976 initiierte die Sowjetunion die Einrichtung der temporären RGW-Arbeitsgruppe der sozialistischen Länder zur Planung von Kulturbauten, um eine multilaterale Koordination in der Theaterbauplanung zu ermöglichen. Ziel war es, die Produktion von Theaterausstattung für einen internationalen sozialistischen Markt effektiver zu gestalten. Das größte Koordinierungsprojekt der Gruppe war die Standardisierung und Vermittlung eines gemeinsamen Vokabulars von Begriffen der Theaterbauplanung in den Sprachen, die im RGW und darüber hinaus gesprochen wurden. Die Sowjetunion hatte nicht die oberste Autorität in Sachen Theaterbauplanung. Die Tschechoslowakei, international für ihre Regietradition und Multimedia-Expertise anerkannt, kontrollierte den Zugang zu den Schlüsselplattformen des internationalen Austauschs in der Theaterbauplanung und Bühnentechnik – OISTAT und RGW.

Während der Austausch zwischen den stärker industrialisierten Ländern zu technischen Kooperationen und Wissenstransfer geführt hatte, ging die Zirkulation von Baunormen, technischen Standards und Fachvokabular zur Koordination mit den weniger industrialisierten Ländern des RGW oftmals nur in eine Richtung.

Übersetzung: Karin Winkelsesser, Jan Lazardzig

Literatur

Bernhardt, Christoph/Butter, Andreas/Motylinska, Monika (Hg.): *Between Solidarity and Economic Constraints. Global Entanglements of Socialist Architecture and Planning in the Cold War Period.* Oldenbourg 2023

Bittner, Regina: „Architecture of Cultural Transgression. Cultural Centres between the Fronts". In: Banz, Claudia (Hg.): *Retrotopia: Design for Socialist Spaces.* Dortmund 2023, S. 120–123

Brown, Kathryn L.: *Plutopia: Nuclear Families, Atomic Cities, and the Great Soviet and*

American Plutonium Disasters. Oxford University Press 2013

Castillo, Greg: *Cold War on the Home Front: The Soft Power of Midcentury Design.* University of Minnesota Press 2010

Chu, Pey-Yi: *The Life of Permafrost: A History of Frozen Earth in Russian and Soviet Science.* University of Toronto Press 2020

Crowley, David: „Humanity Rearranged: The Polish and Czechoslovak Pavilions at Expo 58“. In: *West 86th.* Nr. 1/2012, Jg. 19, S. 88–105

Cupers, Kenny: „The Cultural Center: Architecture as Cultural Policy in Postwar Europe“. In: *The Journal of the Society of Architectural Historians.* Vol. 74, Nr. 4/2015, S. 464–484

Freeze, Karen J.: „Czechoslovak Theater Technology under Communism: Ambassador to the West“. In: *Technology and Culture.* Nr. 2/2012, Jg. 53, S. 442–460

Gabrielová, Jarmila: *Kronika Pražského quadriennale.* Divadelní ústav 2007

Kaiser, Wolfram/Schot, Johan: *Writing the Rules for Europe: Experts, Cartels, and International Organizations.* London 2018

Kalinovsky, Artemy M.: *Laboratory of Socialist Development: Cold War Politics and Decolonization in Soviet Tajikistan.* Cornell University Press 2018

Kaplenko, E. Y.: „Razvitiye Teatralnoy Promyshlennosti v Desyatoy Pyatiletke“. In: *Stsenicheskaya Tekhnika i Tekhnologiya.* Nr. 4/1976, S. 10–12

Listovsky, V. V.: „Sozdaniye edinoy terminologii v oblasti proyektirovaniya obyektov kultury – problema mezhdunarodnaya“. In: *Stsenicheskaya teznika i tekhnologiya.* Nr. 5/1983, S. 29–30

Litvinenko, Ksenia: „Performing Universality: Building Norms and the Circulation of Theatre Architecture in the RSFSR“. In: Colla, Marcus/Betts, Paul (Hg.): *Rethinking Socialist Space in the Twentieth Century.* Basel 2024, S. 219–250

Lukáčová, Kateřina: „Úkulý Scénografického ústu“. In: *Theatralia.* Vol. 19, Nr. 1/2016, S. 159–180

Mëhilli, Elidor: *From Stalin to Mao: Albania and the Socialist World.* Cornell University Press 2017

Mitov, A.: „Materialno-tekhnicheskaya baza kultury stran SEV“. In: *Stsenicheskaya Tekhnika i Tekhnologiya.* Nr. 1/1985, S. 2

Molnár, Virág: *Building the State: Architecture, Politics, and State Formation in Postwar Central Europe.* Abingdon 2013

Oreskes, Naomi/Krige, John: *Science and Technology in the Global Cold War.* MIT Press 2014

o. V.: „Erste Tagung des Büros der zeitweiligen Arbeitsgruppe der sozialistischen Länder ‚Projektierung von Kultureinrichtungen'“. In: *Bauten der Kultur.* Nr. 4/1978, S. 2–5

Rat für gegenseitige Wirtschaftshilfe, Ständige Kommission Bauwesen: *Terminologichesky slovar po stroitelstvu na 12 yazykakh.* Moskau 1986

Rubinow, Wladimir: „Die Stadthalle Karl-Marx-Stadt. Die Lösung der Gesamtanlage“. In: *Bauten der Kultur.* Nr. 1/1976, S. 16–28

Schwenkel, Christina: *Building Socialism: The Afterlife of East German Architecture in Urban Vietnam.* Duke University Press 2020

Shchepetov, B. V.: „O Stroitelstve Teatrov v Novom Pyatiletii“. In: *Stsenicheskaya Tekhnika i Tekhnologiya.* Nr. 4/1966, S. 25–29

Stanek, Łukasz: „Paper Cybernetics. Notes on Comecon's Dictionary of Civil Engineering in Twelve Languages (1979)“. In: *Pidgin.* Vol. 26/2019, S. 80–90

Stanek, Łukasz: *Architecture in Global Socialism: Eastern Europe, West Africa, and the Middle East in the Cold War.* Princeton University Press 2020

Bildnachweis

1 Rat für gegenseitige Wirtschaftshilfe, Ständige Kommission Bauwesen: *Terminologichesky slovar po stroitelstvu na 12 yazykakh.* Moskau 1986

2 Hemmerling, K/Burkhardt, J./Gussmann, H./Lilienfein, Th./Weidner, M.: „Die bühnentechnischen Anlagen in der neuen Staatsoper Berlin“. In: *Die Technik.* Heft 12/1955, S. 709

3 Archiv der Prager Quadriennale (PQ). Foto: Vilém Sochůrek

4 Russisches Staatsarchiv für Literatur und Kunst, f. 2329, op. 43, d. 258, S. 27–30

5 Privatarchiv Dalibor Štys. Foto: Ksenia Litvinenko

Abb. 1 Joan Crawford mit einem Modell des Stadttheaters Gelsenkirchen (heute: Musiktheater im Revier) auf der Ausstellung „The New Theatre in Germany" New York 1961

Von Gelsenkirchen an die Park Avenue

Bundesdeutsche Theaterbauten auf internationalen Ausstellungen

Frank Schmitz

Manhattan, 5. Dezember 1961. In Anwesenheit der Schauspielerin Joan Crawford und weiterer Hollywood-Prominenz wird in New York die Ausstellung „The New Theatre in Germany" eröffnet (Abb. 1). Die Schau zum bundesdeutschen Theaterwesen wird gesponsert von der Firma Pepsi-Cola und in deren Firmenzentrale an der Park Avenue gezeigt. Joan Crawford ist als Witwe des Getränkeunternehmers Alfred Steele sowie in ihrer Funktion im Aufsichtsrat des Getränkekonzerns eine der Gastgeber:innen der Ausstellung. Eines der prominentesten Exponate ist ein großes Architekturmodell des Stadttheaters Gelsenkirchen.[1]

Das 1959 eröffnete Theater mit moderner Stahl-Glas-Fassade hatte zu diesem Zeitpunkt bereits international Aufsehen erregt, es war einer der frühen modernen Bühnenbauten im Europa der Nachkriegszeit. Das öffentliche Bauen in der Bundesrepublik präsentierte sich somit in der Ausstellung auf Augenhöhe mit einer internationalen Nachkriegsmoderne. Und das ausgerechnet an der Park Avenue, wo sich mehrere Ikonen des *International Style* befanden, darunter auch das 1960 fertiggestellte Verwaltungsgebäude von Pepsi-Cola selbst.

Theaterbau als Medium?

Wiederholt wurden bundesdeutsche Theaterbauten auf internationalen Ausstellungen präsentiert. Im Folgenden wird gezeigt,

1 Vgl. Stremmenos 2020, S. 9 f.

inwiefern dieser Baugattung dabei eine besondere Rolle zukam. Grundlegende Annahme ist dabei, dass Architektur teils gezielt und in staatlichem Auftrag als Mittel einer Selbstdarstellung der Bundesrepublik eingesetzt wurde. Warum erschienen aber gerade Theaterbauten als dafür offenbar geeignetes Medium? Schrieben die organisatorisch oder politisch Verantwortlichen diesen Präsentationen spezifische Aussagewerte zu? Welche charakteristischen Eigenschaften von Theaterbauten ließen sie für eine solche Funktion besonders geeignet erscheinen?

Eine vertiefte wissenschaftliche Beschäftigung mit diesem Themenfeld hat bisher nicht stattgefunden. Für die Zeit um 1900 hat die Theater- und Medienwissenschaftlerin Lotte Schüßler exemplarisch drei große Theaterausstellungen untersucht, ihre Fragestellungen zielten dabei jedoch nicht explizit auf die Architektur der Spielstätten.[2] Eine erste Annäherung habe ich im Rahmen meiner Studie *Spiel-Räume der Demokratie. Theaterbau in der Bundesrepublik Deutschland 1949–1975* vorgestellt.[3] Für den vorliegenden Aufsatz habe ich die Recherchen deutlich erweitert, unter anderem in vertiefenden Auswertungen der Nachlässe einzelner Theaterarchitekt:innen. Von besonderer Aussagekraft sind die entsprechenden Akten im Politischen Archiv des Auswärtigen Amtes, da mehrere der untersuchten Ausstellungen politisch initiiert oder zumindest flankiert wurden. Zentrale Voraussetzung für einen Einsatz von Theaterbauten zur staatlichen Außendarstellung war die Tatsache, dass es sich im Unterschied etwa zu Kinos um vorwiegend öffentlich finanzierte Bauten handelte – international durchaus eine Besonderheit, denn Theaterbau und Spielbetrieb waren und sind in zahlreichen Ländern viel stärker kommerzialisiert als in Deutschland.[4] Eine weitere Voraussetzung für die staatliche Repräsentation durch Theaterbau war die Vielzahl der neu errichteten oder umfassend wiederhergestellten Spielstätten nach dem Zweiten Weltkrieg in der Bundesrepublik. Die große Zahl – je nach Zählung geht man von bis zu 180 neuen Spielstätten aus – hatte sich aus dem hohen Grad an Kriegszerstörungen ergeben, aber auch durch eine Konkurrenz von Städten und Bundesländern um repräsentative Theaterbauten.[5]

Vom Wissenstransfer zum politischen Auftrag

Ausstellungen zum Theaterbau fanden vielfach parallel zu entsprechenden Fachkonferenzen statt, so etwa in Paris, wo das Internationale Theaterinstitut (ITI) 1950 seinen „III. Internationalen Kongreß" ausrichtete. 1948 auf Initiative der UNESCO gegründet, verstand

2 Vgl. Schüßler 2022.
3 Die Publikation ist zugleich meine Habilitationsschrift, sie stellt die Ergebnisse des gleichnamigen DFG-Forschungsprojekts (Laufzeit 2014–2020) vor (vgl. Schmitz 2022, S. 279–284).
4 Vgl. dazu Michaels 2012, S. 121–132.
5 Simon 1968, o. S.

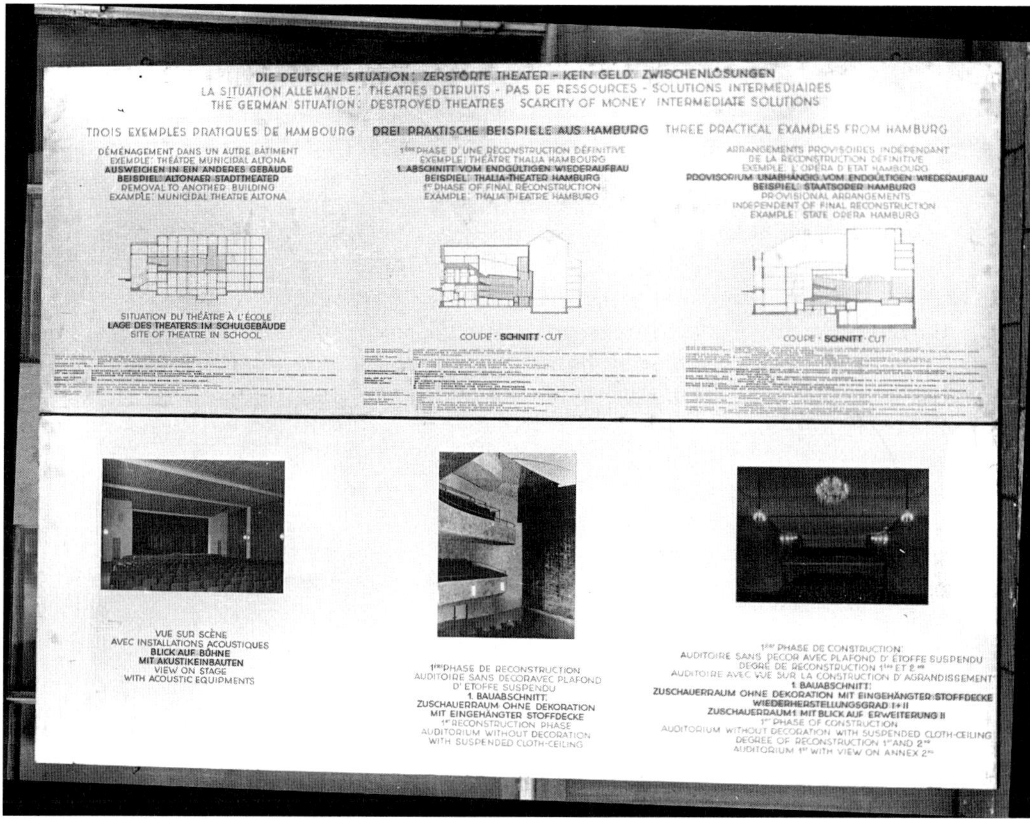

Abb. 2 Werner Kallmorgens Schautafel „Die deutsche Situation“ auf der Ausstellung zur Pariser Theaterkonferenz, 1950

sich das Institut als internationales Netzwerk aus Theaterfachleuten. Die bundesdeutsche Delegation in Paris leitete der Bühnentechniker Walther Unruh, der auch den deutschen Ausstellungsbeitrag verantwortete.[6] Der Hamburger Theaterarchitekt Werner Kallmorgen hatte die einzelnen Schautafeln erstellt. Unter der Überschrift „Zerstörte Theater – Kein Geld: Zwischenlösungen“ stellte er Strategien zum Bau und zur Wiederherstellung von Spielstätten anhand eigener Entwürfe vor (Abb. 2). Die spezifische deutsche Situation der Nachkriegszeit verstand Kallmorgen dabei als „deutsche Chance im internationalen Theaterbau“, als ein „weite[s] Experimentierfeld auf den Trümmern der Vergangenheit, das den anderen fehlt“.[7] Der Fokus der Ausstellung – wie auch der zugehörigen Konferenz – war somit auf konkrete fachliche Probleme gerichtet, weniger auf eine Repräsentation der beteiligten Staaten.[8]

6 Vgl. Unruh 1950, S. 4–6.
7 Kallmorgen 1950, S. 9.
8 Vgl. Unruh 1950, S. 5.

Dennoch machten die organisatorischen Strukturen deutlich, dass die Rahmensetzungen für das Theaterwesen als staatliche Aufgabe verstanden wurden – zumindest auf französischer Seite: Koordinator der Ausstellung war Pierre Sonrel, der „Berater der französischen Regierung in allen den Theaterbau betreffenden Fragen“.[9] Nach der ersten Station in Paris wurde die Ausstellung im Sommer 1950 in Berlin im Kulturzentrum Maison de France am Kurfürstendamm gezeigt. Dies geschah auf Veranlassung der Direction Générale des Affaires Culturelles en Allemagne und damit in französischem staatlichem Auftrag.[10]

Das Beispiel der Pariser Ausstellung macht somit deutlich, dass Theaterbau bereits wenige Jahre nach Kriegsende wieder zum Gegenstand internationaler Wissenstransfers wurde. Eine politische Steuerung im engeren Sinne oder gar eine Beauftragung des bundesdeutschen Ausstellungsbeitrags gab es nicht – möglicherweise auch, weil die entsprechenden staatlichen Strukturen ja erst seit Gründung der Bundesrepublik 1949 etabliert worden waren. Während der NS-Zeit hatte es hingegen eine intensive staatliche Steuerung von Ausstellungen gegeben, auf denen deutsche Architektur international gezeigt wurde. So präsentierte sich das Deutsche Reich etwa mit der Ausstellung „Neue Deutsche Baukunst“ 1940/41 unter anderem in Belgrad, Sofia, Budapest, Kopenhagen und Lissabon vorrangig durch Modelle und Pläne großer Staatsbauten – darunter Gauforen und die Reichskanzlei.[11] Entsprechend der vergleichsweise kleinen Zahl an Theaterneubauten während der NS-Zeit kam der Gattung auf den Ausstellungen keine größere Bedeutung zu.[12]

Auf internationalen Ausstellungen nach dem Zweiten Weltkrieg nahmen die Bühnenkünste oftmals einen hohen Stellenwert ein. So hatten die Vereinigten Staaten auf der Brüsseler Weltausstellung 1958 ein provisorisches Theatergebäude für Gastspiele errichtet,[13] während der bundesdeutsche Ausstellungsbeitrag dem nichts Vergleichbares entgegenzusetzen hatte. Der Bericht der Zeitschrift *Bühnentechnische Rundschau* kritisierte, „man hätte erwarten können, daß z.B. Deutschland, ein Land mit sehr vielen Theatern und reichen staatlichen Zuschüssen, diesem Teil seines ‚Lebensstiles‘ mehr Aufmerksamkeit geschenkt hätte“.[14]

Als sei die Kritik der prominenten Fachzeitschrift erhört worden, nahmen das Bühnenwesen und insbesondere die bundesdeutsche Theaterarchitektur in den folgenden Jahren verstärkt Raum auf internationalen Ausstellungen ein. Bemerkenswert ist dabei, dass mehrere dieser Schauen staatlich organisiert und finanziert waren, ja sogar

9 *Bühnentechnische Rundschau*, Nr. 3/1950, Jg. 40, S. 1.
10 Vgl. ebd.
11 Vgl. Müller-Kindler 2020, S. 520.
12 Neben dem Grenzlandtheater in Zittau (1936 eröffnet) entstanden größere Theaterneubauten lediglich in Dessau und Saarbrücken (beide 1938 eröffnet).
13 Vgl. Unruh 1958, S. 8.
14 Ebd., S. 10.

Abb. 3 Ausstellung „Moderne Architektur in der Bundesrepublik Deutschland“, Leningrad 1966. Rechts im Bild: Schautafeln zum Stadttheater Ingolstadt

teils auf Regierungsebene abgestimmt und von Kabinettsmitgliedern eröffnet wurden. So reiste der bundesdeutsche Forschungsminister Gerhard Stoltenberg (CDU) im Sommer 1966 nach Leningrad, um die Ausstellung „Moderne Architektur in der Bundesrepublik Deutschland“ zu eröffnen. Die Schau war von der Kulturabteilung des Auswärtigen Amtes ausgerichtet worden und präsentierte die aktuelle staatliche und kommunale Bautätigkeit in 300 großformatigen Tafeln und zahlreichen Modellen (Abb. 3).[15] Präsentiert wurden unter anderem die teils noch in Planung befindlichen neuen Spielstätten von Münster, Mannheim, Ingolstadt, Wolfsburg sowie das historische Cuvilliéstheater und das Nationaltheater, beide in München.[16] Mit der Ausstellung und der Ministerreise verfolgte die Bundesregierung die politische Absicht, die „sowjetische Bereitschaft zur Erweiterung des kulturellen und wissenschaftlichen Austausches mit der Bundesrepublik zu testen“, wie

15 Vgl. *Der Spiegel*, Nr. 32/1966, Jg. 20, S. 22 sowie Kühne 1966.
16 Vgl. Simon 1966.

Der Spiegel 1966 berichtete.[17] Die Ausstellung war auf weiteren Stationen in Kiew und Moskau zu sehen, sie fiel in eine brisante Phase der Beziehungen beider Staaten während des Kalten Kriegs wenige Jahre nach Bau der Berliner Mauer 1961.[18] Der Katalog zur Architekturausstellung, der in einer Auflage von 500.000 Stück [!] erschien, kam mehr oder weniger subtil als Werbebroschüre für die vermeintlichen Vorzüge der sozialen Marktwirtschaft daher.[19] Die politische Stoßrichtung wurde auch in der Ansprache des Hannoveraner Stadtbaurats Rudolf Hillebrecht zur Eröffnung der dritten Station der Ausstellung in Moskau im Dezember 1966 deutlich: „Wenn wir in winterlicher Zeit manchmal des rechten Mutes bedürfen, pflegen wir das tröstlich helfende Wort zu sagen: ‚Es muß doch einmal Frühling werden!‘ Daß dazu auch diese Ausstellung beitragen möge, das ist, meine Damen und Herren, mein aufrichtiger Wunsch.“[20] Im Vorfeld der Ausstellung hatte Bundesaußenminister Gerhard Schröder (CDU) die schriftliche Zusage des Bundeskanzlers Ludwig Erhard eingeholt, einen Vertreter der Bundesregierung zur Ausstellungseröffnung nach Leningrad entsenden zu dürfen.[21] Die Ausstellung war im Januar 1967 zudem Gegenstand einer Fragestunde des Deutschen Bundestags, in der sich der Abgeordnete Max Schulze-Vorberg (CSU) nach den Erfahrungen der Ausstellung aus Sicht der Bundesregierung erkundigte.[22] In Vertretung des Bundesaußenministers Willy Brandt – Nachfolger Schröders ab 1966 – antwortete Staatssekretär Klaus Schütz (SPD), dass „weit mehr als eine halbe Million“ sowjetischer Besuchender die Ausstellung bisher gesehen und damit die Möglichkeit gehabt hätten, „sich einen unmittelbaren Eindruck von der Gestaltung des Daseins in der Bundesrepublik zu verschaffen […]. Dies stellt nach unserer Meinung weit über den künstlerischen Bereich hinaus einen bedeutsamen Faktor für die Weiterentwicklung der deutsch-sowjetischen Beziehungen dar.“[23] Architektur als *Pars pro Toto* für die „Gestaltung des Daseins in der Bundesrepublik“ – nachdrücklicher als mit den Worten des Staatssekretärs konnte die Relevanz und Aussagekraft öffentlicher Kulturbauten kaum umschrieben werden.

---

17 Vgl. *Der Spiegel*, Nr. 32/1966, Jg. 20, S. 22.

18 Vgl. *Der Spiegel*, Nr. 32/1966, Jg. 20, S. 22.

19 Vgl. Antwortentwurf des AA [Auswärtigen Amtes] auf die Frage des Abgeordneten Dr. Schulze-Vorberg. Bonn, 16. Januar 1967, S. 2 [Typoskript]. Politisches Archiv des Auswärtigen Amtes, Berlin (PA AA) B, B 97, Band 47 sowie *Der Spiegel*, Nr. 32/1966, Jg. 20, S. 22.

20 Rudolf Hillebrecht: Ansprache zur Eröffnung der deutschen Architektur- und Städtebauausstellung in Moskau am 12. Dezember 1966 [Typoskript]. PA AA, B, B 97, Band 47.

21 „Ich bin damit einverstanden, daß Sie Herrn Stoltenberg bitten, als Vertreter der Bundesregierung an der Eröffnung teilzunehmen.“ Brief von Bundeskanzler Ludwig Erhard an den Bundesminister des Auswärtigen Gerhard Schröder vom 21. Juni 1966 [Typoskript mit eigenhändiger Unterschrift Erhards]. PA AA, B, B 97, Band 46.

22 Vgl. Deutscher Bundestag, 84. Sitzung. Bonn, den 18. Januar 1967. Plenarprotokoll, S. 3916 B. PA AA, B, B 97, Band 47.

23 Ebd., vgl. auch *Die Welt*, 12. Januar 1967.

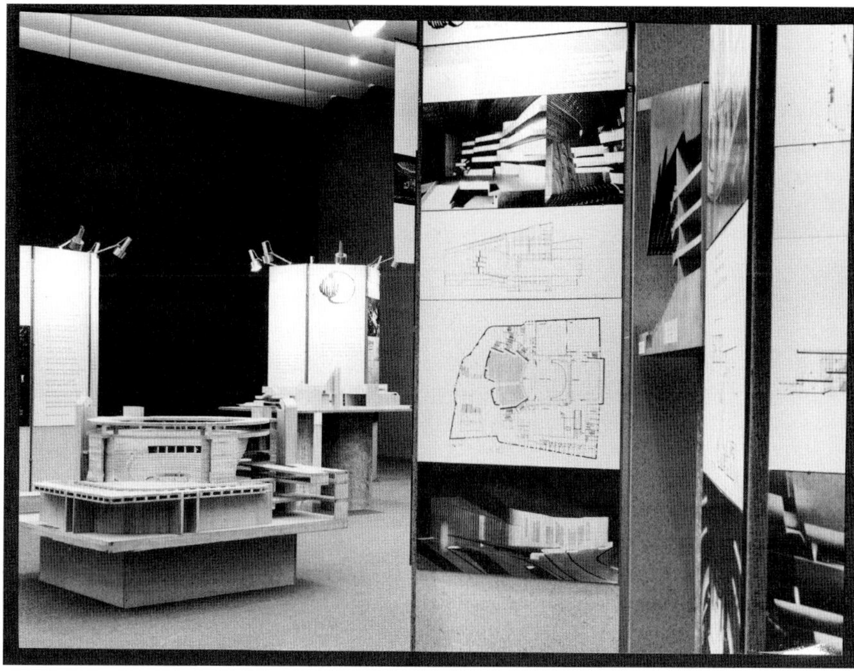

Abb. 4 Ausstellung „Theaterbauten – Zeitgenössische Beispiele aus verschiedenen Ländern", Zürich 1966. Rechts der Bildmitte eine Schautafel zu Entwürfen von Alvar Aalto für das Opernhaus in Essen (heute: Aalto-Theater)

In den folgenden Jahren wurde die Schau in weiteren europäischen Städten gezeigt, unter anderem 1969 in Madrid.[24] Sie trug zu einer Kanonisierung der gezeigten Theaterbauten bei, da eine kleine Auswahl immer wieder präsentiert wurde, etwa auch auf der Ausstellung „Theaterbauten – Zeitgenössische Beispiele aus verschiedenen Ländern" 1966 im Kunsthaus Zürich (Abb. 4).[25] Von dort wurde die Ausstellung mit 100 großformatigen Text-Bildtafeln und zahlreichen Modellen nach Ingolstadt weitergeschickt, wo sie im Foyer des dortigen Theaters zu sehen war, um daraufhin in der Technischen Hochschule Hannover präsentiert zu werden.[26] Einzelne Exponate dieser Ausstellung waren in einem intensiven Leihverkehr unterwegs, so wurde ein Modell des

24 Vgl. Simon 1969b sowie Aktennotiz [o. T.], Frhr. Dr. v. Maltzahn, 13. März 1969 [Typoskript]. PA AA, B, B 95, Band 1601.

25 Vgl. Einladungskarte zur Ausstellung. Nachlass von Hardt-Waltherr Hämer, 115-neu, 834, Archiv der Universität der Künste Berlin (Arch UdK).

26 Vgl. Brief von Hardt-Waltherr Hämer an Erika Billeter, Konservatorin am Kunstgewerbemuseum Zürich [Typoskript], 12. Januar 1967. Nachlass Hämer, 115-neu, 834, Arch UdK.

Ingolstädter Theaters bereits 1967 im Pavillon der Bundesrepublik auf der Weltausstellung in Montreal gezeigt, ein Foto des Innenraums war im Katalog zum bundesdeutschen Beitrag der „Expo 67“ abgedruckt.[27] Auch im bundesdeutschen Beitrag zur ersten Quadriennale in Prag 1967, einer internationalen Ausstellung zu Bühnenbild und Theaterarchitektur, wurden mehrere der bereits in Leningrad präsentierten Bauten erneut vorgestellt (Abb. 5, 6).[28] Die prominenteste Ausstellung, die ausschließlich dem bundesdeutschen Theaterbau gewidmet war, wurde 1968 in der Londoner Royal Festival Hall eröffnet. Kurator der Schau „Modern Theatre Architecture in Germany“ war der Berliner (Theater-) Architekt Fritz Bornemann, Veranstalter war das Stuttgarter Institut für Auslandsbeziehungen, das als staatliche Einrichtung wesentlich durch das Auswärtige Amt finanziert wurde. Die Ausstellung wurde anschließend in Glasgow und Dublin gezeigt,[29] bevor sie in weiteren, auch

Abb. 5 Schautafel zum Nationaltheater München (Architekten: Gerhard Graubner und Karl A. Fischer), Ausstellung „Prague Quadrennial of Theatre Design and Architecture“, Prag 1967

Abb. 6 Aufkleber auf der Rückseite einer Schautafel zum Nationaltheater München für die Ausstellung „Prague Quadrennial of Theatre Design and Architecture“, Prag 1967

27 Vgl. Bollé 2006, S. 30.
28 Vgl. Krengel-Strudthoff 1967. Der Beitrag war offenbar sehr umfangreich, im Nachlass Graubners im Architekturmuseum der Technischen Universität Berlin sind in der Datenbank 47 Tafeln verzeichnet. Vgl. auch meine Objektbeschreibung im vorliegenden Band.
29 Vgl. Brief der Scottish-German Society (gez. Karin Hillebrand), Glasgow, an das Institut für Auslandsbeziehungen, Stuttgart, 5. April 1968. PA AA, B 95 REF. 605/IV6, Band 1373.

osteuropäischen Ländern zu sehen war.[30] In der Einleitung des Katalogs beschrieb der Kunsthistoriker Alfred Simon das Theaterwesen in der Bundesrepublik mit den Schlüsselbegriffen „Neubau", „Neubeginn" und „Neubegründung" – allesamt Begriffe, die in den Nachkriegsjahren paradigmatisch auch für das Selbstverständnis der bundesdeutschen Gesellschaft insgesamt waren und dazu beitrugen, das Kriegsende als eine „Stunde Null" zu etikettieren.[31]

Theaterbau als Exportgut

Ausstellungen waren Teil einer umfassenden Kulturpolitik der Bundesrepublik im Ausland, vor allem in den 1960er Jahren: Kultur wurde durch Kunstausstellungen, Gastspiele oder durch Einladung ausländischer Künstler:innen und Fachleute intensiv vermittelt. Wesentliche Grundlage der auswärtigen Kulturpolitik war dabei die Arbeit der bundesdeutschen Vertretungen. Deren Mitarbeitende beobachteten die Kulturarbeit anderer Staaten vor Ort und berichteten an das Auswärtige Amt in Bonn. Wie konkret dabei der Wettstreit um einen möglichst guten, internationalen Auftritt war, dokumentiert exemplarisch ein Briefwechsel zwischen der Bundesdeutschen Botschaft in Indien und dem Auswärtigen Amt aus dem Jahr 1959: Im Vorfeld einer internationalen Theaterbauausstellung in Neu-Delhi war den Mitarbeitenden der Botschaft ein Schreiben der Deutschen Bauakademie „in die Hände gekommen", der zentralen wissenschaftlichen Einrichtung für Architektur in der DDR.[32] Aus dem Schreiben ging hervor, „daß sich die ‚DDR' [sic!] an dieser Ausstellung beteiligen wird; wahrscheinlich wird diese Beteiligung sogar recht gut ausfallen, auf jeden Fall werden die Vorbereitungen hierfür mit großer Gründlichkeit betrieben."[33] Der Botschafter bat nachdrücklich darum, „daß diese Ausstellung durch die Bundesrepublik mit guten und wirklich repräsentativen Stücken beschickt wird, die den hohen Stand unserer Theaterkultur darstellen. Es wäre höchst peinlich, wenn die ‚DDR' uns ausstechen würde."[34] Ebenfalls im Zusammenhang mit der indischen Theaterbauausstellung wurde ein weiteres Ziel des Auswärtigen Amtes deutlich. Denn die Ausstellung fand im Kontext eines geplanten Neubaus des Nationaltheaters in Neu-Delhi statt und wurde auf bundesdeutscher Seite offenbar als Chance verstanden, deutsche Theaterbauten als Vorbilder zu positionieren. So fragten die Mitarbeitenden der Deutschen Botschaft in Bonn nach, ob „eine Anzahl repräsentativer Großphotos

---

30 Vgl. Simon 1968. Zu den osteuropäischen Stationen der Ausstellung vgl. u. a. eine Ausgabe des Katalogs auf Serbokroatisch: Simon 1969a.

31 Simon 1968, o. S.

32 Brief der Botschaft der Bundesrepublik Deutschland, New Delhi, an das Auswärtige Amt, Bonn, 16. Dezember 1959 [Typoskript]. PA AA, B 95 REF. 605/IV6, Band 508.

33 Ebd.

34 Ebd.

moderner Theaterbauten" als Beitrag zur Theaterausstellung in New Delhi geschickt werden könne.[35] Womöglich sollten sogar bundesdeutsche Entwerfer:innen für auswärtige Spielstätten empfohlen werden, hatten deutsche Architekt:innen doch wiederholt Interesse an internationalen Wettbewerben für Theaterbauten gezeigt.[36] Mehr noch: Während der Bauzeit des Opernhauses hatte das Generalkonsulat der Bundesrepublik in Sydney beim Auswärtigen Amt um Unterstützung gebeten, australischen Bühnentechniker:innen eine Fortbildung in der Bundesrepublik zu ermöglichen. In der Anfrage wurde hervorgehoben, dass in Australien „Bühneneinrichtungen jetzt schon mehr nach deutschen als, wie man erwarten könnte, englischen Vorschriften durchgeführt" würden.[37] Hier deutete sich der noch weitreichendere Anspruch an, zu einer Anwendung von (bundes-)deutschen Theaterbauvorschriften, also letztlich zur internationalen Verbreitung von Normen beizutragen. Dies war etwa im Interesse der deutschen Unternehmen, die Bühnentechnik herstellten und exportierten. So warb die Firma Siemens 1968 mit einer ganzseitigen Annonce in der *Bühnentechnischen Rundschau.* Die Werbegrafik zeigt die Vorfahrt der Premierengäste vor dem neu errichteten Teheraner Opernhaus Talar-e Rudaki, versehen mit der Überschrift „Glanzvolle Premiere in Teheran – Elektrische Theaterausrüstungen von Siemens".[38] Dargestellt sind elegant gekleidete Premierengäste, die aus einer Mercedes-Limousine aussteigen – ein weiterer Verweis auf bundesdeutsches Exportgut.

Die Bundesrepublik auf internationaler Bühne

Theaterbauten dienten somit als gezieltes Mittel einer internationalen Selbstdarstellung der Bundesrepublik, die als ein kulturaffiner und indirekt als pazifistischer Staat erschien, insofern es sich um Bauten handelte, die nicht vordergründig politisch – oder gar militärisch –

---

35 Gemeint war offensichtlich die Ausstellung „Theaterbau", die im Rahmen des Darmstädter Gesprächs 1955 gezeigt worden war. Vgl. Brief der Botschaft des Auswärtigen Amtes, New Delhi (gez. in Vertretung Heyden) an das Auswärtige Amt, Bonn, 28. Juli 1959 [Typoskript]. PA AA, B 95 REF. 605/IV6, Band 508.

36 So hatten unter anderem Paul Stohrer und das Team Rüdiger Henschker und Dietrich Huth am Wettbewerb für ein Opernhaus für Madrid 1964 teilgenommen und waren jeweils mit einem Anerkennungspreis bedacht worden (vgl. Kühne 1964).

37 Brief des Generalkonsulats der Bundesrepublik Deutschland in Sydney an das Auswärtige Amt, Bonn, 6. Juli 1966 [Typoskript]. PA AA, B 95 REF. 605/IV6, Band 1350.

38 Der begleitende Text hob hervor, dass Siemens weitere Theaterbauten in Zagreb, Manila und Florenz mit Elektrotechnik ausgestattet hatte. Im selben Heft warb die Firma Strand Electric – Hessenbruch GmbH damit, dass die von ihr produzierten Lichtsteuerungen nicht nur im Theater Schweinfurt verbaut waren, sondern auch in Spielstätten in Ottawa, Rotterdam, Budapest, Vancouver und Oslo (vgl. *Bühnentechnische Rundschau*, Nr. 62/1968, H. 2, S. 8 und 1).

konnotiert waren. Zugleich konnte durch die Gestaltung der Theatersäle die bundesdeutsche Gesellschaft als egalitär und klassenlos präsentiert werden, da sich die Sitzordnungen bei vielen Theaterneubauten der Nachkriegszeit von denen in historischen – und insbesondere höfischen – Spielstätten unterschieden. Die Modernität der Theaterneubauten ließ die auftraggebenden Kommunen und Länder – und damit den Staat – als fortschrittlich und internationalen Einflüssen gegenüber aufgeschlossen erscheinen. Die breite geografische Streuung der ausgewählten Theaterbauten (etwa aus Münster, Ingolstadt oder Gelsenkirchen) spiegelte den föderalen Charakter der Bundesrepublik und begegnete unterschwellig den internationalen Vorbehalten gegen jegliche zentralistische und stark auf Berlin fokussierte Verfasstheit, die mit dem NS-Regime assoziiert wurde. Gleichzeitig waren die politischen Erwartungen an solche Ausstellungen auch sehr konkret: Die Verantwortlichen schrieben der Präsentation von Kulturbauten offensichtlich das Potenzial zu, politische Gesprächsfäden über den „Eisernen Vorhang“ hinweg auch in einer besonders fragilen Phase des Kalten Kriegs nicht abreißen zu lassen oder gar neu aufzunehmen. Ein Geltungsanspruch wurde dabei oft durch die Präsentationsorte der Ausstellungen markiert, etwa wenn die eingangs erwähnte Schau in New York gezeigt wurde, einem *der* damaligen kulturellen Zentren der westlichen Welt. Nicht zuletzt war die Präsentation von Theaterarchitektur auch eine Form von Wirtschaftswerbung, die dazu beitrug, bundesdeutschen Firmen für Bühnentechnik Aufträge zu sichern.

Nachdem Theaterbauten während der 1960er Jahre sehr intensiv zur Selbstdarstellung der Bundesrepublik im Ausland genutzt worden waren, kam diese Praxis in den 1970er Jahren weitgehend zum Erliegen. Zu sehr waren große, monofunktionale Theaterbauten in die Krise geraten, insbesondere in der Bundesrepublik: Theatermachende suchten zunehmend alternative und flexiblere Spielorte, gleichzeitig geriet der Typus des technisch vollausgestatteten Bühnenbaus aus ökonomischen Gründen in die Kritik. Symptomatisch dafür ist das Kulturprogramm während der Olympischen Spiele 1972 in München: Der Theaterarchitekt Werner Ruhnau hatte hier eine „Spielstraße“ mit Performances und künstlerischen Aktionen unter freiem Himmel konzipiert, mit der sich das Gastgeberland dem internationalen Publikum präsentierte. Im Rahmen dieser spielerischen, teils ironischen Selbstdarstellung der Bundesrepublik kam Theaterarchitektur nicht mehr vor.

Literatur

dpa: „Architektur-Ausstellung zählt fast 600 000 Besucher“. In: *Die Welt*, 12. Januar 1967

Bollé, Michael: *Hardt-Waltherr Hämer. Architekt HBK. Theaterbau* (= Schriften aus dem Archiv der Universität der Künste 11). Berlin 2006

Kallmorgen, Werner: „Die deutsche Chance im internationalen Theaterbau“. In: *Bühnentechnische Rundschau*. Nr. 6/1950, Jg. 40, S. 8f.

Krengel-Strudthoff, Inge: „PQ 67. Prager Quadriennale für Bühnenbild und Theaterarchitektur“. In: *Bühnentechnische Rundschau*. Nr. 1/1967, Jg. 61, S. 9–11

Kühne, Günther: „Wettbewerb Oper Madrid“. In: *Bauwelt*. Nr. 44/1964, Jg. 55, S. 1194f.

Kühne, Günther: „Deutsche Architektur in Moskau“. In: *Bauwelt*. Nr. 12/1966, Jg. 57, S. 347

Michaels, Bianca: „Theater für den Kulturstaat! Gemeinschaft und nationale Identitätsbildung in der Kulturpolitik der Weimarer Republik“. In: Kreuder, Friedemann/Bachmann, Michael/Pfahl, Julia/Volz, Dorothea (Hg., unter Mitarbeit von Nadine Peschke und Nikola Schellmann): *Theater und Subjektkonstitution. Theatrale Praktiken zwischen Affirmation und Subversion*. Bielefeld 2012, S. 121–132

Müller-Kindler, Kathrin: 1. und 2. Deutsche Architektur- und Kunsthandwerk-Ausstellung im Haus der Deutschen Kunst zu München (1938 und 1938/1939): Dokumentation, Analyse und Kontextualisierung. Dissertation, LMU München 2020. https://edoc.ub.uni-muenchen.de/27007/1/Mueller-Kindler_Kathrin.pdf (letzter Zugriff: 24. Januar 2024)

Schmitz, Frank: *Spiel-Räume der Demokratie. Theaterbau in der Bundesrepublik Deutschland 1949–1975*. Berlin 2022

Schüßler, Lotte: *Theaterausstellungen. Spielräume der Geisteswissenschaften um 1900*. Göttingen 2022

Simon, Alfred: „Deutsche Architektur-Ausstellung in Leningrad eröffnet“. In: *Der Architekt*. 1966, Jg. 15, S. 249–251

Simon, Alfred (Hg.): *Modern Theatre Architecture in Germany. Theaterbau in Deutschland nach 1945*. Ausst.-kat. Stuttgart 1968

Simon, Alfred (Hg.): *Izgradnja pozorista u Saveznoj Republici Nemačkoj i Berlinu posle 1945 godine* [= *Theaterbau in der Bundesrepublik Deutschland einschließlich Berlin nach 1945*], o. Ort [Essen], o. J. [um 1969a]

Simon, Alfred (Hg.): *Arquitectura alemana hoy. Bauen in Deutschland*. Essen o. J. [1969b]

Stremmenos, Christos: „Im Revier der Transparenzen. Architekturdiskurse für eine Nachkriegsgesellschaft“. In: Lechtreck, Hans-Jürgen/Sonne, Wolfgang/Welzel, Barbara (Hg.): *„Und so etwas steht in Gelsenkirchen…“ Kultur@Stadt_Bauten_Ruhr*. Dortmund 2020, S. 308–327, hier zit. nach: https://stadt-bauten-ruhr.tu-dortmund.de/wp-content/uploads/StadtBautenRuhr-Tranzparenz-Stremmenos-1.pdf (letzter Zugriff: 9.11.2023)

Unruh, Walther: „Tagungsbericht“. In: *Bühnentechnische Rundschau*. Nr. 4/1950, Jg. 40, S. 4–6

Unruh, Walther: „‚Das Theater‘ auf der Expo 58. Beobachtungen vom Besuch auf der Weltausstellung in Brüssel“. In: *Bühnentechnische Rundschau*. Nr. 4/1958, Jg. 52, S. 7–11

o. V.: „Zur internationalen Theaterwoche in Paris“. In: *Bühnentechnische Rundschau*. Nr. 3/1950, Jg. 40, S. 1

o. V.: „Sowjet-Beziehungen. Katjuscha um Mitternacht“. In: *Der Spiegel*. Nr. 32/1966, Jg. 20, S. 22 f.

Bildnachweis

1 Baukunstarchiv NRW, Dortmund, Nachlass Werner Ruhnau

2 Hamburgisches Architekturarchiv, Nachlass Werner Kallmorgen, N 50/1/2

3 P. Pixis, Garmisch-Partenkirchen/Archiv der Universität der Künste Berlin, Nachlass Hardt-Waltherr Hämer

4 Archiv der Universität der Künste Berlin, Nachlass Hardt-Waltherr Hämer

5, 6 Architekturmuseum der Technischen Universität Berlin, Nachlass Gerhard Graubner, Inv. Nr. GG 103,109. Fotograf unbekannt, Copyright: Elke Graubner

Abb. 1 Zuschauerraum Berliner Ensemble

„Goldene“ Theaterbau-landschaften

Weiterbauen, ertüchtigen, umwandeln

Bri Newesely

In den letzten Jahren erleben wir vielfältige Diskussionen um den Umgang mit historischer Bausubstanz durch ökologisch sinnvolle Nachnutzung und die ästhetischen Konsequenzen, die sich daraus für den umgebenden (städtischen) Kontext ergeben. Dieser Artikel konzentriert sich auf die architektonischen Überschreibungen in ausgewählten heutigen Bühnenbauten und geht von vielschichtigen sichtbaren Zeitebenen als Bereicherung der Theaterarbeit aus. Durch die Zusammenführung der unterschiedlichen Perspektiven aus den Bereichen Szenografie, Bühnentechnik und Architektur wird versucht, die assoziativ aufgeladene und erinnerungs-kulturelle Konstruktion der Theater zu entschlüsseln und in Bezug zu aktuellen Eingriffen zu stellen.

Nach einem baugeschichtlichen Abriss und Überlegungen zum kollektiven Gedächtnis als Bestandteil der szenografischen Praxis werden architektonische Transformationsprozesse beleuchtet, die aufgrund des sich stetig verändernden Gebrauchs nicht nur die steinerne Substanz, sondern auch die Bereitschaft zu theatralen (Nach-) Nutzungen mit einem neuen Kulturverständnis öffnen. Neben der traditionellen Guckkastenbühne mit zentralen Blickachsen und (ehemals) hierarchischer Ordnung vor und hinter dem Vorhang etablieren sich freiere Formen für neue Theater- und Organisationskonzepte. Dabei wird kritisch geprüft, welches Bild die „Theaterbaulandschaften“ im europäischen Kontext widerspiegeln und welche Tendenzen im Umgang mit dem baulichen und emotionalen Erbe verhandelt werden.

Transformationen bei den Theaterbauten

Abgesehen von den Bombenschäden des Zweiten Weltkriegs existiert ein Großteil der Versammlungsstätten mit ihren in Stein eingeschriebenen Traumata[1] noch genau so, wie es nach knapp 80 Jahren prozessoraler Bühnennutzungsgeschichte erwartet werden könnte: Die Theater und ihre Trägerinstitutionen stehen permanent vor der Notwendigkeit diverser Umbau- und Erhaltungsarbeiten sowie möglicher De-, Re- und Neu-Konstruktionen.[2] In den Jahren der frühen Bundesrepublik gab es einen Theaterbau-Boom, der sich angesichts der Zerstörungen vor allem auf die Rekonstruktion der Theaterstruktur der Vorkriegszeit richtete.[3] Die Neubauten spiegeln im Wesentlichen die herkömmlichen Formen des bürgerlichen Theaters wider, wie es gegen Ende des 19. Jahrhunderts bis in das frühe 20. Jahrhundert als Guckkastenbühne kanonisch ausgeformt war. Bei diesen Fragen spielen sowohl die innere Raumanordnung wie auch die Platzierung des Gebäudes im Stadtraum sowie seine signifikante Funktion durch die Außenansicht eine Rolle.[4] Im Spannungsfeld von Betriebsabläufen, Repräsentationsbedürfnis wie auch Reibungsflächen stellen sich die Veranstaltungsorte den Reaktionen aus Kunst, Technik und Gesellschaft.

Mit 50.000 Vorstellungen jährlich sei die „Theaterlandschaft Deutschland" einzigartig. Kein Land der Welt habe in dieser Dichte und Vielfalt jährlich 3000 Neuinszenierungen mit öffentlicher Unterstützung vorzuweisen.[5] So steht es im UNESCO-Antrag, der mit der vielfältigen Ausgestaltung begründet wird, dass dieses ideologisch aufgeladene Narrativ omnipräsent sei, auch in Bezug auf die Architektur, obwohl sich die „Einzigartigkeit" auf die Finanzierung der Aufführungen im Repertoire-Betrieb bezieht, verteilt auf fast 900 Spielstätten, weniger auf die gebaute Struktur.

Die meisten Spielstätten sammeln sich in den großen Städten, in denen die Umkodierung des aus Brandschutzgründen freistehenden Tempels mit sichtbarem Bühnenturm als erkennbares Zeichen im Stadtbild funktioniert. Ihre Infrastruktur entstand maßgeblich im Zeitraum von 1880 bis 1914, idealisiert als industrialisierter Prozessbau mit betriebsgerechtem Arbeitsumfeld. Nach der Zerstörung im Zweiten Weltkrieg wurden die Bühnenbauten wiederaufgebaut, zusätzlich entstanden improvisierte Spielstätten, bis 1978 kamen etwa 180 Neubauten dazu, darunter polyvalente Saal- und Raumkonzepte.

Ab den 1980er Jahren wurde die Bauaufgabe Theater als nicht mehr relevant erachtet, als Folge wurde das Institut für Theaterbau der TU Berlin geschlossen, bis in jüngster Zeit die aktuelle Sanierungswelle

---

1 Vgl. Kluge u. a. 1961.
2 Vgl. *Bühnentechnische Rundschau*, Sonderheft 2023.
3 Vgl. Pausch 2022.
4 Vgl. Büscher u. a. 2020.
5 Vgl. https://www.unesco.de/kultur-und-natur/immaterielles-kulturerbe/immaterielles-kulturerbe-deutschland/theater-orchester (letzter Zugriff: 06.05.2025).

Interimsbauten erforderlich machte. Es entstehen Um- und Neubauten, entweder spektakulär oder als Transformation dysfunktionaler Industriearchitektur, an Orten, die neue Nachbarschaften und ephemere ortsspezifische Inszenierungspraxen mit sich bringen.[6]

Aber auch „klassische“ Theaterbauten werden weitergebaut, ertüchtigt, adaptiert und an aktuelle technische und künstlerische Erfordernisse angepasst. Sie erfahren durch aktualisierte Brandschutz-, Sicherheitstechnik- und Mobilitätsanforderungen als betriebsgerechtes Arbeitsumfeld einen hohen Modernisierungsdruck, dem in den manchmal beengten baulichen Zuständen nicht immer adäquat begegnet werden kann. Daher stellt sich die Frage, ob die (historischen) Bühnenbauten mittlerweile – genauso wie Gebäude, die zuvor für andere Funktionen genutzt wurden – nicht als performative Hüllen betrachtet werden müssen, deren Bausubstanz eine inspirierende dramaturgische und szenografische Reibungsfläche für neue Rauminszenierungen darstellt. Was macht einen Theaterbau aus? Als Versammlungsstätte, ähnlich der Gattung Kirche, müssen vorgeschriebene Richtlinien zur Publikumsordnung, Entfluchtung und Akustik eingehalten werden, alle weiteren betrieblichen Merkmale hängen aber vom jeweiligen theatralen Konzept ab, so auch ob und welche Verwandlungstechnik und Bühnenform vorzusehen sind.

Anstelle von Theaterneubauten bergen ehemalige Fabriken,[7] Kornspeicher[8] oder Straßenbahn-Depots[9] „goldene“ Energie[10] für Spielstätten, wie unzählige Beispiele für die Umnutzung bestehender und in ihrer Form nicht mehr benötigter Gebäude zeigen. Die Farbmetaphern der „grauen“ und „goldenen“ Energie referenzieren hierbei die Bewahrung der Bausubstanz und des immateriellen Erinnerungswertes ebenso wie nachhaltige Gesichtspunkte. Rem Koolhaas hat 2015 in Mailand eine Alkoholfabrik in das Kunstmuseum der „Fondazione Prada“ umgebaut. Der zentrale Turm mit einer Fassade aus Blattgold macht deutlich, wie mit einer hauchdünnen Schicht ein unscheinbares Gebäude in einen Prunkbau verwandelt werden kann.[11] Auf dem Symposium „Prada Frames“ sowie der Prager Quadriennale 2023 stellten Kabage Karanja und Stella Mutegi vom kenianischen Architekturbüro CAVE ihren interdisziplinären Forschungsansatz vor, kulturelles Erbe und lokale Ursprünge zu „verflechten“, gleichsam eine Dramaturgie ortsspezifisch hineinzuweben, und damit – auch traumatische – Geschichtsschichten zeitgleich zu repräsentieren.[12]

---

6 Vgl. Brandt u. a. 2023.

7 U. a. Boddenbühne Barth-Anklam, Kampnagel Hamburg, Theater Basilika Hamburg, Pasinger Fabrik München, Theaterhaus Stuttgart.

8 Vgl. Grösel 2002: Theater am Kornmarkt Bregenz, 1838/40 als Kornhaus errichtet, 1951/55 zum Theater umgebaut, 1994 Sanierung.

9 U. a. Capitol Theater Düsseldorf, Bockenheimer Depot Frankfurt a. M., Theater im Depot Recklinghausen, Theater Rampe Stuttgart.

10 Vgl. Bundesstiftung Baukultur 2022.

11 Vgl. Wellershoff 2015.

12 Vgl. Karanja u. a. 2022.

Umbauen setzt ein ausgeprägtes konzeptuelles Denken voraus und kann deshalb mit Methoden der Montage, Assemblage oder Bricolage[13] eine reizvollere Aufgabe sein als der Neubau. Auf der zur Architekturbiennale Venedig 2012 im deutschen Pavillon gezeigten Ausstellung „Reduce Reuse Recycle“ wurden diese Zusammenhänge nachvollziehbar gemacht:[14] So erhielten Meinhard von Gerkan und Stephan Schütz mit Nicolas Pomränke (gmp) 2019 den Preis des Deutschen Architekturmuseums für die Sanierung des Kulturpalastes Dresden.[15] Umbaukultur impliziert eine neue Ästhetik der Architektur, Umbauprojekte zielen häufig nicht auf den in sich geschlossenen Eindruck eines Neubaus ab, sondern betonen durch das Zusammenspiel von älteren und neuen Bauabschnitten sowie unterschiedlichen Baumaterialien den Prozesscharakter des Bauens.

Gelegentlich werden auch die Spuren früherer Nutzungen oder Beschädigungen eines Gebäudes sichtbar belassen, wie Kathrin Golda-Pongratz das Palimpsest-Konzept der baulichen Überschreibung interpretiert.[16] Palimpsest beschreibt ein Manuskript, bei dem versucht wurde, die Inschriften zu entfernen, um neue, darüber gelegte Inschriften aufzunehmen: Mit jeder Schicht erhält das Dokument somit eine höhere Dichte an wiederherstellbaren Spuren und damit diverse Bedeutungen aus verschiedenen Epochen kollektiver und individueller Nutzung, die unaufhörlich überlagert und transformiert werden.[17]

Der Palimpsest(-raum) als konzeptuelle Metapher hilft zu verstehen, dass Schichten einander überlagern und fragmentarisch sichtbar bleiben oder aktiv wieder sichtbar gemacht werden. Den Theaterbau als einen „Palimpsestraum“ zu betrachten, unter dessen sichtbarer Oberfläche sich mehrere Nutzungen und Identitäten verbergen, ist ein Weg, „goldene Energie“ zu interpretieren. Die Interpretationen sind dabei nie neutral: Das Entfernen, Beseitigen, Hervorheben und Erinnern unterliegt ideologischen Umständen der jeweiligen Zeit. Durch Nutzung dieser Metapher wird der traditionelle Begriff des „repräsentativen“ Theaterbaus erweitert.

Szenografische Interventionen als affektiver Zugang

Ein weiteres Feld für kulturelle Auseinandersetzung mit Theater-/Bühnenbau ist die Szenografie: Als Bertolt Brecht und Helene Weigel 1954 mit dem Berliner Ensemble in das noch gut erhaltene neobarocke Theater am Schiffbauerdamm 4a/5[18] zogen, ließen sie bei einer

13 Vgl. Lévi-Strauss 1968.
14 Vgl. Petzet u. a. 2012.
15 Vgl. von Gerkan u. a. 2017.
16 Vgl. Golda-Pongratz 2019.
17 Vgl. Hünecke 2022.
18 1892 als Neues Theater von Heinrich Seeling erbaut, ebenso wie u. a. das Stadttheater Halle (1886), Deutsches Opernhaus Charlottenburg (1912).

ersten Begehung sogleich den Adler des preußischen Wappens über der sogenannten Kaiserloge mit einem roten Kreuz durchstreichen: eine ebenso offensive wie konservierende Geste, die zeigt, „dass man um eine Gefahr wissen muss, um ihr entgegenwirken zu können".[19] So konnte der reduzierte und fragmentarische Bühnenstil Caspar Nehers im größtmöglichen Kontrast zum rotgoldenen Stuck seine Wirkung entfalten, den Brecht'schen Verfremdungseffekt auch szenografisch nach dem Motto „Alles ist unfertig" zur Geltung bringen und damit auf unterschiedliche Zeitebenen verweisen. (Abb. 1)

Nehers reduzierte Bühnenbildsprache funktionierte aufgrund des gemeinsamen kulturellen Erinnerungsvermögens, das mental ergänzte, ohne visualisieren zu müssen: Zur Konstruktion des kollektiven Gedächtnisses wurde sich verschiedener künstlerischer Ausdrucksformen bedient, wie symbolischen Kodierungen und Inszenierungen, ebenso wie in ihrem Umgang mit Auslassungen und blinden Flecken gerade auch im Umgang mit Re-Konstruktionen (ehemaligen) jüdischen Kulturgutes.[20] Die kulturelle – generationsübergreifende – Erinnerung zielt auf eine starke Vereinheitlichung der Wahrnehmung der Vergangenheit in Texten, Bildern, Riten, Praktiken, Orten und Bauten, sodass sich das Konzept der emotionalen Ergänzung auf szenografische und dramaturgische Praktiken im Theater heute anwenden lässt.

Szenografie beinhaltet die Gestaltung des theatralen Raumes als Zeichensystem der Inszenierungssprache, ebenso wie die architektonisch vorgegebenen Elemente der Bühne dramaturgisch eingebunden werden. Das Reagieren auf Vorhandenes sowie der Umgang mit palimpsestuösen Fragmenten und Spolien ist oft der Ausgangspunkt der künstlerischen Auseinandersetzung mit dem neu zu schaffenden und dynamischen Ereignisraum – ein Begriff, der dem Schweizer Architekten Bernard Tschumi zugeschrieben wird.[21] Diese Betrachtung zeigt den performativen Raum als ein sich entwickelndes zeitliches Ereignis, bei dem die gebaute Umgebung selbst – ob permanente Architektur oder temporäre Installation – nicht mehr als unbewegliches Objekt wahrgenommen wird, sondern als ein „flüchtiges räumliches Subjekt".[22] Der szenische „Event-Space" als dynamischer Organismus muss daher durch eine Reihe von Modalitäten und Maßstäben betrachtet werden, wie es die australische Szenografin Dorita Hannah beschreibt, die ihre Interventionen mit der assoziativ aufgeladenen Reibung der Schichten des Vorhandenen beginnt.[23]

Heutige Ausdrucksformen eignen sich nur bedingt für den klassischen Theaterbau, die Leistung der Regieteams ist es, „trotzdem dort" arbeiten zu können, mit vielen gestalterischen Kompromissen und der Erweiterung des Bühnenbilds um die architektonische

---

19 Vgl. https://www.berliner-ensemble.de/wer-malte-das-rote-kreuz-ueber-den-reichsadler (letzter Zugriff: 06.05.2025).
20 Vgl. Halbwachs 1967; Aleida Assmann 2003; Jan Assmann 2002.
21 Vgl. Tschumi 1994.
22 Vgl. Eisenman 1995.
23 Vgl. Hannah 2018.

Dimension.[24] Das neue Raumverständnis des *spatial turn* schließt auch die durch das Internet geschaffenen neuen Räume ein, die nicht mehr mit den Kategorien eines physischen Raumes erfasst werden, sondern auf medialer Ebene Verdichtungen herbeiführen.[25] Der neuzeitliche Theaterraum an sich hat sich nicht geändert, jedoch die künstlerische und wissenschaftliche Vorstellung von Raum, die für jede Inszenierung auf vielfältige Art neu interpretiert wird. Das Bühnenbild gerät somit in das Spannungsfeld des konventionellen Theaterraums mit den Ansprüchen eines weiterentwickelten Raumverständnisses, „das sich weigert, die Wirklichkeit in eine Kiste zu packen".[26] Der Anspruch der Theaterschaffenden spannt sich von den schier unbegrenzten Möglichkeiten der für das Publikum nicht sichtbaren Verwandlungsmaschinerie eines Technischen Direktors wie Friedrich Kranich bis zu dem wandelnden Verständnis von Raumdynamik Bert Neumanns, der als Chefbühnenbildner der Volksbühne Berlin mit der vorgefundenen Architektur offensiv umging und beispielsweise den Zuschauerraum asphaltierte, um metaphorisch die Stadt ins Theater zu bringen.[27]

In den heutigen Theatern treffen wir durch die Flexibilisierung der Bühnentechnik auf eine große Vielfalt an theatralen Ausdrucksmöglichkeiten: sei es durch in allen drei Achsen verfahrbare Kranportale wie im Staatstheater Darmstadt, seien es in der gesamten Breite zu öffnende Portale im Cinemascope-Format wie im Schauspielhaus Frankfurt. Um der Vielfalt der dramatischen und musikalischen Vorgaben gerecht zu werden, wird zum einen für jede neue Bearbeitung der entsprechende Raum gesucht, zum anderen pragmatisch mit baulichen, zeitlichen, personellen und finanziellen Mitteln gearbeitet.[28]

Bei den Neu- und Umbauten von Bühnenhäusern nach 1945 wäre bei der Vielzahl der reformerischen Regiekonzepte eine Abkehr vom traditionellen Guckkastenprinzip zu erwarten gewesen. Die experimentellen Varianten des Raumtheaters bedeuten für den täglichen Repertoire-Betrieb aber einen kostenintensiven Aufwand etwa in Form von Bestuhlungsänderungen und Genehmigungen, sodass nach wie vor doch auf die traditionelle Form des Zwei-Raum-Theaters zurückgegriffen wird, wie die Wettbewerbsausschreibungen, Entwürfe und Neubauten der letzten Jahre zeigen. Den bühnenbildnerischen Bearbeitungen allerdings tut dies keinen Abbruch, reagieren sie doch in ihren gestalterischen Konzepten, besonders dem der ortsspezifischen Intervention, auf alles, was sich im Blickfeld des Publikums befindet. Gerade szenografische Umdeutungen „klassischer" Theaterbühnen, zum Beispiel mit der Positionierung der Zuschauer:innen auf der Bühne oder Dekorationsbauten, die den Saal ästhetisch fortsetzen, finden sich häufig. So zeigt sich, dass die Bild- und Raumsprache der Szenografie

---

24 Vgl. Gabriel 2021.
25 Vgl. Dünne 2006.
26 Vgl. Müller 1992.
27 Vgl. Neumann u. a. 2001.
28 Vgl. Rohde u. a. 2022.

nicht ohne die der baulichen Substanz existieren kann und sogar in die Architektur migriert,[29] um sie zu erweitern. Im transdisziplinären Charakter des Prozesshaften und Ereignishaften verbinden sich ehemals getrennte gestalterische Genres von Architektur, Theater und Szenografie zur inszenatorischen Konstruktion eines erzählenden Raums.[30]

„Unfertige" Kulturbauten im Wandel: Kontinuitäten und Brüche

In den zeitgenössischen Metropolen spielen Kulturbauten wie Theater eine wichtige Rolle in der urbanen Transformation, besonders in der Interaktion in und mit öffentlichem Raum. Der Umgang mit historischen (leer stehenden) Gebäuden, deren Umnutzung und Ertüchtigung zeigt die gesellschaftliche Bedeutung, die diesen Orten zugeschrieben wird. Das Theater als immaterielles Kulturerbe, ob es als Gebäudetyp als solches erkennbar ist oder nicht, muss sich an den Prozess des ständigen Wandels anpassen können, um als Betrieb technisch verwendbar zu bleiben. Die Diskussion darüber, was Theater in Zukunft repräsentieren soll, reflektiert die Nutzung von Raumkonzepten bestehender Gebäude.

Die vielfältigen Um- und Anbauten der Berliner Staatsoper Unter den Linden erzählen seit 1742 von einer Kontinuität des Weiterbauens,[31] um stetig auf die sich ändernden Anforderungen an eine Versammlungsstätte zu reagieren. Erbaut nach Plänen von Knobelsdorffs, 1843 bis auf die Grundmauern abgebrannt und von Langhans neu errichtet, wurde die Lindenoper 1928 unter Hodler völlig umgebaut. Dazu wurde der Bühnenturm unterfangen, eine Drehbühne sowie Unter- und Seitenbühnen hinzugefügt, wodurch ein rascherer Kulissenwechsel möglich wurde. Die Hauptbühne wurde durch den Einbau von Doppelstockpodien, hydraulischer Obermaschinerie und fahrbaren Seitenbühnenwagen technisch neu strukturiert. Im Zweiten Weltkrieg wurde das Opernhaus durch Bomben zerstört, die Neuerrichtung von Paulick zog sich bis 1955 hin. 2010 wurde nach heftigen Kontroversen mit der Sanierung durch das Stuttgarter Architekturbüro HG Merz begonnen, auch um den vorher problematischen Anlieferungs- und Logistikbereich zu entzerren und mit zusätzlichen Probenräumen und Arbeitsbereichen den Betrieb im Gesamten zu ermöglichen. Aktualisierte Vorschriften zu Brand- oder anderen Sicherheitsrisiken sowie Arbeitsstätten- und Versammlungsstättenverordnungen erforderten ebenfalls räumliche Adaptionen,[32] sodass der Baubestand heute aus unzähligen historischen Schichten besteht, wie die farbige Grafik andeutet. (Abb. 2)

Ein Vergleich in Zahlen mit den Nachbarländern, die ähnliche Erfahrungen mit Bombenschäden und Diktaturen machten, zeigt eine

29 Vgl. Bürkle 2016.
30 Vgl. Brejzek u. a. 2009.
31 Vgl. Senatsverwaltung für Stadtentwicklung und Umwelt 2010.
32 Vgl. Dillon u. a. 2021.

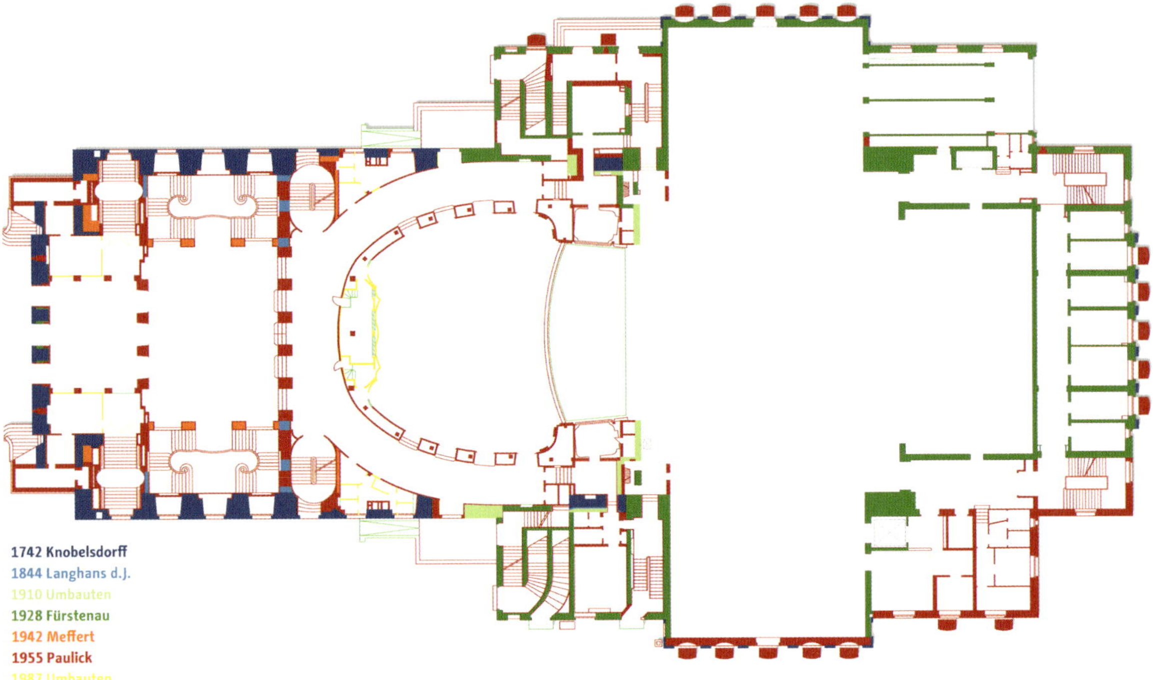

Abb. 2 Staatsoper Unter den Linden, Senatsverwaltung für Stadtentwicklung und Umwelt: Drei Jahrhunderte gebaute Operngeschichte, Berlin 2010

Parallele: Die umfangreiche Datenbank EUTA des tschechischen Theaterinstituts Prag listet auf einer Europakarte eine überwältigende Fülle an szenischen Orten auf,[33] wobei 73 „Leuchtturm“-Theaterbauten in den ehemaligen europäischen Ostblockstaaten und Österreich genauer beschrieben werden.[34] Auch das International Observatory of Scenic Spaces der ETSA Barcelona[35] erarbeitet einen Atlas der szenischen Orte: Während Berlin im Laufe der Jahrzehnte an die 350 Theaterbauten zu verzeichnen hat, findet sich in Madrid und Barcelona ein ähnlich großer Variantenreichtum, auch Palma de Mallorca verfügt über 117 historische und aktuelle Spielstätten.[36]

Zu den wichtigsten alternativen Theatern in Barcelona gehört die Sala Beckett, die 2011 vom Architekturbüro Flores & Prats aus dem ruinösen Gebäude einer ehemaligen Genossenschaft umgebaut wurde: Die zentrale Frage – sowohl für das Theater als auch für die Architektur – war, ob und wie die „Geister des Ortes“ gegen die institutionelle

33 Vgl. Svoboda: www.theatre-architecture.eu (letzter Zugriff: 06.05.2025).
34 Vgl. Kovačević u. a. 2010.
35 Vgl. Ramon: www.espaciosescenicos.org (letzter Zugriff: 06.05.2025).
36 Vgl. Aloy 2022.

Abb. 3 Sala Beckett Barcelona: Längsschnitt durch die Eingangshalle, Architekturbüro Flores & Prats

Kälte eines neuen, sauberen Kulturbaus erhalten werden können.[37] Eva Prats und Ricardo Flores haben auf mehr als 100 großformatigen Plänen alle im Gebäude gefundenen Objekte wie Fenster, Türen, Bodenfliesen und Stuckelemente abgezeichnet und katalogisiert, um das vorhandene architektonische Inventar wie eine Materialbibliothek aufzunehmen. Das Projekt stützt sich als *work in progress* auf die Wiederverwertung der einzelnen Elemente, die die Geschichte des Gebäudes und seiner Bewohner:innen in den letzten hundert Jahren als kontinuierliche Zeitebenen ohne Hierarchien repräsentieren. Nicht ohne Grund ist die Institution nach Samuel Beckett benannt, der die lineare Erzählstruktur des bürgerlichen Theaters zugunsten einer komplexeren dramatischen Situation auflöste: So wie er aus der Wiederaufbereitung von Textfragmenten in seinen Schriften neue Beziehungen und Situationen herstellte, konnten Flores & Prats die Fundstücke zu einem neuen großen Ganzen zusammenbringen. Dabei beriefen sie sich explizit auf den italienischen Architekten Carlo Scarpa (1906–1978), der als Vertreter der organischen Architektur durch das additive Fügen des Neuen zum Alten neue Maßstäbe setzte. (Abb. 3)[38]

Flores & Prats nahmen 2023 zum vierten Mal an der Architekturbiennale Venedig teil, um den Fokus auf Entwurfsprozesse des „Patrimoni emotional / Emotional Heritage" zu legen. Ihre Installation wurde von den Kurator:innen Anna Vergés und Guillén Augé vom Architekturbüro UNDO[39] ausgewählt, die selbst mit großer Sensibilität an der Erfassung angesammelter historischer Schichten arbeiten. Um

37 Vgl. Alcázar 2019.
38 Vgl. Marcianò 1986.
39 Vgl. Vergés u. a. 2002.

bestehende Strukturen in emotionale Räume zu verwandeln, beziehen sie, wie auch die französischen Architekt:innen Lacaton & Vassal,[40] die zeitliche Dimension des Gebäudes ein, dessen Wert auf der Nutzung und kollektiven Erfahrung basiert. Die Rehabilitation destilliert das immaterielle Erbe, „da man nicht nur die letzte Schicht des Gebäudes nimmt, sondern sie alle akzeptiert, man arbeitet mit der Summe aller. Wenn weitergebaut wird, ermöglicht der Zustand des unvollendeten Ereignisses es jedem, sich zuhause zu fühlen“.[41]

Fazit – emotional aufgeladenes Weiterbauen

Architektonische Transformationsprozesse erschaffen Gebrauchsarchitekturen, die stetig neu programmiert werden, durch räumliche Projektionen Verborgenes hervorbringen und das Kulturverständnis enthierarchisieren. Die szenografische Arbeitsmethode, auf die Einschreibungen an den vorgefundenen Orten mit kontextualisierenden Verflechtungen zu reagieren, kreiert den heutigen Theaterraum in seiner physischen Gesamtheit.

Nicht nur die Menschen tragen das Gedächtnis eines Ortes in sich, sondern auch die Gebäude sind mit individuellen oder kollektiven Erinnerungen aufgeladen.[42] Indem die Weiterbearbeitung sich das Bestehende zu eigen macht, kommen die verschiedenen Schichten der vorhandenen Qualitäten und Raumgeometrien gleichzeitig zum Ausdruck. Dieser Zustand öffnet den geerbten Raum in seiner Komplexität für Interpretationen sowie die szenografischen und theaterbetrieblichen Nutzungsbedingungen der heutigen Zeit.

---

40 Vgl. Lacaton u. a. 2013.
41 Flores u. a. 2023.
42 DFG-Graduiertenkolleg 1913: www.b-tu.de/dfg-graduiertenkolleg-1913.

Literatur

Alcázar Serrat, Tomás Iván: *In the Refuge, the Building and Outdoors. Four Cases of Recycling in Theatre Architecture*. Barcelona 2019

Aloy Bibiloni, Guillem: *Atles d´arquitectura teatral de Palma. Ciutat, arquitectura i espai escènic*. Barcelona 2022

Assmann, Aleida: *Erinnerungsräume*. München 2003

Assmann, Jan: *Das kulturelle Gedächtnis*. München 2002

Augé, Guillén/Vergés, Anna: *UNDO*. Barcelona 2002

Berliner Ensemble: https://www.berliner-ensemble.de/wer-malte-das-rote-kreuz-ueber-den-reichsadler

Brandt, Sigrid u. a. (Hg.): *Sein oder Nichtsein? Theaterbauten in der Sanierung*. Berlin 2023

Brejzek, Thea u. a.: Szenografie. In: Günzel, Stefan (Hg.): *Raumwissenschaften*. Frankfurt a. M. 2009

Bühnentechnische Rundschau, Sonderheft: *Theater heute und morgen: Neubau, Sanierung, Betrieb – Potenziale und Initiativen*. Berlin 2023

Bürkle, Stefanie: *Ausstellung Migrating Spaces. Haus der Kulturen der Welt*. Berlin 2016

Büscher, Barbara u. a.: „Monumente in Bewegung? Theater – Architektur – Praktiken". In: Dreckmann, Kathrin u. a. (Hg.): *Technologien des Performativen*. Bielefeld 2020

Bundesstiftung Baukultur (Hg.): *Neue Umbaukultur*. Baukulturbericht 2022/23. Potsdam 2022

DFG-Graduiertenkolleg 1913 Kulturelle und technische Werte historischer Bauten, Kolloquium Migration und Baukultur von der Antike bis zur Gegenwart: http://www.b-tu.de/dfg-graduiertenkolleg-1913

Dillon, Patrick/Buro Happold, Buro/Association of British Theatre Technicians: *Theatre Green Book*. London 2021

Dünne, Jörg/Günzel, Stephan (Hg.): *Raumtheorie. Grundlagentexte aus Philosophie und Kulturwissenschaften*. Frankfurt a. M. 2006

Eisenman, Peter: „Die Entfaltung des Ereignisses". In: Ders.: *Aura und Exzeß*. Wien 1995

Flores, Ricardo/Prats, Eva: *Thought by Hand: The Architecture of Flores & Prats*. Barcelona 2021

Flores, Ricardo/Prats, Eva: *Emotional Heritage at Biennale*. Venezia 2023

Gabriel, Leon: *Bühnen der Altermundialität – Vom Bild der Welt zur räumlichen Theaterpraxis*. Berlin 2021

Gerkan, Meinhard von/Schütz, Stephan/gmp (Hg.): *Kulturpalast Dresden*. Berlin 2017

Golda-Pongratz, Kathrin: *Place-making from the Urban Palimpsest*. Barcelona 2019

Grafe, Christoph/Rienits, Tim (Hg.): *Umbaukultur. Für eine Architektur des Veränderns*. Dortmund 2020

Grösel, Bruno: *Bühnentechnik – Mechanische Einrichtungen*. Wien/München 2002

Halbwachs, Maurice: *Das kollektive Gedächtnis*. Stuttgart 1967

Hannah, Dorita: *Event Space – A performance model for spatial design*. London 2018

Hünecke, Silke: „Urban memory als Palimpsestphänomen?". In: Beutmann, Jens u. a. (Hg.): *Die Stadt. Eine gebaute Lebensform zwischen Vergangenheit und Zukunft*. Trier 2022

Jud, Andreas/Koch, Philippe (Hg.): *Bauen ist Weiterbauen*. Triest/Zürich 2021

Jager, Markus: „Über Kontinuität. Eine Fortsetzungsgeschichte der Architektur". In: Grafe, Christoph/ Rienits, Tim (Hg.): *Umbaukultur. Für eine Architektur des Veränderns*. Dortmund 2020

Karanja, Kabage/Mutegi, Stella/CAVE: https://www.prada.com/us/en/pradasphere/events/2022/prada-frames.html und https://pq.cz/news/keynote-speakers-on-may-pq-symposium-cave-bureau/

Kluge, Alexander/Schamoni, Peter: *Brutalität in Stein*. Kurzfilm BRD 1961

Kovačević, Igor/Rolník, Jan K./Svoboda, Ondřej: *Beyond everydayness theatre architecture in central europe*. Prag 2010

Lacaton, Anne/Vassal, Jean Philippe: *Salle de spectacle polyvalente*. Lille 2013

Lévi-Strauss, Claude: *Das wilde Denken*. Frankfurt a. M. 1968

Marcianò, Ada Francesca: *Carlo Scarpa*. Zürich/München 1986

Müller, Heiner: *Krieg ohne Schlacht – Leben in zwei Diktaturen – Eine Autobiographie*. Köln 1992

Neumann, Bert/Hurtzig, Hannah (Hg.): *Imitation of Life – Bert Neumann Bühnenbilder*. Berlin 2001

Pausch, Rolf: *Theaterbau in der BRD 1945–1970*. Reprint einer Untersuchung aus dem Jahr 1974 erweitert um Anmerkungen und Reflexionen aus dem Abstand von 50 Jahren. Köln 2022

Petzet, Muck/Heilmeyer, Florian (Hg.): *Reduce/Reuse/Recycle. Ressource Architektur*. Ostfildern/Berlin, 2012

Pfüller, Volker/Ruckhäberle, Hans-Joachim: *Das Bild der Bühne*. Berlin 1998

Ramon Graells, Antoni/ETSA Barcelona: www.espaciosescenicos.org

Rohde, Wesko/Eckart, Hubert/DTHG (Hg.): *Leitfaden Bau und Sanierung von Kulturbauten*. Berlin 2022

Senatsverwaltung für Stadtentwicklung und Umwelt: *Drei Jahrhunderte gebaute Operngeschichte*. Berlin 2010

Svoboda, Ondřej/Divadelní ústav Praha: https://www.theatre-architecture.eu/

Tschumi, Bernhard: *Event Cities*. Cambridge 1994

UNESCO: https://www.unesco.de/kultur-und-natur/immaterielles-kulturerbe/immaterielles-kulturerbe-deutschland/theater-orchester

Wellershoff, Marianne: „‚Wir müssen Geschichte bewahren'. Der niederländische Architekt Rem Kohlhaas, 70, über die Kunst des gelungenen Umbaus.“ In: *KulturSPIEGEL*. Nr. 5/2015

Bildnachweis

1 Markus Hilbich (TU Berlin)

2 Senatsverwaltung für Stadtentwicklung und Umwelt: *Drei Jahrhunderte gebaute Operngeschichte*. Berlin 2010

3 Architekturbüro Flores & Prats

Objektbeschreibungen

Jan Lazardzig, Franziska Ritter, Halvard Schommartz, Marie-Charlott Schube

Die insgesamt 21 Objekte, die auf den folgenden Seiten beschrieben und analysiert werden, stehen in Zusammenhang mit der sogenannten *Theaterbausammlung* im Architekturmuseum der Technischen Universität Berlin. Das Attribut „sogenannte" scheint gerechtfertigt, da es sich streng genommen nicht um eine Sammlung handelt: Es fehlt der homogenisierende Sammlungsauftrag, der die Bestände zusammenhält und zur Zukunft hin öffnet. Vielmehr hat man es mit unterschiedlichen theaterbezogenen Konvoluten im Bestand des Architekturmuseums zu tun. Hinzuzuzählende Splitterbestände wurden im Rahmen des Projekts „Theaterbauwissen" zum Beispiel im Bundesarchiv Berlin, in den Theaterhistorischen Sammlungen der Freien Universität Berlin oder in der Kunstbibliothek der Staatlichen Museen zu Berlin identifiziert.

Die Konvolute waren in unterschiedliche Funktionszusammenhänge, Kontexte von Sinnzuschreibungen und Wahrheitspraktiken eingebettet.[1] Verbunden sind sie durch ein personelles und institutionelles Beziehungsgeflecht: Bald nach der kriegsbedingten Einstellung der Arbeit am Handbuch „Das Deutsche Theater" 1943 musste Theodor von Lüpke, der durch den „Generalbauinspektor für die Reichshauptstadt" (GBI) Albert Speer eingesetzte Projektleiter, das Projektmaterial 1946 dem Bühnentechniker und Hochschullehrer Friedrich Kranich überlassen. Kranich, der an der Technischen Hochschule Hannover

---

1 Vgl. zur historischen Praxeologie von Archiven Schmieder, Falko/Weidner, Daniel (Hg.): *Ränder des Archivs. Kulturwissenschaftliche Perspektiven auf das Entstehen und Vergehen von Archiven.* Berlin 2016.

Vorlesungen über Theaterbau und -technik hielt und durch sein Pionierwerk *Bühnentechnik der Gegenwart* bekannt war, hatte zuvor bereits beratend an dem Handbuch mitgewirkt. 1943 begann er mit städtischer Unterstützung den Aufbau eines eigenständigen Instituts für Theaterwissenschaft in Hannover, das aber über das Kriegsende hinaus keinen Bestand hatte. Inwiefern das Handbuch-Material in der akademischen Lehre Kranichs Anwendung fand, lässt sich heute nicht mehr mit Sicherheit sagen. Neben Kranich unterrichtete auch der Architekt Gerhard Graubner als ordentlicher Professor an der TH Hannover. Vom Wintersemester 1946/47 bis Mitte der 1960er Jahre hielt Graubner Theaterbau-Vorlesungen im Rahmen der Gebäudekunde-Lehre. Es ist denkbar, dass auch er Zugriff auf das Handbuch-Material hatte. Ein Teilnachlass Kranichs, der neben dessen bühnentechnischem Œuvre mit zum Teil unveröffentlichten Typoskripten auch das zu diesem Zeitpunkt noch erhaltene Handbuch-Material umfasste, ging nach Kranichs Tod im Jahr 1964 an das 1968 mit Mitteln der Stiftung Volkswagenwerk an der Berliner TU gegründete Institut für Theaterbau (ITB). Bald darauf, 1970, starb auch Gerhard Graubner, der durch seine Bauten die Theaterbaulandschaft der frühen BRD maßgeblich mitgeprägt hatte. Zusammen mit Kranichs Teilnachlass bildete der Büronachlass Graubners nun den Grundstock für die Lehrsammlung des ITB. Das ITB war eine praxisnahe Lehr- und Forschungseinrichtung, die nach Vorbild des Instituts für Kulturbauten in der DDR ins Leben gerufen worden war.[2] Über die Lehrsammlung des Instituts gelangten die Konvolute, die heute unter dem Begriff *Theaterbausammlung* firmieren, schließlich in die Sammlung des Architekturmuseums.[3]

Die nachfolgend ausgewählten Objekte lassen sich zu etwa gleichen Teilen den beschriebenen Hauptbestandsschichten zuordnen. Sie stehen nicht nur für die Vielfalt der Quellen zum Thema Theaterbauwissen, sondern lassen sich im Kontext der Sammlungsgeschichte auch auf unterschiedlichen epistemischen Ebenen verorten.[4] Auf der ersten Ebene finden sich Objekte, die einzelnen Theatern und Personen zuzuordnen sind (wie Fotos und Pläne von Gebäuden, Technik oder Arbeitsumgebungen). Einer zweiten, gleichsam meta-epistemischen Ebene lassen sich jene Objekte zuordnen, die Aufschluss über Dokumentations- und/oder Sammlungsintention geben (zum Beispiel der Erfassungsbogen für das GBI-Handbuch, eine Archivmappe, ein handschriftlicher Vermerk). Auf einer dritten Ebene (die von der zweiten nicht immer ganz klar zu trennen ist) sind schließlich jene Objekte, die umfangreiches Theaterbauwissen zum Zweck der Anschauung und

2 Das Institut existierte nur kurze Zeit unter diesem Namen. Es wurde zu Beginn der 1970er Jahre umbenannt in „Arbeitsgruppe Versammlungsstätten".

3 Überliefert ist auch ein Teil der Institutsbibliothek.

4 Für aktuelle Perspektiven der Sammlungsforschung vgl. bspw. Burschel, Peter/Gleixner, Ulrike/von Lüneburg, Marie/Steyer, Timo (Hg.): *Forschen in Sammlungen. Dynamiken, Transformationen, Perspektiven.* Göttingen 2024.

Vermittlung in eine epistemologische Ordnung überführen (wie zum Beispiel Bücher, Vorlesungsmanuskripte, aber auch Ausstellungstafeln und Organigramme).

Bei der Beschreibung und Einordnung ging es uns darum, die spezifische Materialität und Medialität der Objekte gerade auch in epistemischer Hinsicht, also mit Blick auf das in ihnen bewahrte und durch sie artikulierte Theaterbauwissen, zu berücksichtigen.

Der Generalbauinspektor für die Reichshauptstadt

Betrifft: Handbuch „Das Deutsche Theater"

Angaben über das Landestheater in Linz/Donau Gau Oberdonau

Anlage zum Schreiben vom 1941

Es wird gebeten, diesen Fragebogen baldmöglichst auszufüllen und einzusenden an:

Büro von Lüpke, Berlin-~~Wilmersdorf, Hildegardstr. 5.~~ NW 35 Viktoriastraße 11

Falls einzelne Antworten nicht sogleich zu ermitteln sind, wird zu der Frage zu vermerken sein, wann eine nachträgliche Antwort erwartet werden kann.

Die dem Bühnenjahrbuch 1940 entnommenen Angaben sind zur Überprüfung und etwaigen Richtigstellung eingesetzt.

----

1. Eigentümer (vollständige Anschrift): Reichsgau Oberdonau

2. Bestimmung der Bühne: für Oper — Operette — Schauspiel — Freilichtaufführungen — Varieté — Kabarett*)

3. Bauherr: ~~Führerbau~~ Die Stände des Landes ob der Enns (= Landesverwaltung)

4. Architekt: ~~[illegible]~~

5. Baujahr(e): 1803

6. Tag der Eröffnung: 1803 am 4. Oktober

7. Umgestaltungen (bei mehrfachen baulichen Veränderungen unter a—f mit 1)... 2) usw. einsetzen):

   a) Veranlassung: Erweiterung — Modernisierung — Brand — baulicher Verfall*)

   b) Umfang: Bühnenhaus — Zuschauerraum — Magazine*)
   ganz neu — renoviert — geplant

   c) Baujahr(e): 1939-40

   d) andere baugeschichtlich wichtige Ereignisse:

*) Zutreffendes unterstreichen

e) Bauherr: *Reichsgau Oberdonau auf Anordnung des Führers*

f) Architekt: *Landesbaurat Prof. Dr. Paul Wenz*

8. Bühneneinrichtung:
alte Art: Zerlegen der Bilder*)
neue Art: Dreh-, ~~Schiebe-, Versenkbühne~~*) *elektr. Drehbühne*
Versenkungsanlage: Handbetrieb, ~~elektrisch, hydr.~~*)
Bühnenhimmel: fest, aufrollbar, hochziehbar, fahrbar*) ~~*(Laufschiene)*~~.

Höhe vom Bühnenboden: *19* m.

Beleuchtung: Reglerstand: rechts, ~~links, unten~~*)
Brücke: ja, ~~nein, im Zuschauerraum~~*)
Himmelsleuchten: Anzahl der Gestelle: *2*

Anzahl der Lampen: *18*

Oberlichter, Anzahl: *5*

8a. Orchesterraum: fest, hoch, tief, versenkbar, unterteilt*)

Höchstzahl der Musikerplätze: *54*

9. Zahl der Sitzplätze: *?*

a) heute *550* ; falls das Gestühl entfernt werden kann, Zahl der Stehplätze: ....

b) bei der Eröffnung des Theaters: *rund 1200* **) *Fassungsraum.*

10. Heizungs- und Lüftungssystem des Zuschauerraums:

Heißluft Umluft

11. Außenansichten: in Werkstein — Ziegelmauerwerk — Beton — Fachwerk — verputzt — unverputzt*) ....

12. Ist der Gesamtbetrieb
a) in einem Gebäude untergebracht? ~~Ja~~ — nein*) oder
b) befinden sich Teile des Betriebes (Magazine — Übungsräume — Werkstätten) in besonderen Anbauten oder selbständigen Gebäuden?*) *ja* ~~*28x13x1 ...*~~

c) Magazinfläche im Hauptbau *—* qm — außerhalb *550.-* qm

13. Durchschnittliche Stärke der Gefolgschaft: *14*

a) Solisten:	*55*	Pers.	d) Ballett:	*12*	Pers.
b) Chor:	*36*	"	e) Techn. Kräfte:	*63*	"
c) Orchester:	*42*	"	f) Verwaltung:	*9*	"
				231	

*) Zutreffendes unterstreichen
**) Angabe erbeten, falls vorhanden oder in kurzer Zeit zu ermitteln

14. Theatergeschichtlich wichtige Ereignisse (möglichst mit Zeitangabe)
    a) Wichtige Uraufführungen:

    b) Bedeutende Künstler:

    c) Dient(e) das Theater für Veranstaltungen allgemeinpolitischer oder anderer Bedeutung?
    In diesem Theater empfing Adolf Hitler seine ersten künstlerischen Eindrücke.

15. Umbauter Raum des Theaters einschl. Bühne und Garderoben, jedoch ausschl. Magazine, Werkstätten, unbenutzter Keller- und Dachbodenräume, abgerundet: 25.000.— cbm.**)

16. Rauminhalt des Zuschauerraumes: 2.500.— cbm.**)

17. Baukosten (ausschl. Grundstück):
    a) des Erstbaus**) unbekannt
    b) größerer Umgestaltungen**) 1,300.000.– RM.

18. Einwohnerzahl der Stadtgemeinde
    a) nach der letzten Zählung 130.000.– Einwohner 128.195
    b) bei Eröffnung des Theaters cca 15.000 " **)

19. Hersteller vorhandener, nicht ausleihbarer Lichtbilder des Theaters (Anschrift): Photograph Kaiser, Linz III/III. [illegible]

20. Sind einwandfreie Aufnahmen der Hauptansichten des Theaters auch bei voller Belaubung umgebender Grünanlagen möglich? Ja — ~~nein~~*)

21. Können zuverlässige Zeichnungen (insbes. Grundriss in Bühnenhöhe und Längsschnitt, z. B. die von der Baupolizei geforderten Zeichnungen i. M. 1 : 100) ausgeliehen werden — Originale — Lichtpausen, Maßstab 1: 100 *)? mitgenommen

*) Zutreffendes unterstreichen
**) Angabe erbeten, falls vorhanden oder in kurzer Zeit zu ermitteln

Seite 4) des Fragebogens betr. Handbuch „Das Deutsche Theater"

22. Welcher ortsansässige Architekt kann nötigenfalls mit der Vermessung des Gebäudes (Grundriss—Schnitt) gegen Vergütung beauftragt werden (Anschrift)?

unnötig da komplette Pläne vorhanden

23. Veröffentlichungen des Theaters in Zeitschriften, Broschüren, Buchwerken (Titel, Jahrgang, Verlag):

24. Ist eine Sammlung baulichen Schrifttums, neuer oder älterer Bauzeichnungen des dortigen Theaters oder anderer Theaterbauten des Großdeutschen Reiches vorhanden?

Abgeschlossen: Linz/Donau, den 17/VIII 1941

i. A. [Unterschrift]

(Unterschrift)

25. Ergänzend bedarf es nun auch noch des sogenannten Bühnengrundrisses neuester Fassung, wie ihn die technische Bühnenleitung für die Stellung von Bildaufbauten verwendet und hier in dreifacher Ausfertigung beifügen möge. Grundrisse größerer Massstäbe, die die Bühnenbildner für ihre Arbeiten benutzen, werden dagegen nicht benötigt. Sollten keine gedruckten Pläne vorhanden sein, so genügen auch Skizzen mit Maßangaben, aus denen Vorbühnenöffnung, Ausgänge, Lage der Züge, etwaige Versenkungen und sonstige Bodengliederungen usw. hervorgehen.

*) Zutreffendes unterstreichen
**) Angabe erbeten, falls vorhanden oder in kurzer Zeit zu ermitteln

Fragebogen Handbuch „Das Deutsche Theater“

21.07.1941
Schreibmaschine, Tinte, Bleistift und Buntstift auf Papier
30,5 × 21,9 cm

Architekturmuseum der TU Berlin, Inv. Nr. TBS 190,01
PURL: https://doi.org/10.25645/6zd4-pfat

Kerstin Wittmann-Englert

Dieser Fragebogen ist einer von 192, die heute zur Sammlung des Architekturmuseums der TU Berlin gehören und in der akribischen Organisation der Wissensermittlung inmitten der Kriegszeit wirklich erstaunen. Das Dokument bezieht sich inhaltlich auf ein ambitioniertes Projekt der frühen 1940er Jahre: Als „Generalbauinspektor der Reichshauptstadt“ (GBI) plante Albert Speer im Auftrag des „Führers“ die Herausgabe eines umfassenden Kompendiums zum Theaterbau seiner Zeit. Damit angesprochen waren nicht nur die eher raren Neubauten wie jene in Dessau (1935–1938), Saarbrücken (1936–1938) und Zittau (1935/36), sondern „ein vollständiger Überblick über den Stand des deutschen Theaterwesens“, adressiert an Architekten und Theaterfachleute.[1]

Die Informationen für den Fragebogen entstammen sowohl dem jährlich erschienenen *Deutschen Bühnenjahrbuch* als auch von den Häusern selbst. Insgesamt erhielten 375 Theater im Zeitraum vom 21. November 1940 bis zum 31. Oktober 1942 einen standardisierten Fragebogen, von denen hier beispielhaft jener zum Landestheater Linz vorgestellt wird.[2] Er bietet uns mit den darin gestellten Fragen, den Einzeichnungen und Kommentaren eine Vielzahl von Informationen nicht nur über die Spielstätte selbst, sondern auch über das Vorgehen der

1 Schreiben von Albert Speer vom 6. Juni 1941, Bundesarchiv (BArch R4606/616).

2 Zur Anzahl 375 vgl. ein Schreiben von Theodor von Lüpke vom 12. Mai 1946 an die Abwicklungsstelle des Generalbauinspektors für die Reichshauptstadt, Bundesarchiv (BArch R3 ANH.-40).

Beteiligten, die sich durch ihre Handschriften oder auch Paraphen zumindest in Teilen ermitteln lassen.

Der Fragebogen wurde auf einen Papierbogen gedruckt, mittig einmal gefaltet und auf allen vier Seiten beschrieben. Dieser Vordruck enthielt standardmäßig 24 Fragen, die in einigen Fällen – darunter auch dem Landestheater Linz – in Schreibmaschinenschrift um eine 25. Frage zum Bühnengrundriss ergänzt wurden. Die Kopfzeile weist den Herausgeber aus, der darunter stehende Betreff das Projekt, dem die Informationen galten: Das Handbuch „Das Deutsche Theater". Es folgen der Name der Spielstätte, nur selten ergänzt um die Adresse des Hauses. Zurückzusenden war das Dokument an das Büro Lüpke, womit der Architekt Theodor von Lüpke gemeint war, der für den GBI dieses „Nachschlagewerk"[3] mit einem Mitarbeiterstab aus Kunsthistoriker:innen, Bautechniker:innen und Zeichner:innen erarbeitete. Vor Versand des Bogens wurden im Büro Lüpke, wie auch auf der ersten Seite des Fragebogens nachzuvollziehen, Angaben aus dem Bühnenjahrbuch 1940 mit Bleistift eingetragen, hier beispielhaft zu sehen beim Namen des Eigentümers (1.), dem Baujahr (5.) und dem Jahr der Eröffnung (6.) sowie der Datierung der Umbauten (7c.). Bestätigt wurden diese Angaben durch das Überschreiben der Bleistifteintragungen mit blaulilafarbener Tinte. Unbeachtet blieb dagegen die genaue Adresse, obgleich das Bühnenjahrbuch diese Information („Promenadestraße 39") durchaus bereithielt.[4]

Die Informationen des Fragebogens lassen sich im Wesentlichen drei Kategorien zuordnen, die Theodor von Lüpke in einem Anhangband des Handbuchs[5] wie folgt betitelte: Baudaten, Bühnentechnik und Bauanordnung, wobei sich letztere im Fragebogen auf binnenräumliche technische Angaben (Orchesterraum, Heizungs- und Lüftungssystem), nicht aber auf den stadträumlichen Kontext beziehen.

Auch theatergeschichtlich relevante Fakten wurden abgefragt, darunter die nach Veranstaltungen allgemeinpolitischer oder anderer Bedeutung. Für Linz findet sich dabei der besondere Hinweis: „In diesem Theater empfing Adolf Hitler seine ersten künstlerischen Eindrücke." (Seite 3, Frage 14c) – ein Satz, der von Theodor von Lüpke im Fragebogen mit rotem Buntstift unterstrichen wurde und ihn zu folgender schriftlicher Nachfrage führte: „Bei der Anteilnahme, die der Führer zweifellos gerade diesem Theater entgegenbringt, möchte ich aber doch bitten, das Möglichste an Nachforschung zu tun."[6] Ein entsprechendes Antwortschreiben liegt nicht vor.

---

3 Theodor von Lüpke, handschriftlich: „Mein beruflicher Lebenslauf", April 1951, S. 9. Brandenburgisches Landesamt für Denkmalpflege und Archäologisches Landesmuseum, Messbildarchiv, MBA-SG-0001.

4 *Deutsches Bühnenjahrbuch* 1939, S. 480.

5 Vgl. Theaterhistorische Sammlungen der FU Berlin, Autographensammlung, Mappe Kranich, Friedrich/Theodor von Lüpke, o. Nr.

6 Schreiben von Theodor von Lüpke an die Verwaltung des Landestheaters Linz vom 25. Juli 1941, Bundesarchiv (BArch R4606/616).

Als Objekt hält der Fragebogen außer den gedruckten und handschriftlich ergänzten, im Wesentlichen statistischen Angaben zum Stadttheater Linz noch mehr bereit. So erfahren wir beispielsweise, wer sich mit diesem Schriftstück im Büro Lüpke befasste. Der Eingangsstempel enthält drei Paraphen: Als erstes zeichnete die Sekretärin Theodor von Lüpkes, wohl Fräulein Wutschig, mit „Wu", an zweiter Stelle der Projektmitarbeiter Hermann Dange mit „D." und an dritter Stelle erscheint von Lüpkes Kürzel „vL" in rotem Buntstift. Von Dange stammen die gut lesbaren Bleistiftergänzungen, die sich auf inhaltliche Ergänzungen zum konkreten Objekt beziehen. Theodor von Lüpke fügte mit rotem Buntstift am oberen Rand der ersten Seite zwei kurze Informationen hinzu, die nur im Zusammenhang des Gesamtprojekts zu verstehen sind: In der linken oberen Ecke findet sich ein „A", links vom Eingangsstempel ist eine „218" vermerkt. Mit dem „A" wird die Bedeutung des Hauses im Handbuch „Das Deutsche Theater" unterstrichen, denn von Lüpke kategorisierte sämtliche Theater im „Großdeutschen Reich" in „A" und „B".[7] Die Gruppe der „A"-Theater umfasste rund 200 Spielstätten, „die unter irgendeinem Gesichtswinkel (bau- oder bühnengeschichtlich, -technisch, kulturell oder künstlerisch) bemerkenswerten Bühnen. Es war beabsichtigt, diese auch schon vorweg als Teilveröffentlichung herauszubringen."[8] „218" meint die ursprüngliche, von von Lüpke vergebene Inventarnummer: Alle für das Buch vorgesehenen Theater waren, unabhängig ihrer Bedeutungskategorie, alphabetisch durchlaufend nummeriert. Davon zeugt der bereits erwähnte tabellarische Anhangband des Handbuchs.[9]

Die Inventarnummer 218 wurde dem Linzer Theater zugewiesen. Die Fragebögen der Häuser, die davor und danach aufgelistet waren, sind nicht überliefert. Sie wurden in Kisten aufbewahrt, die während des Kriegs, zusammen mit etlichen Kunstschätzen, im Bunker am Berliner Zoo gelagert und von dort nach Kriegsende nach Russland geschafft wurden. Der Verbleib ist ungeklärt.[10]

Die eingangs erwähnte staunenswerte Akribie bezieht sich nicht nur auf die Fragebögen selbst, sondern auch auf die umfangreiche Korrespondenz zu der statistischen Erhebung und den Auswertungen inklusive Ergänzungen der eingereichten Fragebögen durch Theodor von Lüpke: Im Fall von Linz handelt es sich dabei beispielsweise um bühnengeschichtliche Informationen wie Uraufführungen und Künstlernamen.

Die Art der Informationen lässt, wie an verschiedenen Stellen der Korrespondenz belegt ist, auf ein Fachpublikum schließen. Allerdings sind die Fragebögen nur eine Dokumentform von dreien: Nicht

---

7 Vgl. meinen Aufsatz im vorliegenden Band.

8 Schreiben von Theodor von Lüpke an die Abwicklungsstelle der Generalbauinspektion, Sonderabt. Das Deutsche Theater, vom 12. Mai 1946, Bundesarchiv (BArch, R3 ANH.-40).

9 Vgl. die Objektbeschreibung von Peter Jammerthal im vorliegenden Band.

10 Vgl. ebd.

minder akribisch widmete man sich der Erstellung aktueller Fotografien durch meist prominente Architekturfotografen der Zeit sowie von Grundrissen und Schnitten, um nach dem Krieg unter Mitwirkung der Reichstheaterkammer und des Reichsbühnenbildners das Handbuch herauszugeben.[11] Dazu sollte es nicht mehr kommen, doch das reichhaltige Material, zu dem sogar Layoutvorlagen zählen, lässt erahnen, was intendiert war: Akkumuliert wurde bühnentechnisches und -geschichtliches Wissen für „ein Standardwerk über sämtliche Theaterbauten der Gegenwart im Großdeutschen Reich".[12]

Literatur

Deutsches Bühnenjahrbuch. 1940, 51. Jg., hg. v. dem Präsidenten der Reichstheaterkammer. Berlin 1939

11 Vgl. hierzu zwei Schreiben von Albert Speer vom 6. Juni 1941 und dem 23. April 1942, Bundesarchiv (BArch R4604/615).

12 Schreiben des Regierungsbaumeisters Heinrich Wolff vom 17. Oktober 1940, Bundesarchiv (BArch R4604/615).

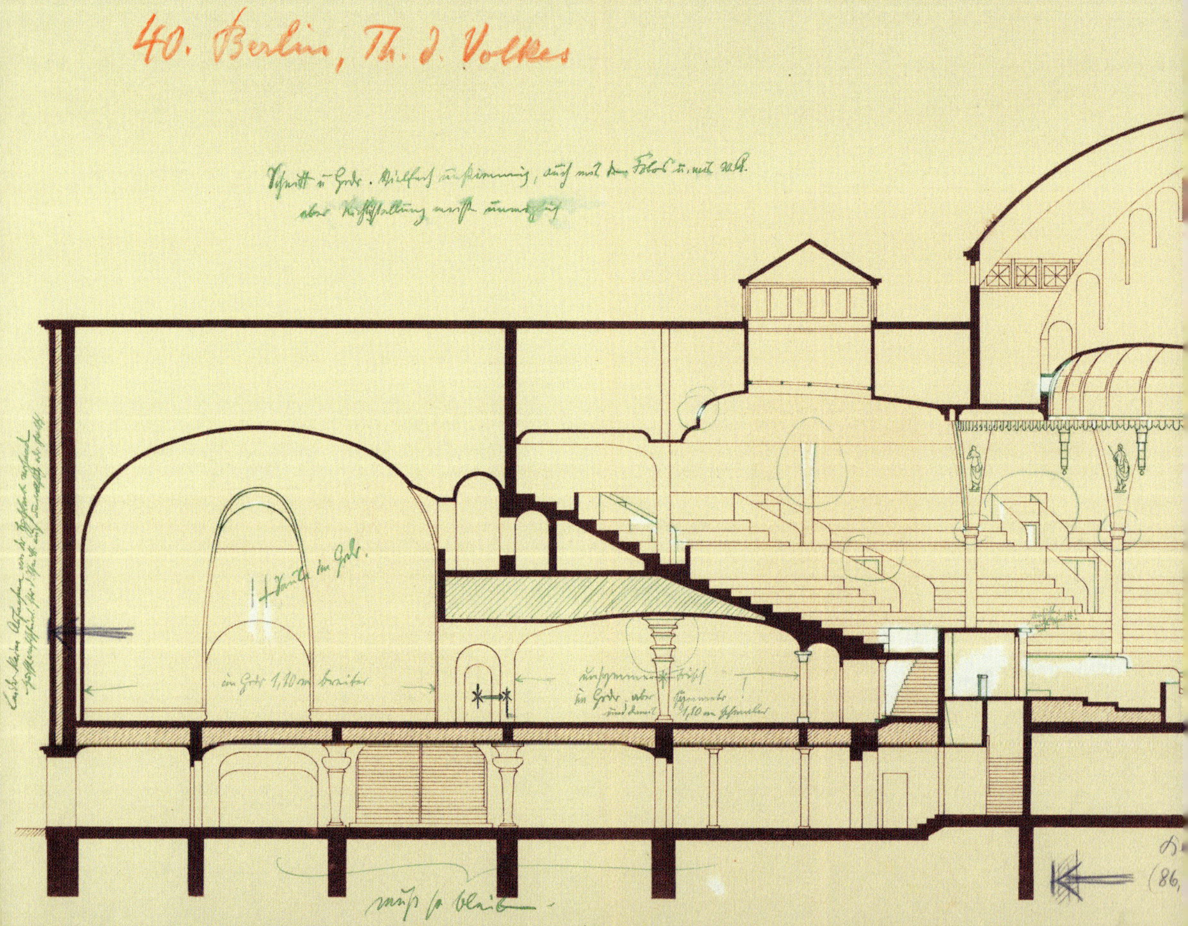
40. Berlin, Th. d. Volkes
im Grdr. 1,10 m breiter
muß so bleiben

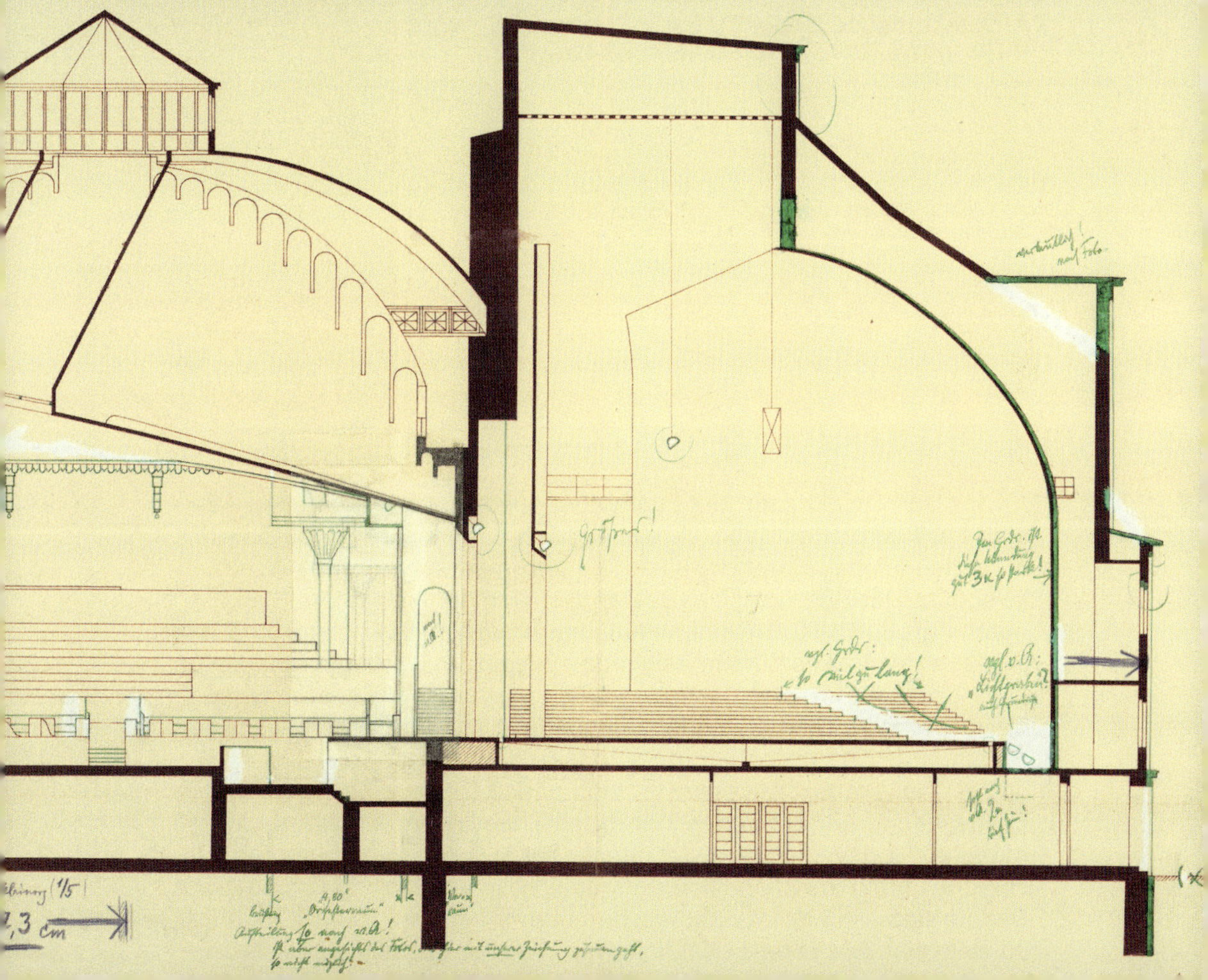
(1/5)
4,80

Längsschnitt Großes Schauspielhaus Berlin

Architekt: Hans Poelzig (1919), Umbauarchitekt: Fritz Fuß (1934)
1941
Lichtpause mit Einzeichnung: Buntstift und grüne Tinte auf Papier mit Radierungen
40,2 × 92,4 cm

Architekturmuseum der TU Berlin, Inv. Nr. TBS 042,06
PURL: https://doi.org/10.25645/46b8-baey

Eva Maria Froschauer

Das Objekt zeigt die Lichtpause eines Längsschnitts im Maßstab 1:100 durch das Gebäude des Großen Schauspielhauses in Berlin. Zu sehen ist das Ergebnis eines Transformationsvorgangs als Überzeichnung des Poelzig'schen Bestandes nach dem radikalen „Rückbau" durch Fritz Fuß[1] (1934) in einen neobiedermeierlichen Theaterraum, das „Theater des Volkes". Diese Zeichnung wiederum ist für die Publikation „Das Deutsche Theater" zur Herstellung einer Reproduktionsvorlage überarbeitet worden. Somit legt sie eindringlich Zeugenschaft ab über Architektur-, Theaterbau- und Editionswissen.

Die bräunlich gealterte Lichtpause zeigt einen kompletten Längsschnitt des Gebäudes, der durch Theodor von Lüpke[2] zusätzlich mit rotem und blauem Buntstift überzeichnet sowie mit grüner Tinte (leserliche und unleserliche Inskriptionen) beschriftet ist. Einige bauliche Details sind weiß geext oder wurden überhaupt ganz neu hinzugefügt; an einer zentralen Stelle des Plans, auf Höhe des Proszeniums, ist dünnes Skizzenpapier aufkaschiert; damit ist eine andere (realistischere?) architektonische Lösung des Übergangs hin zu den Publikumsrängen sowie die Größe der Säule korrigiert dargestellt.

1 Fritz Fuß (bürgerl. Friedrich Karl Wilhelm Wolf), ein ehemaliger Student und Mitarbeiter Wilhelm Kreis', von 1919 bis 1936 selbständig tätig in Köln, danach bis zu seinem Tod 1945 in Berlin. Zu seinem Schaffen bis 1927 vgl. Lüthgen 1927.

2 Der Nachweis, dass es sich um von Lüpkes Handschrift handelt, ist über den Abgleich mit dessen handschriftlichem Lebenslauf (Brandenburgisches Landesamt für Denkmalpflege und Archäologisches Landesmuseum, Messbildarchiv, MBA-SG-0001) möglich.

Bezogen auf den markantesten baulichen Eingriff, die eingehängte, flach überwölbende Decke, die seit 1934 die berühmte „Tropfsteingrotte“[3] Hans Poelzigs kaschierte, wartet das Sammlungsobjekt mit einer wichtigen Erkenntnis auf: Die ehemalige Stalaktiten-Struktur ist offenbar nicht, wie in der Literatur reproduziert, zerstört worden.[4] Sie blieb zu Teilen unter der neuen Deckenstruktur erhalten,[5] die im hinteren Bereich höher lag und dort Platz für die Beleuchter-Logen schaffte, während sie zur Bühne hin absank. Verschiedene Putzstrukturen, abstrakte Ornamente und vermutlich Belüftungsöffnungen[6] strukturierten diesen oberen Abschluss in bescheidener Weise neu.

Was die Überzeichnung auch zeigt, ist die Darstellung des gezackten Ornamentbandes am unteren Kuppelrand, das bei Poelzig in weit forscherer Form die Kuppelgestaltung zum Abschluss brachte und bei Fuß allenfalls noch als liebliches Zitat erscheint. Eine Reminiszenz an die Stalaktiten waren wohl auch die zapfenartigen Leuchter, die das Theater des Volkes an diesem Kuppelrand erhielt. Beides fand Eingang in die Überarbeitungen von Lüpkes, so die Säulen schmückenden, antikisierenden Reliefs, die mehr an Max Reinhardts Bevorzugung der klassischen, griechischen Tragödie[7] denn an die unter den Nazis vollzogene Operettenpraxis[8] erinnern.

Eine zweite auffällige Inkonsistenz dieses überzeichneten Längsschnitts ist das große Foyer, das bei Poelzig und später nach Umbau durch Fritz Fuß die fantastische, sich palmettenartig nach oben auffächernde Lichtsäule[9] zeigen müsste, welche die Bildhauerin Marlene Poelzig (geb. Moeschke) entworfen hatte und die eine der markantesten Skulpturenschöpfungen des Theaters darstellte.[10] Eine grüne Inskription weist darauf hin: „Säule im Grdr.“;[11] sie gibt in etwa die Dimension und

---

3 Scheffler 1920, S. 238.

4 Bauzeitlich schreibt Biehle 1938, S. 1237, dass die „Poelzigsche Rabitzkuppel vor dem Einbau der neuen flachgewölben [sic] entfernt worden“ sei. Vgl. auch später Schäche 1992, S. 504.

5 Vgl. zum Erhalt von Stalaktiten-Teilen trotz des Umbaus 1938 Schneller/Herrmann 2023, S. 147; ebenso Andrees 1981, Min. 6:05. Biehle 1938, S. 1237 zeigt im Übrigen einen Schnitt mit Stalaktiten und neuer Flachdecke.

6 Plan „Rekonstruktion Friedrichstadt – Palast, Entlüftungsanlagen 9 und 10“. 50/4406/02(1), Bl. 22, M 1:100, 13.6.1977. Theaterarchiv Friedrichstadt-Palast Berlin.

7 Vgl. Hildebrandt 1919/20, S. 89–104.

8 Vgl. Schneller/Herrmann 2023, S. 181–238.

9 Plan „Rekonstruktion Friedrichstadt – Palast, Entlüftungsanlagen 9 und 10“. 50/4406/02(1). Die Säule ist hier eindeutig sichtbar. Theaterarchiv Friedrichstadt-Palast Berlin.

10 Vgl. Hambrock 2001, S. 39.

11 Längsschnitt M 1:100, datiert 1941, Großes Schauspielhaus (auch: Theater des Volkes, Friedrichstadtpalast), Berlin, Architekturmuseum der TU Berlin, Inv. Nr. TBS 042,06.

Lage an. Im dazugehörigen Grundriss ist wiederum zu lesen „fehlt im Schnitt".[12]

Warum die Säule im Längsschnitt nicht erscheint, ist heute nicht mehr nachzuvollziehen. Lüpke intendierte mit der Korrektur womöglich einen Hinweis auf die bedeutende Baugeschichte des Hauses. Damit wäre eine erste Vermutung über das Wissen dieses Sammlungsobjektes naheliegend: So sehr der Umbau unter den Nationalsozialist:innen ein teilweises Auslöschen der Poelzig'schen Architektur- und der Reinhardt'schen Theatervorstellung bedeutete, Verweise darauf schienen der Handbuch-Redaktion bei der Herstellung der Druckvorlage – und damit der Darstellung des Theaters – doch von Bedeutung gewesen zu sein.[13] Ungewollt relativiert sich damit auch eine viel spätere Aussage, die Dieter Bartetzko und Wolfgang Schenkluhn in den 1980er Jahren gegen die Zerstörung des Baus einmal tätigten, „Anstößigkeit" habe bereits die Nationalsozialist:innen dazu veranlasst, den Theatersaal zu „verstümmeln" und ein anderes „Massentheater" als das Reinhardt'sche vorzusehen.[14]

Darüber hinaus weisen weitere Inskriptionen auf Maßdifferenzen hin, die zwischen Grundriss und Schnitt bestehen. Denkbar ist, dass im geplanten Handbuch „Das Deutsche Theater" die Reproduktionen von Grundriss und Schnitt nebeneinander oder übereinander stehen und demzufolge die Maße der Pläne genau hätten übereinstimmen müssen.[15] Die Inskriptionen sollten wie „Regieanweisungen" auf dem Weg zur besten Repro-Vorlage gelesen werden. Daraus lässt sich eine zweite Vermutung ableiten: Das Sammlungsobjekt kann als Zwischenschritt zu einer möglichst klaren und pointierten Darstellung, als Druckvorstufe für das Handbuch gelesen werden, das jedoch die Ambivalenzen dieses vielfach transformierten Baus nicht ganz verschweigt.

---

12 Grundriss 1:100, Großes Schauspielhaus (auch: Theater des Volkes, Friedrichstadtpalast), Berlin (Hans Poelzig, Fritz Fuß), Lichtpause mit Einzeichnung, 77,7 × 92,5 cm, datiert 1941, Architekturmuseum der TU Berlin, Inv. Nr. TBS 042,05: https://doi.org/10.25645/617t-46rm.

13 Selbst Biehle 1938, S. 1240, räumt in seinem Aufsatz zu den akustischen Verbesserungen des Raumes ein, dass die „Tropfsteinhöhle" „eigentlich als einmaliges Beispiel Erhaltung verdient hätte" und er sie „deshalb nur ungern den neuen Ansprüchen opferte".

14 Bartetzko/Schenkluhn 1983, S. 37.

15 Montage Längsschnitt über Grundriss, ohne Maßstab, Großes Schauspielhaus (auch: Theater des Volkes, Friedrichstadtpalast), Berlin (Hans Poelzig, Fritz Fuß), Reprografie mit Einzeichnungen in roter und grüner Tinte über Foto auf Papier, 16 × 19,8 cm, datiert 1941, Architekturmuseum der TU Berlin, Inv. Nr. TBS 042,10: https://doi.org/10.25645/fprr-nb03.

Literatur

Andrees, Angelika [Regie]: *Friedrichstadtpalast*. Dokumentarfilm, 20 Min., Farbe. DEFA 1981

Bartetzko, Dieter/Schenkluhn, Wolfgang: „Poelzigs Großes Schauspielhaus – ein Denkmal gescheiterter Hoffnung? Zum drohenden Abriß eines der Hauptwerke expressionistischer Architektur". In: *kritische berichte. Zeitschrift für Kunst- und Kulturwissenschaften*. Bd. 11. Nr. 3/1983, S. 25–41

Biehle, [Professor]: „Das Theater des Volkes in Berlin in seiner akustischen Wandlung". In: *Zentralblatt der Bauverwaltung*. Nr. 46/1938, Jg. 58, S. 1235–1241

Hambrock, Heike: „Marlene Moeschke – Mitarbeiterin? Das wiederentdeckte Werk der Bildhauerin und Architektin liefert neue Erkenntnisse über Hans Poelzigs Großes Schauspielhaus in Berlin". In: *kritische berichte. Zeitschrift für Kunst- und Kulturwissenschaften*. Bd. 29. Nr. 3/2001, S. 37–53

Hildebrandt, Hans: „Die Wiedererweckung des griechischen Dramas". In: Deutsches Theater zu Berlin (Hg.): *Das große Schauspielhaus. Zur Eröffnung des Hauses*. Leipzig 1919/20, S. 89–104

Lüthgen, Eugen: *Arch. B.D.A. Fritz Fuss* [Neue Werkkunst]. Berlin 1927

Schäche, Wolfgang: *Architektur und Städtebau in Berlin zwischen 1933 und 1945. Planen und Bauen unter der Ägide der Stadtverwaltung*. 2. Aufl. Berlin 1992

Scheffler, Karl: „Das Grosse Schauspielhaus". In: *Kunst und Künstler. Illustrierte Monatsschrift für Kunst und Kunstgewerbe*. Nr. 5/1920, Jg. 18, S. 231–241

Schneller, Sabine/Herrmann, Guido (Hg.): *„Dein Tänzer ist der Tod". Das Berliner „Theater des Volkes" im Nationalsozialismus*. Berlin 2023

Ansicht Zuschauerraum Detmolder Landestheater

Ansicht Zuschauerraum Detmolder Landestheater

Fotograf: Paul Beckmann
1941
Fotografie mit Retusche auf Papier über Karton
22,4 × 28,5 cm

Architekturmuseum der TU Berlin, Inv. Nr. TBS 093,12
PURL: https://doi.org/10.25645/qvmg-wnva

Christiane Salge

Das Schwarz-Weiß-Foto zeigt den Blick von der Bühne des Detmolder Landestheaters in den Zuschauerraum, der sich durch zwei im Halbkreis übereinander angeordnete Ränge mit der großen, in der zentralen Achse gelegenen „Führerloge“ auszeichnet, an deren Brüstung plakativ die Hakenkreuzfahne angebracht ist. Das Foto stammt aus einer Serie von vier Aufnahmen des Theaters, die der Detmolder Fotograf Paul Beckmann (1878–1953)[1] 1941 für das geplante Handbuch „Das Deutsche Theater“ anfertigte.[2] Das Foto ist auf einem hellbraunen Karton montiert. Die Bleistift-Markierungen zeigen den geplanten Beschnitt des Fotos sowie dessen Größe (16,3 × 22,8 Zentimeter) für die Publikation an.

Das Theater wurde nach einer Zerstörung des klassizistischen Vorgängerbaus[3] durch einen Brand im Jahr 1912 auf Wunsch des amtierenden Fürsten Leopold IV. zur Lippe von dem Architekten Bodo Ebhardt (1865–1945) errichtet. Ebhardt, eigentlich ein Burgenspezialist, hatte damit eine für ihn völlig neue Bauaufgabe übernommen, die er zwischen 1913 und 1919 umsetzte.[4] Die Stirnseite des relativ schlicht gestalteten Außenbaus zierte eine Portikus, in die er die erhaltenen Säulen des klassizistischen Vorgängerbaus übernahm. Für die fürstliche Familie war an der westlichen Längsseite des Baus eine eigene überdachte

1 Vgl. Kleinmanns 2023, S. 59–60.
2 Architekturmuseum der TU Berlin, Inv. Nr. TBS 093, 10–13.
3 Der Vorgängerbau war von 1825 bis 1828 vom Architekten Johann Theodor Freiherr von Natorp (1777–1830) errichtet worden (vgl. Peters 1972, S. 15–18, Abb. 2, 4; Schmidt 2006, S. 382).
4 Vgl. Peters 1972, S. 173; Schwarz 1999; Kleinmanns 2019, S. 2–14.

Auffahrt angelegt, von der aus sie über ein marmornes Treppenhaus in die obere Etage und dann durch mehrere Räume in ihre eigene Hofloge gelangen konnte. Auch im Inneren des als ein Kompromiss zwischen Rang-, Logen- und Amphitheater errichteten Baus passte Ebhardt sich der Epoche um 1800 an, was sich im klassizistischen Dekor der Emporen sowie der Kassettendecke des Zuschauerraums widerspiegelt. Das Zentrum des Zuschauerraums ist die Fürstenloge, ein traditionelles architektonisches Repräsentationsmotiv, das in den meisten Theaterneubauten Anfang der 1910er Jahre eigentlich keine Rolle mehr spielte.[5] Diese 28 Sitzplätze fassende Loge erhebt sich über einem weit in den Zuschauerraum hineinragenden rechteckigen Sockel und ist seitlich von je zwei schlanken kannelierten Pilastern flankiert. Diese tragen einen gesprengten Dreiecksgiebel, in dessen Mitte das Wappen[6] des Fürstentums Lippe prangt.

Da der 1914 begonnene Bau des Hoftheaters aufgrund des Ersten Weltkriegs nur zögerlich voranging, holten die politischen Ereignisse der damaligen Zeit mit dem Ende des Kaiserreichs 1918/19 die Fürsten von Lippe ein. Als im September 1919 das weitgehend fertiggestellte Theatergebäude mit einer Festvorstellung eröffnet wurde, war der Fürst seit dem 12. November des Vorjahrs zurückgetreten; dementsprechend hat seine Familie diese Loge nie genutzt. Stattdessen wurde die fürstliche Familie bei diesem Ereignis in der kleinen Hofloge, der sogenannten Proszeniumsloge, an der westlichen Längsseite platziert, die im Foto rechts leicht angeschnitten noch zu erkennen ist.[7] Ihm gegenüber saß der neue Vorsitzende des Theatervereins Adolf Neumann-Hofer, der auch die Eröffnungsrede des nun als Landestheater bezeichneten Baus hielt.[8] Die „Nichtnutzung“ der fürstlichen Loge aufgrund der politischen Ereignisse von 1918 machte die neue gesellschaftliche Ordnung auch im Theater für jeden sichtbar.

Im Zuge des Nationalsozialismus erhielten diese ehemaligen Standeslogen wieder Repräsentationspotenzial und wurden als sogenannte „Führerlogen“ für Auftritte Adolf Hitlers und seiner politischen Gefährten genutzt. Während man in Berlin bei mehreren bestehenden Reformtheatern (zum Beispiel im Deutschen Opernhaus oder im Schillertheater in Berlin-Charlottenburg)[9] sowie bei dem Theaterneubau in Saarbrücken Ränge und mittlere „Führerlogen“ ab 1933 neu einbaute, war dies in Detmold anders.[10] Dort konnte man auf die ehemalige Fürstenloge zurückgreifen und eignete sich diese durch das Anbringen der

---

5 Vgl. Zielske 1971; Daiber 1995.

6 Das Wappen hatte der Detmolder Bildhauer Hartwig Bornemann (1881–1963) geschaffen (vgl. Kleinmanns 2019, S. 13).

7 Vgl. Kleinmanns 2019, S. 16.

8 Vgl. ebd.

9 Vgl. Oeser 2016, S. 45–85.

10 Während der Zuschauerraum des Detmolder Theaterbaus nicht verändert wurde, vergrößerte man 1935/36 das Bühnenhaus und baute 1936/37 den früheren Fürstenaufgang zu Büroräumen um (Architekturmuseum der TU Berlin, Inv. Nr. TBS 093,02; vgl. Kleinmanns 2019, S. 21).

Hakenkreuzfahne an. Im Unterschied zu vielen anderen „Führerlogen" wurde die Detmolder Loge zwar nie von Adolf Hitler selbst, jedoch aktiv von der nationalsozialistischen Gauleitung Westfalen-Nord genutzt und spielte somit in der Zeit von 1933 bis 1945 eine wichtige Rolle. In Detmold hatte man von 1935 bis 1944 die sogenannten Richard-Wagner-Festwochen veranstaltet, die unter anderem als volkserzieherische Vorbereitung für die Bayreuther Festspiele dienen sollten.[11] Diese ursprünglich von der Stadt Detmold initiierten Festspiele wurden schnell von dem „Reichsstatthalter" Alfred Meyer sowie der NS-Organisation „Kraft durch Freude" zu Propagandazwecken vereinnahmt.[12] Davon zeugen die Programmhefte, die zumeist mit einem Porträt des „Führers" versehen sind, Richard Wagner direkt für den Nationalsozialismus instrumentalisieren und so nationalsozialistische Inhalte verbreiten.[13] Ein undatiertes Foto dokumentiert, dass sowohl Alfred Meyer als auch seine politische Gefolgschaft bei diesem Kulturereignis in der Loge saßen und diese zur nationalsozialistischen Propaganda nutzten.[14] Dieses Beispiel zeigt, dass das architektonische Mittel der „Führerloge" auch fernab der großen deutschen Kulturzentren in kleineren Theaterstätten mit dem Ziel sozialer Differenzierung und NS-Propaganda genutzt wurde.

Literatur

Daiber, Hans: *Schaufenster der Diktatur. Theater im Machtbereich Hitlers*. Stuttgart 1995

Daube, Otto (Hg.): *Amtlicher Führer durch die Richard-Wagner-Festwoche Detmold 1936*. Detmold 1936

Fukerider, Andreas: „‚Dem deutschen Volksgenossen die Größe der Bayreuther Idee zu erschließen'. Idee, Programm und Entwicklung der Richard-Wagner-Festwochen". In: Fukerider, Andreas/Iffland, Joachim/Kohle, Cornelia (Hg.): *Lippes Grüner Hügel. Die Richard-Wagner-Festwochen in Detmold 1935–1944*. München 2012, S. 29–82

Iffland, Joachim: „‚Vom Vorort zum Hügel'. Die Detmolder Richard-Wagner-Festwochen als Werbung für Bayreuth". In: Fukerider, Andreas/Iffland, Joachim/Kohle, Cornelia (Hg.): *Lippes Grüner Hügel. Die Richard-Wagner-Festwochen in Detmold 1935–1944*. München 2012, S. 11–28

Kleinmanns, Joachim: *Das Detmolder Landestheater*. Detmold 2019

Kleinmanns, Joachim: „Theodor Kliem (1824–1889) – ein früher Detmolder Bildchronist". In: *Rosenland. Zeitschrift für lippische Geschichte*. Nr. 28/2023, S. 42–71

o. V.: *Richard Wagner Festtage. NS-Gemeinschaft „Kraft durch Freude" Gau Westfalen-Nord*. Detmold 1939

Oeser, Susanne: *Bauliche Veränderungen während der NS-Zeit am Beispiel der „Führerloge". Eine historische Studie zur Genese des Logentheaters und der fürstlichen Mittelloge sowie zum Einbau der „Führerloge" mit Fokus auf die*

---

11 Schirmherrin der Detmolder Richard-Wagner-Festwochen war die den Bayreuther Festspielbetrieb leitende Winifred Wagner (vgl. Schmidt 2006, S. 419–428; Fukerider 2012; Kleinmanns 2019, S. 19–23).

12 Vgl. Fukerider 2012, S. 49–51, 80–82; Iffland 2012, S. 14–21.

13 Vgl. Daube 1936, S. 3, Abb.; o. V. 1939; Iffland 2012, S. 23–27; Fukerider 2012.

14 Vgl. Fukerider 2012, S. 59, Abb. 20.

nationalsozialistische Umbautätigkeit an den Berliner Theatern. (Masterarbeit Beuth Hochschule für Technik). Berlin 2016

Peters, Hans Georg: *Vom Hoftheater zum Landestheater. Die Detmolder Bühne von 1825 bis 1969.* Detmold 1972

Schmidt, Christoph: *Nationalsozialistische Kulturpolitik im Gau Westfalen-Nord. Regionale Strukturen und lokale Milieus (1933–1945).* Paderborn 2006

Schwarz, Stefanie: „Einfamilienhäuser und öffentliche Projekte". In: Dollen, Busso von der/Schock-Werner, Barbara (Hg.): *Burgenromantik und Burgenrestaurierung um 1900. Der Architekt und Burgenforscher Bodo Ebhardt in seiner Zeit.* Braubach 1999, S. 137–156

Zielske, Harald: *Deutsche Theaterbauten bis zum Zweiten Weltkrieg. Typologisch-historische Dokumentation einer Baugattung.* Berlin 1971

13,1 = 13,1
22,5

(8)
8/d
22,5
f

Ansicht Foyer Stadttheater Augsburg

Fotograf: Karl-Hugo Schmölz
Copyright: Maurice Cox
Frühjahr 1939
Foto auf Papier auf Karton
21,7 × 27,6 cm

Architekturmuseum der TU Berlin, Inv. Nr. TBS 008,24
PURL: https://doi.org/10.25645/1zvh-k98k

Rolf Sachsse

Die Fotografie zeigt einen sehr großen, hohen Raum, an der linken Wand mit vier sichtbaren Türen und einem angeschnittenen Türrahmen, ihnen gegenüber große bodentiefe Fenster mit schweren Vorhängen. Zwischen den Türen sind großformatige Gemälde angebracht, gegenüber kaminartige Heizungskörper, darüber Spiegel, an der Stirnwand ebenfalls ein riesiger Spiegel, der den langen Raum quasi ins Unendliche fortsetzt. Um den Raum noch größer und gleichzeitig einigermaßen proportioniert erscheinen zu lassen, entscheidet sich der junge Fotograf Karl-Hugo Schmölz für einen Kamerastandpunkt etwa auf der Mitte zwischen der Mittelachse des Raums und der rechten Seitenwand, wobei er die daraus resultierende Schrägsicht perspektivisch noch ein wenig korrigiert, sodass die Stirnwand nahezu parallel zum oberen und unteren Bildrand erscheint. Die Fenster an der rechten Seitenwand sind offen und lassen das Tageslicht hinein, das im Raum gedämpft ist und weiche Schatten wirft.

Das Objekt ist eine von acht Fotografien zum Stadttheater Augsburg, die Karl-Hugo Schmölz für die vom „Generalbauinspektor der Reichshauptstadt“ (GBI) geplante Publikation „Das Deutsche Theater“ anfertigte. Sie alle betreffen Innenräume und zeichnen sich durchgehend durch eine sehr sorgfältig geplante Lichtführung aus. Das obere Pausen-Foyer ist mit zwei Bildern vertreten, die den Raum in Längsrichtung vorführen: die oben beschriebene Tageslichtaufnahme und eine ganz ähnliche Sicht bei Nacht (TBS 008,19); dazu gibt es die Aufnahme eines weiteren Vorraums im Obergeschoss (TBS 008,23). Im Gegensatz zur Nachtansicht, die die Festlichkeit des Ambientes bei einem abendlichen Theaterbesuch demonstrieren soll, konzentriert sich diese Tagesansicht auf den dokumentarischen Anspruch der Aufnahme:

Das Meublement samt Lampen und Kronleuchter ist gut auszumachen, die Gemälde sind mindestens als Darstellungen von Theaterstücken erkennbar, selbst die scheinbar endlose Wiederholung der Kette von Kronleuchtern im rückwärtigen Spiegel ist gut sichtbar. Das Parkett auf dem Fußboden ist in seiner Materialität ebenso erfahrbar wie die schweren, gerafften Vorhänge an der rechten (Fenster-)Seite; selbst die kleinen Tische sind spiegelblank poliert. Wie vom GBI-Projektleiter Theodor von Lüpke gefordert (vgl. Aufsatz Franziska Ritter), ist das Foto unbeschnitten mit dünnem weißen Rand auf einen Karton geklebt, der mit Bleistift-Passmarken das endgültige Format im Druck vorgibt.

Karl-Hugo Schmölz' Aufnahmen der Räume des Theaters entstanden direkt nach einer Umbauphase: Original ein Bau des Wiener Ateliers Fellner und Helmer aus dem Jahr 1877, wurde das Augsburger Theater auf persönlichen Wunsch von Adolf Hitler in den Jahren 1937 und 1938 unter der Leitung von Paul Baumgarten aus- und umgebaut. Dieser hatte zeitgleich auch das Saarbrücker Theater gebaut, zu dem es einige Ähnlichkeiten in der Raumanmutung und -ausstattung gibt, und zwar nicht nur in den Fotos, die auch in Saarbrücken von Karl-Hugo Schmölz aufgenommen worden waren. Das für einen Bau dieser Art in einer mittleren Großstadt wie Augsburg eindeutig überdimensionierte Foyer ist geradezu als Spiegelsaal nach Versailler Vorbild ausgelegt worden, mit kleinen Wandlampen in der Form alter Kerzenleuchter, mit schweren Vorhängen und breiten Ledersofas an der gegenüberliegenden Wand. Alles deutet auf einen feudalen Herrscher hin, als den sich Adolf Hitler wohl auch verstand. Aus seiner Anwesenheit bei der feierlichen Wiedereröffnung des Theaters am 24. Mai 1939 errechnet sich vermutlich auch der Zeitpunkt dieser Fotografie: Der Raum ist fertig, doch unberührt, das große Ereignis steht wahrscheinlich nur wenige Tage bevor.

Im Gegensatz zur enorm aufwendigen Nachtversion des Bildes hat Karl-Hugo Schmölz hier dem Tageslicht fast freien Lauf gelassen: Es fällt von rechts in weichen Streifen, die sich am Boden mit den Schatten der Wandstücke abwechseln, in den Raum. Das Mobiliar klebt geradezu an den Seitenwänden und lässt in der Mitte eine weite Fläche offen, die man sich mit Menschen gefüllt vorstellen muss, um die Raumwirkung erfassen zu können. Insgesamt entsteht so der Eindruck einer monumentalen Modernität, wie sie für die propagandistische Architekturfotografie gefordert war: Bis auf die Vorhänge, Kronleuchter und Stuhlbeine erscheint der Raum nüchtern und klar, allerdings aufgrund seiner Größe und Höhe auch wie ein Totenhaus – oder Adolf Hitlers Empfangsraum in der Berliner Reichskanzlei.

Das Repräsentative dieses Bildes hatte dem Arrangeur der geplanten GBI-Publikation – ob Herausgeber oder Grafiker sei einmal dahingestellt – vermutlich sehr früh eingeleuchtet, denn er setzte es auf Seite 4 des Abschnitts über Augsburg direkt unter die Axialsicht des Zuschauerraums (TBS 008,10). Die Platzierung auf einer solchen Seite unten ist von Perspektive und Bedeutung des Bildes her absolut adäquat: Es ist ein Zeugnis der Perfektion in Propaganda und zeitgemäßer Gestaltung, ein Bild aus dunklen Zeiten, nicht nur im Foyer eines Theaters.

SCHUMANN

Artistik

Negativstreifen Schumann-Theater Frankfurt am Main

Fotograf:in unbekannt
1941
Negativ auf Filmfolie
14 × 6 cm

Architekturmuseum der TU Berlin, Inv. Nr. TBS 500,175
PURL: https://doi.org/10.25645/s391-mchs

Simone Förster

Das Schumann-Theater in Frankfurt am Main galt um 1933 als eines der größten und technisch bestens ausgestatteten Theater „für Kino, Revue und alle Arten von Schauvorstellungen" in Deutschland.[1] Dementsprechend wurde mit Arthur Köster (1890–1965) einer der versiertesten Architekturfotograf:innen der Zeit beauftragt, diesen Theaterbau für das vom „Generalbauinspektor der Reichshauptstadt" Albert Speer konzipierte Handbuch „Das Deutsche Theater" zu fotografieren.

Arthur Köster zählt zu den renommiertesten Architekturfotograf:innen der Moderne.[2] Er war für seine handwerklich präzisen, dokumentarisch abbildtreuen, aber auch architektonisch überzeugenden fotografischen Inszenierungen bekannt, die er bis in die 1950er Jahre in der Aufnahmetechnik mit Stativ und Holzkastenkamera für Glasplattennegative im Format 18 × 24 Zentimeter anfertigte. Seine Auftraggeberschaft setzte sich ab den 1920er Jahren aus namhaften Architekt:innen der Moderne und des Neuen Bauens zusammen, wie Otto Haesler, den Brüdern Luckhardt und Alfons Anker, Erich Mendelsohn, Hans Scharoun und Bruno Taut, von denen viele in der Zeit des Nationalsozialismus nur stark eingeschränkt arbeiten konnten oder Deutschland verlassen mussten. Um als Architekturfotograf weiterhin tätig sein zu können, musste sich Köster demzufolge neue Kundschaft und Auftragszusammenhänge erschließen, so beispielsweise das Handbuchprojekt „Das Deutsche Theater", für das Köster mehr als 40 verschiedene Theater im Deutschen Reich fotografierte.

1 Salomonsen 1933, S. 57.
2 Zu Arthur Köster vgl. Stöneberg 2009; Förster 2008.

Von seinem Auftrag, das Frankfurter Schumann-Theater zu fotografieren, hat sich in der *Theaterbausammlung* der Technischen Universität Berlin ein Materialkonvolut von Außenaufnahmen des Theatergebäudes und Innenraumaufnahmen des Zuschauersaals mit entsprechenden Negativen erhalten. Sie zeigen die Architektur in perfekter axialer Ausrichtung, vermeintlich störende Elemente wie Straßenlaternen, Passant:innen und unruhige Werbegestaltung sind auf den Positivabzügen sorgsamst wegretuschiert: Das Gebäude wirkt wie freigestellt als mächtiger Solitär.

Zusätzlich zu diesen Architekturfotografien beinhaltet das Materialkonvolut das Fragment eines Rollfilmnegativstreifens für das mittlere Bildformat von 6 × 6 Zentimetern mit zwei Außenaufnahmen. Die erste Aufnahme zeigt einen Blick quer über den weiten städtischen Vorplatz; es ist ein trockener und heller Tag. Im Bildhintergrund sehen wir das Gebäude des Schumann-Theaters: Gerahmt von zwei Turmbauten erhebt es sich mit seiner markanten Jugendstilfassade, auf der zahlreiche Werbedekorationen wie Leuchtschriften und Programmanschläge angebracht sind. Passant:innen und Radfahrende queren vor der Gebäudefront. Durch den Bildvordergrund hastet von links eine Frau, gekleidet mit Mantel und Hut, in der Hand eine große Tasche. Sie wirft einen Seitenblick zur Kamera und damit aus dem Bild heraus direkt zu uns Betrachtenden. Durch ihre Nähe zur Kamera und ihre schnelle Bewegung gerät sie aus dem Fokus und ist unscharf abgebildet. Es ist diese Unschärfe, die uns vor Augen führt, dass die Fotografie einen kurzen Augenblick im Getriebe des städtischen Alltags festhält. Als Momentaufnahme vermittelt sie den Eindruck einer geradezu kinästhetischen Erfahrung.[3]

Für die zweite, direkt folgende Aufnahme auf dem Rollfilmnegativstreifen hat sich der Fotograf (oder war es vielleicht eine Fotografin?) am Haupteingang des Theaters positioniert. Der Kamerablick fällt von links auf den Treppenzugang, der von Passant:innen belebt wird. Die zahlreichen Programmanschläge rund um den Eingang sind deutlicher Teil der Szenerie und kündigen für den Abend die Premiere eines Varieté-Programms mit „Artistik in höchster Vollendung" der französischen Equilibristengruppe „3 Reverhos" an. Dass es sich auch hier um die Aufnahme eines Augenblicks aus einem bewegten Kontinuum einer alltäglichen Situation vor dem Theater handelt, wird durch ein großförmiges Detail im Bildvordergrund bestärkt: Rechts im Anschnitt ragt leicht schief und unscharf der Sockel einer Straßenlaterne ins Bild und verdeckt fast ein Drittel der gesamten Bildfläche. Unser Blick wird dadurch auf das Geschehen in der Bildtiefe gelenkt, auf eine geradezu szenische Situation: mit dem Theaterbau als Kulisse, der Treppenanlage als Bühne und den Passant:innen als Darsteller:innen.

Das Fragment des Rollfilmnegativstreifens stellt ein Ausnahmeobjekt im Archivkonvolut zum Schumann-Theater dar: Nicht nur ist es auf der Basis einer völlig anderen Aufnahmetechnik als beispielsweise

3 Vgl. Schnelle-Schneyder 1990.

der Köster'schen entstanden, nämlich nicht im Großformat, sondern mit einer handlichen Mittelformatkamera auf Rollfilm.[4] Auch die Inszenierung der Theaterarchitektur nicht als zentraler Mittelpunkt, sondern als Bestandteil einer stadträumlichen, belebten Alltagssituation weist darauf hin, dass die Aufnahmen des Negativstreifens nicht der Autorschaft Kösters zuzuordnen sind.[5] Sie stehen möglicherweise nicht einmal in Zusammenhang mit dem Dokumentationsauftrag für das Handbuch „Das Deutsche Theater". Aus welchem Grund sie den Weg einst ins Archiv fanden und dann dort verblieben, lässt sich nicht mehr rekonstruieren.

Für uns Betrachtende jedoch können diese aus der Hand eine:r unbekannten Fotograf:in, vermutlich eine:r Amateur:in, stammenden Aufnahmen des Schumann-Theaters am Bahnhofsplatz in Frankfurt am Main als eine Bildmetapher für Schauspiel, Bühne und Theater gelten: Sie sind als Bilder zu lesen, die einen flüchtigen Einblick in den Großstadtalltag ermöglichen und dabei die architektonische Konstruktion eines Theaterbaus geradezu buchstäblich in Szene setzen.

Literatur

Förster, Simone: *Masse braucht Licht. Arthur Kösters Fotografien der Bauten von Erich Mendelsohn. Ein Beitrag zur Geschichte der Architekturfotografie der 1920er Jahre*. Diss. TU Berlin. Berlin 2008

Salomonsen, M.: „Das Schumann-Theater in Frankfurt a.M., Architekt: Rudolf Fränkel, Berlin". In: *Wasmuths Monatshefte für Baukunst und Städtebau*. 1933, Jg. 17, S. 57–66

Schnelle-Schneyder, Marlene: *Photographie und Wahrnehmung am Beispiel der Bewegungsdarstellung im 19. Jahrhundert*. Marburg 1990

Stöneberg, Michael: *Arthur Köster. Architekturfotografie 1926–1933. Das Bild vom „Neuen Bauen"*. Diss. Universität Göttingen. Berlin 2009

---

4 Köster verwendete nahezu ausschließlich Glasplattennegative im Großformat und musste aus diesem Grund zwingend auch ein Stativ einsetzen. Roll- oder Planfilm aus Kunststoff benutzte er erst ab den 1950er Jahren, vgl. Stöneberg 2009, S. 60.

5 Zumal Arthur Köster jenseits seiner Aufträge keine weiteren Fotografien aufgenommen hat, vgl. Stöneberg 2009, S. 78: „Es fehlen jegliche Indizien für eine eigenständige Bildproduktion aus persönlichen und/oder künstlerischen Interessen neben den Auftragsarbeiten."

„National-Theater“ Offenbach in der ehemaligen Synagoge

Fotograf: Arthur Köster

ca. 1941
Foto mit Retusche auf Papier
22,3 × 30,4 cm

Architekturmuseum der TU Berlin, Inv. Nr. TBS 224,03
PURL: https://doi.org/10.25645/76hb-qxm4

Konstantin Wächter

Das Foto des sogenannten „National-Theaters“ von Offenbach entstand vermutlich 1941 oder wenig später und wurde südöstlich des Lichtspielhauses aufgenommen, sodass dessen Ostflügel an der Kaiserstraße im Vordergrund liegt.[1] Links im Bild führt die Goethestraße in den Hintergrund und gibt den Blick auf die südliche Fassadenabfolge des Kinos frei. Zusammengesetzt aus drei Trakten – einem zentralen Kuppelbau und zwei Seitenflügeln – präsentiert sich die Gebäudegruppe weitgehend symmetrisch. Ursprünglich war sie nicht für die Theaternutzung vorgesehen: Das „National-Theater“ ging erst aus dem Umbau der ehemaligen Synagoge Offenbachs hervor.

Die Synagoge wiederum entstand, als der Betsaal der wachsenden Gemeinde keinen ausreichenden Platz mehr bot.[2] Zum Bau wurde ein im Wettbewerb mit dem ersten Preis ausgezeichneter Entwurf des Architekten Fritz Schwarz zur Ausführung bestimmt und ab 1913 gemeinsam von ihm und Karl Wagner realisiert.[3] Am 16. April 1916 erfolgte die feierliche Einweihung des klar gegliederten Baukomplexes, der monumental wirkt und antikisierende Elemente mit Details des barockisierenden Jugendstils verknüpft.[4] Stilistische Anleihen an den Heimatstil bezeugen eine nationale Verbundenheit der Gemeinde, wie auch der leicht rot schimmernde Kalkstein den Fassaden Lokalkolorit verleiht, korrespondiert er doch mit den rötlichen Mainsandsteinbauten der

1 Vgl. Architekturmuseum der TU Berlin, Inv. Nr. TBS 224,03.
2 Vgl. Bonin 2007, S. 243.
3 Vgl. Altaras 1988, S. 177; https://www.offenbach.de/stadtwerke/microsite/capitol/das-capitol/historie/historie.php (letzter Zugriff: 30.07.2024)
4 Vgl. Hammer-Schenk 1981, S. 491.

Stadt. Letztlich sind Formen aufgegriffen worden, die auch im Kirchenbau der Zeit Verwendung fanden. Daher sollte die dominante Kuppel das Bauwerk eindeutig als Synagoge ausweisen, ein typisches Element vieler Synagogen der Zeit, beispielsweise jener in Essen (1911–1913)[5] und Augsburg (1914–1917).[6] Trotz der Kuppel ist eine Verwechslung mit anderen Baugattungen nicht auszuschließen, was eine Gegenüberstellung mit dem Deutzer Bahnhof in Köln (1911–1913) veranschaulicht, der eine der Offenbacher Synagoge vergleichbare Massengliederung einschließlich Kuppelbau aufweist.

Neben der unspezifischen Erscheinung ähnelt auch die Grundrisslösung mit zentralem Saal und diversen Nebenräumen anderen Bauaufgaben; ein Umstand, der letztlich dazu führte, dass die Bausubstanz während der Novemberpogrome 1938 geschont wurde. Das Allerheiligste aber, Bibliothek und Thoraschrein, wurden durch Brandschatzung vernichtet.[7] Da die Zerstörungen dennoch begrenzt blieben, gab es vermutlich 1938 bereits Pläne, die Synagoge weit unter Wert zu erwerben,[8] und schon 1941 konnte sie vom neuen Besitzer Georg Ruttmann als Premierenkino genutzt werden, nachdem er bereits 1918 auch die ältere Synagoge Offenbachs in ein Lichtspielhaus umgewandelt hatte.[9] Den Namen „National-Theater" übertrug er vom Kinostandort am Großen Biergrund auf die repräsentativere Synagoge, wahrscheinlich auch, weil er in der Kriegszeit keine Leuchtbuchstaben für einen neuen Namenszug beschaffen konnte.[10] Außerdem erhielt die Stadt das Recht, das Gebäude zeitweise zu nutzen, wovon sie unter anderem für politische Veranstaltungen der NSDAP Gebrauch machte.[11] Durch kleinere Umbauarbeiten des Betsaals, die Bühneneinrichtungen und einen Orchesterraum umfassten, war es möglich, diesen nicht nur für Film-, sondern auch für Theateraufführungen zu nutzen.[12] Der heilige Ort des jüdischen Kultes wurde somit für die nationalsozialistische Propaganda missbraucht, ganz in dem Sinne, die Erinnerung an seine frühere Bestimmung auszulöschen. Hierfür waren nur geringe Anpassungen

---

5 Vgl. Klapheck 1914; Hammer-Schenk 1981, S. 480–487, Abb. 431–439; Maier-Solgk/Maier 2010; Pracht-Jörns 2013.

6 Vgl. Hammer-Schenk 1981, S. 495–501, Abb. 451–454; Römer 1996; Schönhagen 2006.

7 Vgl. https://www.offenbach.de/stadtwerke/microsite/capitol/das-capitol/historie/historie.php (letzter Zugriff: 30.07.2024).

8 Vgl. Bonin 2007, S. 245.

9 Vgl. Ziegler 2013, S. 26–27.

10 Vgl. Ziegler 2013, S. 24.

11 „Die Stadt hatte ein Nutzungsrecht des Gebäudes an zwei Tagen in der Woche und an jedem Sonntagvormittag gesichert. Dies bot die Gelegenheit, hier ein ‚Stadttheater Offenbach' zu gründen – und die Presse titulierte: ‚Offenbach erhält ein neues Film- und Theaterhaus'. Das ‚National-Theater' wurde zudem für Kundgebungen und HJ-Feiern genutzt. Alles weist darauf hin, dass die Zweckentfremdung der Synagoge von den Nationalsozialisten lange geplant und vorbereitet war." https://www.offenbach.de/stadtwerke/microsite/capitol/das-capitol/historie/historie.php (letzter Zugriff: 30.07.2024).

12 Vgl. Architekturmuseum der TU Berlin, Inv. Nr. TBS 224,01.

notwendig und die Raumaufteilung konnte weitgehend übernommen werden. So ist der Betsaal strukturell nahezu unverändert genutzt worden, erwies sich seine zentralisierte Ausrichtung auf den Thoraschrein für Filmvorführungen doch als besonders geeignet, zumal die Empore nun als Rang diente. Trotz der Anpassungen für Theateraufführungen entstand in Offenbach jedoch kein Stadttheater, sondern lediglich ein Kino mit erweiterten Nutzungsmöglichkeiten. Daher war auch ein tiefer Bühnenraum, der andernfalls hätte ergänzt werden müssen, nicht erforderlich, und die Bausubstanz der Synagoge blieb im Wesentlichen bewahrt.

Die für das Handbuch „Das Deutsche Theater“ angefertigte Fotografie inszeniert das Gebäude über seine regionale Bedeutung als Lichtspielhaus hinaus.[13] Denn die Darstellung ist derart gewählt worden, dass der Bau, der innerhalb der Straßenflucht ohne Vorplatz steht, monumental und annähernd solitär erscheint. Hierfür wurden auf der Fotografie auch die als störend empfundenen Laternen, Verkehrsschilder und Oberleitungen der Straßenbahn retuschiert und ein Moment ohne Verkehrsaufkommen abgepasst. Lediglich im Bildmittelgrund sind zwei Passant:innen als dunkle Silhouetten zu erkennen, die als Größenvergleich dienen. In dieser Erscheinung blieb die ehemalige Synagoge trotz späterer Veränderungen bis heute im Wesentlichen erhalten. Damit ist sie in Hessen eines der wenigen größeren Beispiele dieser Baugattung aus der Zeit vor 1938, wenngleich sie ihre frühere Funktion verloren hat. Die Geschichte ihrer Umnutzung dokumentiert die perfiden Pläne des nationalsozialistischen Regimes, jüdisches Eigentum zu übernehmen und die Erinnerung an diese Kultur zu eliminieren. In diesem Fall nutzten sie eine enteignete Synagoge dafür, die eigene Propaganda zu verbreiten. Die Synagoge steht somit auch beispielhaft für die Entrechtung, Verfolgung und Ermordung ihrer früheren Erbauer:innen und Nutzer:innen.

Literatur

Altaras, Thea: *Synagogen in Hessen – Was geschah seit 1945?* Königstein im Taunus 1988

Bonin, Sonja: *Kulturdenkmäler in Hessen*. Stadt Offenbach mit Beiträgen von Bettina Güdelhöfer und Christina Uslular-Thiele. Wiesbaden 2007

Hammer-Schenk, Harold: *Synagogen in Deutschland – Geschichte einer Baugattung im 19. und 20. Jahrhundert*. 2 Bde. Hamburg 1981

Klapheck, Richard: *Die neue Synagoge in Essen an der Ruhr. Erbaut von Prof. Edmund Körner. Die Architektur des XX. Jahrhunderts*. Sonderheft 13. Berlin 1914

Maier-Solgk, Frank/Maier, Thomas: *Alte Synagoge Essen. Haus jüdischer Kultur. Die neuen Architekturführer*. Bd. 164. Berlin 2010

Pracht-Jörns, Elfi: *Die neue Synagoge Essen. Rheinische Kunststätten*. Bd. 549. Rheinischer Verein für Denkmalpflege und Landschaftsschutz. Köln 2013

13 Vgl. Architekturmuseum der TU Berlin, Inv. Nr. TBS 224,03.

Römer, Gernot: „Augsburg. Einst Vorbild der modernen Synagogen-Baukunst“. In: Jasper, Wille/Schoeps, Julius H. (Hg.): *Deutsch-jüdische Passagen. Europäische Stadtlandschaften von Berlin bis Prag*. Hamburg 1996, S. 21–23

Stadtwerke Offenbach: „Geschichte des Capitols“. https://www.offenbach.de/stadtwerke/microsite/capitol/das-capitol/historie/historie.php (letzter Zugriff: 30.07.2024)

Schönhagen, Benigna: *Augsburg. Die Synagoge. Orte jüdischer Geschichte und Kultur*. Haigerloch 2006

Ziegler, Ralph Philipp: *Ton und Atmosphäre. Die Geschichte der Orgeln im Capitol Theater Offenbach am Main*. Offenbach am Main 2013

Archivmappe Handbuch „Das Deutsche Theater“

Der Generalbauinspektor
für die Reichshauptstadt

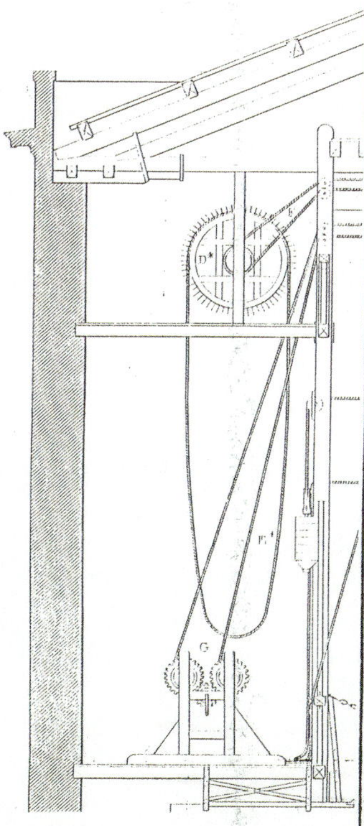

Betrifft: Handbuch

„Das Deutsche Theater"

Nr. 188

Leitmeritz –

Stadttheater

Nr. 189

Leoben –

Stadttheater

Nr. 190

Linz –

Landestheater

eing. 3. 2. 41 Hn.

Archivmappe Handbuch „Das Deutsche Theater“

ca. 1970
Karton
30 × 35 cm

Privatbesitz

Franziska Ritter

Die hier ausgewählte Mappe steht stellvertretend für insgesamt 227 Sammelmappen, in denen das Konvolut zum Handbuchprojekt „Das Deutsche Theater“ des „Generalbauinspektors für die Reichshauptstadt“ (GBI) Albert Speer mit seinen über 3500 Schriftstücken, großformatigen Zeichnungen und Fotografien über viele Jahrzehnte hinweg lagerte: von 1969, als der Bestand über den Nachlass des Bühnentechnikers Friedrich Kranich[1] von der Technischen Universität Berlin erworben wurde, bis zum Beginn des Digitalisierungsprojekts[2] im Jahr 2016. Im Zuge der Umbettung aller Archivalien in langzeitstabile und archivsichere Taschen hatten diese „Grauen Mappen“ nun ihren Zweck erfüllt. Nur eine Handvoll wurde zu Dokumentationszwecken aufgehoben, darauf wartend, ihre Geschichte doch noch einmal erzählen zu dürfen. Voilà!

Die sichtbaren Fakten zum Objekt sind schnell aufgezählt: eine Dokumentenmappe aus festem, hellgrauem, 2 Millimeter starkem Karton, gefalzt und gefaltet mit drei Innenklappen, ohne Band oder Gummi – ein Standardprodukt im gekappten A3-Querformat 30 × 35 Zentimeter, wie es auch heute noch zum Einsatz kommt. Die vergilbten Einfärbungen an den Rändern deuten auf eine flachliegende Lagerung hin und bezeugen den langjährigen Sonnenlichteinfall. Die leicht abgenutzten Ränder

1 Vgl. hierzu den Aufsatz von Halvard Schommartz im vorliegenden Band.

2 Vgl. die Website des Architekturmuseums der TU Berlin: https://architekturmuseum.ub.tu-berlin.de/index.php?p=610 (letzter Zugriff: 06.05.2025).

treten gequetscht hervor – die Inhaltsleere ist deutlich spürbar und das einst anscheinend reich gefüllte Objekt ist nun Hülse, Leerkörper.

Mehr als die Hälfte des Mappendeckels wird bedeckt durch einen weißen Aufkleber im A4-Format, der auf allen 227 Mappen identisch als eine Art Deckblatt fungiert. Eine senkrechte Doppellinie trennt den Vordruck in eine Eindrittel-/Zweidrittel-Teilung. Darauf finden sich drei verschiedene Elemente: Textgrafiken, verteilt auf beiden Seiten, eine theatertechnische Zeichnung links und zwölf zunächst leere Zeilen auf der rechten Seite. Auffällig ist das wohlkomponierte Zusammenspiel einiger Zeilen mit der theatertechnischen Zeichnung, was die senkrechte Teilung der Fläche wieder harmonisiert. Die Zeilen wiederum bieten Platz für den jeweils handschriftlich mit Bleistift eingetragenen Inhalt der Mappe – bestehend aus Theatername, Ordnungsnummer und jeweiliger Stadt.

Die Handschrift lässt sich bislang nicht auf eine Person zurückführen, aber es existieren im Bestand des Instituts für Theaterbau Aktenordner, deren Rücken gleich beschriftet sind. Dadurch und aufgrund der Materialität und Machart der Mappen lässt sich deren Entstehung auf die Zeit am Institut in den 1970er Jahren datieren, als die GBI-Sammlung dort umgebettet und neu sortiert wurde.

Die hier stellvertretend ausgewählte Mappe enthält Material zu den drei Theaterhäusern in Leitmeritz, Leoben und Linz.[3] Nahezu unkenntlich, sind auf der letzten Zeile die wieder wegradierten Angaben „Nr. 191 Litz." für das Theater in Litzmannstadt lediglich zu erahnen. Es hätte also fast noch ein viertes Theater seinen Platz gefunden: Das Ringen um Ordnungssystem und Stauraum wird sichtbar. Der unterstrichene Anfangsbuchstabe „L" verweist auf ein alphabetisches Ordnungssystem und folgt damit der Sammlungsstruktur, die der GBI-Projektleiter Theodor von Lüpke in dieser Form schon 1940 angelegt hatte. Der Rekonstruktionsversuch der Autorin[4] lässt darauf schließen, dass es in der geplanten Publikation eine alphabetische Ordnungsstruktur und keine Sortierung nach Orten oder Typologien geben sollte, wie es in der Zeit für andere Buchveröffentlichungen üblich war.

Betrachtet man die vorgedruckten Textelemente auf dem Aufkleber, fällt auf, dass hier Schriftzüge des GBI-Fragebogens,[5] wie er um 1941 an die Theater zur Datenaufnahme verschickt worden war, neu collagiert und kontextualisiert wurden: Im oberen linken Teil der Schriftzug „Der Generalbauinspektor für die Reichshauptstadt" – ursprünglich auf dem Fragebogen einzeilig, jetzt zweizeilig und schräg gestellt parallel zur Dachkante der darunterliegenden Zeichnung arrangiert. Unten links

---

3 Vom Leitmeritzer Stadttheater (Nr. 188) befand sich ein Bühnengrundriss in der Mappe, vom österreichischen Stadttheater Leoben (Nr. 189) drei Fotografien des Architekturfotografen Bruno Kerschner, vom Landestheater in Linz (Nr. 190) sind 18 Objekte mit Schriftstücken, Plänen und Fotografien erhalten – die Mappe beinhaltete in Summe also 22 Objekte.

4 Vgl. meinen Aufsatz im vorliegenden Band.

5 Vgl. die Objektbeschreibung „Fragebogen" im vorliegenden Band.

das Eingangsdatum, „eing. 3.2.41, [Unterschriftskürzel]“ (nicht identifizierbar), und der Eingangsstempel, der auf jedem Fragebogen vermerkt und bei Rückkehr quittiert wurde. Es handelt sich um Ausschnitte aus dem Fragebogen des Berliner Schillertheaters,[6] der am 3. Februar 1941 eingegangen war. Die Schreibmaschinenzeile „Betrifft: Handbuch ‚Das Deutsche Theater'“ stammt ebenfalls aus dem Fragebogen-Vordruck.

Auf der linken Seite des Deckblatts befindet sich eine theatertechnische Zeichnung, die einen Querschnitt durch ein Bühnenhaus mit der Außenfassade eines Theaters samt Dachgiebel zeigt. Wir befinden uns im Bereich des Schnürbodens auf Höhe einer Arbeitsgalerie, weit über dem Bühnenboden. Die Zeichnung, die in ihrer Machart eher aus einer zeitgenössischen Feder stammt, ist nur partiell abgebildet und kann daher nur versuchsweise entschlüsselt werden: Im Zentrum steht die Abbildung verschiedener hölzerner Bühnenmaschinerien zur Steuerung von Kulissen oder Objekten, wie sie zur Zeit des Barocktheaters in ganz Europa zur Anwendung kamen (und auch heute noch beispielsweise im Schlosstheater Drottningholm oder Bourla Theater Antwerpen zu besichtigen sind). In Summe könnte es sich auch um die Erklärung eines Flug- oder Seilzugsystems handeln, mit dem horizontale Bewegungen oder die Auf-Ab-Bewegung eines mechanischen Vorhangzugs gesteuert wurden. Auffällig ist die Bezifferung mit Buchstaben, die zweierlei Vermutungen zulässt: Einerseits könnte es (nicht dargestellt) eine Art Legende geben, wie in einschlägiger Fachliteratur, andererseits könnten weitere Detailzeichnungen[7] zu den einzelnen Objekten existieren, die die Funktionsweise und Aufbauart detailliert darstellen. All das stärkt die These, dass es sich hierbei nicht um eine konkret verortbare Theaterarchitektur handelt, sondern um einen Ausschnitt einer Zeichnung aus einem Lehrbuch der Bühnentechnik.

Auswertend lässt sich zusammenfassen: Die Wahl solch eines technikfokussierten Motivs auf dem Deckblatt einer Theater*bau*sammlung ist aus heutiger Sicht zunächst irritierend, denn naheliegend wäre gewesen, eine Zeichnung aus dem Konvolut des GBI zu zeigen – aber in der Sammlung befinden sich keine Gebäudequerschnitte und keine detaillierten Bühnenmaschineriedarstellungen! Demnach scheint es eine bewusste Entscheidung von TU-Mitarbeitenden gewesen zu sein, eine historische, bühnentechnische Zeichnung als titelgebendes Motiv für eine theaterarchitektonische Sammlung aus der NS-Zeit zu verwenden. Wie wurde hier die NS-Vergangenheit kontextualisiert? Auf welche Deutungsebene kann die collagierte Motivwahl verweisen? In welchem Kontext steht das Wissen über Theaterbau im Besonderen?

Die Gestaltung dieses Deckblatts lässt sich aus dem Blick einer Technischen Universität decodieren, die in ihrer Ausrichtung die

6 Vgl. Architekturmuseum der TU Berlin, Inv. Nr. TBS 038,01.

7 Karl-Friedrich-Schinkel und sein Zeichner Wolff zeigen das in ähnlicher Form um 1820 eindrucksvoll auf einer Zeichnung in farbiger Aquarelltechnik für eine Gardinenbewegung der Bühne des Berliner Schauspielhauses auf dem Gendarmenmarkt. Vgl. Architekturmuseum der TU Berlin, Inv. Nr. 15417.

technischen Aspekte, Konstruktion und Funktionsweise von Architektur in den Vordergrund stellt. Die Wahl der Zeichnung trägt dem Umstand Rechnung, dass Theaterarchitektur und Theatertechnik – anders als heute, wo es klar abgegrenzte Berufsbilder gibt – in Personalunion gedacht wurde, und verweist gleichzeitig auf die mögliche Nutzung der Sammlung als Handapparat durch Studierende, Fachplanende, Architekt:innen wie Bühnentechniker:innen gleichermaßen. Der Aufruf der Deutschen Theatertechnischen Gesellschaft[8] (1969) mag ein Grund für den Erben von Friedrich Kranich gewesen sein, den Nachlass an die TU Berlin zu verkaufen. Somit wäre in mehrfacher Hinsicht verständlich, dass die Sammlung in den 1970er Jahren an einer Technischen Universität sowohl als Theaterbau- aber vor allem auch als Theatertechniksammlung verstanden worden ist. Zusätzlich wird durch die Abbildung einer barocken Bühnenmaschinerie der Sammlung eine gewisse Historizität eingeschrieben und ein Sinn von Geschichtlichkeit assoziiert, über die NS-Zeit hinaus. Die Wahl einer Lehrbuchzeichnung mit ihren didaktischen Elementen stärkt die Konzeption der Sammlung als wissensvermittelndes Instrument an einer Bildungseinrichtung.

Deutlich wird, dass im Zuge der Einverleibung der Sammlung durch die TU Berlin die Neuaufstellung des Konvoluts in diesen „Grauen Mappen" kein rein bürokratischer Akt war, sondern mit hohem Gestaltungswillen vollzogen wurde. Mit einem Augenzwinkern kann man die Darstellung der Bühnentechnik links auf dem Deckblatt auch in ihrer dienenden Funktion interpretieren, die der Auflistung der Theaterarchitektur rechts eine Bühne bietet: Vorhang auf für „Das Deutsche Theater"!

---

8 Vgl. den Aufsatz von Marie-Charlott Schube im vorliegenden Band.

Theodor von Lüpke
Bückeburg
Lüling-Str. 11

FREIE UNIVERSITÄT BERLIN
THEATERWISSENSCHAFTLICHES INSTITUT
DIREKTOR: PROF. DR. HANS KNUDSEN

BERLIN-DAHLEM, PETER-LENNE-STRASSE 28/30 / TELEFON 76 52 61 APP. 490 / NACHTRUF 76 53 81

Am Do, 7. Mai 53 hat mir Herr von Lüpke den [illegible] zu einem [illegible] geworden Bild-Werk über die deutsche Theater übergeben, dessen Material in die Hand von Hr. Fr. Kranich, [illegible], gelangt ist. Herr von L. betonte: da die F.U. von der „Stadt Berlin" unterhalten werde, habe der Bd. hier den rechtmässigen Platz.

[illegible]

Vermerk im Anhangband „Das Deutsche Theater"

Hans Knudsen
07.05.1953

Theaterhistorische Sammlungen der FU Berlin, Inv. Nr. A 3954

Peter Jammerthal

Am 7. Mai 1953 erhält Prof. Dr. Hans Knudsen, Direktor des Theaterwissenschaftlichen Instituts der Freien Universität Berlin, ein Materialkonvolut überreicht und fertigt einen handschriftlichen Vermerk zu dieser Übergabe, der in das auffallendste der Objekte eingeklebt ist: den Entwurf für den Anhangband – so die handschriftliche Bezeichnung auf dem Umschlag – zu der in der NS-Zeit geplanten Publikation „Das Deutsche Theater".[1]

Der Anhangband wird mit Beilagen[2] aus den Überresten des Publikationsprojekts von Theodor von Lüpke an Knudsen übergeben, wobei der beigefügte Vermerk Knudsens aufschlussreich für das mangelnde Verständnis ist, das dieser dem Objekt entgegenbringt. Es handle sich, so notiert Knudsen, um „den Ergänzungsband zu einem hinfällig gewordenen Bild-Werk über die deutschen Theater", dessen „Material in die Hände von Hr. Fr. Kranich, Hannover, gelangt ist."

Der Begriff „Bild-Werk" ist für die angestrebte Publikation mit fotografischen Architekturdokumentationen, Plänen und einer Vielzahl technischer und baugeschichtlicher Daten ebenso herablassend unrichtig, wie die Charakterisierung des Objekts als „Ergänzungsband": Es handelt sich vielmehr um den Entwurf für einen Registerband, in dem

1 Vgl. den Aufsatz von Kerstin Wittmann-Englert im vorliegenden Band.

2 Darunter Probedrucke von Tabellen, von Seiten des Hauptbandes mit Korrekturen sowie handschriftliche Begriffserläuterungen mit einer Normierung möglicher Eintragungen, zudem „Prüfpunkte", also Aspekte zur Kontrolle bei der Datenübernahme in das Projekt, wobei Benno von Arent als Instanz zur Bewertung bühnentechnischer Angaben genannt wird.

auf Bögen von Probedrucken handschriftlich bereits die geplante tabellarische Zusammenstellung der Daten der Hauptbände skizziert wird. Für die Datenauswahl zu jedem Theater waren 46 Spalten vorgesehen, die sich auf zwei Doppelseiten erstrecken. Der gedruckte Tabellenkopf unterscheidet unter anderem Angaben zu „Baudaten“ (Theatername, Platzzahl, Eigentümer, Architekt etc.), „Bauordnung“ (darin Angaben zu Bühnen- und Zuschauerraum) und „Bühnentechnik“ (Drehbühne, Antriebsart der Maschinerie, Beleuchtungssystem).

Handschriftlich ausgefüllt sind die Zeilen 1 bis 375, in denen zunächst mit Bleistift die Theaterstädte und dortigen Theater von Aachen bis Zwickau eingetragen wurden. Mit Tinte wurde dann begonnen, vorhandene Daten in die entsprechenden Zeilen einzufügen, wobei neben den Berliner Bühnen dies nur bei einzelnen Buchstaben (etwa D) und einzelnen Orten (etwa Leipzig) schon ausführlicher umgesetzt ist. Daneben finden sich neben Korrekturen im Tabellenkopf am linken Blattrand in Bleistift Umnummerierungen, am rechten Blattrand Eintragungen, die offenbar das Vorhandensein von Plänen und Abbildungen dokumentieren und auf Februar beziehungsweise März 1945 datiert sind. Diese stammen vermutlich von Theodor von Lüpke selbst. Der Band ist also zunächst *work in progress* zur Vorbereitung eines Registerbands, bildet aber mehr als den Status quo bei Abbruch des Projekts 1943 ab. Auch die Umnummerierungen scheinen erst nachträglich, dann vermutlich im Abgleich mit dem vorhandenen Material gemacht worden zu sein. 470 ist die höchste Zahl, die als laufende Nummer genannt wird, einige Zeilen sind als „fehlt“ gekennzeichnet, was eben darauf schließen lässt, dass von Lüpke versuchte, nach 1945 diesen Entwurf zum Anhangband zur Dokumentation des erhaltenen Materials zu nutzen, was ihm vor dessen Weitergabe an Friedrich Kranich aber nicht gelungen ist.

In Knudsens Vermerk nicht genannt ist ein aufschlussreiches Korrespondenzkonvolut,[3] das zeigt, wie sehr sich von Lüpke, der die Materialsammlung eigentlich nach Berlin zurückgeben wollte, durch Friedrich Kranich nach 1945 bedrängt sah: Er, Kranich, arbeite an den Fortsetzungsbänden seiner *Bühnentechnik der Gegenwart*,[4] er brauche die Sammlung für seine Studierenden in Hannover (zeitweise Bad Gandersheim)[5] sowie für eine geplante erste Schriftenreihe des Instituts.[6] Obwohl von Lüpke Kranich offenbar für wenig kompetent hielt,[7] ließ er sich doch durch das Argument überzeugen, dass eine Rücksendung nach Berlin nicht ratsam sei, da das Material so „den Russen“ in

---

3 Vgl. Theaterhistorische Sammlungen der FU Berlin, Autographensammlung, Mappe Kranich, Friedrich/Theodor von Lüpke.

4 Vgl. ebd., Friedrich Kranich, Bad Gandersheim, an Theodor von Lüpke, 17.07.1945.

5 Vgl. ebd.

6 Vgl. ebd., Kranich an Lüpke, 17.11.1946.

7 Vgl. ebd, Heinrich Wolff, Berlin, an Theodor von Lüpke, 23.10.1946.

die Hände fallen könnte.[8] Mit Zustimmung aus Berlin[9] gab er 1947 die Sammlung als Leihgabe an Kranich ab, auch da er in seinem Bückeburger Haus Platz für Einquartierungen durch die britischen Besatzungsbehörden schaffen musste.[10] Den als Dokumentationsversuch umfunktionierten Entwurf des Registerbands behielt er allerdings und übergab ihn 1953 an Knudsen.

Hans Knudsen ist in seiner langjährigen Tätigkeit nicht mit originellen Forschungen oder Thesen zu Theaterbau oder Bühnentechnik hervorgetreten. In seiner *Deutschen Theatergeschichte* von 1959[11] erscheinen solche Themen für Mittelalter, Renaissance und Frühe Neuzeit als mitgeschleppte Übernahmen der Arbeiten Max Herrmanns und des diskursiven Umfelds dessen Zeit. Ein letztes Kapitel, „Der Moderne Theaterbau“,[12] zählt ein paar Nachkriegsbauten auf, die „fern aller Tradition“ errichtet seien, was Knudsen zweifellos abwertend meint. Die „geradezu hypertroph gewordene Bühnentechnik“ stößt ihm als bedenklich auf, man fühle sich wie in einem „riesigen Fabrikbetrieb“.[13]

In einem Alterswerk *Methodik der Theaterwissenschaft* (1971), für junge Studierende verfasst, spielen Architektur oder Technik wiederum keine Rolle. Auch die von Knudsen betreuten Dissertationen befassen sich fast ausschließlich mit Theaterkritikern, Versuchen, Schauspielstile durch Kritikenauswertungen zu rekonstruieren, oder mit der Geschichte einzelner Theater, wobei Intendanzen und Personal, Spielplanfragen und Presseecho im Mittelpunkt stehen. Erst Harald Zielske, Assistent von Knudsens Nachfolger Wolfgang Baumgart, wandte sich am Institut dann Fragen von Spielorten, Bühnendekorationen und Theaterbau zu, 1971 in einer ersten ausschnitthaften Verwertung des überlieferten Materials aus dem NS-Projekt „Das Deutsche Theater“.[14]

Der handschriftliche Vermerk Knudsens datiert die Übergabe des Anhangbands auf Mai 1953, wenige Tage nach dem 80. Geburtstag von Lüpkes, der wohl dabei war, sein Haus zu bestellen. Interessant ist allerdings, dass Anhangband wie Briefkonvolut erst im April 1956 mit den Nummern A 3954 beziehungsweise A 3953 im Inventarbuch des Instituts aufgenommen wurden, also fast drei Jahre später. Mit Stau bei der Inventarisierung wird das kaum zu erklären sein. Knudsen konnte den Korrespondenzen entnehmen, dass das Material wie die gesamte Hinterlassenschaft der Generalbaudirektion 1946 in das Eigentum der Stadt Berlin überführt worden sei, die Weitergabe der Objekte an

---

8 Ebd., 30.05.1946, nach einem Besuch Kranichs notiert.
9 Vgl. ebd., Erfassungsstelle für Vermögenswerte des Generalbauinspektors der Reichshauptstadt Kotelmann an Theodor von Lüpke, 24.09.1946.
10 Vgl. ebd., Briefentwurf Theodor von Lüpkes vom 28.02.1947.
11 Knudsen 1959.
12 Ebd., S. 362–364.
13 Ebd., S. 363.
14 Vgl. Zielske 1971, S. 78.

Kranich ausdrücklich als Leihgabe bezeichnet wurde.[15] Letzterer habe das Material „in die Hände bekommen“, das meint wohl: unrechtmäßig. Nicht auszuschließen also, dass Knudsen in den drei Jahren versuchte, Wege zu finden, selbst an das Material zu kommen, ganz ungeachtet des fehlenden tieferen Interesses. Ein ähnlicher Fall war dann etwa die gelungene Akquise des Nachlasses des Bühnenbildners Traugott Müller 1964, der durch seine Arbeit mit Erwin Piscator auch gerade nicht Knudsens Geschmack entsprach. Dennoch wurde der Erwerb als Triumph gegenüber dem Kölner Antipoden Carl Niessen ausgeschlachtet, aber zu Knudsens Zeit nie ernsthaft ausgewertet.[16] Hier wirkt der Besitz solcher Objekte für den Status des FU-Instituts bedeutsamer als deren tatsächliche wissenschaftliche Wertschätzung. Im Fall der Hinterlassenschaft des Projekts „Das Deutsche Theater“ scheint Knudsen 1956 das Interesse verloren zu haben.

Literatur

Knudsen, Hans: *Deutsche Theatergeschichte.* Stuttgart 1959

Jammerthal, Peter: „Sein durch Haben? Die Theaterhistorischen Sammlungen“. In: Ders./Lazardzig, Jan (Hg.): *Front. Stadt. Universität. Theaterwissenschaft an der Freien Universität 1948–1968.* Berlin 2018, S. 99–112

Zielske, Harald: *Deutsche Theaterbauten bis zum Zweiten Weltkrieg.* Berlin 1971

15 Vgl. u. a. Erfassungsstelle für Vermögenswerte des Generalbauinspektors für die Reichshauptstadt, Berlin, an Friedrich Kranich, 25.09.1946. Theaterhistorische Sammlungen der FU Berlin, Autographensammlung, Mappe Kranich, Friedrich/Theodor von Lüpke, o. Nr. Auch in späteren Schreiben wird dieser Rechtsstandpunkt beibehalten.

16 Vgl. Jammerthal 2018, S. 109 f.

FR. KRANICH

BÜHNENTECHNIK DER GEGENWART

Der technische Leiter der Städtischen Bühnen in Hannover und des Bayreuther Festspielhauses behandelt hier zum erstenmal, erläutert durch 442 Abbildungen und 16 Tafeln, das gesamte Gebiet der Bühnentechnik vom technischen und wirtschaftlichen Standpunkt aus.

Friedrich Kranich: *Bühnentechnik der Gegenwart* (1929/1933)

Friedrich Kranich:
Bühnentechnik der Gegenwart.
2 Bde. München/Berlin 1929/1933

Mathias Grote[1]

Eine Internetrecherche zu Kranichs *Bühnentechnik der Gegenwart* liefert irritierende Ergebnisse: Digital bietet ein großer Wissenschaftsverlag das Werk mit Erscheinungsdatum 2019 an. Klickt man darauf und inspiziert das Schriftbild oder nimmt ein gedrucktes Exemplar der Erstauflage zur Hand, wird schnell klar, dass dieser schwere Zweibänder aus einer anderen Zeit stammen muss. Ob der Autorität und Modernität verkündende Titel mit seiner digitalen Neuvermarktung zu tun hat, lässt sich nicht sagen, möglicherweise trugen aber der im Titel anklingende autoritative Anspruch und seine Rezeption als umfängliches Nachschlagewerk zur technischen Ausstattung und Unterhaltung einer Bühne dazu bei.

Ich werde im Folgenden argumentieren, dass „der Kranich" als Vertreter eines Handbuchs zu verstehen ist, eines Genres umfänglicher, Verbindlichkeit und Allgemeinheit beanspruchender Bücher, das im Kaiserreich und in der Weimarer Republik eine Blütezeit erlebte und zu einem Charakteristikum gerade deutschsprachiger Wissenschaft und Technik avancierte.

Auf welcher Grundlage kann die *Bühnentechnik* zu einem Genre gerechnet werden, das sie nicht im Titel trägt? Sicherlich sind Bücher nicht bestimmbar wie biologische Arten und jede:r Autor:in oder jeder Verlag kann ein Manuskript nach Gutdünken oder Profitaussichten betiteln. Trotzdem lässt sich das Handbuch in der Nachfolge des polnischen Mediziners und Pioniers einer historisch-soziologischen

1 Das Projekt wurde durch die Deutsche Forschungsgemeinschaft (GR3835 2-1) gefördert.

Epistemologie, Ludwik Fleck, als jenes Medium beschreiben, an dem das in Zeitschriften verstreute und über die Zeit wachsende, in permanenter Revision befindliche Wissen entpersonalisiert und systematisiert und damit erst zu einer zeitlich fixen Tatsache im engeren Sinn wurde.[2] Wenn Studierende oder Praktiker:innen sich auf einen allgemeinverbindlichen Stand des Wissens bringen wollten, griffen sie zu einem Handbuch mit dem Anspruch auf Autorität und Dauerhaftigkeit. In besonders erfolgreichen Fällen wurde ein Autorname so zum Eponym eines definitiven Buches, wobei es „der Kranich" wohl was dies betrifft nicht leicht gehabt hätte. In anderen Fällen wurden Analogien zu dem Buch aller Bücher, der Bibel, bemüht.[3] Handbücher als oft vielbändige Gesamtdarstellungen eines Faches oder Feldes waren auch ein verlegerisches Erfolgsmodell und füllten überaus raumgreifend die Regale von Büros und Bibliotheken.

Technische Fächer besaßen eine Handbuchkultur, sicherlich auch, weil sie seit dem späten 19. Jahrhundert zusehends verwissenschaftlicht wurden – im Falle der *Bühnentechnik* wurden vor allem Physik und Mathematik sowie Architektur, Maschinenbau und Elektroingenieurwesen für die Praxis relevant. Zudem bot der Nimbus des Wissenschaftlichen einen Statusgewinn, weil damit eine auf rationalen Grundsätzen basierende, verallgemeinerbare und systematisierbare Praxis beansprucht wurde.

Konkret zeichnen sich diese Handbücher durch eine systematische und umfängliche Gliederung und Darstellung der Themen gegenüber etwa einer alphabetischen aus, wie sie in Enzyklopädien und Wörterbüchern vorherrscht. So behauptet das Vorwort der *Bühnentechnik* genretypisch, diese sei „noch nie im Zusammenhange dargestellt worden", um sogleich mit einem „Abriss der bühnentechnischen Entwicklung"[4] einzusetzen. Derartige Handbuch-Historie, oft verfasst von einem altgedienten Praktiker, war in den seltensten Fällen kritische Historiografie, darf aber in ihrer Wirkung auf eine fachliche Identität nicht unterschätzt werden, da sie ein Selbstverständnis aus einer Geschichte heraus nahelegt, welche Gegenwart und Zukunft begründen soll. Beim Blättern in der *Bühnentechnik* erscheint ihre Historie als eine fotografische Abfolge graubärtiger Heroen, die zur Gegenwart hin in eine fächerförmige Porträtgalerie der Zeitgenossen Kranichs an deutschsprachigen Theatern mündet.

Ferner besitzen typische Handbücher Findmittel wie Indices – im ersten Band der *Bühnentechnik* zehn dreispaltige Seiten eines gründlich untergliederten Sach- und Personenindex – sowie vielfach Referenzen und eine Bibliografie. Dass in der *Bühnentechnik* nur wenige Fußnoten und lediglich ein kurzes, summarisches „Literaturverzeichnis" zu finden sind, mag mit dem behandelten technischen Stoff oder aber der avisierten Lesesituation zu erklären sein – im Folgenden mehr dazu. Abbildungen, Diagramme, Tabellen oder Karten als vereinfachte

2 Vgl. Fleck 1999 [1935], S. 156 ff.
3 Vgl. Creager/Grote/Leong 2020, S. 1–13.
4 Kranich 1929, S. 1.

Überblicksdarstellungen oder Veranschaulichungen der Praxis finden sich häufig in naturwissenschaftlich-technischen Handbüchern. In diesem Punkt beeindruckt die *Bühnentechnik*: Allein Band 1 umfasst 16 Tafeln, einige davon Klappkarten, sowie stolze 442 im Fließtext untergebrachte Fotografien (vom Starkstromstecker bis zur Bühnenaufnahme einer Wagner-Inszenierung), Filmstills, schematische oder technische Zeichnungen und einiges mehr.

Schließlich legen auch die Perspektive und Argumentation Kranichs nahe, sein Buch als handbuchartig zu begreifen. Für den Zuschauer, so wusste er zu berichten, bleibe „der sogenannte ‚Kulissenzauber' in mystisches Dunkel gehüllt" und so sei er „aufs höchste überrascht, wenn er bei einer gelegentlichen Führung große maschinelle Anlagen und fabrikähnliche Getriebe wahrnimmt."[5] Wenn Kranich wenige Seiten danach „Wilhelm Ostwalds Forderung und Taylors Grundsatz: ‚Vergeude keine Energie'!" ebenso wie die in Manfred Sempers Beitrag zum *Handbuch der Architektur* geäußerte Klage über die „kastenmäßige Abgeschlossenheit" der einstmaligen „Theatermaschinisten" aufruft, dann ist klar, dass hier eine fortschrittsbegeisterte, technisch moderne Bühne dargestellt werden sollte – ob sich Kranichs Fortschrittlichkeit auch auf den künstlerischen oder sozialen Aspekt des Theaters erstreckte, scheint allerdings fraglich. Vielmehr kann sein Buch als Versuch verstanden werden, eine technisch moderne, aber ästhetisch und sozial traditionalistische Vision der Bühne zwischen Buchdeckel zu zwingen.[6]

Wem und wozu sollte die *Bühnentechnik* dienen? Die tatsächliche Funktion und das Publikum eines Buches müssen nicht den vom Autor oder Verlag intendierten entsprechen, aber es gibt gute Gründe zu bezweifeln, dass Bühnentechniker:innen in Ausbildung oder Praxis die wesentliche Zielgruppe darstellten. So war die *Bühnentechnik* sicher kein Handbuch im Sinne einer Anleitung oder eines *manuals,* das heißt preiswerter und handlicher Unterweisungsliteratur, die am Ort des Geschehens verwendet wurde, wie etwa das fast zeitgleich erschienene *Hilfsbuch der Bühnentechnik*, das einen Abriss gesetzlicher Vorgaben sowie praktischer Handreichungen wie Formeln oder Schaltkreise umfasst.[7] Auch wenn über den praktischen Wert des vermittelten Wissens hier keine Aussage getroffen werden kann, scheint die *Bühnentechnik* dafür schlicht zu schwer, zu aufwendig und zu teuer und die Elemente praktischen Wissens wie Tabellen oder Abbildungen stellen dieses

5 Ebd.

6 Vgl. den Aufsatz von Halvard Schommartz im vorliegenden Band. Kranich diente im Ersten Weltkrieg, trat 1932 in den „Stahlhelm" ein, ließ sich 1933 für NS-Lehraufgaben vom Theaterdienst freistellen, wurde 1936 „Obertruppführer" im Nationalsozialistischen Kraftfahrkorps und leistete dort ab 1939 bis zu seiner Pensionierung 1943 Wehrdienst. Eine NSDAP-Mitgliedschaft ist nicht nachgewiesen; eine Archivalie deutet an, dass ein Antrag abgelehnt worden sein könnte (unveröffentlichte Dissertationsschrift von H. Schommartz).

7 Vgl. Hansing/Unruh 1930/1931.

eher aus als kurz und knapp Handeln leiten zu wollen. Möglicherweise ging es Kranich mit seinem Buch darum, eine rationelle Moderne der Bühnentechnik gegenüber dem antiquierten Handwerk des „Kulissenzaubers" mittels eines standardisierenden Buches festzuschreiben und so salonfähig zu machen. In den Schaltplänen, Aufnahmen von Steckern und vielem mehr wurde so auch das Alltägliche, Praktische im Stile eines wissenschaftlich-technischen Handbuchs inszeniert, wenn auch eine diesen Namen verdienende modernistische Ästhetik in Gestalt oder Inhalt des Buchs wenig zu finden ist.

Dass die *Bühnentechnik der Gegenwart* gegenwärtig für 148 Euro digital gehandelt wird, wäre nicht mehr als eine aus Profitgier und blinden Algorithmen gespeiste Absurdität, wenn der kräftig affirmierende Titel damit nicht gleichzeitig seine eigene Vergänglichkeit anpriese: So tönt die „Gegenwart" im Netz umso lauter als Nachhall einer vergangenen Fortschritts- und Technikbegeisterung. Dass eine von Kranich geplante *Bühnentechnik der Zukunft* nie erschienen ist, mag daher fast erleichtern.

Literatur

Creager, Angela N. H./Grote, Mathias/Leong, Elaine: „Learning by the Book. Manuals and Handbooks in the History of Science". In: *BJHS Themes*. Nr. 5/2020, S. 1–13

Fleck, Ludwik: *Entstehung und Entwicklung einer wissenschaftlichen Tatsache. Einführung in die Lehre vom Denkstil und Denkkollektiv*. Frankfurt a. M. 1999 [1935]

Hansing, Friedrich/Unruh, Walther: *Hilfsbuch der Bühnentechnik*. 2 Bde. Berlin 1930/1931

Kranich, Friedrich: *Bühnentechnik der Gegenwart*. Bd. 1. München/Berlin 1929

Fotografie von Bühnenarbeitern bei der Arbeit

Fotograf:in unbekannt
1920er Jahre

Universitätsarchiv der TU Berlin, Nachlass Friedrich Kranich

Halvard Schommartz

Die vorliegende Fotografie stammt aus dem Nachlass des Bühnentechnikers Friedrich Kranich. Sie erlaubt einen seltenen Einblick in einen typischen Arbeitsraum des Theaters: Insgesamt neun Theaterarbeiter sind mit der Ausbesserung an den Seilzügen zum Bewegen der Kulissen und anderer Bühnentechnik beschäftigt. Aufgrund der geringen Höhe der Decke und ihrer Gliederung durch Eisenstreben und Klappen sowie der Breite des Arbeitsgangs liegt die Vermutung nahe, dass hier die Arbeit in der Architektur der Unterbühne zu sehen ist. Auf der linken Seite des Bildes sind die unteren Umlenkrollen der Seilzüge zu erkennen, zudem ein Schaltkasten und eine Vielzahl von Kabeln. Entlang der Wand mit den Umlenkrollen steht eine Gruppe von drei Theaterarbeitern, die einen Seilzug ausbessern oder warten, dahinter drei Arbeiter, die, im Foto nicht zu erkennen, mit den Seilen oder Kabeln an der Wand befasst sind. Im Bild rechts davon sind zwei Theaterarbeiter – einer in der mittleren Bildebene, einer ganz hinten – zu sehen, die, im Kontrast zur konkreten Tätigkeit ihrer Kollegen, im Raum stehen, ohne erkennbare Handarbeit zu verrichten. Wiederum rechts davon beobachtet ein Arbeiter mit dem Zollstock in der Hand die Arbeit zweier Berufsgenossen, die nur als Schatten an der Rückwand des Geschosses zu erkennen sind. Auf dem Bretterboden liegen Kabelreste und Arbeitsmaterial, ein Bock zum Schneiden von Rundrohren steht im Raum, die drei Arbeiter im Vordergrund hantieren mithilfe eines mobilen Tischs, Bauscheinwerfer spenden zweckmäßig Licht. Trotz der resultierenden harten Schatten dieses Arbeitslichts ist das Gesamtbild gut ausgeleuchtet, was auf eine gezielte Aufnahme der Szene hindeutet. Allerdings wird hier nicht, wie bei einer gestellten Fotografie von Theaterarbeitern zu vermuten, die Arbeit während einer Aufführung inszeniert, sondern die Wartung der Maschinerie oder sogar ein Umbau der Bühne.

Da über die vorliegende Fotografie bis auf die Aufbewahrungssituation nichts bekannt ist, ist man für die Erschließung des Bildes auf diese und den Bildinhalt selbst zurückgeworfen. Sie befindet sich gemeinsam mit wenigen anderen Schwarz-Weiß-Fotografien in einer Klarsichtfolie in einem Ordner mit dem Titel „Diverses zum Nachlass Kranich, vorläufiger Sammelordner", den ein Mitarbeiter des Instituts für Theaterbau wohl im Zuge des Ankaufs des Nachlasses Kranich anlegte. Während die weiteren Fotos bis auf eines allesamt Abzüge von Fotografien sind, die in Friedrich Kranichs *Bühnentechnik der Gegenwart* abgedruckt wurden, ist das beschriebene eines, das dort fehlt. Gerade die Abweichung der Fotografie vom didaktischen Bildprogramm der Publikation ist dafür verantwortlich, dass sie, obwohl sie wie die anderen erwähnten Bilder höchstwahrscheinlich aus derselben Zeit des Umbaus der Bühne der Städtischen Oper in Hannover stammt,[1] keinen Eingang ins Buch gefunden hat. Die Frage nach der Nichtverwendung mag insbesondere insofern aufschlussreich sein, als die Fotografie einen typischen Einblick in die Betriebsarchitektur oder eine Bühnenhausmodernisierung bietet, die beide im Zentrum von Kranichs beruflichem Interesse standen.

Zwei Beobachtungen scheinen mir diesbezüglich erwähnenswert: Zum ersten unterscheidet sich die Abbildung vom Bildprogramm des Buches durch die Darstellung einer kleineren Gruppe von Theaterarbeitern, die einen Blick auf die praktische Zusammenarbeit individualisierter Arbeiter erlaubt. Sie erscheinen in einer berufsgemeinschaftlichen Vertrautheit, als Routiniers in einem durch Erfahrungswissen gekennzeichneten Arbeitsraum. Im Gegensatz zu der Abbildung eines solchen Zusammenwirkens von Fertigkeiten treten die Arbeiter im Bildprogramm der *Bühnentechnik der Gegenwart* nur im Zusammenspiel mit der Technik in einem konkreten Moment der Bedienung oder als dirigierte Gruppen auf. Durch die gleichwertige Inszenierung der Maschinerie und distanzierte Blickwinkel der Kamera wirken sie stärker anonymisiert, als es die Näheverhältnisse in der Untermaschinerie erlauben. Im Kontrast zur starken Stofflichkeit der Abbildung durch Kabelenden, Rohrreste, Späne, Splitter und Staub suggerieren die sonstigen Fotografien aus Kranichs Werk zudem das Bild einer geradezu sterilen bühnentechnischen Praxis ohne Schmutz und dreckige Hände.

Zum zweiten mussten Kranich an dem hier beschriebenen Foto wohl in zentraler Weise die beiden die Hände entspannt hinter dem Rücken verschränkenden Vorarbeiter in der rechten Bildhälfte gestört haben. Blick und Haltung changieren zwischen Aufsicht und Untätigkeit. Aus der Perspektive des technischen Leiters Kranich, der sich innerhalb der Berufsgruppe spätestens mit der *Bühnentechnik der Gegenwart* als Verfechter arbeitswissenschaftlicher Rationalisierung inszeniert

---

1 Kranich konnte als technischer Leiter der Städtischen Bühnen Hannover in den 1920er Jahren einen größeren Umbau der Bühne des Opernhauses gegenüber der städtischen Theaterkommission durchsetzen, den er fotografisch dokumentieren ließ.

hatte, durfte es dagegen keinen Hinweis auf verschwendete Arbeitsenergie geben. Schon recht nicht in Bezug auf einen ihm unterstellten Betrieb. Unabhängig davon, welche Tätigkeit genau die Fotografie bebildern oder zu welchem spezifischen Argument sie visuell beitragen sollte, musste, folgt man dem impliziten Anspruch der Publikation, jegliche Repräsentation theatertechnischer Arbeit ein rationales Ideal suggerieren. Die Vorarbeiter, die durch die Kontrollfunktion ja eigentlich zentrale Akteure der rationellen Arbeitsorganisation darstellen sollten, können auf diesem Bild allerdings im geschäftigen Treiben der Ausbesserungsarbeit als regelrecht unmotiviert interpretiert werden. Offenbar hatte man für die bühnentechnische Aufsicht der rationellen Betriebsorganisation noch keine überzeugende bildliche Formel gefunden. Die Möglichkeit der Fehlinterpretation wog in der Entscheidung zur Nichtverwendung der Fotografie offenbar schwerer als die wohl eigentlich intendierte Darstellung rationalisierter Arbeitsprozesse.

Darüber hinaus dürfte den technischen Vorständen, die als Organisatoren des Betriebs Ansprüche auf die Gestaltung der Theaterarchitektur angemeldet hatten, eine Ausbesserungs- oder Umbausituation, die die Theaterarbeiter als Akteure praktischen Theaterbauwissens zeigt, nicht als sehenswert gegolten haben. Sie waren darum bemüht, den Betrieb und seine Architektur zu einer Sache der angewandten Technikwissenschaften und damit des studierten technischen Beamten zu machen. Praktische Wissensbestände, wie sie sich in der Fotografie im Akt des Umbaus oder auch der komplizierten Betriebsarchitektur als Domäne der Theaterarbeiter zeigen, wurden in der Weimarer Republik durch ihre theoretische Begründung zunehmend im wahrsten Sinne des Wortes „überschrieben“.

Dabei war die Zahl der Theaterarbeiter:innen, die im Zuge von modernisierenden Umbauten als Träger:innen von praktischem Theaterbauwissen fungierten, insbesondere im Vergleich zum weiteren Personal der Theaterinstitutionen ausgesprochen hoch. Allein im Kranich unterstellten Betrieb der Städtischen Bühnen Hannover waren in der Spielzeit 1926/1927 knapp 150 Theaterarbeiter:innen (exklusive Abteilungsleiter, Meister und Assistenten) beschäftigt.[2] Für alle Gemeinde-, Staats- und Privatbetriebe dokumentieren die Statistiken des deutschen Verbandes der Gemeinde- und Staatsarbeiter im Jahr 1927 eine Zahl von 3479 Theaterarbeitern und 1386 Theaterarbeiterinnen, wovon gut 90 Prozent gewerkschaftlich organisiert waren.[3]

Diese Zahlen machen deutlich, welch Erfahrungswissen in den Bühnenhäusern konzentriert war, das durch eine zunehmende Kodifizierung von Theatertechnikwissen in doppelter Weise diskret gehalten wurde: Zum einen als die simple praktische Ausführung des von den

---

2 Vgl. Genossenschaft Deutscher Bühnen-Angehöriger 1927, S. 398. Die Arbeiterinnen waren im Wesentlichen als Näherinnen, Garderobenpersonal und Reinigungskräfte tätig.

3 Vgl. Verband der Gemeinde- und Staatsarbeiter 1927, S. 64–65. Insgesamt waren Frauen in allen Gewerken bis auf das Beleuchtungswesen, das heißt auch als Bühnenarbeiterinnen, tätig. Vgl. ebd., S. 66.

technischen Vorständen organisierten Betriebs und entsprechender Modernisierungen, zum anderen durch eine mediale Unterrepräsentation von praktischem theatertechnischem Wissen.

Literatur

Genossenschaft Deutscher Bühnen-Angehöriger (Hg.): *Deutsches Bühnenjahrbuch 1927*. Berlin 1927

Verband der Gemeinde- und Staatsarbeiter (Hg.): *Protokoll der zweiten Theaterarbeiterkonferenz*. Berlin 1927, S. 64f.

~~Abb~~. 162 Die fünf wichtigsten, durch Fernsprecher verbundenen Beleuchtungsstellen im Festspielhaus-Bayreuth; links unten der Stand des Beleuchtungsmeisters

Fotografie des Technischen Portals des Bayreuther Festspielhauses

Friedrich Kranich
1927
Foto auf Papier
25 × 18,4 cm

Architekturmuseum der TU Berlin, Inv. Nr. TBS 054,18

Hannah Eßler

Das Bild zeigt eine monochrome Fotografie, kaschiert auf ein Trägerpapier und grob von Hand ausgeschnitten. Das Foto ist vergilbt, das Trägerpapier brüchig. Abgebildet sind der rechte[1] Teil des Bühnenportals und der rechte Beleuchtungsturm eines Theaters, aufgenommen vermutlich von einer der Arbeitsgalerien. Der Hauptvorhang ist geschlossen, sodass Proszenium und Zuschauerraum verborgen bleiben. Der sichtbare Teil der Bühne ist leer – nichts lenkt den Blick von der Technik und ihren Akteuren ab. Die sechs abgebildeten Männer tragen Arbeitskleidung und sind in – gestellt wirkender – Aktion fotografiert. Vier von ihnen verständigen sich akustisch per Fernsprecher, drei stechen optisch hervor durch weiße Kittel. Einer fällt durch Unscheinbarkeit auf: Er steht, teils von der Portalbrücke verborgen, abgewandt im Halbdunkel an einem Scheinwerfer. Er hat keine Fernsprechverbindung und trägt einen Arbeitsoverall.

Die Beschriftung bietet Hinweise zum Kontext der Aufnahme: „Die fünf wichtigsten, durch Fernsprecher verbundenen Beleuchtungsstellen im Festspielhaus-Bayreuth." Der Zusatz „Abb. 162" verweist auf einen Publikationszusammenhang, in den sie eingeplant war. Später wurde die Abbildungszahl mit Bleistift korrigiert und die Beschriftung ergänzt um „links unten der Stand der Beleuchtungsmeister". Wiederum später wurde die Bezeichnung als Abbildung gestrichen und am Rand ergänzt: „Aufnahme Friedrich Kranich – Hannover". Das Bild trägt die Signatur „TBS 054,18", die es als Teil der sogenannten *Theaterbausammlung* im Architekturmuseum der Technischen Universität Berlin

1 Gemäß den deutschsprachigen Theaterkonventionen beziehen sich rechts und links auf die Sicht aus dem Zuschauerraum.

ausweist. Der zugehörige Datenbankeintrag gibt Maße und Datierung (ca. 1940) an und ordnet die Fotografie in ein Konvolut zum Festspielhaus.[2]

Diese Ausgangslage erlaubt diverse Fragestellungen, von denen im Folgenden einzelne exemplarisch skizziert werden. Was sollte die Fotografie illustrieren? Sie weist auf die Erweiterung der Beleuchtungsstandorte und die Einführung von Fernsprechern hin, die im Zuge eines Umbaus der Bayreuther Bühne im Jahr 1927 von Friedrich Kranich jr. Sonst überall im Band abgekürzt Fotograf der Aufnahme und bis 1933 technischer Leiter in Bayreuth, veranlasst worden waren.[3] Den Einbau von Beleuchtungsbrücke und Türmen beschrieb Kranich selbst als „bedeutendste Änderung der Lichtstandorte seit dem Bestehen der Theaterbeleuchtung".[4] Im Zuge dieses Umbaus führte Kranich zwei weitere, hier nicht abgebildete Beleuchtungsstandorte in Bayreuth ein: den Standort Proszenium sowie eine Loge in der Rückwand des Zuschauerraums.[5] Diese brachen einerseits mit dem Bayreuther Prinzip der strikten optischen Trennung von Bühne und Zuschauerraum; andererseits etablierten sie eine räumliche Distanz zwischen dem vom Zuschauerraum aus dirigierenden Beleuchtungsmeister, der Person am Regler und den Beleuchtern an den Scheinwerfern. Diese Distanz hatte Kranich 1933 im Namen von Rationalisierung und Sicherheit eingefordert.[6] Ihre Voraussetzung war die akustische Verbindung der Standorte per Fernsprecher. Vor diesem Hintergrund wirkt die Fotografie paradox: Sie illustriert zwar diese Verbindung, nicht jedoch die räumliche Trennung – Regler und Beleuchtungsmeister befinden sich im Beleuchtungsturm.

Die Fotografie veranschaulicht zudem durch Perspektive, Arbeitskleidung, Ausleuchtung der Personen und die Scheidung in befehlende und ausführende Positionen eine Arbeitshierarchie.[7] Über den Bühnengehilfen, Vorarbeitern und Beleuchtungsmeistern steht Kranich als technischer Leiter und Fotograf, der den technischen Betrieb

2 https://doi.org/10.25645/161m-8p7n. Vgl. auch die Inventarnummern TBS 054,01–TBS 054,19.

3 Vgl. Kranich 1933, S. 8–12 und S. 46–50 sowie zum Umbau der Bayreuther Bühne Baumann 1980, S. 213–16. Dies legt eine Korrektur der Datierung der Fotografie auf den Zeitraum 1927 bis 1933 nahe.

4 Kranich 1933, S. 86.

5 Baumann 1980, S. 214.

6 Kranich 1933, S. 46–50. Die räumliche Trennung von Lichtregie (Rückwand des Zuschauerraums) und Beleuchtern neben und über der Bühne ist bis heute ein Standard an Theaterhäusern.

7 So lässt sich vermuten, dass die Inspizienten und Meister einen weißen Kittel tragen, Vorarbeiter einen getönten und der einfache Beleuchtungsarbeiter einen schlichten Overall. Vorarbeiter und Meister sind per Fernsprecher verbunden, wobei der Mann am Regler die Anweisungen direkt hört und somit keinen Fernsprecher benötigt (und beide Hände frei hat).

Bayreuths direkt nach Beginn seines Engagements 1924 nach seinen Vorstellungen umstrukturierte.[8]

Die Beschriftung und der Zeitpunkt des Umbaus legen nahe, dass Kranich die Fotografie als Abbildung seiner von 1929 bis 1933 erschienenen zweibändigen *Bühnentechnik der Gegenwart* eingeplant, aber wohl wieder verworfen hatte. Stattdessen wurde eine ähnliche, jedoch menschenleere Aufnahme im ersten Band abgedruckt, die den „Standort der künstlerischen und technischen Leitung" verdeutlichen sollte.[9] Dafür tauchte die vorliegende Fotografie rund 50 Jahre später als Abbildung in Friedrich Baumanns *Bühnentechnik im Festspielhaus* auf.[10]

Dieser Blick auf die Quelle eröffnet zwei Perspektiven auf den Forschungsgegenstand Theaterbauwissen, den *Gegenstand* und den *Ort* sowie die *Medien* dieses Wissens betreffend. Bei der Frage nach dem Standort der Beleuchtung verschränken sich technisches und Betriebswissen. Auf beide mit zeitgemäßen Lösungen zu reagieren, verstand Kranich als Aufgabe eines technischen Leiters. Dessen übergeordnete Position spricht auch aus der Perspektive und der Art der Aufnahme. Sie stellt Menschen bei der Arbeit dar, die sich zwar hinsichtlich ihrer Stellung unterscheiden, aber sämtlich dem Auge des Fotografen (und damit dem technischen Leiter) unterstehen. Die betriebliche Organisation selbst wird ins Licht gerückt und unter der Regie Kranichs inszeniert.

Dies geschah (auch) im Medium der Fotografie. Während Kranichs Lehrmeister Fritz Brandt sr. Aufnahmen von beleuchteten Bühnenbildern für vergleichende Studien zur Wirkung und zum „Erkennen und Vermeiden des unnötigen und störenden Zuviel"[11] nutzte, setzte Kranich in seinen Schriften Fotografien, Skizzen und ausladende Tafeln ein, um weniger die künstlerischen als die technischen und organisatorischen Abläufe hinter den Kulissen einerseits zu optimieren, andererseits visuell aufzubereiten. Die Quellen der Beleuchtung, die im 19. Jahrhundert zunehmend aus dem Blick der Zuschauer:innen geraten waren,[12] erlangten somit als Objekte der Wissenschaft eine andere Öffentlichkeit und wurden in bühnentechnischen Publikationen und Werbebroschüren medial wirkungsvoll inszeniert.

---

8 Die verschiedenen Ränge sind direkt aus den Gehältern abzulesen. So verdiente ein Bühnengehilfe 6 Goldmark, ein Vorarbeiter 6,5 Goldmark, ein Beleuchtungsinspektor oder Bühnenmeister 7 Goldmark und ein Assistent 10 Goldmark pro Tag. Kranich selbst wurde nicht tageweise entlohnt, sondern erhielt 1924 eine Gage von 3.500 Mark. Vgl. Baumann 1980, S. 80 und S. 89.

9 Kranich 1929, S. 75, Abb. 43.

10 Baumann 1980, S. 216, Abb. 99. Bei Baumann ist nur die Fotografie ohne Bildunterschrift abgebildet, die Fernsprecher werden nicht erwähnt. Laut Baumann entstammte sie dem Nachlass Kranich, der sich 1980 an der TU Berlin befand. Vgl. Baumann 1980, S. 318 und S. 325.

11 Brandt 1899, S. 325.

12 So die Beobachtung Ulf Ottos, nach der das Licht gegen Ende des 19. Jahrhunderts nicht mehr auf der Bühne auftrat, sondern erschien, wobei die Lichtquellen selbst verborgen blieben. Vgl. Otto 2015, S. 86 und S. 101.

Literatur

Baumann, Carl-Friedrich: *Bühnentechnik im Festspielhaus*. München 1980

Brandt, Fritz: „Schein und Wahrheit im Bühnenbild". In: *Bühne und Welt*. Nr. 7/1899, S. 320–325

Kranich, Friedrich: *Bühnentechnik der Gegenwart*. 2 Bde. München/Berlin 1929/1933

Otto, Ulf: „Auftritte der Sonne. Zur Genealogie des Scheinwerfens und Stimmungsmachens". In: Matzke, Annemarie/Otto, Ulf/Roselt, Jens (Hg.): *Auftritte: Strategien des In-Erscheinung-Tretens in Künsten und Medien*. Bielefeld 2015, S. 85–104

BAUJAHR DES THEATERS: 1908 UMBAU DER BÜHNE: 1939-40
UMBAU DES ZUSCHAUERRAUMES: 1938

ZAHL DER SITZPLÄTZE:
PARKETT: 474 I. RANG: 220 II. RANG: 187 III. RANG: 154
GESAMTZAHL: 1035 ORCHESTERRAUM: 70

GRÖSSE DER HÄNGESTÜCKE: 14,00 BREIT 13,00 HOCH
TRANSPORTMASSE DER DEKORATIONEN: 7,00 HOCH 3,00 BREIT

MASSE DER PRAKTIKABEL UND STUFEN:
GRUNDFLÄCHE: 2,00 × 1,00 STUFENHÖHE: 0,20 STUFENAUFTRITT: 0,25

SONSTIGE VORHANDENE BÜHNENWAGEN:
4 STCK: 4,00 × 2,00 × 0,60 - 6 STCK: 3,00 × 3,00 × 0,20 - 2 STCK: 3,00 × 1,00
2 " : 6,00 × 2,00 × 0,60 - 4 " : 3,00 × 2,00 × 0,20 - 2 " : 2,00 × 1,00

ANZAHL DER SCHEINWERFER AUF
PORTALBRÜCKE: 26 APPARATE 1500 - 500 WATT
SEITENTÜRMEN: 12 APPARATE 1500 - 500 WATT
ARBEITSGALERIE: 2 APPARATE 2000 WATT 2 APPARATE 1500 WATT

ANGABE VON SCHEINWERFERN DER
VORBÜHNE: 4 APPARATE 1500 WATT (FARBSCHEIBEN SEILZUG)
4 APPARATE 500 WATT
ZUSCHAUERRAUM: 10 APPARATE 1500 WATT - 2 APPARATE 500 WATT

PROJEKTIONSAPPARATE: 8 APPARATE JE 3000 WATT

BELEUCHTUNGSBRÜCKE NOCH NICHT FERTIG

STROMART · STROMSPANNUNG · ZAHL DER VERSATZANSCHLÜSSE UND IHRE ANSCHLUSSSTÄRKE:
DREHSTROM 3 × 220 VOLT, GLEICHSTROM 220 VOLT
GESAMTANSCHLUSSWERT 2 × 200 KVA

VERSCHIEDEN VERWENDBARE VERSATZAUSLÄSSE:
REGELBARE AUSLÄSSE: 3 STCK VIERFARBVERSATZ · 3 STCK EINFARBVERSATZ
DIREKTE AUSLÄSSE: 4 STCK

EINBAUJAHR DER ANLAGE: 1908 GEÄNDERT: 1939 BEGONNEN (DURCH DEN KRIEG UNTERBROCHEN)

ERGÄNZENDE ANGABEN:
DER UMBAU DER BÜHNE WURDE DURCH DEN KRIEG UNTERBROCHEN. BETRIEBSFERTIG SIND Z.ZT.: HAUPTBÜHNE (AUSSER DEN VERSENKUNGEN), HINTERBÜHNE UND LINKE SEITENBÜHNE.
DIE WERKSTÄTTEN SIND IN DEN RÄUMEN DER KAMMERSPIELE UNTERGEBRACHT, DEREN UMBAU NOCH NICHT FERTIG GEPLANT IST.

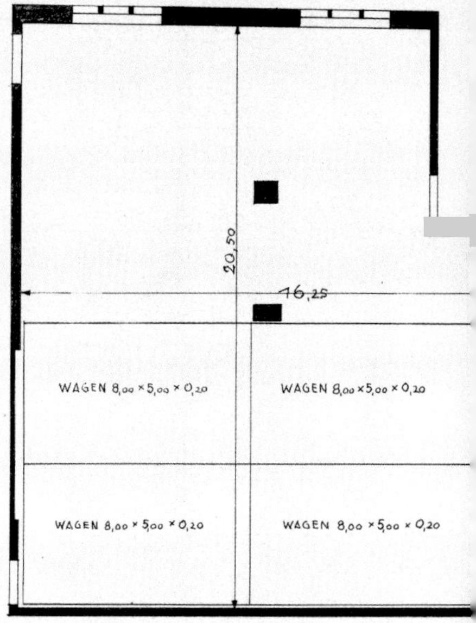

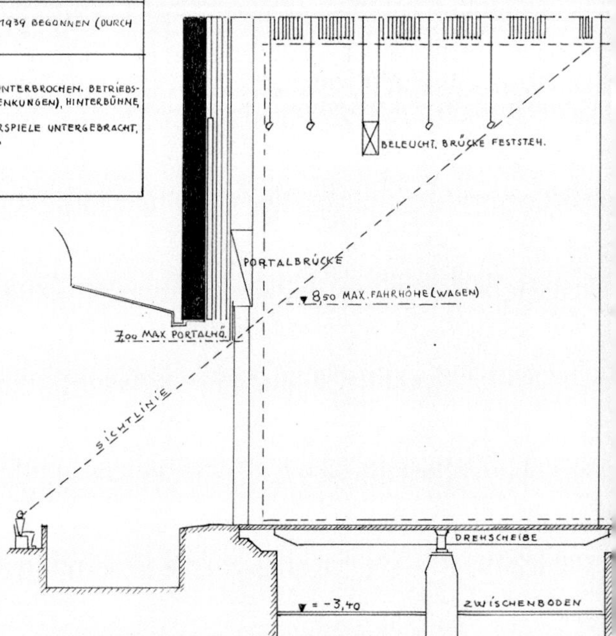

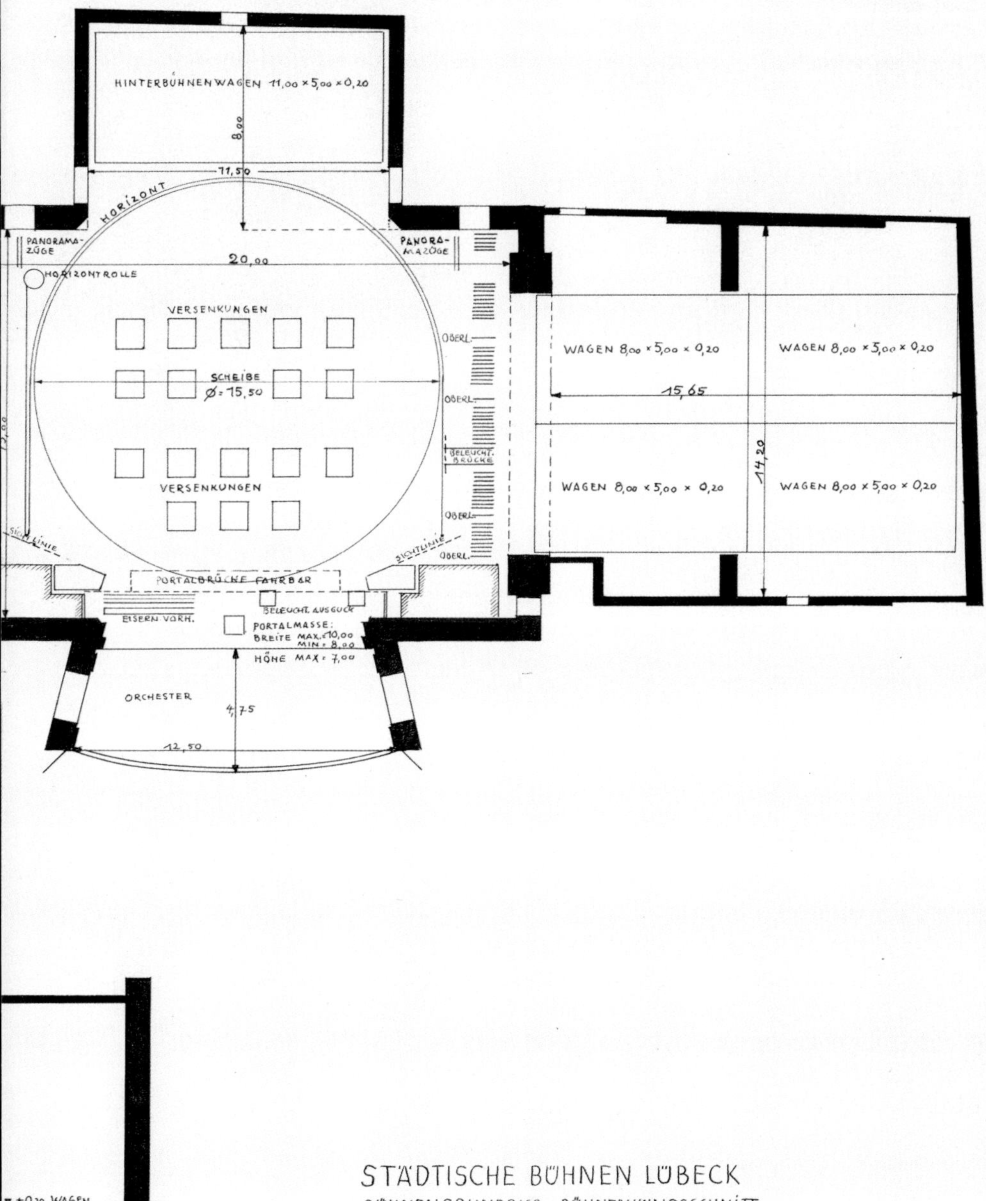

STÄDTISCHE BÜHNEN LÜBECK

BÜHNENGRUNDRISS - BÜHNENLÄNGSSCHNITT

M = 1 : 100

KARL WALTER
BÜHNENBILDNER – DEZ. 1942

Bühnentechnikzeichnung Stadttheater Lübeck

ca. 1941
Lichtpause auf Papier
61,4 × 81,2 cm

Architekturmuseum der TU Berlin, Inv. Nr. TBS 194,03
PURL: https://doi.org/10.25645/jrae-jft

Bri Newesely

Das vorliegende Blatt mit Grundriss und Längsschnitt der Bühnenanlagen sowie einigen beschreibenden Parametern des Stadttheaters Lübeck, das sich in der durchnummerierten Archivmappe Nr. 194[1] befand, ist eine auf Papier gebrachte und gefaltete Lichtpause, die an den Kanten und Rändern etwas vergilbt ist und anhand der Jahreszahlen des letzten Umbaus der Bühne (1939–1940) auf etwa 1941 datiert werden kann. Das Blatt mit den Abmessungen von 61,4 × 81,2 Zentimetern ist auf der linken Seite mit einem Kasten in Blockschrift mit Angaben zu Bühneneinrichtung und Beleuchtung versehen, mit handgeschriebener Druckschrift in Großbuchstaben, wie es für solche technischen Zeichnungen üblich ist.

Bei einer Lichtpause wird die sogenannte „Mutterpause" als Vorlage durch den direkten physischen Kontakt und entsprechende Belichtung auf ein Trägermaterial kopiert. Die Originale wurden mit Tusche auf Transparentpapier, später auch auf speziellen Folien erstellt und konnten mit der Rasierklinge bearbeitet werden. Auch als Diazotypie bezeichnet, war sie in den Ingenieurwissenschaften bis etwa 1990 als analoges Medium verbreitet, besonders wenn oft Änderungen vorgenommen werden sollten.

Bei einer Bühnentechnikzeichnung wie dieser sind – üblicherweise – der Zuschauerraum sowie das Vorderhaus ausgespart, die Zeichnung endet an der Außenkante des Orchestergrabens. Sie konnte somit für den Bühnenbildentwurf genutzt werden, bei dem die

1 Vgl. die Objektbeschreibung der Archivmappe für das Sammlungskonvolut zum Handbuch „Das Deutsche Theater" von Franziska Ritter im vorliegenden Band.

szenischen Einbauten passgenau in den vorhandenen technischen Bestand eingerichtet werden müssen. Diese Bühnenpläne mit Angaben zu den Sichtlinien zeigen, welcher Raum für das neue Bühnenbild zu Verfügung steht und welche szenischen Verwandlungsmöglichkeiten vorhanden sind. Die Angaben ergeben die wesentlichen Informationen für die Vorbereitung einer Neuinszenierung.

Bis heute ist der Maßstab 1:100 Standard, ebenso die Informationen zu Transportmaßen (in Metern), Angaben über regelbare Versätze und lieferbare Stromarten und -spannungen, Scheinwerfer und Projektionsapparate mit ihrer Leistung in Watt sowie zu Standorten, Drehbühnendurchmesser, vorhandenen Podien und Hängemöglichkeiten. Neben Informationen zur Größenordnung des Theaterbaus (durch die Platzanzahl im Parkett, auf den drei Rängen und im Orchester) wurden Anzahl und Maße der Dekorationsteile und Bühnenwägen abgefragt. Rundhorizont, Drehscheibe, Hinterbühnenwagen und die Versätze entsprechen der Größe des Hauses mit über 1000 Sitzplätzen. So wird ein detaillierter Einblick in die vorhandene Licht- und Bühnentechnik ermöglicht, die mit der großen Anzahl der Projektionsapparate und Scheinwerfer mit variablen Farbfiltern auf der Höhe der damaligen Zeit war.

Das hier vorgestellte Objekt gehört zum Handbuch-Projekt „Das Deutsche Theater", das im Auftrag des „Generalbauinspektors der Reichshauptstadt Berlin" Albert Speer entstehen sollte. In der Datenbank des Architekturmuseums der Technischen Universität Berlin wird es Martin Dülfer (1859–1942) als Architekten des Stadttheaters Lübeck zugeschrieben. Dülfer zeichnet auch für weitere Theaterbauten der *Theaterbausammlung* verantwortlich, so für das Kleine Theater Dortmund sowie die Stadttheater in Meran, Dortmund, Duisburg, Freiburg im Breisgau und Osnabrück.

Meist wurden die Bühnentechnikzeichnungen allerdings von der Technischen Direktion zusammengestellt, die auf Änderungen der technischen Ausstattung reagierte und dafür verantwortlich war, die Angaben auf dem Blatt aktuell zu halten. Die Grundlage blieb die architektonische Zeichnung des Gebäudes: An-, Um- und Weiterbauten wurden markiert, die Verwandlungsmaschinerie eingezeichnet und adaptiert. Im vorliegenden Blatt sehen wir rechts unten den Namen Karl Walter, Bühnenbildner, zusammen mit dessen künstlerisch gestaltetem Monogramm und der Datumsangabe „Dez. 42". Dies ist nicht ungewöhnlich, haben doch Bühnenbildner:innen auch andere – zeichnerische – Aufgaben übernommen, wenn sie der Technischen Leitung unterstellt waren.

Die Informationen für das 1908 erbaute Stadttheater Lübeck wurden etwa um 1941 zusammengetragen und decken sich mit den in den standardisierten Fragebögen[2] geforderten Größenangaben zum Theaterbau, ergänzt um Details aus Licht- und Theatertechnik, die zur

2 Vgl. die Objektbeschreibung von Kerstin Wittmann-Englert im vorliegenden Band.

Erstellung des Handbuchs an 375 Theater versandt wurden. Interessant sind hierbei besonders die ergänzenden Angaben bezüglich der Umbauten auf der Lichtpause im Kasten links unten: „Der Umbau der Bühne wurde durch den Krieg unterbrochen. Betriebsfertig sind z.Zt.: Hauptbühne (außer den Versenkungen), Hinterbühne und linke Seitenbühne. Die Werkstätten sind in den Räumen der Kammerspiele untergebracht, deren Umbau noch nicht fertig geplant ist."

Zu denken gibt die zweimalige Nennung des 1939 begonnenen Kriegs als Ursache der unterbrochenen Umbauten der Anlage, wodurch die Datierung mit Sicherheit dem Handbuchprojekt „Das Deutsche Theater" zugeordnet werden kann. In 113 Archivmappen des Projekts sind auch Bühnentechnikzeichnungen beigelegt. Diese großformatigen Blätter gibt es unabhängig von Größe, Bedeutung oder Lage des Theaters: Es ist kein Muster erkennbar, und inwieweit die Bühnentechnik als wesentlich für die Beschreibung des Theaters erachtet wurde, war vermutlich abhängig von der bearbeitenden Person.

Im Vergleich mit den anderen Bühnentechnikplänen der *Theaterbausammlung* zeigt sich keine gemeinsame Layoutvorlage, wie es bei den Gebäudezeichnungen[3] und den Fotografien[4] der Fall ist. Jedes Haus hat üblicherweise seine eigene Version, beispielsweise sind die Blätter des Akademietheaters Wien oder des Opernhauses Hannover handgeschrieben, ebenso wie das des hier gezeigten Stadttheaters Lübeck. Andere Varianten haben mithilfe von Normschrift-Schablonen geschriebene Buchstaben.

Mit seinem Schwerpunkt auf der architektonischen Darstellung wurden die bühnentechnischen Informationen im Fragebogen zwar abgefragt, erreichen aber mit zehn Zeilen der 8. Frage nach „Bühneneinrichtung" und „Beleuchtung" nicht die Genauigkeit und Detailtreue der Bühnentechnikzeichnung.[5] Dort wurden unter „Bühneneinrichtung" nach „alte Art" oder „neue Art" hauptsächlich Kriterien abgefragt, um je nach architektonischem und technischem Potenzial auf die Notwendigkeit eines Umbaus hinzuweisen.

Das Ringen um die Wichtigkeit der Bühnentechnik zeigt sich an der 25. Frage des standardisierten Fragebogens, die zwischen dem Versanddatum des Fragebogens vom 17. Februar 1941 und dem 7. März 1941 hinzugefügt wurde, um das Verhältnis der architektonischen Beschreibung zugunsten der bühnentechnischen Einbauten zu verschieben: „25. Ergänzend bedarf es nun auch noch des sogenannten Bühnengrundrisses neuester Fassung, wie ihn die technische Bühnenleitung [...] verwendet [...]".[6]

---

3 Vgl. die Objektbeschreibung von Eva Maria Froschauer im vorliegenden Band.

4 Vgl. die Objektbeschreibung von Christiane Salge im vorliegenden Band.

5 Vgl. Abb. 2 in der Objektbeschreibung von Kerstin Wittmann-Englert im vorliegenden Band.

6 Vgl. Abb. 4 in der Objektbeschreibung von Kerstin Wittmann-Englert im vorliegenden Band.

Der Technische Direktor des Stadttheaters Lübeck, Friedrich Kranich, hatte in seinem 1929/1933 erschienen Buch *Bühnentechnik der Gegenwart*[7] das Kriterium „alte Art“ oder „neue Art“ etabliert, um seinen Forderungen nach einem wirtschaftlichen Bühnenbetrieb Nachdruck zu verleihen. Statt des bis auf eine kleine Hinterbühne nahezu vollständig ummauerten und in Gassen organisierten Bühnenraums des Stadttheaters Lübeck, wie ihn Kranich 1933 in der *Bühnentechnik der Gegenwart II* auf Seite 240 abbildet und als ein Beispiel „alter Bauart“ kritisiert, war die Bühne nach dem Umbau zur „neuen“ Bauart (1939–1940) für die Verwendung genormter Bühnenwagen, die auf zwei großen Seiten- und einer Hinterbühne vorbereitet werden konnten, einer großen Drehscheibe und eines (aufrollbaren) Horizonts ausgelegt.

Ob dieser Umbau allerdings auf Friedrich Kranich zurückzuführen ist oder einem allgemeinen Modernisierungskonsens folgte, bleibt weiterhin unklar. Auffällig ist, dass sich die genannten Parameter im Kasten der Bühnentechnikzeichnung nicht nur inhaltlich, sondern auch visuell mit manchen anderen Zeichnungen decken, beispielsweise mit denen des Opernhauses Hannover in der „Archivmappe Nr. 152“. Dort arbeitete Kranich zeitweise ebenfalls als Technischer Direktor. Womöglich deutet dies nicht nur auf dokumentarisches, sondern auch auf sein wissenschaftliches Interesse in Bezug auf (zukünftige) Standardisierung hin. Friedrich Kranich saß im Ausschuss für die Normierung der Bühnentechnik, arbeitete als Berater für Ernst Neufert und dessen *Bauentwurfslehre*, verwendete die gesammelten Unterlagen für seine Lehrtätigkeit an der Technischen Hochschule Hannover[8] und entwickelte – wie wir heute aus seinem Nachlass wissen – damit seine Manuskriptfassungen unveröffentlichter Bücher.

---

7 Vgl. die Objektbeschreibung von Mathias Grote im vorliegenden Band.
8 Vgl. die Objektbeschreibung zu Friedrich Kranichs Vorlesungsplan von Halvard Schommartz im vorliegenden Band.

		Bauart	Gruppe	Abb.	KZ. A	KZ. N	Seite
München	Nationaltheater	A	10	104 b	322		232
München	Prinzregententheater	A	11	105 g	322		236
München	Residenztheater	N	2	108 g	220	010	250
München	Künstlertheater	A	4	98 b	030		213
Neapel		A	6	100 e	210		221
Neustrelitz		N	1	107 g	011	003	245
New York	Metropol. Oper	A	2	96 e	013		208
New York	Ziegfeldtheater	A	2	96 b	010		207
Nishnij Nowgorod		A	3	97 c	022		210
Nürnberg	Opernhaus	A	11	105 d	323		235
Nürnberg	Schauspielhaus	A	8	102 b	303		226
Odessa		A	3	97 g	022		211
Oeynhausen		N	5	112 i	233	200	262
Oldenburg		A	3	97 i	023		211
Oslo		N	5	112 c u. d	013	131	260
Osnabrück		A	12	106 n	332		240
Palermo		A	7	101 g	230		225
Paris	Große Oper	A	5	99 m	131		218
Paris	Champs.-Elys.	N	1	107 b	022	002	244
Paris	Kom. Oper	A	2	96 a	010		207
Paris	Theater Pigalle	N	4	110 b	003	031	256
Peckham	Crown Theater	N	1	107 h	031	003	245
Plauen		N	5	112 k	333	200	262
Posen		A	12	106 k	333		239
Prag	Neues Deutsches Theater	A	6	100 f	212		221
Prag	Tschechisches Nationaltheater	A	5	99 a	111		216
Preßburg		A	8	102 e	300		226
Ratibor		A	6	100 i	202		222
Reims		A	4	98 a	030		213
Rheydt		N	5	112 b	323	101	260
Rostock		A	5	99 l	122		218
Rotterdam		A	9	103 a	312		228
Rudolstadt		A	3	97 d	021		210
Salzburg	Stadttheater	A	9	103 f	311		229
Salzburg	Festspielhaus	A	6	100 g	213		221
Schleswig		A	3	97 e	021		210
Schwerin i. M.		N	1	107 i	100	003	246
Schwerin i. M.	(Umbau)	N	3	109 a	103	021	253
Sofia	Nationaltheater	N	6	113 d	033	303	264
Stettin		A	10	104 h	322		233
Stockholm		A	12	106 f	332		238
Stralsund		A	12	106 d	331		238
Stuttgart	Großes Haus	N	5	112 m	333	200	262
Stuttgart	Kleines Haus	N	5	112 l	323	200	262
Teplitz-Schönau		N	1	107 a	000	002	244
Tiflis		A	5	99 e	121		217
Turin		A	4	98 c	030		214
Weimar		A	11	105 c	323		235
Wien	Burgtheater	N	3	109 b	303	021	254
Wien	Staatsoper	A	11	105 h	322		236
Wiesbaden	Großes Haus	A	9	103 c	313		228
Worms		A	4	98 e	030		214
Zürich		A	9	103 k	312		230

Verzeichnis von Theatergrundrissen

„Verzeichnis der Theater-Grundrisse zu Kapitel 6 und 7"
Friedrich Kranich: *Bühnentechnik der Gegenwart*
Bd. 2. München/Berlin 1933, S. 202–204

Halvard Schommartz

Im zweiten Band der Publikation *Bühnentechnik der Gegenwart* des Bühnentechnikers Friedrich Kranich findet sich ein dreiseitiges Verzeichnis von Theatergrundrissen. Das Objekt ist paradigmatisch für Kranichs Überführung der bühnentechnischen Praxis in Ordnungsmedien und veranschaulicht deren zuweilen systematische Unübersichtlichkeit.

Das Verzeichnis enthält 158 Theater, deren architektonische Voraussetzungen für den wirtschaftlichen Betrieb im Buch ausführlich diskutiert, vor allem jedoch kritisiert werden.[1] Die Liste ist alphabetisch nach Städten geordnet und hat sechs Spalten. In diesen wird von links nach rechts die „Bauart" angegeben, die nach „A" für alte und „N" für neue Bauart unterschieden wird, die „Gruppe" mit Ziffern von 1 bis 12, die Abbildungsnummer des Grundrisses im Buch, eine Kennzahl der Kategorie alter („KZ. A") und neuer Bauart („KZ. N") und die Seite, auf der der entsprechende Grundriss thematisiert wird.

Die alphabetisch geordneten Städtenamen stehen jeweils synonym für ein Theater und setzen es dadurch als bekannt oder solitär voraus. Nur bei der Auflistung mehrerer Theater für eine Stadt wird die jeweilige offizielle Bezeichnung des Theaters hinzugefügt. Diskret avancieren so, das bestätigt der weitere Verlauf des Buches, die Bauten der öffentlichen Stadt- und Staatstheater zur Grundlage der Liste. Darüber hinaus wird die gleichmäßige Listung der Städtenamen durch den gelegentlichen Zusatz der Theaternamen visuell aufgebrochen.

1 Vgl. Kranich 1933, insb. S. 205–265.

In Kombination mit der Mehrfachnennung des Städtenamens verleiht dieses Vorgehen gewissen Abschnitten des Verzeichnisses größeres Gewicht.

Die Auswahlkriterien für das Verzeichnis werden nicht kommentiert und suggerieren damit eine universale Ordnung. Sowohl die Auswahl von Theatern in den deutschen Grenzen der Weimarer Republik als auch der nicht unbedeutende Einbezug ausländischer Theater – von Amsterdam, Athen, Budapest, Edinburgh und anderen bis nach Angora (Ankara), Bilbao, Leningrad (Sankt Petersburg) und Irkutsk 56 an der Zahl – sind intransparent. Das Verzeichnis ist insofern ein Niederschlag von Kranichs Anspruch, Theatergebäude international nach dem eigenen, unter dem Mantel des technischen Fortschrittsdenkens der Weimarer Republik, aber in der Kultur der Kaiserzeit geprägten Maßstab zeitgemäßen Theaterbetreibens vergleichen zu können.

Dieser Eindruck festigt sich unter Einbezug der Spalte „Bauart“: Die von Kranich adressierte Bühnentechnik der Gegenwart, die sich durch eine fachkundige Modernisierung der Theater zukünftig in rationalisierten Idealtheatern entfalten können soll, setzt die neue Bauart der Theater voraus. Diese ist auf den möglichst schnellen Wechsel dreidimensionaler Bühnenbilder und die dafür nötigen technischen und logistischen Einrichtungen ausgerichtet. Theater der alten Bauart, die auf dem Gassensystem für zweidimensionale Kulissen und der gemalten perspektivischen Illusion beruhen, werden demgegenüber als technisch und kulturell überholt verworfen. Die Unterscheidung zwischen alter und neuer Bauart adressiert das Theatergebäude explizit auf der Ebene der bühnentechnischen und betrieblichen Leistungsfähigkeit für eine von Kranich als allein zeitgemäß erachtete Praxis der Szenografie.

Richtet man unter diesem Gesichtspunkt den Blick auf die Topografie der im Verzeichnis auf Kennzahlen gebrachten Theaterlandschaft, dann wird deutlich: Es sind überwiegend deutsche Theater, die für die neue, das heißt in Kranichs Augen leistungsstärkste Bauart stehen, und nur wenige der damals ausländischen Theater. Obwohl die ihm gegenwärtige Theaterbausubstanz insgesamt wenig für den wirtschaftlichen Betrieb taugt, bescheinigt die Liste dem deutschen Theater- und Bühnenbau im internationalen Vergleich immerhin die Führungsrolle auf dem Weg des theatertechnischen Fortschritts. Der willkürlich erscheinende Einbezug ausländischer Theater wirkt in dieser Weise regelrecht als Kontrastmittel für die Leistungsfähigkeit deutscher Bühnentechnik.

Die von Kranich erdachten Kennzahlen, im Verzeichnis in der zweiten und dritten Spalte von rechts notiert, treiben den Leistungsvergleich auf die Spitze. Drei Ziffern mit Werten von 1 bis 3 stehen für Kategorien und Unterkategorien. Damit erinnern sie oberflächlich an die aus der enzyklopädischen Euphorie um 1900 geborene

Universalklassifikation Melvil Deweys.[2] Im Gegensatz zum universalen Versprechen dieser Kennzahltradition konstruiert Kranich hoch spezialisierte betriebliche Kategorien. Sie werden in wenigen Sätzen und einer kleinen Tabelle erklärt. Die Hunderterstelle der Kennziffer für die alte Bauart bezieht sich auf die „Hinterbühne", die Zehnerstelle auf ein „abgeschlossenes Lager auf Bühnenhöhe", die Einerstelle auf „Versenkungen für Bildteile oder -gruppen". Die Werte zwischen 1 und 3 bezeichnen unterschiedliche Qualitäten der vorgenannten Klassen. Je höher die Zahl, desto leistungsstärker das Theater. Demnach indiziert die Kennziffer 111 für die alte Bauart einen Theatergrundriss mit einer „Hinterbühne", die „nicht rechtwinklig, ungenügend breit oder tief" ist (**1**11), einem „abgeschlossene[n] Lager auf Bühnenhöhe", das „zu klein" ist (1**1**1) und „nur Personenversenkungen" aufweist (11**1**).

Für die neue Bauart bleibt das Stellenwertsystem bestehen, bezieht sich allerdings auf andere Klassen. Damit sind die Kennzahlen alter und neuer Bauart nur mittelbar miteinander zu vergleichen und das Verzeichnis gewinnt an Unübersichtlichkeit. Die Hunderterstelle der Kennziffer für die neue Bauart bezieht sich auf „[v]on der Spielbühne getrennte, fahrbare Hilfsbühnen", die Zehnerstelle auf „[o]rtsfeste Hilfsmittel in der Spielbühne für unzerlegten Bildwechsel", die Einerstelle auf die „Abstellräume für fahrbare Bildgruppen". Entsprechend indiziert die Kennziffer 333 der neuen Bauart einen Grundriss mit einer „fahrbare[n] Drehscheibe oder Wagenhalle auf mehreren Seiten" (**3**33), einer „ortsfeste[n] Doppelstock-Bühne oder Doppelstock-Drehbühne" (3**3**3) und „Abstellräume[n] für fahrbare Bildgruppen" „auf beiden Seiten neben dem Spielfeld" (33**3**).[3] Spätestens im detaillierten Nachvollzug der Kennzahlen wird deutlich, wie kompliziert ihre Entzifferung ist.

So wirkt das Verzeichnis – inklusive der hier nicht thematisierten Gruppen führt es gleich vier unterschiedliche Ordnungssysteme zusammen – von einer regelrechten Systematisierungswut Kranichs motiviert, die am implizierten Anspruch der Übersichtlichkeit zweifeln lässt. Vielmehr zeichnet sich in der Beschreibung die systematische Unübersichtlichkeit von Kranichs Ordnungsgestus ab, der, bei aller argumentativ und im Mediengebrauch suggerierten Objektivität,[4] letztlich normativ operiert. Gerade die Kennzahlen, die ihrem idiosynkratischen Charakter nach kaum von praktischem Wert gewesen sein dürften, deuten auf die Normalisierung eines von Kranich diktierten Leistungsanspruchs der Theater hin. Die auf der Basis der Kennzahlen

---

2 Dewey war nicht nur davon überzeugt, das Weltwissen in ein universales Referenzsystem überführen zu können, sondern damit auch die Organisationspraxis selbst zu reformieren. Dass sein Reformationsstreben im Wesentlichen auf eine Zeit- und Kostenersparnis zielte, deckt sich mit Kranichs Interesse am rationalen Betrieb. Vgl. zu Dewey und seiner Erfolgsklassifikation Krajewski 2002.

3 Alle Zitate: Kranich 1933, S. 201.

4 Die Herstellung wissenschaftlicher Objektivität wurde am historischen Gegenstand (Atlanten Mitte 19. Jh.) aufschlussreich problematisiert in Daston/Galison 2010.

vorgenommene technische Bewertung der verzeichneten Theaterbauten wird dann auch nicht zufällig von der Städtischen Oper Berlin, den Preußischen Staatstheatern – der Staatsoper Unter den Linden sowie der seit Juli 1931 geschlossenen Staatsoper am Platz der Republik (Krolloper) – und dem Festspielhaus Bayreuth angeführt. Sie sollen, geprägt von Kranichs bühnentechnischen Lehrern und ihm selbst, international für die Speerspitze zeitgenössischer kultureller Leistungsfähigkeit stehen.

Literatur

Kranich, Friedrich: *Bühnentechnik der Gegenwart*. 2. Bd. München/Berlin 1933

Krajewski, Markus: *Zettelwirtschaft. Die Geburt der Kartei aus dem Geiste der Bibliothek*. Berlin 2002

Daston Lorraine/Galison, Peter: *Objectivity*. New York 2010

Anlage 5

V o r l e s u n g e n

im Sommer-Semester 1944
über

„Die Entwicklung der Bühnentechnik und ihr Einfluß auf die Gestaltung der Theatergebäude."

25.4. Einführung in den Stoff.

2.5. Anzahl, Bestimmung und Größe aller Räume eines Theaters.

8.5. Hilfsräume außerhalb des Hauses.

9.5. Besichtigung der Ruinen des Opernhauses und des Betriebes im erhaltenen Werkstatt-Gebäude.

15.5. Die Entwicklung des Bühnenbodens.

16.5. Moderne Vorbühnengestaltung.

22.5. Bild-, Aufbau - teile und Verkleidungen , Treppen, Zargen, Brücken, Normierung.

23.5. Wagensysteme.

30.5. Beleuchtungsregler, bewegliche Lichtquellen.

5.6. Vorbühnenbeleuchtung.

6.6. Obermaschinerie

12.6. Lastzüge mit und ohne Gegengewicht.

13.6. Gitter, Schleier, eiserne Vorhänge.

19.6. Fluggeräte, Galerien, Brücken.

20.6. Sicherheits- und Brandbekämpfungseinrichtungen.

26.6. Oberlichter , Beleuchtungsbrücken.

27.6. Bühnenhimmelformen.

3.7. Bühnenhimmelbeleuchtungs- und Wolkengeräte.

4.7. Untermaschinerie.

10.7. Tischversenkungen, Personenversenkungen.

11.7. Kassetten, Freifahrten, Reißklappen.

17.7. Gebälkversenkungen, versenkbare Podien.

18.7. Zeitsparende Umbauhilfsmittel.

24.7. Drehscheiben- und bühnen.

WG 1121/44 WG 1161/44

25.7. Versenkbühnen und Kombinationen; ihre Vorläufer.

31.7. Schiebebühnen und ihre Vorläufer.

1.8. Raumforderungen, ihre Schwierigkeiten und Folgen, Behelfslösungen der letzten Jahre.

7.8. Moderne Beleuchtung, Elektroakustik, Raumforderungen und Behelfslösungen.

8.8. Das Idealbild der Zukunft.

Vorlesungsplan „Die Entwicklung der Bühnentechnik“

Friedrich Kranich
April 1944
Typoskript

Bundesarchiv, BArch R 4901/14983, Bl. 14–15

Halvard Schommartz

Der Plan zur Vorlesung „Die Entwicklung der Bühnentechnik und ihr Einfluß auf die Gestaltung der Theatergebäude“ mutet nüchtern an. Doch er verweist auf das an der Technischen Hochschule Hannover vermittelte Theaterbauwissen ebenso wie auf die gescheiterte Gründung eines theaterwissenschaftlichen Instituts in Hannover. Verfasst wurde er von Friedrich Kranich, der bis 1943 offiziell als technischer Direktor der Städtischen Bühnen Hannover tätig war, von dieser Stellung jedoch aufgrund seines aktiven Wehrdiensts im „Nationalsozialistischen Kraftfahrkorps“ länger beurlaubt wurde.

Das Dokument hält auf zwei Seiten 29 sauber gelistete Vorlesungstermine fest, die vom 25. April bis zum 8. August zumeist an zwei aufeinanderfolgenden Tagen stattfinden sollten. Zu jedem Datum ist stichpunktartig der Inhalt der jeweiligen Vorlesung angezeigt. Nach einer „Einführung in den Stoff“ wäre zunächst die allgemeine Raumaufteilung eines Theaters zu behandeln, die im Zuge des vierten Termins, am 9. Mai 1944, während einer Theaterbesichtigung buchstäblich vor Augen geführt werden sollte. Das Hannover'sche Opernhaus war bei einem Fliegerangriff allerdings bis auf die Grundmauern zerstört worden, sodass nur eine „Besichtigung der Ruinen des Opernhauses und des Betriebes im erhaltenen Werkstatt-Gebäude“ geplant werden konnte. Anschließend sollten 22 Vorlesungstermine zu den bühnentechnischen Einrichtungen des Bühnenbodens, der Ober- und Untermaschinerie sowie „[z]eitsparende[n] Umbauhilfsmittel[n]“ folgen. Die Vorlesung hätte abschließend erneut den Raum, genauer „Raumforderungen, ihre Schwierigkeiten und Folgen, Behelfslösungen der letzten Jahre“ behandeln sollen, bevor sie nach einem Vorlesungstermin zu „[m]oderne[r]

Beleuchtung, Elektroakustik, Raumforderungen und Behelfslösungen" mit einem „Idealbild der Zukunft" geschlossen hätte.

Der Aufbau der Vorlesung entsprach so der Dramaturgie von Kranichs *Bühnentechnik der Gegenwart* (2 Bde.: 1929/1933). Auch diese ist gemäß den horizontalen Arbeitsebenen der Bühnentechnik gegliedert und ihr rationales Zusammenspiel eruiert. Der analytische Blick auf das Bühnenhaus sollte den Weg ebnen zu einer „technischen Idealbühne",[1] die auf das von Kranich vehement mokierte „Grundübel" eines Mangels an Betriebsraum sowie auf einen daraus resultierenden „Kampf um die Räume"[2] reagierte.

Der Vorlesungsplan muss demnach, wie die *Bühnentechnik der Gegenwart* auch, programmatisch gelesen werden. Die abschließende Vorlesung zum „Idealbild der Zukunft" erneuert den im Buch zentralgestellten Aufruf zur tatkräftigen Mitgestaltung zukünftiger Theatergebäude durch die Technik. Elf Jahre nach Abschluss des Buchs war man angesichts der flächendeckenden Kriegszerstörung der Theaterbausubstanz mit einer Bauaufgabe konfrontiert, die Kranichs Lehrsätzen eine neue Bedeutung zukommen ließen.

Dieser Umstand prägt den Überlieferungskontext des Vorlesungsplans, auf den eine Bleistiftnotiz in der oberen rechten Ecke des Dokuments verweist. Als „Anlage 5" ist das Dokument dem an das Reichsministerium für Wissenschaft, Erziehung und Volksbildung gerichteten Antrag auf Errichtung eines theaterwissenschaftlichen Instituts durch die Stadt Hannover beigefügt. Friedrich Kranich war vom Oberbürgermeister der Stadt pünktlich zu seinem altersbedingten Ausscheiden aus der „Wehrmacht" am 3. November 1943 mit dem Aufbau eines theaterwissenschaftlichen Instituts beauftragt worden. Dieses sollte sich der Verwissenschaftlichung und Lehre des Theaterbaus und der Bühnentechnik widmen. Die Institutspläne hatten einen ideologischen Kern: Angesichts der zerstörten Theatergebäude sowie gefährdeter Bibliotheks- und Sammlungsbestände konnte die Gründung insbesondere gegenüber dem Reichsministerium erinnerungspolitisch legitimiert werden, indem die Stadt vorgab, verbleibendes deutsches Theaterkulturerbe in Mitteldeutschland und Wissen für den Wiederaufbau der deutschen Theaterlandschaft zu konzentrieren. Mit dem Vorlesungsplan, der offenbar auf den ausdrücklichen Wunsch des Ministerialrats Martin Miederer beigelegt wurde,[3] sollte eine Vorstellung vermittelt werden, was an einem städtischen Institut hinsichtlich dieses Anspruchs gelehrt werden könnte. Dabei trafen sich Kranichs Ambitionen zur Gestaltung des Idealbilds der Zukunft mit dem Institutsanspruch, zum Zentrum des materiellen und kulturellen Wiederaufbaus nach dem (siegreichen) Krieg zu avancieren. Doch das Vorhaben des

---

1 Kranich 1933, S. 357–383.
2 Kranich 1929, S. 64.
3 Vgl. das Anschreiben, das dem Vorlesungsplan beigelegt wurde, Bundesarchiv (BArch R 4901/14983, Bl. 13).

Institutsaufbaus entwickelte zu wenig Schlagkraft.[4] Bis zum Kriegsende blieb das Institut ein städtisches Provisorium und wurde, trotz eines offenbar mündlich gegebenen Versprechens Miederers,[5] nie offiziell anerkannt – ein Umstand, den die Stadtverwaltung und der designierte Direktor Kranich bewusst im Unklaren ließen.

Zeitgleich zu den Institutsplanungen erhielt Kranich für das Sommersemester 1944 einen Lehrauftrag an der Architektur-Abteilung der Technischen Hochschule Hannover. Für diesen konzipierte er den auch an Miederer gesandten Vorlesungsplan. Ob der Vorlesungsinhalt im Semester planmäßig gelehrt wurde, ist unbekannt, so wie übrigens die gesamte Lehrtätigkeit Kranichs keinen nennenswerten archivarischen Niederschlag gefunden hat. Es liegt jedoch nahe, dass ein solcher Vorlesungsinhalt aufgrund des engen Bezugs zur als Lehrbuch beworbenen *Bühnentechnik der Gegenwart* einerseits und vorangegangenen Vorträgen an der Hochschule mit gleichem Titel (und Lichtbildern) andererseits[6] tatsächlich von Kranich realisiert wurde.

Das Dokument deutet vor diesem Hintergrund auf die zeitliche und wissenschaftspolitische Verschränkung zweier Institutionalisierungen hin: des Beginns einer theatertechnischen Lehre an der Technischen Hochschule Hannover und des Gründungsversuchs eines städtischen theaterwissenschaftlichen Instituts. Festzuhalten bleibt dahingehend, dass der Vorlesungsplan an die Adresse von Ministerialrat Miederer als Beweis der wissenschaftlichen Arbeits- und Lehrfähigkeit eines Instituts unter der Direktion Kranichs fungieren sollte, während der Gründungsversuch eben jenes Instituts als Begründung des Lehrauftrags herangezogen wurde. Die Fakultät Bauwesen begrüßte die von Kranich und seinen Mitstreitern avisierte „Verbindung dieses Institutes mit unserer Architekturabteilung“.[7] So lässt sich von einer regelrecht inszenierten Institutsgründung sprechen, die in Kranichs „Einführungsvortrag“ als „Leiter des neugeschaffenen Theaterwissenschaftlichen Institutes der Gauhauptstadt Hannover“ am 6. Mai

---

4 Zahlreiche Schriftstücke, die der Oberbürgermeister in dieser Sache an den Ministerialrat richtete, blieben unbeantwortet. Untätig blieb das Ministerium trotz des Verbots von Neugründungen, das die Fürsprecher:innen des Instituts offenbar durch ihre ideologische Argumentation zu umgehen gedachten, gleichwohl nicht. Es holte mindestens zwei einschlägige Gutachten zum Gründungsvorhaben ein (Heinz Kindermann, Direktor des Zentralinstituts für Theaterwissenschaft in Wien, und Hans Albrecht, kommissarischer Leiter des Staatlichen Instituts für deutsche Musikforschung), die einem Institut in der vorgeschlagenen Form allerdings zurückhaltend bis ablehnend gegenüberstanden. Vgl. Akte R 4901/14983 im Bundesarchiv.

5 Vgl. den „Halbjahresbericht über den Aufbau des Theaterwissenschaftlichen Instituts der Gauhauptstadt Hannover“, ohne Datum, Bundesarchiv (BArch R 4901 14983, Bl. 16).

6 Die Vorträge „Die Bühnentechnik und ihr Einfluß auf die Gestaltung der Theatergebäude“ fanden am 16. und 17. Januar 1933 im Außeninstitut der Technischen Hochschule Hannover statt.

7 Ebd.

1944 gipfelte.[8] Damit wissenshistorisch eng verknüpft, zielte die akademische Lehre Kranichs auf die technokratische Neugestaltung der in Zerstörung begriffenen Theaterbausubstanz. Das theaterwissenschaftliche Institut in Hannover scheiterte, doch Kranich lehrte bis zu seinem Tod im Jahr 1964 an der Hochschule. So ragt das im Objekt unter NS-Bedingungen materialisierte Theaterbauwissen bis weit in den Wiederaufbau der Nachkriegszeit hinein.

Literatur

Kranich, Friedrich: *Bühnentechnik der Gegenwart*. 2 Bde. München/Berlin 1933

Nell, Ludwig: „Technik und Theater: Direktor Kranich über das neue Theaterwissenschaftliche Institut". In: *Hannoverscher Kurier*. 10.05.1944

8 Nell 1944.

Postkarte Schauspielhaus Bochum

Postkarte Schauspielhaus Bochum

Fotograf:in unbekannt, Architekt: Gerhard Graubner
1953
Foto auf Papier
9,4 × 14,4 cm

Architekturmuseum der TU Berlin, Inv. Nr. TBS 704,024
PURL: https://doi.org/10.25645/n9pa-2aca

Gerda Breuer

Einen Theaterbau bei Nacht aufzunehmen, erscheint auf den ersten Blick plausibel, finden doch die meisten Aufführungen am Abend statt, zur für viele arbeitsfreien Zeit. Die Postkarte mit der Beschriftung „Bochum. Schauspielhaus bei Abendstimmung" sagt aber weit mehr aus. Da weder Fotograf:in noch genaues Entstehungsdatum bekannt sind, lässt sich nur vermuten, dass die Karte aus den frühen 1950er Jahren stammt: Der zeittypische Büttenrand und eine erhaltene Postkarte dieser Art mit Gruß an den Architekten von 1954 legen dies nahe. Sie ist infolgedessen kurz nach der Erbauung des Hauses durch Gerhard Graubner 1953 entstanden.

Als Abbild eines erleuchteten Hauses mit Transparenz suggerierender Fassade und seriell gestaffelter vertikaler Fensterreihe an der Außenseite, menschenleer, ohne größeren städtischen Kontext und rein auf den Bau konzentriert, erscheint sie wie eine nüchterne Architekturfotografie, was durch die Schwarz-Weiß-Fotografie noch verstärkt wird. Umgeben von der strahlenden Straßenbeleuchtung in der Dunkelheit und auf regennassem Boden, der im Widerschein glänzt, vermittelt die Szene indes auch eine Anmutung des Festlichen. Durch die leicht perspektivische Untersicht erscheint sie wie auf einer Bühne.

Neben der Materialität der steinernen Außenmauern spielt das erleuchtete Innere eine Hauptrolle in der Inszenierung, es zieht den Blick unmittelbar auf sich. Auch wenn nichts Genaues zu sehen ist, steht doch im Mittelpunkt der Aussage, dass der Bau transparent sein will. Die Helligkeit des Inneren in der Nacht macht auf das Eigentliche aufmerksam: dass dort bald ein Schauspiel aufgeführt wird.

Das Narrativ der Transparenz ist insgesamt wichtig für die moderne Architektur nach dem Nationalsozialismus, die sich entschieden von der nahen Vergangenheit abheben will. „Wenn Völker große Zeiten innerlich erleben, so gestalten sie diese Zeiten auch äußerlich. Ihr Wort ist dann überzeugender als das gesprochene. Es ist das Wort aus Stein!“,[1] hatte Adolf Hitler zur Eröffnung einer Architekturausstellung im „Haus der Deutschen Kunst“ am 22. Januar 1938 geäußert. Er artikulierte damit, dass Architektur auch Sprache ist, dass sich die Gesellschaft wie ihre Staatsform mit ihren Werten darin ausdrücken. Waren die Repräsentanten der Architektur in der Diktatur allesamt Steinhäuser, gedacht für ein „Tausendjähriges Reich“, begann man sich nach 1945 davon zu distanzieren. Die „Architekturen der Demokratie“ waren transparente Bauten: von Schwipperts Anbau des Bonner Parlamentsgebäudes 1948/49 bis hin zu Kramers neuem Eingang in das historistische Hauptgebäude der Goethe-Universität in Frankfurt 1953, von Ruhnaus Musiktheater Gelsenkirchen 1954–1959 bis zum Deutschen Pavillon von Eiermann und Ruf auf der Weltausstellung in Brüssel 1958.

Doch war das eigentliche Medium des modernen funktionalistischen Baus die Axonometrie, nicht der guckkastenartige Blick – „der stiere Blick“, wie Rudolf Schwarz 1951 auf dem 2. Darmstädter Gespräch „Mensch und Raum“ gegen die Fotografie argumentierte. Fotografie fehle die leibliche Erfahrung des Raums.

Dies sind Diskussionen, zwischen denen die Haltung des:der Fotografierenden laviert haben mag. Zwar stand Graubner nicht auf der Seite der radikalen Modernisten, sondern passte sich den moderaten Erneuerer:innen an, doch wird das Gebäude durch die Inszenierung der Fotografie zur „Lichtgestalt“ im urbanen Umfeld. Gleichzeitig spielen auch das Nicht-Sichtbare und das Ausgeblendete eine Rolle: Durch den zeithistorischen Kontext überschneiden sich bei diesem Bild mehrere Konnotationen.

Im populären Wissen erhielt sich die Auffassung vom Theater als Zentrum einer Festtagskultur lange nach 1945. Einen leichten Anklang an Festliches macht die vorliegende Karte durch die Lichtinszenierung deutlich. Eine farbige Postkarte von 1920 mit dem alten Bochumer Schauspielhaus vermittelt noch die selbstverständliche Einbettung des festlichen Gebäudes in die mit Menschen belebte Stadt. Viele der Bauten am Straßenrand waren aber zur Zeit der hier besprochenen Aufnahme kriegszerstört, so auch das Bochumer Schauspielhaus. Das alte Gebäude war bei einem Luftangriff der Alliierten am 4. November 1944 stark beschädigt worden.

Bereits zwischen Sommer 1951 und Herbst 1953 entstand auf den alten Fundamenten das heutige Bochumer Schauspielhaus, das architektursprachlich einige Diskussionen der neuen Zeit aufgriff. Obwohl das alte Theater nicht vollständig zerstört war und auch an der Rückseite des neuen Baus Teile des alten Theaterbaus aus der Vorkriegszeit vollständig erhalten waren, nahm man keine Rekonstruktion des Gebäudes vor. Die Frage nach Rekonstruktion oder Neuanfang erfreute sich sowohl in der Architektur als auch in den

1 Zit. nach Domarus 1962, S. 778.

Theaterprogrammen ohnehin einer lebhaften Debatte. In vielen Fällen entschlossen sich die Entwerfenden zu radikal modernen Bauten und positionierten sich entschieden gegen die Traditionalist:innen.

Auch in den Aufführungsprogrammen griffen einige im Ruhrgebiet avantgardistische Theaterstücke auf. Der ab 1949 agierende Bochumer Intendant Hans Schalla führte in den 1950er und 1960er Jahren Stücke moderner Autoren wie Jean-Paul Sartre oder Samuel Beckett auf und weitere amerikanische, französische und englische Gegenwartsdramatik. Er und sein Bühnenbildner und stellvertretender Intendant Max Fritzsche entwickelten gemeinsam den sogenannten „Bochumer Stil", der mit seiner reduzierten Ästhetik das Schauspielhaus weit über Deutschland hinaus bekannt machte.

Doch für viele Menschen waren die Neuerungen nach 1945 in der Architektur und im Programm der Theateraufführungen ein zu harter Bruch mit Konventionen. Auf die Tendenz zur Realitätsflucht in der Nachkriegszeit hat besonders eindrucksvoll die jüdische, in die USA emigrierte Philosophin Hannah Arendt aufmerksam gemacht, als sie bei einem Deutschlandbesuch im Winter 1949/50 bemerkte: „Die Deutschen schicken sich Postkarten von Städten, die überhaupt nicht mehr existieren."[2]

Eine gewisse Moderatheit schien bei dem populären Medium Postkarte deshalb angebracht. Sie betont die moderne Sachlichkeit und Reduktion des Baus, macht aber zugleich Zugeständnisse an die erhabene Atmosphäre eines Festgebäudes.

Zum Kontextwissen zählt auch, was auf der Postkarte nicht sichtbar ist: Das Schauspielhaus lag keineswegs in einer städtisch isolierten Umgebung, sondern war auf einem Keil zwischen zwei spitzwinklig zulaufenden Straßen platziert. Diese städtebauliche Situation war im Krieg aber zerstört worden, wie auch die angrenzenden Straßenzüge mit Privathäusern. Das zeigt eine der sehr wenigen Fotografien des Schauspielhauses der frühen Nachkriegszeit, bei der der seitliche Straßenzug mit den kriegsbeschädigten Häuserfassaden zu sehen ist. Sie bleiben auf der hier beschriebenen Postkarte unsichtbar. Dieses Ausblenden erleichtert auch die Dunkelheit der Nacht. Mit Bertold Brechts berühmter Formulierung lässt sich zusammenfassen, dass hier der „Zusammenhang weggeschminkt"[3] wurde.

Eingedenk bedrohlicher Erinnerungen an die nahe Kriegsvergangenheit und eines auf den Ruinen der städtischen Festarchitektur der Vorkriegsdekaden neu gebauten Schauspielhauses suggeriert die Postkarte ein Bedürfnis der unmittelbaren Nachkriegsdekaden: Kontinuität ohne den historischen Bruch der Kriegsjahre. Das Graubner'sche Schauspielhaus ist aber auch ein neuer Bau und keine Rekonstruktion des alten. Infolgedessen soll auch eine Übereinstimmung mit der architektursprachlichen Rhetorik des demokratischen Neuanfangs anklingen. In dieser Ambivalenz ist die Postkarte ein zeittypisches Dokument.

---

2 Arendt 1986, S. 24.
3 Brecht 1930, S. 469.

Literatur

Arendt, Hannah: „Besuch in Deutschland". In: Dies.: *Besuch in Deutschland*. Berlin 1986, S. 23–67

Brecht, Bertold: „Der Dreigroschenprozeß. Ein soziologisches Experiment (1930)". In: Ders.: *Werke. Große kommentierte Berliner und Frankfurter Ausgabe*. Hg. von Werner Hecht, Jan Knopf, Werner Mittenzwei. Bd. 21. Berlin 1992, S. 448–515

Domarus, Max: *Hitler. Reden und Proklamationen*. Bd. 1. Würzburg 1962

SCHAUSPIELHAUS DÜSSELDORF

INNENRAUMPERSPEKTIVE UNTERES FOYER GROSSES HAUS

724137

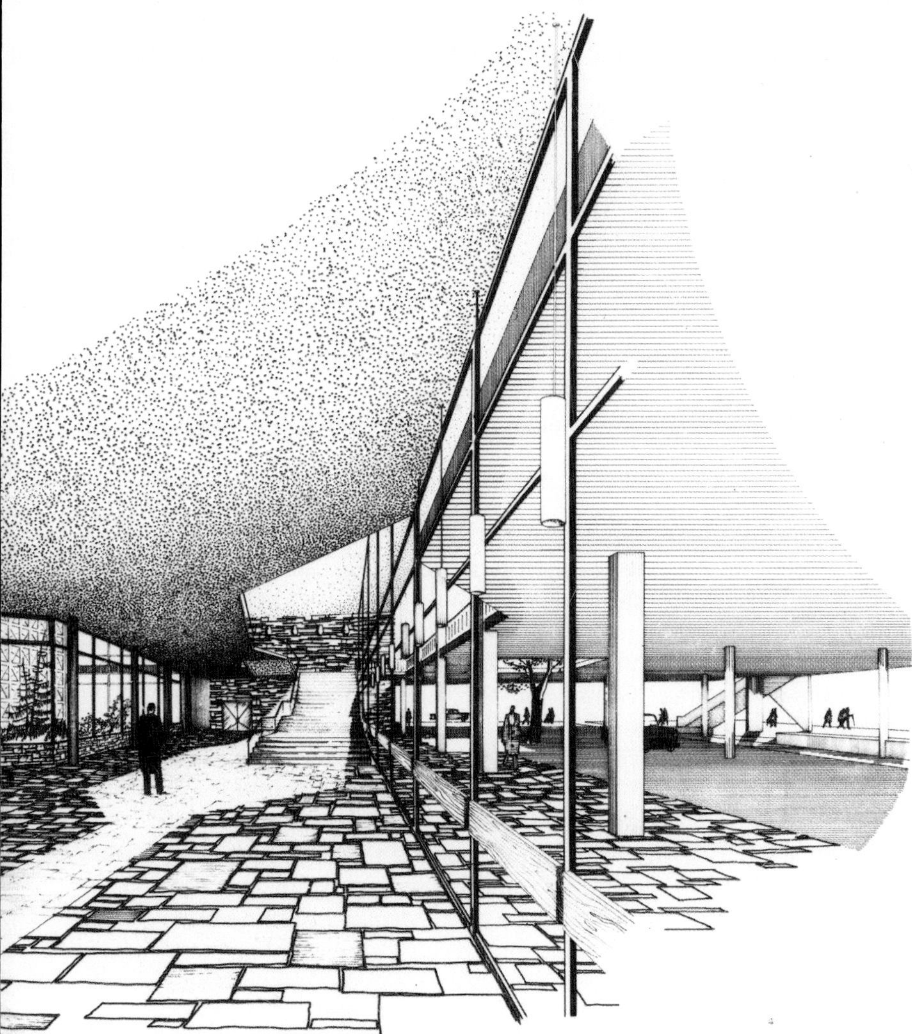

Entwurf zum Düsseldorfer Schauspielhaus

Architekt: Gerhard Graubner, Zeichner:in unbekannt

1959
Reprofotografie
21,8 × 31,2 cm

Architekturmuseum der TU Berlin, Inv. Nr. TBS 709,015
PURL: https://doi.org/10.25645/f20j-snes

Klaus Jan Philipp

Für den 1959 ausgeschriebenen Wettbewerb um den Neubau des Düsseldorfer Schauspielhauses reichte das Büro Gerhard Graubner neben anderen geforderten Entwurfszeichnungen einen perspektivischen Schnitt durch das geplante Untere Foyer ein. Die Perspektive ist so angelegt, dass die Betrachter:innen der Zeichnung aufrecht stehend ins Foyer blicken und rechts eine Vorfahrt hinter einer Glaswand erscheint. Im Fluchtpunkt der Perspektive ist die Treppe sichtbar, die zum Oberen Foyer sowie auf die Ränge führt und somit den Zielpunkt der Bewegung durch den Raum bezeichnet. Der Verzicht auf Gesten der Repräsentation durch kostbare Materialien oder architektonische Würdeformen weist die Zeichnung als zeittypisch für die Neubestimmung des Theaters in der Nachkriegszeit aus. Zeittypisch sind auch die gewählten Mittel der Darstellung: Es handelt sich um eine schattenlose Linienzeichnung ohne Farbe und Lavierung, in der die verschiedenen Materialien durch die Art der Strichführung und der Flächencharakterisierung differenziert werden: so etwa die Maserung hölzerner Bauteile, die scharfkantigen Linien von Metall, die punktierte Fläche des Rauputzes der Decke des Foyers im Kontrast zum mit einfacher Schraffur dargestellten Glattputz des Außenbereichs. Hauptthemen der Zeichnung sind Transparenz und Dynamik, die transparente Verschleifung der Räume und die dadurch entstehende Bewegungsdynamik.

Im unteren Foyer waren wichtige funktionale Bereiche des Theaters vorgesehen, so die Kassenhalle mit den Abendkassen, die Garderobenhalle und die Wandelhalle. Das Untere Foyer sollte, anders als das Obere Foyer, das ganz dem Aufenthalt vorbehalten war, als transitorischer Raum vermitteln zwischen dem Ankommen mit dem Auto in der Tiefgarage des Theaters, dem Ablegen der Garderobe, dem Gang zur Treppe nach oben, wo man im Oberen Foyer sich zeigen und ein Getränk zu sich nehmen konnte, und schließlich den Zuschauerraum betrat.

Dieser Weg ist gleichsam als *promenade architectural* angelegt, indem die Ankommenden verschieden konnotierte, jedoch dank großer Glasflächen zueinander geöffnete Räume offeriert bekommen. Die sich in diesen Räumen allein oder paarweise bewegenden, stets modern gekleideten Personen zeigen die Nutzung der Räume an. Andere Menschen sind mit dem PKW vorgefahren und schreiten nun entlang der Glaswand zur Kassenhalle, die sich hinter den Betrachter:innen des Blattes befindet. Die zarten Stahlprofile der Glaswand sowie die unmittelbar vor den senkrechten Profilen abgependelten zylinderförmigen Leuchtkörper sind als bildwirksame Zentralperspektive eingesetzt, die zusammen mit der Lichtführung auf die Treppe hinführt. Es ist diese einläufige, über zwei Podeste bequem zu ersteigende Treppe, die den Zielpunkt der ganzen Schnittperspektive ausmacht. Nicht zufällig liegt der Fluchtpunkt der Perspektive auf dem ersten Podest der Treppe! Die Wand vor dem Wendepodest erscheint als sehr raue Rustika unterschiedlicher Steinformate, fast mehr ein natürlicher Steinbruch als einem Artefakt gleichend. Das asymmetrisch ausgeschnittene Treppenauge, das sich auch nach außen öffnet und nochmals mehr Licht auf die Treppe lenkt, steigert diese Raum- und Lichtinszenierung fast ins Dramatische. Wer hier das Schauspielhaus betritt, wird selbst zum ins rechte Licht gestellten Mitspielenden.

Mit dem zentralen Hauptmotiv des Blattes korrespondieren die Nebenaspekte, die jedoch keineswegs beliebig sind, sondern vieles über den Entwurf und die Gestaltungsvorstellungen vermitteln. Konstruktiv stechen die Rundpfeiler auf der linken Seite hervor, rechts der Glaswand entsprechen ihnen Pfeiler auf quadratischem Grundriss. Die Konstruktion des ganzen Bereichs ist so angelegt, dass die Pfeiler die Geschossdecke tragen und alle anderen Elemente – die Glaswand und die in vertikalen Bahnen angebrachten Holzelemente vor den Garderoben – lediglich sich selbst tragen und somit frei von konstruktiven Notwendigkeiten sind. Die Offenheit der ganzen von den Betrachter:innen zu überschauenden Räume wird dadurch unterstützt, dass der in wildem Verband verlegte Steinboden (wahrscheinlich Solnhofener Plattenkalk) sich unter der Glaswand hindurch in den Freibereich fortsetzt, Innen und Außen also zu einer Einheit verschmelzen. Die Grundidee der Moderne seit den 1920er Jahren, die Grenzen zwischen Innen und Außen aufzuheben, findet sich auch im linken Bereich des Foyers: Dort schaut man durch die abgewinkelte Glaswand in einen mit Nadelbäumen und Büschen begrünten Innenhof, der auf seiner hinteren Seite begrenzt wird von einer Wand mit feingliedrigen Beton-Fertigteilen, durch welche die dahinter befindlichen funktionalen Räume und ein Treppenhaus belichtet werden.

Die Weitläufigkeit der ganzen Situation wird durch solche modernen Motive ebenso unterstützt wie durch die ganz am rechten Rand der Zeichnung erscheinende Treppe, die auf die Plattform und zum Oberen Foyer führt. Nicht weniger wichtig ist ein links davon stehender großer Laubbaum, für den sich die Decke öffnet und dessen Krone der Fassade des Schauspielhaues eine grüne Note gibt. Mit der Schnittperspektive gelingt es sehr überzeugend, die Qualitäten des Entwurfs herauszustellen. Das Untere Foyer erscheint als lichtdurchfluteter Raum, der Natur auf vielfältige Weise in die von Sichtbeton bestimmte Architektur einbringt. Die Schnittperspektive täuscht diese Offenheit und Helligkeit jedoch nur vor: Wäre Graubners Entwurf ausgeführt worden, wäre es unter der sehr großen Plattform dunkel geworden. Die Offenheitssuggestion der Zeichnung, ihre Transparenz und Dynamik hätten sich im gebauten Raum nicht erfüllt.

2. Vorlesung Theaterbau

2.2 Theater im geschlossenen Gebäude

~~Entwicklungsüberblick~~ ~~3. Vorlesung Theaterbau W.S. 55/56 am 22.11.1955~~

Das Raumtheater von Teatro Olympico bis zum Totaltheater.

Mit dem Humanismus wurden die antiken Dramen der Vergessenheit entrissen und gelangten sowohl durch eigens dafür gegründete Gesellschaften (z. B. die Gesellschaft der Olympier in Vicenca) als auch durch die interessierten Fürsten an deren Höfen zur Aufführung (Z. B. am Hofe zu Ferrara durch die Herzöge d'Este). Die antiken Theater wurden z. T. vermessen (Serlio um 1540), z. T. restauriert, wobei die Perspektive für die Bühnengestaltung mit einbezogen wurde.

Die Aufführungen der antiken Dramen wurden sehr bald aus dem Freien, aus Höfen und Gärten, wegen der Witterungseinflüsse in die Paläste verlegt. Diese Verlegung erforderte provisorische Einbauten für Theaterzwecke. aus Holz und führte schliesslich zum Bau selbstständiger Theater, oft in Verbindung mit den Schlossanlagen. Als grosses Vorbild diente das antike römische Theater.

DIA Tabelle Sehweiten

Aus konstruktiven und optischen Gründen werden die Sehweiten für die Zuschauer stark reduziert. Während die max. Sehweiten im Marcellustheater in Rom 60 m und im Pompeiustheater sogar 75 m des Colosseums 80 m betrugen, wurden sie in den Theatern der Renaissance auf eine Grössenordnung eingeschränkt, die noch heute in unseren Theatern Gültigkeit hat. [illegible]

Terenzbühne

3 DIA teatro olympico

Serlio

Beispiel Teatro Olympico in Vicenca von Palladio 1580/84 (Max. Sehweite 26,0 m) Bühne: Horizontaler Teil 41,5 m lang und 11,0 m breit. Die Rückwand war mit 5 Portalen ausgestattet, die den Blick auf perspektivisch sich verjüngende Städtebilder mit Strassen und Plätzen freigab. Diese Dekorationen waren unveränderbar. Der Bühnenfussboden besass in den perspektivischen Gassen eine Steigung von 1 : 5.

Der Zuschauerraum, mit der Bühne unter der gleichen Decke liegend, fasste 1000 - 1500 Menschen. Dieses Theater ist der erste Bau, der, von den Forderungen des Theaters ausgehend, eine Gestalt gewonnen hat, die für spätere Bauten Vorbild geblieben ist.

3 DIA teatro farnese

Das Teatro Farnese (1618 - 1628) von Aleotti in Parma erbaut) unterscheidet sich in 2 wichtigen Punkten vom Teatro Olympico: Durch die grosse Zahl der Zuschauer, etwa 2500, durch die die amphitheatralisch ansteigenden Sitzreihen der Zuschauer in einer U - Form angelegt werden mussten, die dadurch schon an die spätere Form der barocken Logentheater anklingt (oblonger Raum mit halbkreisförmigem Abschluss), und durch die Aufgabe der starren deko-

Ok. Text Raumgestaltung im barocken Theater v. Edmund Stadler in „Die Kunstformen des Barockzeitalters", Seite 203 Lehnen Verlag - München 1956

Typoskript 2. Vorlesung Theaterbau

Gerhard Graubner
Copyright: Elke Graubner
ca. 1966
Schreibmaschine auf Papier mit handschriftlichen Anmerkungen
DIN A4

Architekturmuseum der TU Berlin, Inv. Nr. GG 511 BN 02

Marie-Charlott Schube

Das Typoskript der zweiten Theaterbau-Vorlesung Gerhard Graubners gibt Einblick in die Neu-Ordnung theaterbaulichen Wissens in der Architektenausbildung der Nachkriegszeit. Graubner, profilierter Theaterarchitekt des bundesrepublikanischen Wiederaufbaus, lehrte ab 1940 als ordentlicher Professor an der Technischen Hochschule Hannover und hielt dabei vom Wintersemester 1946/47 bis in die späten 1960er Jahre im Rahmen der Gebäudekunde regelmäßig im Wintersemester auch Vorlesungen zur Bauaufgabe Theater.[1] In der raren Überlieferung der Lehrtätigkeit hat sich ein Ordner mit Typoskripten erhalten, dem die erste Seite der „2. Vorlesung Theaterbau" entnommen ist.

Dem Blatt haben sich verschiedene Zeitschichten eingeschrieben: Über der untersten Textschicht liegen mindestens vier weitere Ebenen handschriftlicher Korrekturen, Anmerkungen und Hervorhebungen. Zwei davon lassen sich durch die eingefügten Ordnungstitel fixieren: einerseits die gestrichene Annotation „3. Vorlesung Theaterbau W.S. 55/56 am 22.11.1955", andererseits die händisch in Blau ergänzte Überschrift „2. Vorlesung Theaterbau. 2.2 Theater im geschlossenen Gebäude. Entwicklungsübersicht", die gemäß den Vorlesungsplänen aus circa 1966 datiert. Die hier sichtbare Praxis der Wiederverwendung reflektiert das Material auch auf den Folgeseiten des Typoskripts: re-arrangierte und collagierte Textfragmente mit Überschreibungen, Einschüben und willkürlicher Paginierung. Die überlieferte Unordnung mit fließenden Übergängen zwischen verschiedenen Vorlesungstyposkripten die

1 Vgl. hierzu im Detail den Beitrag zu Graubners Theaterbaulehre im vorliegenden Band.

niemals nur *eine* Einheit bilden, resultiert aus der rund zwanzigjährigen iterativen Umordnung der Papiere. Die Spuren dieser Handhabung zeugen zugleich von der Stabilisierung einer Ordnung theaterbaugeschichtlichen Wissens, die sich in der Lehre vollzog.

Trotz der Eingriffe hat sich die Grundstruktur der Seite erhalten: Das Titel-Kompositum im Kopf weist die zweite Vorlesung als „Entwicklungsübersicht" zu einem Zeitausschnitt aus, den das „Teatro Olympico" [sic] (Andrea Palladio/Vincenzo Scamozzi, 1585) und der Entwurf für ein „Totaltheater" von Walter Gropius und Erwin Piscator (1927) eingrenzen. In der zentralen Kolumne darunter ist nahezu blattfüllend der Vortrag als weitgehend ausformulierter Fließtext gesetzt. Nach einer kurzen historischen Einleitung zum Auftakt einer Tradition des „Bau[s] selbstständiger Theater" in der Renaissance, wechselt der Modus zur vergleichenden Diskussion exemplarischer Bauten. Auf Grundlage eines Wissens, das wesentlich mit Quantifizierbarem und Daten zu Saal und Bühne, technischen Kennzahlen sowie Angaben zu Sehweiten, Akustik et cetera operiert, werden hier das Teatro Olimpico und Teatro Farnese (Giovanni Battista Aleotti, 1618) vorgestellt. Am linken Seitenrand des Blattes sind wiederum korrespondierende Dias – „Tabelle Sehweiten", „teatro olympico" [sic], „teatro farnese" – aufgeführt; die vorangestellte Zahl markiert die jeweilige Anzahl. Die hohe Frequenz der Projektionen – allein für die erste Typoskriptseite sind sieben Dias vorgesehen – legt nahe, dass diesen keine (nur) nachgeordnet illustrative Funktion zukam. Vielmehr scheint die serielle Bildprojektion als visuelles Wissen integraler Bestandteil und strukturierendes Element des Vorlesungsformats.[2]

In der Binnenordnung der Theaterbau-Vorlesung bildet die zweite den Auftakt zu einer Architekturgeschichte der Repräsentationsaufgabe Theater. Die in den 1950er Jahren auf elf bis dreizehn, in den 1960er Jahren auf fünf bis sieben Termine verteilte Vorlesung gliedert sich inhaltlich in recht stabile Themenkomplexe.[3] Meist anschließend an eine einführende Sitzung widmet sich der erste antiken Theaterarchitekturen und entwirft ausgehend vom Amphitheater eine Linie der Freilichttheater. Von diesen offenen Bauformen grenzt sich der zweite Komplex zum „Theater im geschlossenen Gebäude" ab. Ausgehend von der Wiederaneignung eines antiken Theaterbauwissens im italienischen Theaterbau durch die Rezeption von Vitruvs *De architectura libri decem* entfaltet die Vorlesung eine Theaterbaugeschichte, die bis in die unmittelbare Gegenwart der Nachkriegszeit reicht. Die dazwischenliegenden rund 350 Jahre konzentrieren sich auf eine vergleichsweise knappe Auswahl kanonisierter Bauten, entlang derer neben einer Tradition der

---

2 Die korrespondierende Dia-Sammlung ist nicht erhalten. Nach Übernahme des Nachlass Graubner durch das Institut für Theaterbau der TU Berlin 1970 wurde sie im Zuge wiederholter Aufteilungen des Materials kassiert. Eine Vorstellung der Praxis vermitteln jedoch die erhaltenen Dia-Listen der Theaterbau-Vorlesungen.

3 Vgl. Pläne der Theaterbau-Vorlesung 1954/55, 1955/56, o. D. (ca. 1963/64), 1966, Architekturmuseum TU Berlin, Nachlass Gerhard Graubner (GG 511 BN 01, GG 511 BN 02).

„italienischen Humanistenbühnen" eine parallele „deutsche Tradition" akzentuiert wird.

Mit der typologisch-historisierenden Anlage, dem Rekurs auf etablierte Register und Periodisierungen als Ordnungsprinzipien sowie dem Mediengebrauch orientiert sich die Vorlesung eng an den Konventionen gebäudekundlicher Lehre.[4] In der „Entwicklungsübersicht" ist ein diskretes Fortschrittsmotiv aufgehoben, an dem sich die Geschichtskonstruktion ausrichtet. Künstlerische und politische Differenzen werden dabei durch eine objektivierende Methode nivelliert, die einen heterogenen Baubestand in Daten überführt. Das so entworfene Innovationsnarrativ „technischer Errungenschaften" stellt Graubner unter den Begriff des Raumtheaters. Damit greift er einen Topos des Nachkriegsdiskurses auf, der unmittelbar auf die historischen Avantgarden rekurriert.[5] In dieser Lesart mit Bestrebungen zur Verbindung von Zuschauerraum und Bühne assoziiert, fungiert der Term im Vorlesungskontext jedoch rein deskriptiv als Kategorie für architektonisch geschlossene Bauformen. Derart semantisch entleert verliert das Raumtheater sein progressives Potenzial und wird – wie exemplarisch am Totaltheater als zentraler Referenz nach 1945 vollzogen – in eine Theaterbaugeschichte des Konventionellen integriert.

Dem Papier haben sich Effekte der Diskursivierung und fachspezifischer Konventionen für die Re-Formatierung theaterbaulichen Wissens eingeprägt. So steht der Rückgriff auf unbelastete Wissensbestände eines humanistischen Erbes und der klassischen Moderne im Kontext programmatischer Abgrenzungsbemühungen gegen völkische Ideologie. Zudem konstruiert die in den dritten Komplex „Funktion und Technik" mündende Vorlesung ein Argument, das Graubners eigene Baulösungen und theoretische Konzeptionen historisch-wissenschaftlich legitimiert. Am Semesterende stehen entsprechend Projekte wie das Schauspielhaus Bochum oder der Wiederaufbau des Nationaltheaters München auf dem Plan, avancieren wiederholt zum Gegenstand von Ausführungen und abschließenden Exkursionen.

Literatur

Koneffke, Silke: *Theater-Raum. Visionen und Projekte von Theaterleuten und Architekten zum anderen Aufführungsort 1900–1980*. Berlin 1999

Stalla, Robert (Hg.): *Kunstgeschichte an Polytechnischen Instituten, Technischen Hochschulen und Technischen Universitäten. Geschichte – Positionen – Perspektiven*. Wien u. a. 2021

4 Zum Verhältnis von Architekturlehre und Kunstgeschichte vgl. Stalla 2021.

5 Vgl. Koneffke 1999, insb. S. 242–305.

Architekten:	Gerhard Graubner, Hannover Hans Schneider, Trier Planung und Bauleitung
Bautyp:	Parkett-Theater
Spielgattungen:	Oper, Operette, Singspiel, Sc
Anzahl der Plätze:	626
Umbauter Raum:	rd. 48 100 cbm
Bauzeit:	Dezember 1961 - Oktober 19
Baukosten:	insgesamt 8,1 Mio. DM

spiel

Seitenbühne:	mit 3-teiliger Schiebebühne		
	Breite:	ca.	13,00 m
	Tiefe:	ca.	12,00 m
	Höhe:	ca.	0,20 m
Hinterbühne:	mit Schiebebühne und eingebauter Drehscheibe		
	Breite:	ca.	13,00 m
	Tiefe:	ca.	12,00 m
	Höhe:	ca.	0,20 m
	Durchmesser der Drehscheibe	ca.	11,00 m
	Schallvorhang zur Hauptbühne		
Schnürboden:	Höhe über ± 0,00 OKF d. Bühne	ca.	+ 20,25 m
	Laufsteg über Vorbühne	ca.	+ 11,05 m
	Arbeitsgalerien in Höhen von	ca.	+ 8,25 m
		ca.	+ 12,25 m
		ca.	+ 16,25 m

Züge: 1 Vorbühnenvorhang = Applausvorhang

vorgesehen:	ausgeführt:
3 Vorbühnenzüge	3 Vorbühnenzüge
40 Handkonterzüge	35 Handkonterzüge
17 el. Windenzüge	4 Handwindenzüge
12 Punktzüge	
4 Hand-Panorama-züge	2 Flugwerke
1 el. Horizontalbeleuchtungszug	1 el. Zorizontalbeleuchtungszug
1 Oberlichtzug	1 Oberlichtzug
1 Rundhorizont	
Hauptvorhang zwischen Bühnenportal und den Proszeniumswänden	Hauptvorhang

Werkstätten und Magazine:

	vorgesehen:	ausgeführt:
Malersaal	315,30 qm	155,66 qm
Montageraum	224,00 qm	239,82 qm
Schlosserei	82,40 qm	-
Magazin	1 304,00 qm	-
Schreinerei	93,60 qm	138,02 qm
Holzlager	-	218,47 qm
Meisterraum	-	-
Kaschiererei	35,00 qm	

ZUSCHAUERHAUS:	Eingänge:	2 zur Kassenhalle, zugleich Tageskasse 1 zum Foyer vom Garten (Fluchtweg)		
	Foyer:	Größe je Besucherplatz	ca.	1,50 qm
	Zuschauerraum:	Anzahl der Plätze:		622 Stck.
		Luftraum pro Besucherplatz:	ca.	5,10 cbm
		Platzgröße:		85/55 cm
		Augenüberhöhung:	i. M.	8,00 cm

Ausstellungstafel zum Theater in Trier

Gerhard Graubner, Fotograf: Rudolf Dodenhoff
Copyright: Kreisarchiv Osterholz, Elke Graubner
ca. 1967
Foto auf Karton
74,8 × 92,7 cm

Architekturmuseum der TU Berlin, Inv. Nr. GG 117,010
PURL: https://doi.org/10.25645/fn2e-bybk

Frank Schmitz

Die Schautafel zum Theater Trier wurde für die erste Quadriennale erstellt, eine internationale Ausstellung zum Theaterwesen, die 1967 in Prag zu sehen war. Gezeigt wurden Entwürfe und Modelle für Bühnenbilder, Kostüme, Bilder von Inszenierungen sowie Fotos und Grafiken zu Theatergebäuden. Die Ausstellungsbeiträge kamen aus zwanzig Staaten, wobei neben vielen osteuropäischen auch mehrere westeuropäische Länder vertreten waren. Die bundesdeutsche Abteilung bestand aus großformatigen Schautafeln, die sich im Nachlass des Architekten Gerhard Graubner im Architekturmuseum der Technischen Universität Berlin erhalten haben. In der Datenbank des Museums sind insgesamt 47 Tafeln verzeichnet, allesamt Fotos auf Karton etwa im Format 74 × 93 Zentimeter. Die Tafeln haben auf der Rückseite jeweils einen Ausstellungsaufkleber zur Prager Quadriennale.[1] Die Mehrzahl der Schautafeln zeigt Theaterbauten nach Entwürfen von Gerhard Graubner und das hatte eine gewisse Logik, war der Hannoveraner Architekt und Hochschulprofessor während der Nachkriegszeit doch der erfolgreichste Theaterentwerfer in der Bundesrepublik gewesen. Kurz vor der Quadriennale waren nach seinen Entwürfen das Schauspielhaus Wuppertal und die Kammerspiele Bochum eröffnet worden (beide 1966), zwei weitere große Theaterbauten befanden sich für Heilbronn

1 Anhand der bisher ausgewerteten Materialbasis lässt sich nicht eindeutig nachweisen, dass alle Tafeln auch tatsächlich gezeigt wurden. Vgl. den offiziellen Katalog (*Pražské Quadriennale* 1967) sowie ein Filmdokument zur Quadriennale: https://www.youtube.com/watch?v=vsOdakYku5k (letzter Zugriff: 26. Januar 2024).

und Lippstadt in Planung.[2] Wenngleich die Bauten Graubners keinen repräsentativen Querschnitt boten, spiegelten sie doch eine gewisse Bandbreite innerhalb der Gattung Theaterbau in der Bundesrepublik wider. Graubner hatte sowohl historische Bühnen wiederhergestellt als auch Neubauten und Erweiterungen von Spielstätten realisiert. Gestalterisch bildeten sich in seinem Werk charakteristische Wendungen im Theaterbau der Nachkriegszeit ab, von frühen Anklängen an die Nierentisch-Moderne über kubische Baukörper à la Mies van der Rohe bis zu Graubners plastisch gegliederten Bauten der 1960er Jahre.

Aus letzterer Phase stammt auch das auf der Ausstellungstafel abgebildete Theater Trier, das 1961–1964 nach Entwürfen von Gerhard Graubner und dem Trierer Architekten Hans Schneider entstand. Ein Schwarz-Weiß-Foto zeigt den Publikumssaal von der Bühne aus, unter dem Bild sind in weißer Schrift auf schwarzem Grund technische Daten zum Theater Trier aufgelistet. Im rechten, weiß hinterlegten Drittel der Tafel sind in kleinerer schwarzer Schrift Maße und Ausstattung der Bühne sowie Daten zum Zuschauerhaus aufgeführt. Unklar bleibt, warum die Texte nur auf Deutsch präsentiert wurden und nicht etwa auf Englisch oder Tschechisch. Möglicherweise war eine Zweitverwertung im Rahmen von Wanderausstellungen innerhalb der Bundesrepublik angedacht: Die bestoßenen Kanten dieser sowie weiterer Ausstellungstafeln aus dem Konvolut legen diese Vermutung nahe.[3]

Das Foto hat der Worpsweder Fotograf Rudolf Dodenhoff (1917–1992) aufgenommen, der jahrelang die Bauten Graubners fotografierte und dafür eigens durch die Bundesrepublik reiste.[4] In der hier gezeigten Innenaufnahme führt Dodenhoff eine Besonderheit der Trierer Spielstätte innerhalb des zeitgenössischen Theaterbaus vor Augen: Das Publikum ist in einem leicht ansteigenden Parkett mit geschwungenen Sitzreihen platziert, ohne Ränge oder Emporen. Um die angemessene Sitzordnung in bundesdeutschen Theatern hatte es während der 1960er Jahre intensive öffentliche wie fachinterne Diskussionen gegeben. Galt es doch, eine angemessene räumliche Gruppierung einer demokratisch verfassten Gesellschaft zu veranschaulichen. Dazu schien

---

2 Vgl. Graubner/Hemmer/Darmer/Zotzmann 1970.

3 Graubner verwendete einzelne Tafeln möglicherweise auch für eine Ausstellung zum Theaterbau, die 1967 auf seine Initiative an der Technischen Hochschule Hannover gezeigt wurde. Die Ausstellung war im Jahr zuvor unter dem Titel „Theaterbauten – Zeitgenössische Beispiele aus verschiedenen Ländern“ im Kunsthaus Zürich gezeigt worden und wurde für Hannover um weitere Tafeln erweitert. Vgl. ein Foto des Ausstellungsraums in den Beständen des Architekturmuseums der Technischen Universität Berlin (Inv. Nr. GG 019,02).

4 Vgl. die entsprechenden Einträge in der Datenbank des Architekturmuseums der Technischen Universität Berlin: https://architekturmuseum.ub.tu-berlin.de/index.php?p=51&SID=17062722006528 (letzter Zugriff: 26. Januar 2024). Vgl. zur problematischen Biografie Dodenhoffs, der während des Zweiten Weltkriegs an Fotokampagnen im jüdischen Ghetto Tarnów beteiligt war: https://www.landkreis-osterholz.de/portal/meldungen/der-worpsweder-fotograf-rudolf-dodenhoff-in-krakau-im-jahr-1942-901005758-21000.html (letzter Zugriff: 26. Januar 2024).

der historische Typus des Logen- und Rangtheaters nicht geeignet, ließ er doch allzu deutlich die hierarchischen Strukturen absolutistischer oder spätbürgerlicher Gesellschaften anklingen. Nichts sollte zudem an die prominenten Mittellogen erinnern, die in mehreren deutschen Theatern während der 1930er Jahre für Mitglieder der nationalsozialistischen Führungsriege eingebaut worden waren, gelegentlich auch als „Führerlogen“ bezeichnet. Graubner versuchte vielmehr, etwaige Hierarchien innerhalb der Sitzordnung durch Aufbrechen der Symmetrie zu konterkarieren. Indem er den hinteren Teil des Parketts mit einer unregelmäßig verlaufenden Brüstung abtrennte und die Sitzplätze auf einer Seite des Saales weiter in die Tiefe staffelte als auf der anderen, vermied er eine klar erkennbare „Mitte“ des Saales. Er brach also mit der im Theaterbau seit der Antike weitgehend unhinterfragten Konvention, das Publikum streng symmetrisch um eine gedachte Verlängerung der Mittelachse der Bühne zu gruppieren. Graubner griff damit in reduzierter Form eine Idee Hans Scharouns für die 1963 eröffnete Philharmonie in Berlin auf, in der dieser eine terrassenartige, unregelmäßige Gruppierung des Publikums realisiert hatte.

Die Prager Quadriennale 1967 war die erste Ausstellung in dieser Reihe; sie findet bis heute im Vierjahresturnus statt. Insbesondere in der Zeit des Kalten Kriegs war die breite Beteiligung westlicher sowie blockfreier Staaten bemerkenswert, dokumentiert sie doch den intensiven fachlichen Austausch im Theaterwesen auch über den „Eisernen Vorhang“ hinweg. Diesen Anspruch unterstrich der Schauplatz der Ausstellung: Sie fand im ehemaligen Tschechoslowakischen Pavillon der Brüsseler Weltausstellung von 1958 statt, der anschließend in einem Prager Stadtpark neu aufgebaut worden war.[5] Durch die Wahl dieses Präsentationsortes manifestierte sich unterschwellig der Anspruch, dass die Quadriennale als eine Art informelle Weltausstellung des Theaterwesens verstanden werden sollte.

5 Dort wurde der Pavillon 1991 durch Brand zerstört und anschließend abgerissen.

Literatur

Graubner, Gerhard/Hemmer, Frank D./Darmer, Karl F./Zotzmann, Adolf: *Theaterbau – Aufgabe und Planung*. München: 1970 (EA 1968)

PQ 67. Pražské Quadriennale jevištniho výtvarnictví a divadelní architektury 1967. Red.: Věra Ptáčkova, dr. Vladimír Jindra. o. O. 1967

o. V.: „Der Worpsweder Fotograf Rudolf Dodenhoff in Krakau im Jahr 1942". Meldung vom 20.10.2020. https://www.landkreis-osterholz.de/portal/meldungen/der-worpsweder-fotograf-rudolf-dodenhoff-in-krakau-im-jahr-1942-901005758-21000.html (letzter Zugriff: 26. Januar 2024)

Plastik *Die Sitzende*

Fotograf: Lothar Kaster
Copyright: Elke Graubner, VG Bild-Kunst
ca. 1966
Schwarz-Weiß-Foto auf Papier
24,4 × 18,4 cm

Architekturmuseum der TU Berlin, Inv. Nr. TBS 719,031
PURL: https://doi.org/10.25645/x29t-b43d

Jan Lazardzig

Die Fotografie von Lothar Kaster zeigt Henry Moores Plastik *Die Sitzende* (1957/58) vor dem Schauspielhaus Wuppertal (erbaut 1964–1966). Sie lässt sich kompositorisch in drei Bildebenen unterteilen: Im Bildvordergrund rechts eine unscharf ins untere Blickfeld ragende Blüte. Die mittlere Bildebene zeigt Moores Skulptur einer sitzenden Frau schräg von hinten, die Arme rechts und links auf dem gestuften Podest abgestützt. Der Kopf wirkt leicht erhoben und scheint in Richtung Schauspielhaus zu blicken, das sich auf der hinteren Bildebene erhebt. Die Perspektive ist so gewählt, dass sich die unterschiedlichen Baukörper kastenartig vor dem Frauenkörper aufzutürmen scheinen. Deutlich erkennbar sind die Funktionsbereiche des Theaters: Eingangsbereich, Zuschauerraum und Bühnenraum.

Das Foto, für das kein Entstehungsdatum überliefert ist, stammt aus dem Nachlass des Architekten Gerhard Graubner (1899–1970).[1] Der Anlass für die Aufnahme ist heute nicht mehr rekonstruierbar. Parallelaufnahmen vom selben Tag legen nahe, dass es sich um eine zur Veröffentlichung bestimmte Auftragsarbeit handelt.[2] Die Geschichte der Plastik und ihre fotografische Inszenierung eröffnen einen Blick auf die

1 Die Aufstellung der Plastik im September 1966 muss als *terminus post quem* gelten. Als *terminus ante quem* kann der Frühsommer 1970 (Tod Graubners) angenommen werden.

2 Überliefert sind im Nachlass Graubners zwei weitere Schwarz-Weiß-Aufnahmen vom selben Tag. Eine Farbaufnahme, die ebenfalls dem Aufnahmedatum zuzurechnen ist, liegt im Stadtarchiv Wuppertal (19.08.10 Die Sitzende von Henry Moore).

Rolle, die moderne Kunst im öffentlichen Raum in der Bundesrepublik der Nachkriegszeit spielte.

Seit Beginn der 1950er Jahre war bei Bauten der öffentlichen Hand durch die sogenannte Kunst-am-Bau-Regelung ein gewisser Prozentsatz der Baukosten gesetzlich verpflichtend für die Künstlerförderung vorgesehen.[3] Initiativen für eine solche Förderung stammten aus der Weimarer Republik, erstmals gesetzlich verankert wurde sie allerdings erst 1934 in der NS-Zeit. Auch in der jungen Bundesrepublik verfolgte man das soziale Ziel der Künstlerförderung, verband es aber zugleich mit dem Anspruch eines allgemeinen Zugangs zur Kunst als Instrument der Demokratieförderung. Die Kunst-am-Bau-Regelung galt zudem als Ausdruck der im Grundgesetz verankerten Freiheit der Kunst. In der Öffentlichkeit war diese Regelung sehr umstritten, auch unter Künstler:innen und Architekt:innen gab es Widerspruch. Die einen sahen darin eine vor allem soziale Alimentierung ohne künstlerischen Anspruch. Die anderen eine Einmischung in die bauliche Gestaltung.

Henry Moores Bronze-Plastik (155 × 160 Zentimeter) war ursprünglich für das von dem Baudezernenten Friedrich Hetzelt (1903–1986) entworfene Stadtbad in Elberfeld, die „Schwimm-Oper", in Auftrag gegeben worden. Moore galt zu diesem Zeitpunkt bereits als ein international gefeierter Künstler, der für seine Großplastiken und Großreliefs im öffentlichen Raum bekannt war, von dem man also ein dem unkonventionellen Bau entsprechendes Kunstwerk erwarten durfte. Anlässlich eines kurzen Besuchs in Wuppertal am 31. März 1957 brachte Moore Entwürfe für eine sitzende Frau mit, die er durch die „kühne Architektur der Schwimm-Oper" ins „rechte Lichte gebracht" sah.[4] 50.000 bis 55.000 DM waren veranschlagt, Moores Galerie Czwiklitzer forderte allerdings 78.000 DM. Man einigte sich schließlich darauf, dass Moore für den Preis von 50.000 DM zwei weitere Abgüsse der Plastik anfertigen lassen, diese aber nicht in Deutschland verkaufen dürfe.[5] Ab Oktober 1958 war *Die Sitzende* in Wuppertal in der wiederaufgebauten „Ruhmeshalle" (später: Haus der Jugend) öffentlich ausgestellt. Im Sommer 1959 wurde die Plastik als Leihgabe der Wuppertaler Stadtwerke AG auf der documenta II in Kassel gezeigt, die unter der Ägide von Werner Haftmann der Kunst der Nachkriegszeit (Malerei, Skulptur, Druckgrafik) und dabei insbesondere der abstrakten Kunst gewidmet war. Als die Plastik schließlich im November 1958 an ihrem Bestimmungsort vor der gläsernen Südfassade der Schwimmhalle aufgestellt wurde, kam es zu heftigen Protesten aus der Bevölkerung. In einer nächtlichen Aktion wurde die Plastik geteert und gefedert. Die Akteur:innen bedauerten in einem Schreiben, dass „aus der ‚Sitzengebliebenen' nicht 100 Bratpfannen gemacht worden seien".[6] Auch auf dem Rosenmontagsumzug 1960 ver-

3 Vgl. Hornig 2012.
4 Zit. nach Meyer-Kahrweg 1991, S. 377.
5 Ebd. Heute sind insgesamt sechs Abgüsse der Plastik bekannt.
6 Ebd.

spottete man auf einem eigenen Wagen die „Moore-Leiche".[7] Unter der Bedingung, einen neuen Standort für die Plastik zu finden, überließen die Stadtwerke Ende 1963 *Die Sitzende* dem Kunst- und Museumsverein. Ende 1965 beschloss man, die Plastik vor das neue Schauspielhaus zu setzen.

Bei der Aufstellung der Plastik vor dem Stadttheater hatten Architekt Graubner und Baudezernent Hetzelt, der in den 1930er Jahren seine Architektenkarriere im Mitarbeiterstab von Albert Speer begonnen hatte, eine Position gewählt, die das Spannungsverhältnis, das zwischen der Plastik und dem Baukörper der „Schwimm-Oper" bestanden hatte, deutlich entschärft. Aufnahmen aus dem Stadtarchiv Wuppertal zeigen die beiden Männer im Gespräch während einer Stellprobe mit einem Pappmodell der Plastik.[8] Während die Figur vor der Schwimmhalle gebäudeabgewandt positioniert war (und zudem durch die Drapierung eine Form der Intransparenz ausstellte, die im Hintergrund durch die große Glasfassade mit dem Blick auf das Schwimmbecken konterkariert wurde), war die Plastik nun in eine seitliche Position vor den Eingangsbereich gerückt und wies dem Publikum durch ihre gebäudezugewandte Haltung gleichsam den Weg. Dies machte die Plastik tendenziell unselbständig und entsprach nicht dem, was der Kunstkritiker und Sammler Michel Seuphor in seinem viel rezipierten Aufsatz „Architektur und Plastik" gefordert hatte, nämlich dass „die funktionelle Architektur, die gemäß ihrem Wesen zur Monotonie neigt, den Gegensatz der freien Form verlangt".[9] Die fotografische Inszenierung der Plastik greift die unselbstständige Position der Plastik auf und geht zugleich einen Schritt weiter, indem sie die Form der Figur bearbeitet.

Moore hatte in einem Aufsatz aus dem Entstehungszeitraum der „Sitzenden" allem Perfektionistischen, Idealen und Harmonischen eine Absage erteilt. Mit seinen Plastiken strebe er danach, eine gewisse „Unruhe" zu erzeugen: „Alles, was von Energie überquillt, ist beunruhigend – nicht ‚vollkommen'. So ist das Leben. Das Vollkommene gehört der Sphäre des Ideals an. Niemals könnte es mich befriedigen."[10] In der fotografischen Inszenierung ist von einer Unruhe der Figur nichts zu spüren. Der von Moore in die Breite getriebene Torso – noch unterstützt durch den Faltenwurf des drapierten Stoffes – wird durch den Blickpunkt der Kamera gleichsam gestaucht und wirkt dadurch natürlich und harmonisch. Der Blick der weiblichen Figur gilt dem (männlichen) Schöpfungswerk. Ein Grund zur Beunruhigung war damit – zumindest

---

7 Ebd., S. 378.

8 Vgl. v. a. Stadtarchiv Wuppertal, 19.08.10, „Professor Friedrich Hetzel vor dem Modell der Skulptur ‚Die Sitzende' von Henri [sic!] Moore vor dem Schauspielhaus" und „Attrappe der Plastik ‚Die Sitzende' von Henry Moore mit Prof. Hetzelt".

9 Seuphor 1960, S. 3.

10 Moore 1959, S. 61.

fotografisch – nicht mehr gegeben. Die Plastik sollte noch bis 1997 vor dem Schauspielhaus bleiben.[11]

Literatur

Hornig, Petra: „Von der Kunst am Bau zur Kunst im öffentlichen Raum“. In: Blümle, Claudia/Lazardzig, Jan (Hg.): *Ruinierte Öffentlichkeit. Zur Politik von Theater, Architektur und Kunst in den 1950er Jahren*. Berlin 2012, S. 233–239

Meyer-Kahrweg, Ruth: *Denkmäler, Brunnen und Plastiken in Wuppertal* (= Beiträge zur Denkmal- und Stadtbildpflege des Wuppertals 10). Wuppertal 1991

Moore, Henry: „Der verborgene Kampf (1957)“. In: Hofmann, Werner (Hg.): *Henry Moore. Schriften und Skulpturen*. Frankfurt a. M. 1959, S. 59–64

Seuphor, Michael: „Architektur und Plastik“. In: *Der Architekt*. Nr. 1/1960, S. 2–5

11 Nach einem sechsjährigen Aufenthalt in der Kassenhalle der „Schwimm-Oper“ (2010-2016) befindet sich die Plastik heute im Skulpturen-Park Waldfrieden in Wuppertal.

Organisationsschema

Technische Universität Berlin
Fakultät für Architektur

Freie Universität Berlin
Theaterwissenschaftliches Institut

Staatl.
Abteilur

INSTITUT FÜR THEATERBAU
an der Technischen Universität Berlin
1 Berlin 12, Straße des 17. Juni 150, Ruf: 31 07 81, App. 31 14

Bibliothek
der Fakultät für Architektur

Dr. phil. P. Kaegbein
Dipl.-Ing. Plany

Leitung:

Prof. Dipl.-Ing. K. Dübbers und Dipl.-Ing. Th. Münter

Mitglieder:

Dipl.-Ing. J. Fiebelkorn, 3 wissenschaftliche Mitarbeiter, freie Mitarbeiter

Arbeitsausschuß:

Prof. Dipl.-Ing. K. Dübbers, TUB
Dipl.-Ing. Th. Münter, TUB
Dipl.-Ing. J. Fiebelkorn, TUB

Prof. Dr. phil. W. Baumgart, FU
Prof. B. Blacher, H. f. M.
Prof. H.-W. Hämer, H. f. b. K.

Archiv für Theaterbau

Dr.-Ing. Schimetzek

Archiv:

Handbücherei

Fachzeitschriften

Plansammlung

Foto-, Film- und Diasammlung

Datenkartei bestehender Theaterbauten

Lehre und Ausbildung

Vorlesungen und Übungen (nach besonderer Ankündigung) an der

Technischen Universität Berlin

Freien Universität Berlin

Hochschule für bildende Künste Berlin

Hochschule für Musik und darstellende Kunst Berlin

Forschung

Statistische A

Betriebswirtsc gen an einige Theatern

Untersuchung gen in Theat

Untersuchung nisse im Thea

Untersuchung Bau und Unte

Soziologische Theaterpublik

Dissertationer

Standorte vor seit der Reic (z. Z. in Arbe

Verkehrsführu bestimmunger des Theaters

Instituts für Theaterbau

:hule für Musik und darstellende Kunst er und Schauspiel	**Staatl. Hochschule für bildende Künste** Abteilung: Architektur und Bühnenbild

Beratungsausschuß

Intendanten	Architekten	Bühnen-Techniker	Akustiker
Generalintendant B. Barlog Generalintendant G. R. Sellner	Prof. Dipl.-Ing. P. Baumgarten Dipl.-Ing. F. Bornemann Prof. G. Graubner Prof. Dipl.-Ing. W. Ochs	Prof. Dipl.-Ing. W. Unruh A. Zotzmann Techn. Direktor a. D. H. Petzke Techn. Leiter	Prof. Dr.-Ing. L. Cremer Prof. Dr.-Ing. W. Gabler Prof. Dr.-Ing. F. Winckel

Ausbilder	Institutionen	Industrie
Prof. H. Körber E. Schröder Schauspieler u. Regisseur Bühnenbildner N. N.	Deutsche Theatertechnische Gesellschaft Internationales Theater-Institut (Deutsche Sektion) Senator für Bau- und Wohnungswesen Leitender Baudirektor R. Schmidt Senator für Wissenschaft und Kunst Regierungsdirektor F. Kanter	Fachfirmen der Stahlbau- und Maschinen-Industrie Fachfirmen der Elektro-Industrie

ng des Archivs

Untersuchun-
suchten

:her Einrichtun-

ostenverhält-

endenzen im
n Theatern

ichungen des

ern in Berlin
ing

Sicherheits-
chauerhaus
Arbeit)

Beratungs- und Entwicklungsarbeit

Bedarfsermittlungen

Zielplanungen

Rahmenprogramme
Raum- und Funktionsprogramme

Wirtschaftlichkeitsberechnungen

Gutachten und Beratungen

Untersuchung bestehender und entstehender Vorschriften, Ausarbeitung von Vorschlägen zur Anpassung der bestehenden Vorschriften an künstlerische und technische Entwicklungen

Mitarbeit im Deutschen Normenausschuß

Veröffentlichungen

Untersuchungsergebnisse

Dokumentationen

Organisationsschema Institut für Theaterbau

TU Berlin, Institut für Theaterbau (1968–1970/71)
ca. 1968
Kartoniertes Papier
39,8 × 29,8 cm

Universitätsarchiv der TU Berlin, Inv. Nr. UA TUB 2025/1 Nr. 6

Marie-Charlott Schube

Das undatierte Blatt zählt zu den Gründungsdokumenten des 1968 an der Technischen Universität Berlin eingerichteten Instituts für Theaterbau (ITB).[1] Finanziert durch die Förderung einer dreijährigen Aufbauphase von der Stiftung Volkswagenwerk, sollte sich das Institut der „Forschung auf dem Gebiet des Theaterbaues, der Theatertechnik und des Theaterbetriebes" widmen.[2] Durch Praxisnähe von der Theaterwissenschaft mit ihrem epistemischen Interesse am „eigentlichen Theaterkunstwerk" abgegrenzt, befasste es sich ergänzend mit der Produktion von Theater.[3] Entsprechend galt die institutionelle Ausrichtung vor allem der Sammlung, Ordnung und Auswertung des exponentiellen Wissenszuwachses, den die Theaterbauwellen der 1950er und 1960er Jahre hervorgebracht hatten. Aus der Konzentration von Expertise sollte mit dem ITB ein „Konsultationspunkt" an der Schnittstelle von Praxis und Lehre entstehen.[4]

Das Schema bildet einen prospektiven Entwurf der Strukturen, Akteure und Ressourcen der Institutsarbeit. Im Zentrum steht der personelle Kern, gegliedert in drei Statusgruppen: (1) eine doppelte Leitung, bestehend aus Kurt Dübbers, Ordinarius und ab 1970 ordentlicher

1 Zum ITB vgl. auch den Beitrag zur Theaterbaulehre Gerhard Graubners im vorliegenden Band.

2 *Bühnentechnische Rundschau* 2/1968, S. 22.

3 Vgl. „Antrag auf Bewilligung von Mitteln zum Ausbau eines Institutes", S. 2, Anlage der Korrespondenz Flitner, Stiftung Volkswagenwerk/Bundesministerium des Inneren, 18.7.1967, Bundesarchiv (BArch, B106/33066 [Az:330 004/38]).

4 Vgl. *Bühnentechnische Rundschau* 2/1968, S. 22.

Professor der Architektur-Fakultät, sowie Thomas Münter, seit 1961 Lehrbeauftragter für Theaterbau und Bühnentechnik in Nachfolge des im Schema als Berater genannten Walter Unruh; (2) ein sich aus freien sowie vier wissenschaftlichen Mitarbeitern zusammensetzender Mitgliederkreis, darunter das langjährige Instituts- und TU-Mitglied Jan Fiebelkorn; (3) ein durch die Instituts- sowie externe Mitglieder konstituierter Arbeitsausschuss. Zu letzteren zählen der Germanist Wolfgang Baumgart, Direktor des Theaterwissenschaftlichen Instituts der Freien Universität, Hardt-Waltherr Hämer, Architekt (unter anderem Stadttheater Ingolstadt) und Professor für Entwerfen und Baukonstruktion an der Hochschule für bildende Künste, sowie Boris Blacher, Professor für Komposition und Direktor der Hochschule für Musik.[5] Die Versammlung von Vertretern der großen Westberliner Universitäten und Hochschulen – in klarer hierarchischer Ordnung auch als akademischer Kopf des Schemas in oberster Zeile positioniert – reflektiert das mit dem ITB eng verbundene Ziel einer „Koordinierung der bisher unzureichend zusammenarbeitenden, voneinander unabhängigen Ausbildungsstätten für das Theater".[6]

Als erweiterte Organe und materielle Arbeitsgrundlage sind dem ITB – ansässig in einem circa achtzig Quadratmeter großen Raum am Ernst-Reuter-Platz – überdies die Fakultätsbibliothek sowie ein „Archiv für Theaterbau" zugeordnet. Ausgestattet mit einer Planstelle und Mitteln für Ankäufe, erfolgte hier die Erweiterung des seit 1959 bestehenden theatertechnischen Archivs zu einer umfassenden Theaterbausammlung.[7] Sie bildete eine wesentliche Grundlage für die im unteren Bereich aufgeführten Arbeitsgebiete: für „Lehre und Ausbildung", Forschungs- sowie Beratungs- und Entwicklungsarbeit ebenso wie für diverse Veröffentlichungen, Dissertationen, Gutachten und Studien. In einem umfassenden Beratungsausschuss schlägt sich zudem das Desiderat der Praxisnähe nieder. Neben Kontakten zu Theaterbetrieb, Industrie und Organisationen wie der Deutschen Theatertechnischen Gesellschaft oder dem Internationalen Theaterinstitut versammelt sich hier eine im Wiederaufbau geschulte Kompetenz, darunter Friedrich Bornemann, Architekt der Deutschen Oper und des Hauses der Berliner Festspiele, oder auch der an zahlreichen Neubauten beteiligte technische Direktor der Ruhrfestspiele Recklinghausen Adolf Zotzmann. Geradezu symptomatisch für das restaurative Klima der Bundesrepublik verdichtet der Ausschuss zudem eine rein männliche Expertise, die mitunter auch unmittelbar in der NS-Zeit gründete. Die karrieristische Profilierung im Dienst nationalsozialistischer Kulturpolitik von Mitgliedern wie dem Intendanten Gustav Rudolf Sellner, dem Theatertechniker Unruh oder auch dem Architekten Gerhard Graubner

5 Die Hochschule für bildende Künste und die Hochschule für Musik gingen in den 1970er Jahren in der heutigen Universität der Künste Berlin auf.

6 *Bühnentechnische Rundschau* 2/1968, S. 22.

7 Vgl. Unruh 1960.

(unter anderem die Schauspielhäuser Bochum und Wuppertal) stellte offenkundig kein Hemmnis dar.[8]

Als Skizze eines institutionellen Apparats kartiert das Schema gleichsam einen Wissensraum, dessen Radius von Westberlin auf die Bundesrepublik ausgreift. Dabei haftet dem Objekt im doppelten Sinne etwas Spekulatives an: Als materielles Ding ist dem Schema eine gewisse Volatilität zu eigen. Das verkürzte DIN A3-Format und die feste Haptik von kartoniertem Papier deuten auf eine Zeigefunktion. Zwar bleiben konkrete Funktion und Kontext des in der Lehrsammlung des ITB sedimentierten Objekts hypothetisch, Reproduktionen des Schemas in assoziierten Publikations- und Sammlungskontexten unterstreichen jedoch seine Ubiquität im Prozess der Institutsgründung.[9] Gleichzeitig stellt das Schema selbst ein Spekulationsobjekt im Kontext von Forschungsökonomien dar. Die grafische Darstellung, die in groben Zügen die im Fördermittelantrag entfaltete Argumentation veranschaulicht, skizziert insofern einen Diskurszusammenhang an der Grenze von Dokumentation und Imagination. Jenseits des Papiers und seines Ordnungsversprechens bleibt dieser aber weitgehend funktionslos, erwiesen sich Kooperationsbemühungen ebenso wie Beratungs- und Arbeitsausschuss letztlich als „völlig ineffektiv“ und „wirkungslos“.[10]

Neben einem Wissen um eine institutionelle Praxis, Forschungsfinanzierung und etablierte Netzwerke werden im Organisationsschema – oder gerade in dem, was es ausblendet – zudem politisch-ideologische Frontstellungen des Kalten Kriegs diskret (un)sichtbar. Die Konjunktur neu entstehender Theaterbau- und Medieninstitute in diversen westlichen wie sozialistischen Ländern bildete ein frequentiertes, auf Konkurrenzlogiken rekurrierendes Argument für die Legitimation eines westdeutschen Instituts. Konkrete Vorbildfunktion für das ITB kam dem Institut für Kulturbauten der DDR (IKB) zu; diese setzte sich in einem vielfältigen Austausch beider Institute fort.[11] Je Ausdruck divergierender Kunst- und Kulturvorstellungen, waren die Institute im Berliner Stadtraum durch die Magistrale des 17. Juni verbunden. Dennoch lag das IKB als integrales Element der Wissensarchitektur Westberlins im weißen Fleck jenseits papierner wie steinerner Grenzen.

---

8 Alle drei profitierten mittelbar, konnten Karrierewege fortsetzen und ausrichten. Sellner und Graubner waren zudem „Pg“ der NSDAP (Sellner ab 1933, Mitglieds-Nr.: 2.856.507; Graubner rückwirkend ab 1939, Mitglieds-Nr.: 7.243.289). Zu Sellners Verflechtungen mit dem NS-Theaterbetrieb vgl. Wolf 2011; zu Graubner vgl. u. a. Barricelli u. a. 2016 sowie den Beitrag im vorliegenden Band.

9 Reproduktionen finden sich unter anderem in der *Bühnentechnischen Rundschau*, im Nachlass Gerhard Graubner im Architekturmuseum der TU Berlin sowie im dortigen Universitätsarchiv.

10 „AG Versammlungsbauten. Programm und Position im künftigen Institut II“, o. D. (ca. 1972), S. 9, Berliner Hochschule für Technik, Nachlass Jan Fiebelkorn-Drasen (unerschlossen).

11 Zum IKB vgl. auch den Aufsatz von Ksenia Litvinenko im vorliegenden Band.

Literatur

Barricelli, Michele/Butenschön, Holger/Jung, Michael/Kühne, Jörg-Detlef/Nebelung, Lars/Perels, Joachim (Hg.): *Nationalsozialistische Unrechtsmaßnahmen an der Technischen Hochschule Hannover. Beeinträchtigungen und Begünstigungen von 1933–1945*. Petersberg 2016

Bühnentechnische Rundschau. Nr. 2/1968

Unruh, Walter: „Ein theatertechnisches Archiv". In: *Bühnentechnische Rundschau*. Nr. 1/1960, S. 17

Wolf, Christian: *Gustav Rudolf Sellners Theaterarbeit vor 1948*. Berlin 2011

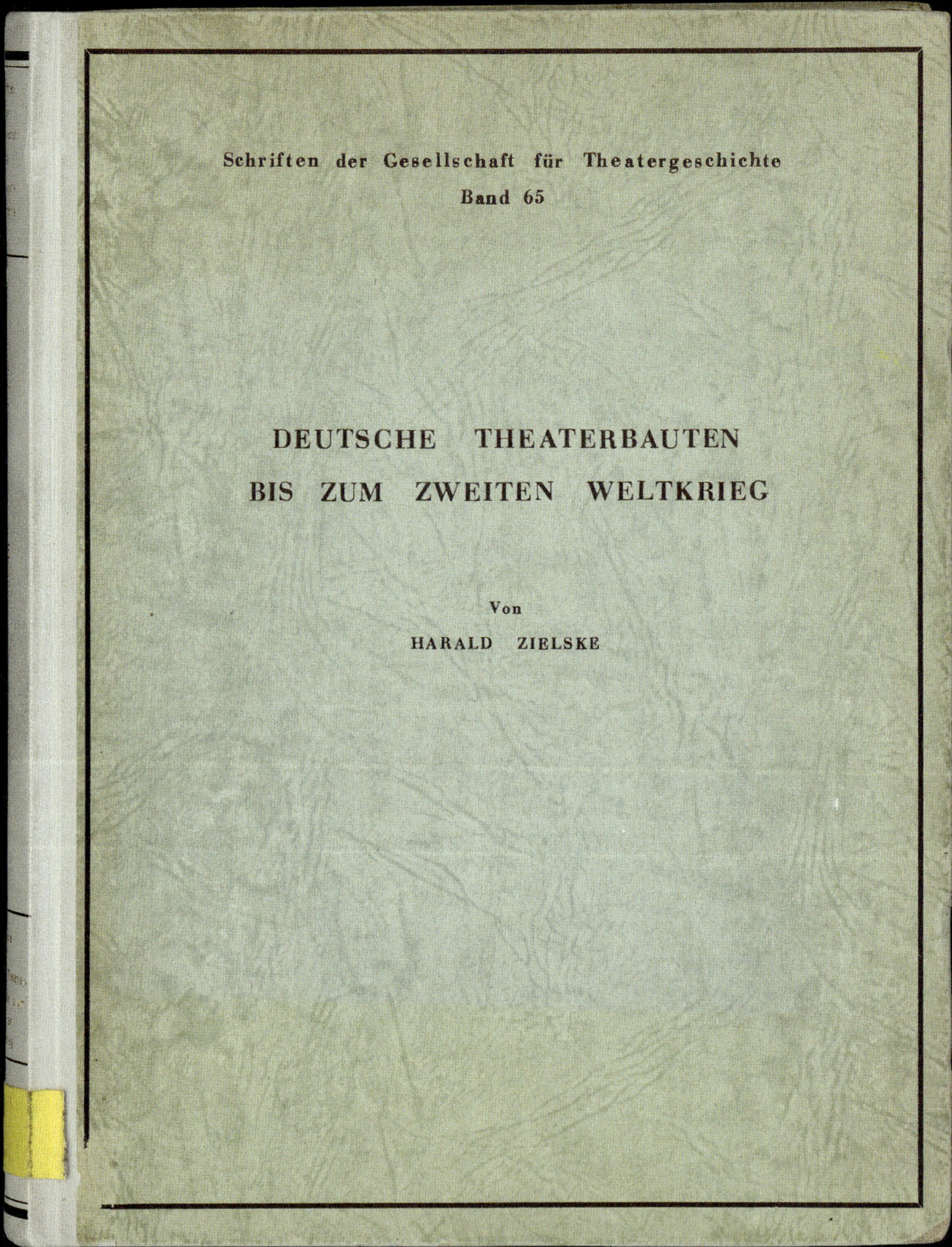
Schriften der Gesellschaft für Theatergeschichte
Band 65
DEUTSCHE THEATERBAUTEN
BIS ZUM ZWEITEN WELTKRIEG
Von
HARALD ZIELSKE

Harald Zielske: *Deutsche Theaterbauten bis zum Zweiten Weltkrieg* (1971)

Harald Zielske: *Deutsche Theaterbauten bis zum Zweiten Weltkrieg. Typologisch-historische Dokumentation einer Baugattung* (= Schriften der Gesellschaft für Theatergeschichte 65). Berlin 1971.

Jan Lazardzig

Die materialsatte Studie des Berliner Theaterwissenschaftlers Harald Zielske (1936–2014) über *Deutsche Theaterbauten bis zum Zweiten Weltkrieg* gehört fraglos zu den bis heute meistzitierten deutschsprachigen Studien zum Theaterbau. Das theaterhistorische Werk wird in der Regel hinsichtlich der umfassenden, auch begrifflichen Ordnungs- und Systematisierungsbemühungen rezipiert. So schlägt Zielske eine historische Typologie des Theaterbaus vor, durch die formale und funktionale, bauliche und soziale Faktoren miteinander in Korrespondenz gebracht werden. Innerhalb der deutschsprachigen Theaterwissenschaft handelt es sich um die bis dato umfassendste und materialreichste Einzelstudie zur Geschichte des Theaterbaus. Neben der fachlichen und methodischen Originalität, die das Buch aufweist, verdienen aber auch die Entstehung und Quellengrundlage des Buches Aufmerksamkeit. Zielske, der 1965 an der Freien Universität Berlin bei dem Theaterwissenschaftler Wolfgang Baumgart mit einer Arbeit über Raumdarstellungen im europäischen Barocktheater promoviert wurde, ist vermutlich der erste, der das von Theodor von Lüpke und seinem Mitarbeiterstab in der NS-Zeit im Auftrag des „Generalbauinspektors" (GBI) Albert Speer aggregierte Material zum Theaterbau nach 1945 systematisch auswertete und seine Ergebnisse publizierte (siehe zur Bestandsgeschichte in diesem Buch S. 167–168). Im Vorwort erläutert der Verfasser, dass der Hinweis auf die Materialien durch das Institut für Theaterbau der Technischen Universität Berlin an die Gesellschaft für Theatergeschichte herangetragen worden sei. Deren Schriftführer, der Literatur- und Theaterwissenschaftler Herbert Frenzel (1908–1995), hatte selbst vielbeachtete Studien zur Typologie des Schloßtheaters vorgelegt.[1] Mit Harald Zielske teilte er nicht nur das Interesse an der Geschichte des Theaterbaus, sondern war ihm auch ein väterlicher Freund und Mentor.[2] 1978 übernahm Zielske von ihm das Amt des ersten Schriftführers und übte es bis 1997 aus, 1998 wurde er Ehrenmitglied der Gesellschaft für Theatergeschichte.

Das Buch verfügt über zwei Hauptteile, einen systematischen und einen dokumentarischen. Im ersten Teil begründet Zielske zunächst sein Vorgehen und leitet auf der Grundlage des noch erhaltenen GBI-Bestands drei „typenbildende Faktoren" des Theaterbaus ab: den „quantitativen Faktor" (Anzahl der Zuschauer:innen, Größe der Bühne), den „sozialen Faktor" (die Bauherrenverhältnisse bis 1880) und den „qualitativen Faktor" (die Formenvielfalt).[3] Im zweiten Teil des Buches werden sechzig Theater aus dem Reichsgebiet in den Grenzen von 1937 dokumentiert. Zielske ging es hierbei um eine möglichst breite Darstellung unterschiedlicher Typen und weniger um eine geografisch ausgewogene Repräsentation historischer Theater: Die Dokumentation erfolgt nach insgesamt zehn Haupttypen (und diversen Untertypen), die überwiegend chronologisch aufeinander folgen: Von den höfisch-absolutistischen Theaterbauten des 18. Jahrhunderts (Residenztheater München) bis zu den Theaterbauten der NS-Zeit (Dessauer Theater). Sie orientiert sich im Wesentlichen an von Lüpkes Erfassungskriterien: zwei Fotografien des Baus von außen (Eingangsfassade) und von innen (Blick von der Bühne in den Zuschauerraum) – auf die Nennung der Fotograf:innen wird übrigens bei Zielske durchweg verzichtet –, Abbildungen von Längsschnitt und Grundriss; ferner: tabellarisch aufgeführte Daten zur Bau- und Umbaugeschichte sowie ein jeweils etwa zweiseitiger Text zur Architektur- und Theatergeschichte der Bauten und weiterführende Spezialliteratur.

Über die „Herkunft des Bildmaterials" aus einem NS-Handbuchprojekt klärt ein Kapitel am Ende des ersten Teils auf.[4] Hinweise auf eine ideologische Färbung des Materials sucht man vergebens. So sei der „Zweck" des NS-Handbuchs „eine vornehmlich den technischen Zustand und seine Nutzungsmöglichkeiten zu Spielzwecken vermittelnde Information."[5] Eine kritische Beschäftigung mit dem überlieferten Bildmaterial findet sich nirgends. Auch wird die räumlich-geografische Grundlage der „Dokumentation" – das Reichsgebiet in den Grenzen von 1937 – an keiner Stelle problematisiert. Immerhin zwei der von Zielske behandelten Theater (Stettin und Breslau) lagen 1971 auf polnischem Staatsgebiet. Dass Zielske die NS-Formgebung des von ihm verwendeten Materials aber durchaus bewusst gewesen ist, verdeutlicht die typologische Hervorhebung des durch von Lüpke in den Erfassungsbögen als „Jude" rassifizierten Berliner Architekten Oskar Kaufmann.

---

1 Vgl. Frenzel 1959; Frenzel 1965. Zu Frenzel vgl. Englert 2005.
2 Vgl. die Festschrift von Badenhausen/Zielske 1974.
3 Zielske 1971, S. 5.
4 Ebd., S. 77–79.
5 Ebd., S. 78.

Kaufmann, der heute vor allem als Architekt des Hebbeltheaters (damals: Theater in der Saarlandstraße) und der Volksbühne am Rosa-Luxemburg-Platz bekannt ist, wird von Zielske aufgrund der zahlreichen von ihm verantworteten Umbauten (etwa des Renaissance Theaters und der Kroll-Oper) als der wichtigste Architekt der Zwischenkriegszeit gepriesen und auf etwas bizarre Weise als Schaffer eines eigenen Theaterbautyps („Kaufmann-Typ“[6]) gefeiert. Die positive Herausstellung eines jüdischen Protagonisten der deutschen Theatergeschichte ist sichtlich von dem Bemühen getragen, das Theater der NS-Zeit zu ridikülisieren – ohne dabei allerdings die NS-Quellenbasis selbst zu hinterfragen. Mit der Wahl einer typologisch-dokumentarischen Vorgehensweise, die dazu führt, dass die Ebene konkreter historisch-politischer Akteursschaft in den Hintergrund tritt, lag Zielske zudem geschichtspolitisch ganz auf der Linie der Gesellschaft für Theaterwissenschaft.[7] Ihr Schriftführer Herbert Frenzel, ehedem hochrangiger Mitarbeiter im Reichspropagandaministerium, hatte sich in seinen Publikationen der Nachkriegszeit konsequent dem politisch unverfänglichen Bereich der Dokumentation zugewandt. Unter den politisch engagierten Studierenden der Theaterwissenschaft genoss Harald Zielske in den unruhigen Jahren der Studentenrevolte keinen allzu guten Ruf. Er galt als „praxisfern“, also reformunwillig, und seinen Seminaren wurde nachgesagt, allein dem Zweck einer „Anhäufung von Mehrwissen“ und nicht der „Gewinnung von Problembewußtsein“ zu dienen.[8] Man kann im Vorwort von Zielskes Buch einen Reflex auf Anwürfe dieser Art sehen, wenn es heißt: „[S]chließlich ist jede in die Zukunft gerichtete Tätigkeit, die auf eine Um- und Neugestaltung des Gegenwärtigen abzielt, sinnvoll nur denkbar, wenn eine Auseinandersetzung mit der Geschichte sie begleitet, die ja ihrerseits die zu verändernde Gegenwart hervorgebracht hat.“[9]

Literatur

Badenhausen, Rolf/Zielske, Harald (Hg.): *Bühnenformen, Bühnenräume, Bühnendekorationen. Beiträge zur Entwicklung des Spielorts. Herbert A. Frenzel zum 65. Geburtstag von Freunden und wissenschaftlichen Mitstreitern.* Berlin 1974

Dörschel, Stephan: „Die Gesellschaft für Theatergeschichte nach 1945“. In: Jammerthal, Peter/Lazardzig, Jan (Hg.): *Front Stadt Institut. Theaterwissenschaft an der Freien Universität 1948–1968.* Berlin 2018, S. 79–97

Englert, Uwe: „Der Skandinavist, Germanist und Theaterwissenschaftler Herbert A. Frenzel“. In: Böldl, Klaus/Kauko, Miriam (Hg.): *Kontinuität in der Kritik. Zum 50jährigen Bestehen des Münchner Nordistikinstituts. Historische und aktuelle Perspektiven der Skandinavistik.* Freiburg 2005, S. 129–145

6 Zielske 1971, S. 68.

7 Vgl. Dörschel 2018.

8 Kritik aus einem Shakespeare-Seminar aus dem WS 1968/69. Vgl. Kirsch 1991, S. 121 f.

9 Zielske 1971, S. 8.

Frenzel, Herbert A.: *Brandenburg-preußische Schloßtheater. Spielorte und Spielformen vom 17. bis zum 19. Jahrhundert* (= Schriften der Gesellschaft für Theatergeschichte 59). Berlin 1959

Frenzel, Herbert A.: *Thüringische Schloßtheater. Beiträge zur Typologie des Spielortes vom 16. bis zum 19. Jahrhundert* (= Schriften der Gesellschaft für Theatergeschichte 63). Berlin 1965

Kirsch, Mechthild: *Zur Geschichte des Instituts für Theaterwissenschaft an der Freien Universität Berlin.* Magister-Hausarbeit, FU Berlin 1991

Kurzviten

GERDA BREUER ist Professorin für Kunst- und Designgeschichte, ehemals Bergische Universität Wuppertal. Ihre Forschungsschwerpunkte sind Design- und Architekturgeschichte der Moderne sowie Grafikdesign und angewandte Bildwissenschaften.

HANNAH EẞLER hat Theaterwissenschaft, Literaturwissenschaft und Deaf Studies in Berlin, Rom und Tlemcen (Algerien) studiert. 2023 schloss sie mit einer Masterarbeit zum bühnentechnischen Nachlass Brandt ab. Seitdem absolviert sie den Master Transdisziplinarität an der Zürcher Hochschule der Künste.

SIMONE FÖRSTER ist Konservatorin an den Bayerischen Staatsgemäldesammlungen München und betreut als Sammlungsleiterin die Stiftung Ann und Jürgen Wilde an der Pinakothek der Moderne. Neben der Fotografie der Moderne gilt ihr Forschungsinteresse der Architekturfotografie und der Mediengeschichte.

EVA MARIA FROSCHAUER ist Professorin für Baugeschichte und Architekturtheorie an der Berliner Hochschule für Technik. Sie forscht zu Medien der Architektur, Entwurfsstrategien und Vorbildsammlungen.

MATHIAS GROTE ist Heisenberg-Professor für Geschichte des Wissens am Historischen Institut der Universität Greifswald. Er studierte Philosophie und Biologie. Seine Interessenfelder sind Buch- und Mediengeschichte der Wissenschaften, historische Epistemologie und die Geschichte der modernen Lebenswissenschaften.

PETER JAMMERTHAL ist Leiter der Theaterhistorischen Sammlungen der FU Berlin. Er studierte Theaterwissenschaft, Neuere Deutsche Literatur und Publizistik an der FU Berlin und promovierte über das Berliner Staatstheater in der NS-Zeit. Er ist Kurator zahlreicher Ausstellungsprojekte, unter anderem für die Deutsche Kinemathek Berlin und das Deutsche Filmmuseum in Frankfurt a. M.

JAN LAZARDZIG ist Professor für Theaterwissenschaft an der Freien Universität Berlin. Forschungsschwerpunkte sind die Technik- und Wissensgeschichte von Theater, Theater und Zensur sowie Methoden der Historiografie.

KSENIA LITVINENKO forscht und publiziert zu sowjetischer Architektur und Städtebau des späten 20. Jahrhunderts. Der Beitrag in diesem Buch stammt aus dem Kontext ihrer Promotion an der Universität Manchester 2023 mit der Arbeit „Giproteatr at Work: Practices of Architecture at the Soviet Theatre Design Institute, 1953–1992“. Sie ist Walter Benjamin Postdoctoral Fellow am IRS Erkner.

BRI NEWESELY ist Professorin für Szenografie und Theaterbau an der Berliner Hochschule für Technik und Mitglied des International Observatory of Scenic Spaces (Barcelona). Ihre Forschungsschwerpunkte sind Theatertechnikgeschichte und Theaterumbauten.

KLAUS JAN PHILIPP studierte Kunstgeschichte, Geschichte und Klassische Archäologie. 1985 erfolgte die Promotion, 1996 die Habilitation. Seit 2003 ist er Professor für Architekturgeschichte, bis 2008 an der HafenCity Universität Hamburg und bis 2023 an der Universität Stuttgart. Ein Publikationsschwerpunkt sind Architekturzeichnungen.

FRANZISKA RITTER studierte Architektur (Dipl.-Ing.) und promoviert am FG Kunstgeschichte der TU Berlin. Sie ist freischaffende Szenografin und wissenschaftliche Mitarbeiterin des Masterstudiengangs Bühnenbild_Szenischer Raum der TU Berlin. Ihre Forschungsschwerpunkte sind Raumgestaltung, Architekturfotografie sowie Digitalität und Neue Technologien am Theater.

ROLF SACHSSE war Professor für Designgeschichte und Designtheorie an der Hochschule der Bildenden Künste Saar in Saarbrücken. Seine Forschungsschwerpunkte liegen in der Geschichte der Fotografie, des Designs, der Architektur und der Klangkunst.

CHRISTIANE SALGE ist Professorin für Architektur- und Kunstgeschichte an der TU Darmstadt. Ihre Forschungsschwerpunkte sind die Architekturgeschichte und -theorie des 17. bis 19. Jahrhunderts sowie die Bereiche des Wissenstransfers, der Ausbildung und der Visualisierung in der Architektur.

FRANK SCHMITZ ist Professor für Architekturgeschichte an der Universität Hamburg. Er ist Mitglied bei ICOMOS und im Hamburger Denkmalrat. Seine Forschungsschwerpunkte liegen im Bereich der modernen Architektur, vor allem mit Blick auf Architektur und Mobilität sowie auf Theaterbau.

HALVARD SCHOMMARTZ studierte Theaterwissenschaft und Filmwissenschaft an der FU Berlin. Er promoviert zur Wissensgeschichte der Bühnentechnik. Weitere Forschungsinteressen sind die Wissenschaftsgeschichte der Theaterwissenschaft und koloniale Infrastrukturen des Theaters im 19. und 20. Jahrhundert.

MARIE-CHARLOTT SCHUBE studierte Theaterwissenschaft und Philosophie an der FU Berlin. Sie promoviert zur Akademisierung von Theaterbaulehre im Kalten Krieg anhand der Lehr- und Bautätigkeit Gerhard Graubners. Forschungsinteressen sind die Architektur- und Wissensgeschichte von Theater sowie das Verhältnis von Theater und Gesellschaft.

KONSTANTIN WÄCHTER ist Mitarbeiter am Seminar für Klassische Archäologie der Martin-Luther-Universität Halle-Wittenberg und Mitglied der Koldewey-Gesellschaft. Seine Forschungsschwerpunkte sind antike Bautechnik, Synagogen des 19./20. Jahrhunderts und die Preußischen Schlösser.

KERSTIN WITTMANN-ENGLERT ist Professorin für Architekturgeschichte an der Technischen Universität Berlin. Sie ist Mitglied bei ICOMOS sowie des Wissenschaftlichen Beirates der Wüstenrot Stiftung. Forschungsschwerpunkte sind die Architektur der Nachkriegsmoderne, insbesondere der Kirchenbau, die Bildhaftigkeit der Architektur sowie Weiterbauen.

Dank

Unser Dank gilt allen Institutionen und Einzelpersonen, die maßgeblich zur Entstehung dieses Buches beigetragen haben.

An erster Stelle sei das Architekturmuseum der TU Berlin mit seiner *Theaterbausammlung* genannt, deren Archivalien insgesamt und insbesondere im Teil der Objektbeschreibungen unsere zentrale Forschungsgrundlage bildeten. Gedankt sei dem Museumsleiter Dr. Hans-Dieter Nägelke sowie Franziska Schilling, Claudia Zachariae und ihrem Team. Ebenso danken wir dem Bundesarchiv in Berlin und Koblenz sowie dem Brandenburgischen Landesamt für Denkmalpflege und Archäologischen Landesmuseum (BLDAM), namentlich Dr. Katharina Steudtner und Astrid Mikoleietz.

Unser herzlicher Dank gilt auch den Theaterhistorischen Sammlungen der FU Berlin, vertreten durch Dr. Peter Jammerthal, die uns ebenfalls mit ihrer umfangreichen Sammlung und Expertise unterstützt haben. Das Universitätsarchiv der TU Berlin, das Stadtarchiv sowie das Universitätsarchiv Hannover verdienen ebenfalls unseren Dank für die Bereitstellung historischer Dokumente. Darüber hinaus bedanken wir uns bei Prof. Jan Fiebelkorn-Drasen (verstorben 2023) vom Institut für Theaterbau der TU Berlin und dem Studiengang Theater- und Veranstaltungstechnik der BHT Berlin für die wertvollen Einblicke in die Praxis des Theaterbaus und bei Prof. Siegfried Paul für die Überführung seines Nachlasses an die BHT. Gedankt sei der BHT überdies für die Förderung von Halvard Schommartz mit einem Abschlussstipendium zur Promotion.

Wir schätzen das Engagement und die Expertise aller Projektbeteiligten, Workshopteilnehmer:innen und – besonders hervorzuheben – unserer Autor:innen, die mit ihrem exzellenten Wissen zur Qualität dieses Buches beigetragen haben. Wichtige inhaltliche Grundlagen verdanken sich den Teilnehmer:innen der drei Workshops, die innerhalb des Forschungsprojektes diesem Buchprojekt vorausgingen: Wir danken Dr. Simone Förster von der Pinakothek der Moderne in München, Dr. Stephan Klingen vom Zentralinstitut für Kunstgeschichte in München, Prof. Dr. Rolf Sachsse und Hannah Eßler , M.A. aus Zürich, Prof. Dr. Mathias Grote vom Historischen Institut der Universität Greifswald, PD Dr. Lara Huber vom Philosophischen Seminar der Christian-Albrechts-Universität zu Kiel, Prof. Dr. Ulf Otto vom Institut für Theaterwissenschaft an der Ludwig-Maximilians-Universität München und Prof. Dr. Nikolaus Müller-Schöll vom Institut für Theater-, Film- und Medienwissenschaften an der Goethe Universität Frankfurt, Prof. Dr. Regina Bittner von der Akademie Stiftung Bauhaus Dessau sowie Prof. Dr. Klaus Jan Philipp vom Institut für Architekturgeschichte an der Universität Stuttgart und Prof. Dr. Frank Schmitz vom Kunstgeschichtlichen Seminar der Universität Hamburg.

Zu danken ist auch Dr. Nora Probst von vom Institut für Medienkultur und Theater an der Universität Köln sowie Prof. Dr. Gerda Breuer aus Aachen, deren Einblicke und Perspektiven auf die

Theaterbausammlung in den sogenannten Sammlungsgesprächen unseren Blick geschärft und unser Verständnis vertieft haben.

Wir möchten auch den studentischen Hilfskräften im Projekt „Theaterbauwissen", Teo Wenzel und Niklas Irmen, für ihre Unterstützung insbesondere bei der Organisation und Durchführung der Workshops danken.

Für den fruchtbaren Austausch bedanken wir uns bei Prof. Dr. Barbara Büscher, Prof. Dr. Annette Menting und Verena Eitel, die an der HTWK Leipzig das von der DFG geförderte Forschungsprojekt „Architektur und Raum für die Aufführungskünste" bearbeiten.

Christiane Schröter überzeugte uns mit ihrem außerordentlich kenntnisreichen Lektorat, wofür wir uns ebenso bedanken wie für die stets angenehme Zusammenarbeit bei der Fertigstellung des Manuskripts. Wir danken auch Charlotte Blumenthal und Susanne Rösler vom jovis Verlag für die sehr gute Zusammenarbeit.

Für die Gewährung des Rechts zur Veröffentlichung des Bildmaterials, das Eingang in diesen Band gefunden hat, danken wir allen Rechteinhaber:innen. Sie sind im Bildnachweis jeweils gesondert aufgeführt. Hervorheben möchten wir an dieser Stelle Elke Graubner (Nachlass Gerhard Graubner) und Maurice Cox (Nachlass Karl-Hugo Schmölz).

Last but not least gilt unser großer Dank der Deutschen Forschungsgemeinschaft (DFG), ohne deren finanzielle Förderung dieses Vorhaben nicht hätte realisiert werden können.

Die Herausgeber:innen

Impressum

Umschlagmotiv: Fotografie des Zuschauerraums „Gautheater Westmark" Saarbrücken, Fotograf Emil Leitner, 1938
Architekturmuseum der TU Berlin, Inv. Nr. TBS 252,24

Lektorat: Christiane Schröter
Korrektorat: Katharina Freisinger
Gestaltung und Satz: Susanne Rösler
Lithografie: Bild1Druck, Berlin
Gedruckt in der Europäischen Union
Bei Fragen zur allgemeinen Produktsicherheit kontaktieren Sie bitte productsafety@degruyterbrill.com.

Bibliografische Information der Deutschen Nationalbibliothek
Die Deutsche Nationalbibliothek verzeichnet diese Publikation in der Deutschen Nationalbibliografie; detaillierte bibliografische Daten sind im Internet über http://dnb.d-nb.de abrufbar.

jovis Verlag
Genthiner Straße 13
10785 Berlin

www.jovis.de

jovis-Bücher sind weltweit im ausgewählten Buchhandel erhältlich. Informationen zu unserem internationalen Vertrieb erhalten Sie in Ihrer Buchhandlung oder unter www.jovis.de.

ISBN 978-3-98612-083-2 (Broschur)
ISBN 978-3-98612-104-4 (E-PDF)